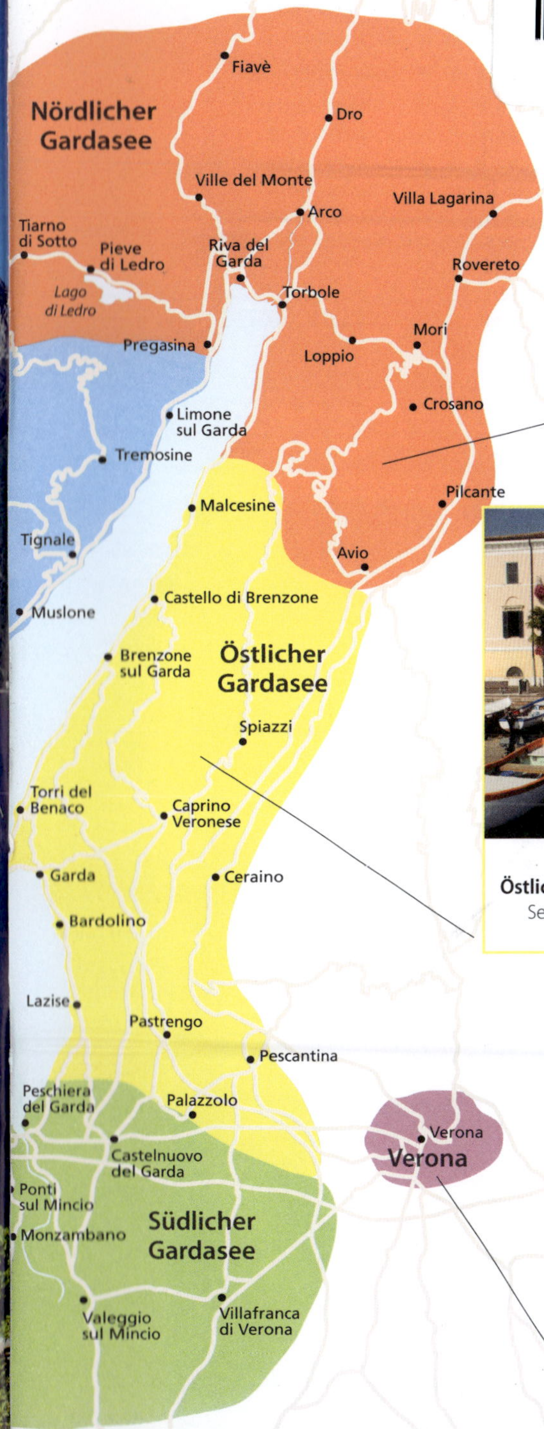

Nördlicher Gardasee
Seiten 48–73

Östlicher Gardasee
Seiten 74–101

Verona
Seiten 156–173

VIS-

GAR

VIS-À-VIS

GARDASEE

Autor **Gerhard Bruschke**

DK

London • New York • München
Melbourne • Delhi

www.dorlingkindersley.de

Produktion

Dorling Kindersley Verlag GmbH, München

Programmleitung

Dr. Jörg Theilacker, DK Verlag

Projektleitung

Stefanie Franz, DK Verlag; Antonia Knittel, DK Verlag

Text Gerhard Bruschke

Fotografien Gerhard Bruschke, Michael Schönwälder, Jörg Theilacker

Illustrationen Gregor Nagler, Augsburg; Eva Sixt, München

Kartografie und Touren

Antonia Knittel, DK Verlag;

Suresh Kumar, DK India

Gestaltung Ute Berretz, München

Redaktion Dr. Elfi Ledig, München

Schlussredaktion Philip Anton, Köln; Petra Zanner, Berlin

Satz und Produktion DK Verlag

Druck RR Donnelley Asia Printing Solutions Ltd., China

Zuerst erschienen 2016 in Deutschland

bei Dorling Kindersley Verlag GmbH, München

Ein Unternehmen der Penguin Random House Group

Aktualisierte Neuauflage 2016 / 2017

ISBN 978-3-7342-0067-0

1 2 3 4 5 6 18 17 16 15

Dieser Reiseführer wird regelmäßig aktualisiert. Angaben wie Telefonnummern, Öffnungszeiten, Adressen, Preise und Fahrpläne können sich jedoch ändern. Der Verlag kann für fehlerhafte oder veraltete Angaben nicht haftbar gemacht werden. Für Hinweise, Verbesserungsvorschläge und Korrekturen ist der Verlag dankbar. Bitte richten Sie Ihr Schreiben an:

Dorling Kindersley Verlag GmbH

Redaktion Reiseführer

Arnulfstraße 124 • 80636 München

travel@dk-germany.de

◀ **Blick auf Torbole *(siehe S. 58)* am Nordufer des Gardasees**

◀◀ **Umschlag: Castello Scaligero in Sirmione *(siehe S. 120f)***

Inhalt

Der nördliche Gardasee ist ein Paradies für Windsurfer *(siehe S. 204)*

Der Gardasee stellt sich vor

Limone sul Garda *(siehe S. 152f)* mit seinen Zitronenhainen

Uhu – einer der Bewohner des Parco Natura Viva ***(siehe S. 101)***

Zu Gast am Gardasee

Grundinformationen

Touren

In Sirmione steht das eindrucksvolle und gut erhaltene Castello Scaligero aus dem 13. Jahrhundert ***(siehe S. 120f)***

Benutzerhinweise

Dieser Reiseführer präsentiert den Gardasee in allen Facetten – zur Einstimmung auf Ihre Reise und als Wegbegleiter vor Ort. Das Kapitel *Der Gardasee stellt sich vor* liefert ein Porträt der Region als Natur- und Kulturraum, erläutert ihre reiche Geschichte und Architektur und bietet außerdem einen Überblick über wichtige Feste. Das Kapitel *Die Regionen des Gardasees* stellt Orte und Sehenswürdigkeiten mit Texten, Karten und Fotos vor. Auch Verona wird umfassend beschrieben. Hotels, Restaurants, Shopping, Unterhaltung sowie Sport und Aktivurlaub sind Themen im Kapitel *Zu Gast am Gardasee*. Die *Grundinformationen* bieten Tipps und Hinweise für Anreise und Aufenthalt.

Die Regionen des Gardasees

Der Gardasee wird in diesem Buch in vier Regionen plus Verona unterteilt. Die Sehenswürdigkeiten sind nummeriert und auf den *Regionalkarten* bzw. der *Zentrumskarte* Veronas eingetragen. Eine Schifffahrtskarte finden Sie auf den hinteren Umschlaginnenseiten, eine Übersicht über die Region bietet die **Extrakarte** zum Herausnehmen.

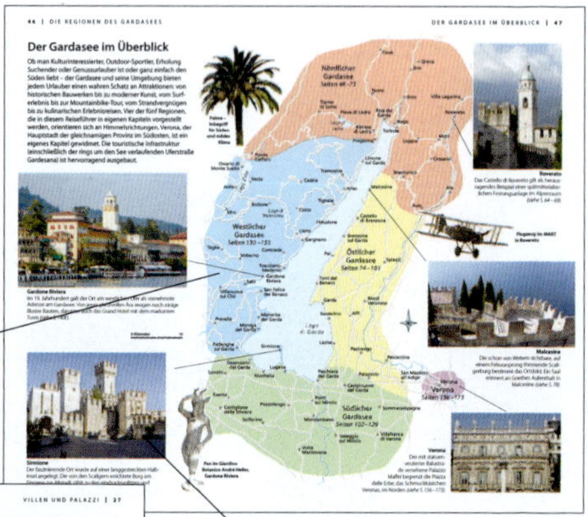

1 Der Gardasee im Überblick
Diese Seite zeigt den Gardasee, unterteilt in die vier Regionen plus Verona mit ihrer Farbcodierung.

Viele Fotos bieten einen Eindruck von der Schönheit und Vielfalt der Region und ihrer Attraktionen.

2 Porträtthemen
Im Porträt werden die attraktivsten Themen des Gardasees vorgestellt: Scaligerburgen, Villen und Palazzi, Landschaften, Flora und Fauna, Parks und Naturschutzgebiete, die Uferstraße Gardesana sowie die Weinbaugebiete.

Die Verweise **Karte** *im Buch beziehen sich auf die* **Extrakarte** *zum Herausnehmen.*

3 Gardasee-Küche
In diesem Kapitel erfahren Sie viel über die Küche am Gardasee, über Fleisch- und Fischgerichte, Süßspeisen und auch über Wein und andere Getränke.

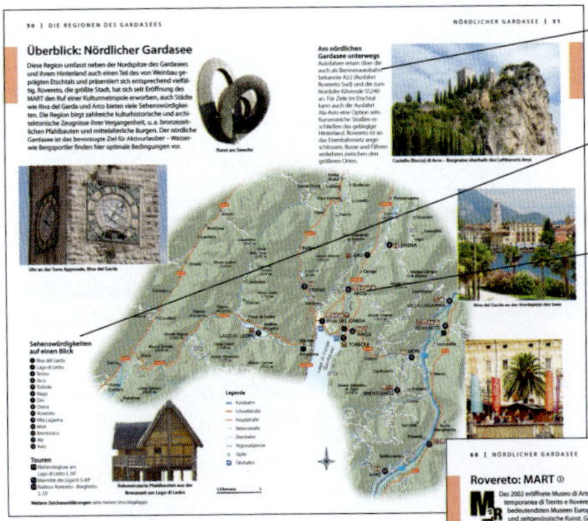

Am … Gardasee unterwegs informiert über Verkehrsverbindungen in dieser Region.

Sehenswürdigkeiten auf einen Blick listet alles Wichtige auf: Orte, Berge, Naturschutzgebiete und Touren.

4 Regionalkarte

Auf diesen Karten erhalten Sie einen Überblick über die Hauptverkehrsstraßen und die Lage der Sehenswürdigkeiten. Zur besseren Orientierung sind alle Attraktionen nummeriert.

5 Highlights

Besonders spektakuläre Attraktionen werden auf einer Doppelseite präsentiert, die neben eindrucksvollen Fotos und informativen Texten auch praktische Tipps für einen Besuch bietet.

Die Infobox liefert für Hauptsehenswürdigkeiten alle praktischen Hinweise.

6 Hauptsehenswürdigkeiten

Die Highlights am Gardasee werden auf einer Doppelseite dargestellt. Karten, Grundrisse und Schnittzeichnungen erleichtern die räumliche Vorstellung.

Im **Außerdem-Kasten** finden Sie weitere Detailinformationen oder nette Kleinigkeiten.

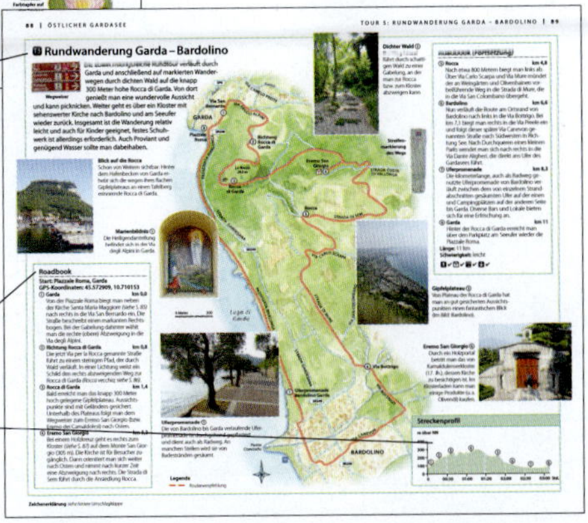

7 Touren

Auf diesen Seiten werden Touren am Gardasee vorgestellt – auf dem Wasser, am Ufer, im Hinterland oder in den Bergen.

Das Roadbook gibt einen detaillierten Einblick in den Tourenverlauf, mit GPS-Koordinaten, Distanzen und ungefähren Zeitangaben.

Das Streckenprofil informiert über den Streckenverlauf, das Höhenprofil der Tour und die benötigte Zeit.

DER GARDASEE STELLT SICH VOR

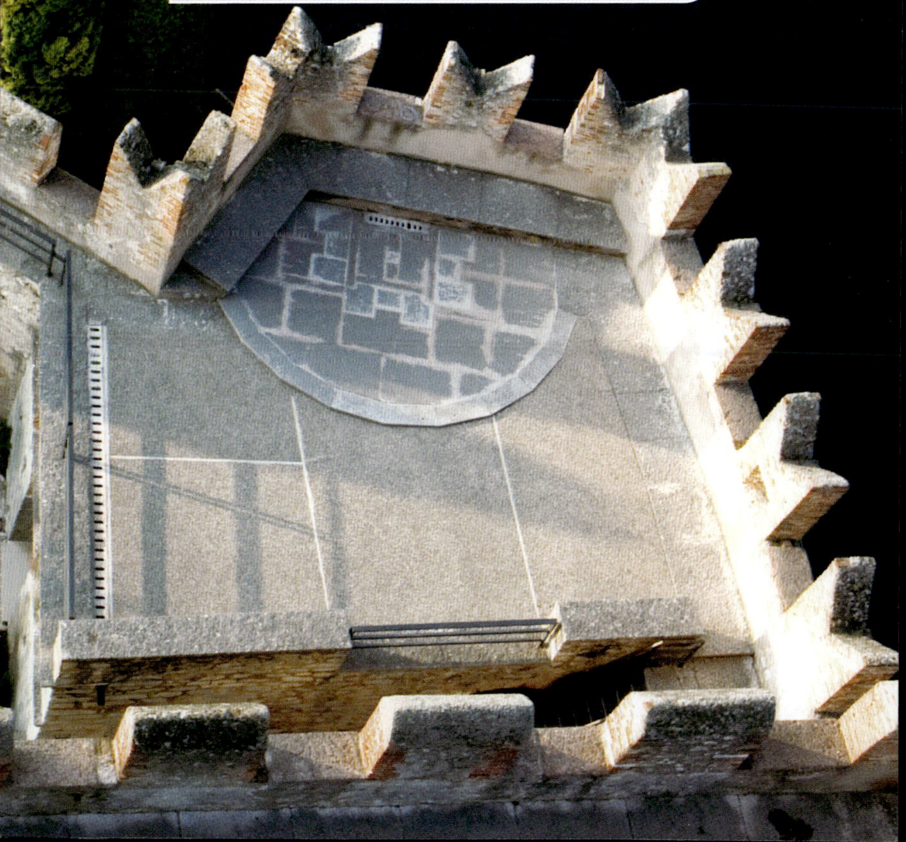

Themen- und Tagestouren

Dieses Kapitel präsentiert Kultur- und Naturschätze, die den Zauber der Region ausmachen, sowie die spannendsten Aktivitäten, die auf Besucher am Gardasee warten. Rund um den See locken stimmungsvolle Orte mit prächtigen Bauwerken, schöne Landschaften und zahlreiche Freizeitangebote. Auf den folgenden Seiten finden Sie zunächst Vorschläge für Thementouren *(siehe S. 10f)*, bei denen jeder Tag unter einem Motto steht (Preisangaben beinhalten Kosten für Anfahrt, Essen und Eintrittsgelder). Danach folgen Tipps für Tagestouren *(siehe S. 12f)*, die möglichst viele Attraktionen am Gardasee abdecken.

Laghetto delle Danze im Vittoriale degli Italiani *(siehe S. 146f)*

Parks

Zwei Erwachsene ab 100 €

- **Monumentale Wucht: Vittoriale degli Italiani**
- **Natur und Kunst: Giardino Botanico André Heller**
- **Idylle auf 60 Hektar im Parco Giardino Sigurtà**

Vormittags

Zwei der meistbesuchten Parks befinden sich in Gardone Riviera am Westufer. Man sollte sie nacheinander besuchen – nicht nur wegen der Nähe, sondern auch wegen ihrer unterschiedlichen Konzepte.

Mit dem **Vittoriale degli Italiani** *(siehe S. 146f)* wollte der faschistisch gesinnte Literat Gabriele D'Annunzio seinem Land ein theatralisches Monument setzen. Das Ergebnis wirkt teils verspielt, teils befremdlich.

Der **Giardino Botanico André Heller** *(siehe S. 142f)* besticht durch eine gelungene Symbiose aus Natur und Kunst. Das einst von Arthur Hruska angelegte Areal bereicherte André Heller um zeitgenössische Kunstwerke. Bemerkenswert sind die vielfältigen Raumeindrücke.

Nachmittags

Der ausgedehnte **Parco Giardino Sigurtà** *(siehe S. 114f)* im Südosten des Gardasees zählt mit seinen alten Baumbeständen und seiner faszinierenden Blütenpracht zu den idyllischsten Parklandschaften Europas.

Wenn die Zeit noch reicht, empfiehlt sich eine Fahrt Richtung Norden nach Arco, in dessen **Arboretum** *(siehe S. 54)* die Flora ferner Regionen präsentiert wird.

Figur, Giardino Botanico André Heller

Spaß für Kinder

Familie (4 Personen) etwa 200 € (Gardaland, SEA LIFE)

- **Gardaland Resort – Shows, Fantasy und Abenteuer**
- **Erlebnis Unterwasserwelt: SEA LIFE Aquarium**

Vormittags

Die meisten der magischen Anziehungspunkte für Kinder liegen im Süden und Südosten des Sees. **Gardaland Resort** *(siehe S. 108f)*, Italiens Vergnügungspark Nr. 1, ist wohl für fast alle Kinder »die« Attraktion am Gardasee. Das Angebot ist so groß, dass man hier leicht einen ganzen Tag verbringen kann. Für einen längeren Aufenthalt steht sogar ein Hotel zur Verfügung. Doch auch, wenn man nur einen halben Tag Zeit hat, kann man auf dem Gelände jede Menge erleben.

Nachmittags

Das dem Gardaland Resort angegliederte **SEA LIFE Aquarium** *(siehe S. 107)* macht mit der faszinierenden Unterwasserwelt vertraut.

Richtung Lazise erreicht man weitere spannende Areale: Der Wasservergnügungspark **Canevaworld** *(siehe S. 100)* umfasst auch Movieland (Stuntshows!). Im **Parco Natura Viva** *(siehe S. 101)* mit Faunapark und Safaripark sieht man heimische und exotische Tiere. Besonders spannend ist hier der Saurierpark mit einer urzeitlichen Landschaft. In den beiden Seen des **Parco Terme del Garda** *(siehe S. 101)* kann man baden, an Wochenenden sogar bis spätabends.

Unterwassertunnel im SEA LIFE Aquarium *(siehe S. 107)*

◀ **Castello Scaligero, Malcesine: Blick vom Hauptturm auf einen ummauerten Innenhof *(siehe S. 78f)***

Transparente Rotunde in Roveretos Kunstmuseum MART *(siehe S. 68f)*

Burgen und Museen

Zwei Erwachsene ab 80 €

- **Festungsarchitektur: Sirmiones Scaligerburg**
- **Zeitreise in die Antike: Grotte di Catullo**
- **MART – Kunsttempel mit innovativem Konzept**

Vormittags

Zeugen des reichen kulturhistorischen Erbes der Region sind die vielen Burgen, einige besonders eindrucksvolle wurden im 13./14. Jahrhundert von den Scaligern *(siehe S. 121)* errichtet. Zu den imposantesten Festungsanlagen im Norden Italiens gehört das **Castello Scaligero** in Sirmione *(siehe S. 120f)*.

Auf einem nicht weit entfernten Hügel am Ende der Halbinsel von Sirmione kann man als Kontrastprogramm die **Grotte di Catullo** *(siehe S. 122f)* besichtigen. Beim Aufenthalt auf dem Ruinengelände mit angegliedertem Museum begibt man sich auf eine Zeitreise in die Antike.

Nachmittags

Auch das Etschtal birgt Zeugnisse einer bewegten Historie. Zu den wertvollsten Kunstschätzen im **Castello di Sabbionara d'Avio** *(siehe S. 71)*, einer der ältesten Burganlagen im Trentino, zählen Fresken.

Das **MART** *(siehe S. 68f)* in Rovereto ist eines der europaweit herausragenden Museen für moderne und zeitgenössische Kunst.

Outdoor und Sport

Zwei Erwachsene ab 40 €

- **Radtour durch ein Flusstal**
- **Rundwanderung Garda – Bardolino – Garda**
- **Baden im See**

Vormittags

Ob Surfer, Mountainbiker oder Kletterer: Ambitionierte Outdoor-Sportler finden rund um den Gardasee ideale Bedingungen vor. Doch auch wer es ruhiger angehen lassen möchte, kommt auf seine Kosten. Wie wäre es mit einer gemütlichen **Radtour** entlang der Etsch *(siehe S. 72f)* oder dem Mincio *(siehe S. 113)*? Fahrräder kann man in Rovereto bzw. Peschiera del Garda leihen.

Nachmittags

Für den Nachmittag bietet sich eine **Rundwanderung** von Garda über die Rocca di Garda nach Bardolino *(siehe S. 88f)* an. Entlang dem Weg zurück nach Garda gibt es viele **Badeplätze**. Von der Rocca hat man eine fantastische Aussicht über die beiden Orte und den See.

Verona

Zwei Erwachsene ab 60 €

- **Arena di Verona: Zeugnis römischer Baukunst**
- **Spaziergang über die Piazza delle Erbe**
- **Shopping-Bummel in der Via Mazzini**

Vormittags

Glanzstück unter den Bauwerken aus der Antike ist die **Arena** *(siehe S. 164f)*, die man besichtigen kann. Im Hof der Casa di Giulietta *(siehe S. 163)* herrscht oft großer Andrang. Auch Sakralbauten wie der Duomo lohnen einen Besuch.

Nachmittags

Palazzo Maffei, Verona

Die von Prachtbauten umrahmte **Piazza delle Erbe** *(siehe S. 160f)* gilt als »gute Stube« der Stadt. Über den Ponte Pietra (Ponte Romano) erreicht man das andere Ufer der Etsch, wo man zum **Teatro Romano** aufsteigt und die Aussicht von dort genießt. Nach der Rückkehr in die Altstadt lockt ein **Shopping-Bummel** durch die Via Mazzini.

Abends

Den perfekten Abschluss für einen Tag in Verona bildet der Besuch einer Opernaufführung in der Arena.

Windsurfer am nördlichen Gardasee *(siehe S. 204)*

Isola del Garda, die größte Insel im Gardasee *(siehe S. 139)*

Zwei Tage am Gardasee

- Bootstour zu einigen Perlen am Seeufer
- Malcesine und Limone
- Gardone Riviera – Charme und Eleganz

Erster Tag

Im Rahmen einer ganztägigen Bootstour *(siehe S. 128f)* kann man mehrere Hafenorte am Gardasee in kurzer zeitlicher Abfolge kennenlernen. Beim genannten Beispiel sind dies **Peschiera del Garda** *(siehe S. 106)*, **Sirmione** *(siehe S. 116–123)*, **Garda** *(siehe S. 84–87)*, **Bardolino** *(siehe S. 94f)* und **Lazise** *(siehe S. 98–101)*. Neben den Besichtigungen bleibt genügend Zeit zum Flanieren und Entspannen, bevor man wieder an Bord geht. Auch die Fahrt selbst ist ein Erlebnis, da sie viele prächtige Villen und Palazzi mit ihrer Schokoladenseite zum See hin zeigt. Natürlich können Sie die Ziele der Tour auch variieren.

Zweiter Tag

Vormittags In **Malcesine** *(siehe S. 78f)*, dessen Zauber schon Goethe faszinierte, gibt es zwei architektonische Highlights: die am Seeufer aufragende Scaligerburg und der Palazzo dei Capitani mit wunderschönem Garten. Mit der Autofähre gelangt man nach **Limone sul Garda** *(siehe S. 152)* am gegenüberliegenden Ufer, wo man noch Überreste der einst bedeutenden Kultivierung von Zitronen entdeckt.

Nachmittags In **Gardone Riviera** *(siehe S. 140f)* – einst Kurort betuchter Europäer – spürt man noch den alten Charme. Mit dem **Giardino Botanico André Heller** *(siehe S. 142f)* und dem **Vittoriale degli Italiani** *(siehe S. 146f)* bietet der Ort zwei konzeptionell völlig unterschiedliche Anwesen.

Drei Tage am Gardasee

- Sirmiones Highlights
- Streifzug durch den Parco Giardino Sigurtà
- Mit der Seilbahn auf den Monte Baldo
- Besuch einer *limonaia*

Erster Tag

Vormittags Zu den populärsten Reisezielen am Gardasee gehört **Sirmione** *(siehe S. 116–123)*. Der Ort beeindruckt mit Sehenswürdigkeiten wie dem Castello Scaligero und den Grotte di Catullo ebenso wie durch die einmalige Lage seiner Altstadt auf einer schmalen, weit in den See reichenden Halbinsel.

Kleiner Garten hinter dem Castello Scaligero in Sirmione *(siehe S. 120f)*

Nachmittags Einige Grandhotels in **Gardone Riviera** *(siehe S. 140f)* zeugen noch von der glorreichen Vergangenheit des Orts, der unbedingt einen Abstecher lohnt. **Giardino Botanico André Heller** *(siehe S. 142f)* und **Vittoriale degli Italiani** *(siehe S. 146f)* sind neben prächtigen Bauwerken und der Uferpromenade die größten Anziehungspunkte.

Zweiter Tag

Vormittags Wer aus dem Norden anreist, kann vor der Besichtigung von **Garda** *(siehe S. 84–87)* einen Stopp an der Landspitze **Punta San Vigilio** *(siehe S. 87)* einlegen. Der für seinen gleichnamigen Rotwein bekannte Ort **Bardolino** *(siehe S. 94f)* bietet ein Weinmuseum und elegante Boutiquen.

Nachmittags Die von einer weitgehend intakten mittelalterlichen Stadtmauer umrahmte Altstadt von **Lazise** *(siehe S. 98–101)* überzeugt mit historischer Bausubstanz. Zudem ist der Ort für viele Besucher das Tor zu den Freizeitparks im Südosten des Sees. Der ausgedehnte **Parco Giardino Sigurtà** *(siehe S. 114f)* beeindruckt mit wunderschönen Pflanzenarrangements und Kunstwerken.

Dritter Tag

Vormittags Vom überaus malerischen **Malcesine** *(siehe S. 78f)* führt die seit 2002 betriebene Seilbahn in den Gipfelbereich des **Monte Baldo** *(siehe S. 80–83)*. Die Aussicht von der Bergstation (1760 m) ist grandios.

Nachmittags Flaniermeilen, historische Bauten oder Wassersport: **Riva del Garda** *(siehe S. 52f)* an der Nordspitze des Sees ist für all diese Interessen ein lohnendes Etappenziel. In **Limone sul Garda** *(siehe S. 152)* kann man eine restaurierte *limonaia* besichtigen.

Fünf Tage am Gardasee

- Über die Rocca di Garda
- Radtour entlang dem Mincio
- Ausflug von Salò zur Isola del Garda
- Monte Baldo und Malcesine
- Kunstgenuss im MART
- Ein Tag in Verona

Erster Tag

Vormittags Von **Garda** *(siehe S. 84–87)*, dem der See seinen Namen verdankt, gelangt man auch zu Fuß (z. B. über die **Rocca di Garda**, *siehe S. 88f)* nach **Bardolino** *(siehe S. 94f)*. Beim Rückweg nach Garda kann man an Grasstränden baden.

Nachmittags Schon aus großer Entfernung erkennt man die Scaligerburg von **Lazise** *(siehe S. 98–101)*, dessen Altstadt man durch eines der drei Stadttore betritt. Durch den **Parco Giardino Sigurtà** *(siehe S. 114f)*, eine rund 60 Hektar große Parklandschaft, bewegt man sich zu Fuß, mit Bummelzug, (Miet-)Fahrrad, Golf-Cart oder Shuttle-Bus.

Zweiter Tag

Vormittags Das von einigen Inseln und der mächtigsten Festungsanlage am See geprägte Stadtbild von **Peschiera del Garda** *(siehe S. 106)* ist unvergleichlich. Von hier aus ist ein Ausflug mit dem (Miet-)Fahrrad entlang dem Ufer des Mincio

Kattas (Lemuren) im Parco Natura Viva *(siehe S. 101)*

zu empfehlen *(siehe S. 113)*. Die Route führt nach Süden bis Borghetto, einem hübschen Ortsteil von Valeggio sul Mincio mit romantischem Mühlenviertel – und wieder zurück.

Nachmittags Nicht nur Kurgäste schätzen die Atmosphäre von **Sirmione** *(siehe S. 116–123)*. Vom Hauptturm der Scaligerburg bietet sich ein fantastischer Ausblick über die lang gestreckte Halbinsel und den südlichen Gardasee. Auch die Grotte di Catullo lohnen eine Besichtigung.

Logo des Parco Natura Viva

Dritter Tag

Vormittags Von den vielen Uferpromenaden rund um den Gardasee ist die von **Salò** *(siehe S. 134f)* mit ihren teils sehr aufwendig gestalteten Palazzi besonders stimmungsvoll. Der Duomo Santa Maria Annunziata ist das bedeutendste spätgotische Bauwerk am See. Von Salò und anderen Häfen erreicht man an bestimmten Tagen mit dem Boot die **Isola del Garda** *(siehe S. 139)*, die man im Rahmen einer rund zweistündigen Führung besichtigen kann.

Nachmittags Nach der Rückkehr von der Insel fährt man nach **Gardone Riviera** *(siehe S. 140f)*, das sich einen Teil seines einstigen Glanzes bewahren konnte. Zu den Attraktionen des Orts gehören **Giardino Botanico André Heller** *(siehe S. 142f)* und **Vittoriale degli Italiani** *(siehe S. 146f)*.

Vierter Tag

Vormittags Das Panorama von der Seilbahn-Bergstation (1760 m) des **Monte Baldo** *(siehe S. 80–83)* ist einmalig. Auch für Nicht-Bergsteiger lohnt es sich, hier ein wenig zu wandern. Nach der Fahrt zurück bietet sich ein Bummel durch **Malcesine** *(siehe S. 78f)* an – mit Besichtigung von Scaligerburg und Palazzo dei Capitani.

Nachmittags Vom Nordufer aus erreicht man **Rovereto** *(siehe S. 64–69)* mit dem in ganz Europa renommierten Kunstmuseum **MART** *(siehe S. 68f)*. Auch für den Besuch weiterer Kulturstätten Roveretos sollte man sich etwas Zeit nehmen.

Fünfter Tag

Zu einem ganztägigen Ausflug nach **Verona** *(siehe S. 156–173)* mit der berühmten Arena *(siehe S. 164–167)* kann man durch das Weinbaugebiet Valpolicella *(siehe S. 96f)* fahren.

Familien zieht es in die spannenden Freizeitparks im Südosten des Gardasees. Populär ist das **Gardaland Resort** *(siehe S. 108f)*, dessen Besuch man gut mit einem Abstecher zu **SEA LIFE Aquarium** *(siehe S. 107)* oder **Parco Natura Viva** *(siehe S. 101)* verbinden kann.

Aufführung des *Barbier von Sevilla* in Veronas Arena *(siehe S. 164–167)*

Der Gardasee auf der Karte

Mit einer Fläche von rund 370 Quadratkilometern ist der zwischen Alpen und Po-Ebene gelegene, knapp 52 Kilometer lange Gardasee der größte See Italiens. Seine Tiefe von bis zu 346 Metern ist typisch für Seen in durch Gletschertätigkeit entstandenen Becken. Der Seespiegel liegt 65 Meter über dem Meer. Mediterrane Vegetation – u. a. mit Olivenbäumen, Zitrusgewächsen und Palmen – prägt die Uferbereiche.

Der im nördlichen Teil von Bergketten umrahmte See erstreckt sich auf dem Gebiet der Regionen Trentino-Alto Adige, Lombardia und Veneto.

Weitere Zeichenerklärungen *siehe hintere Umschlagklappe*

DEUTSCHLAND
ÖSTERREICH
SLOWENIEN
KROATIEN
BIH
ITALIEN
SAN MARINO
München
Landsberg am Lech
Chiemsee
Salzburg
Linz
Wels
St. Pölten
WIEN
Bregenz
Innsbruck
Inn
Steinach
Leoben
Graz
Murau
Bruneck Brunico
Lienz
Villach
Maribor
St. Moritz
Bozen Bolzano
Cortina d'Ampezzo
Belluno
Udine
LJUBLJANA
Trento (Trient)
Lago di Garda
Treviso
Monfalcone
Novo Mesto
ZAGREB
Sava
ergamo
Verona
Vicenza
Trieste
Padova (Padua)
Venezia (Venedig)
Poreč
Rijeka
Po
Pula
Parma
Bologna
Ravenna
Mare Adriatico (Adriatisches Meer)
La Spezia
Rimini
Zadar
Lucca
Firenze (Florenz)
Fano
Pisa
Arno
vorno
Ancona
Arezzo
Tevere (Tiber)
Siena
Perugia
Civitanova Marche
iombino
Ascoli Piceno
Giulianova
Terni
Viterbo
Pescara
Porto S. Stefano
L'Aquila
Kroatien, Griechenland
Civitavecchia
ROMA (ROM)
Avezzano
Termoli
Mar Tirreno (Tyrrhenisches Meer)
Manfredonia
Cassino
Foggia
Anzio
Cerignola
Terracina
Benevento
Avellino
Napoli (Neapel)
Potenza
Salerno
Sizilien
Sizilien
0 Kilometer 100
Legende
Gardaseeregion
Autobahn
Hauptstraße
Eisenbahn
Staatsgrenze
Fährlinie
A8
A7
A96
A95
A1
A9
A10
A2
A12
A22
A23
A27
A28
A4
A21
A13
A14
A11
A24
A25
A16
A3
20
83
27
100
1
S51
S309
S3b
S71
S3
S2
S1
S4
S6
S17
8

Ein Porträt des Gardasees

Der tiefblaue Gardasee und seine abwechslungsreiche Umgebung üben seit je eine ganz besondere Faszination aus, landschaftliche und kulturelle Vielfalt sowie das überwältigende kulturhistorische Erbe der Region suchen ihresgleichen. Aufgrund der Lage im Übergangsbereich zwischen Mittel- und Südeuropa vermischen sich hier alpenländisches Ambiente und mediterranes Flair auf geradezu einzigartige Weise. Viele Besucher sprechen in Bezug auf diese beliebte Urlaubsregion vom »Mythos Gardasee«.

Die Gardaseeregion war immer vielfältigen Einflüssen ausgesetzt – trotz der Gebirgsumrahmung im Norden, Westen und Osten. Wegen ihrer strategischen Bedeutung zwischen Alpen und Po-Ebene stand sie häufig im Fokus von Machtinteressen und war wiederholt heftig umkämpft. Diese wechselvolle Geschichte ist noch heute spürbar. Vielerorts sind architektonische Zeugnisse der einzelnen Epochen bzw. Machthaber – vom Römischen Reich über die Scaliger (Herren von Verona) und die Republik Venedig bis zur Habsburger Monarchie – erhalten und tragen ihren Teil zum reichen Erbe rund um den Gardasee bei. Nach der Einigung Italiens 1861 ging die Region gemäß mehreren Friedensabkommen an Italien über, 1919 mit der Nordspitze auch der letzte Teil.

Das Ufer des Gardasees säumen malerische Städtchen mit schönen Uferpromenaden und Hafenbecken, am Ostufer sind die vielen Scaligerburgen besondere Anziehungspunkte. Auch die ruhigeren Orte im Hinterland bieten viel Sehenswertes. Die Region birgt zudem einige UNESCO-Welterbestätten: die Pfahlbauten am Ledrosee und bei Desenzano del Garda sowie Teile der Altstadt von Verona.

Der Gardasee zieht seit Jahrhunderten Urlauber an, die meisten kommen aus Mitteleuropa. Ab dem 18. Jahrhundert ließen sich hier Schriftsteller und Künstler inspirieren, gegen Ende des 19. Jahrhunderts entwickelten sich im Südwesten und an der Nordspitze exklusive Badeorte mit Grandhotels für betuchte Gäste.

Heute bieten See und Umgebung für jeden etwas – für Erholungsuchende und Genießer, für Berg- und Wassersportler und auch für (kunst-)historisch und kulturell Interessierte.

Toscolano-Maderno auf einer breiten Landzunge am Westufer des Gardasees *(siehe S. 148)*

◀ Bogengang an der Villa (Prioria) des Vittoriale degli Italiani *(siehe S. 146)*

Hafenbecken in Limone sul Garda

Ab den 1950er Jahren wurde stark in den Fremdenverkehr investiert, er ist schon längst die Haupteinnahmequelle der Region. Der Gardasee hat das höchste Touristenaufkommen der italienischen Seen. Über sechs Millionen Urlauber kommen jedes Jahr hierher, gut die Hälfte davon aus Deutschland. Von dieser Entwicklung profitieren auch mit dem Tourismus verbundene Branchen wie das Baugewerbe oder das Kunsthandwerk.

Wirtschaft

Die Gardaseeregion ist tradtionell ein ertragreiches Agrargebiet. Mit Ausnahme des Westens, wo steile Bergketten fast bis ans Ufer reichen, wird rund um den See seit Jahrhunderten Weinbau betrieben. Der vor allem am Ostufer (»Riviera degli Olivi«) schon seit der Antike verbreitete Olivenanbau für die Produktion von Olivenöl prägt weite Landstriche. Die für das Westufer (»Riviera dei Limoni«) typische Kultivierung von Zitronen spielt hingegen kaum noch eine Rolle. Auch die Fischerei, früher Existenzgrundlage vieler Anwohner, ist heute aus kommerzieller Sicht nahezu bedeutungslos.

Sant'Angela Merici, Peschiera del Garda

Bevölkerung

In allen drei Provinzen, über die sich der Gardasee erstreckt – Trento (Region Trentino-Alto Adige), Brescia (Region Lombardia) und Verona (Region Veneto) –, werden neben der Amtssprache Italienisch auch unterschiedliche Dialekte gepflegt. Insbesondere an der Nordseite des Sees sprechen viele Menschen auch Deutsch – wegen des Tourismus und des geschichtlichen Erbes, gehörte das Trentino doch bis 1919 zu Österreich. Größte Stadt im Gardaseeraum ist Verona (260 000 Einwohner), am Seeufer Desenzano del Garda (28 000). Mit Einsetzen des Tourismusbooms begann eine starke Zuwanderung aus Süditalien.

Aufführung im Rahmen der Opernfestspiele in der Arena von Verona

Segelboote von Stickl auf dem Gardasee

Auch wenn der Agrarsektor nicht mehr die bedeutendste Einnahmequelle ist, sind im Hinterland des weitgehend touristisch genutzten Seeufers noch vielerorts bäuerliche Strukturen erhalten. In nahezu allen Orten um den See findet ein Wochenmarkt statt, auf dem sich die Einheimischen treffen und sich mit Köstlichkeiten aus dem breiten Angebot an regionalen Produkten eindecken.

Kunst und Kultur

Die Gardaseeregion ist ein alter Kulturraum und besitzt noch heute vielfältige Zeugen ihrer ereignisreichen und wechselvollen Vergangenheit. Pfahlbauten am Ledrosee verweisen auf eine bronzezeitliche Zivilisation. Verona präsentiert eindrucksvolle, teils monumentale Bauten aus römischer Zeit. In vielen Orten sind mittelalterliche Burgen erhalten, von denen aus Herrscher wie die Grafen von Arco oder die Scaliger ganze Landstriche kontrollierten. Die meisten dieser Festungen können besichtigt werden, ebenso die zahlreichen Sakralbauten, von denen einige reich mit Fresken und Skulpturenschmuck ausgestaltet sind. Einige Gotteshäuser, darunter Madonna di Monte Castello (Tignale) und Madonna della Corona (Spiazzi), wurden in spektakulärer Lage errichtet.

Auch die Museumslandschaft ist vielfältig, die einzelnen Kulturstätten setzen sich mit unterschiedlichsten Themen auseinander. Zu Europas renommiertesten Museen für zeitgenössische Kunst zählt das MART in Rovereto. Andere widmen sich der Industriegeschichte, etwa das Museo Nicolis in Villafranca di Verona, ein Muss für Automobilfans, und das Museo della Carta in Toscolano-Maderno, das die Entwicklung der Papierherstellung präsentiert. Das Museo del Vino in Bardolino und das Museo dell'Olio in Cisano beherbergen Exponate traditioneller Landwirtschaft.

Gartenanlagen wie der Giardino Botanico André Heller in Gardone Riviera und der Parco Giardino Sigurtà bei Valeggio sul Mincio beeindrucken mit ihrer gelungenen Symbiose aus Naturidylle und Kunst. Das ganze Jahr über dokumentieren Veranstaltungen und Feierlichkeiten *(siehe S. 32–35)* das reiche kulturelle Erbe der Region. Das Spektrum reicht von den weltberühmten Opernfestspielen in Veronas Arena über das legendäre Autorennen Mille Miglia (»1000-Meilen«-Rennen; *siehe S. 29*) bis zu kulinarischen Events, die landwirtschaftlichen Produkten (von Wein über Olivenöl bis zu Kürbissen) gewidmet sind.

Rotunde des 2002 eröffneten Kunstmuseums MART in Rovereto

Landschaften, Flora und Fauna

Das Areal am Gardasee erstreckt sich zwischen Seegrund und der Gipfelregion des Monte Baldo über mehr als 2000 Höhenmeter – entsprechend vielfältig sind Landschaftstypen sowie Pflanzen- und Tierwelt entwickelt. Der Gardasee entstand nach der letzten, vor rund 10 000 Jahren endenden Eiszeit im Becken eines aus den Alpen vorrückenden Gletschers. Das am Gletscherrand zusammengeschobene Material bildet heute am südlichen Ufer als Moränengürtel eine abwechslungsreiche Hügellandschaft. Mit Ende der Eiszeit entstanden riesige Schmelzwasserströme, von denen die heute existierenden Flüsse als Reste erhalten blieben. Im Westen, Norden und Süden bilden Gebirge eine imposante Kulisse.

Der Fluss Mincio mit dichter Vegetation

Berge

Murmeltier

In den während der Eiszeit nicht von Gletschern bedeckten Hochlagen des Monte Baldo hat sich eine ursprüngliche Flora mit vielen seltenen und sogar einigen endemischen Arten erhalten. Hier vermischt sich mediterrane mit alpiner Flora. Die Fauna umfasst u. a. Murmeltiere und Gämsen.

Adler und andere Hochgebirgsvögel, darunter Alpendohle oder Alpensegler, ziehen über der Gebirgslandschaft ihre Kreise.

Das Alpen-Edelweiß gilt in Teilen des Alpenraums als gefährdet und steht daher unter besonderem Schutz. Die Gebirgspflanze bevorzugt Höhen von über 1800 Metern.

Hügelland

Landgut im Hügelland

Sowie es möglich ist, wird das hügelige Gelände um den Gardasee landwirtschaftlich genutzt. Neben typischen Agrarpflanzen wie Getreide werden auch Sonderkulturen wie Wein und Zitrusfrüchte kultiviert.

Hechte erreichen im Gardasee oft eine Länge von über einem Meter. Sie halten sich gern in Ufernähe auf, wo sie für die Jagd günstige Deckungsmöglichkeiten finden.

Pappelhaine mit schlanken, hoch aufragenden Pappeln werden an manchen Stellen großflächig angepflanzt. Sie geben der Landschaft zu allen Jahreszeiten ein eigenes Flair.

Weinbau

Seit vielen Jahrhunderten wird rund um den Gardasee Weinbau betrieben. In einigen Regionen – vor allem im Südosten und Süden – prägt diese Form der Landnutzung den Charakter der Landschaft maßgeblich. Die in Tal- und Hanglagen in langen Reihen angepflanzten Reben nehmen stellenweise riesige Flächen ein. Die hier reifenden Trauben dienen der Produktion unterschiedlichster Weine *(siehe S. 188f)*. Einige Weinbaugebiete sind für Tropfen bekannt, die auch außerhalb Italiens einen durchaus klangvollen Namen haben, zu den bekanntesten gehören Bardolino, Valpolicella, Soave und Lugana. Viele Weingüter bieten ihre Produkte zur Verkostung und zum Verkauf an.

Bardolino ist namengebendes Zentrum eines Anbaugebiets, in dem Trauben für rubin- bis granatrote Weine gedeihen. Eine Fahrt entlang der Strada del Vino *(siehe S. 96f)* führt auch durch dieses Gebiet.

Täler und Flüsse

Während die zum See führenden Täler meist recht schmal sind, nehmen Täler im Hinterland mitunter relativ große Flächen ein und entwässern ausgedehnte Gebiete. Wie der Gardasee sind auch die Flüsse in seinem Einzugsgebiet sehr fischreich.

Barsch

See und Ufer

Bedingt durch das milde Klima gedeiht am Seeufer eine Vegetation, die an südlichere Regionen erinnert, darunter Olivenbäume, Palmen und Agaven. Viele Zugvögel machen rund um das fischreiche Gewässer Rast.

Entenküken

Zitronen gedeihen vor allem an der Westseite des Gardasees, die aus diesem Grund auch als Riviera dei Limoni (Zitronenküste) bezeichnet wird.

Buchten säumen den See an vielen Stellen. Einige mit Sand, Kies oder Gras bedeckte Bereiche werden als Badestrände genutzt.

Oliven gehören zu den charakteristischen Pflanzen des Mittelmeerraums und belegen die klimatischen Vorzüge der norditalienischen Region.

Gardaseeforellen leben in Tiefen zwischen 100 und 200 Metern. Der nur hier vorkommende begehrte Speisefisch mit der auffallend silbrigen Färbung ist in seinem Bestand gefährdet.

Parks und Naturschutzgebiete

Logo des Parco Naturale Locale Monte Baldo

Das Gebiet um den Gardasee umfasst eine Vielzahl an Naturschätzen, einige Gebiete wurden wegen ihrer Einzigartigkeit – z. B. nur hier vorkommender Pflanzen oder besonderer landschaftlicher Phänomene – unter Schutz gestellt. Diese Gebiete, zu denen kein Nationalpark gehört, verteilen sich auf das gesamte in diesem Reiseführer vorgestellte Areal. Sie umfassen verschiedenste Naturräume – von ufernahen Zonen bis in die Hochlagen. Für Wanderer und Radfahrer gibt es markierte Wege.

Der Parco Alto Garda Bresciano (38 000 ha; im Bild: Lago di Valvestino) reicht vom Seeufer bis in Höhen von fast 2000 Metern *(siehe S. 148)*.

Der Parco delle Colline Moreniche di Castiglione (1200 ha), ein sanft hügeliges Areal, wird von Moränen geprägt. Sie bestehen aus Material, das die Gletscher beim Vorrücken nach Süden vor sich herschoben und ablagerten.

Der Parco Regionale del Mincio, ein 16 000 Hektar großes Areal, erstreckt sich zu beiden Seiten des Mincio, dem bedeutendsten Abfluss des Gardasees (im Bild: Ponte Visconteo, Borghetto).

Die Riserva Naturale Monte Brione (66 ha), ein Areal am Nordufer, erstreckt sich um den sichelförmigen, nach Osten hin steil abfallenden Monte Brione.

Arnika

In der Riserva Naturale Lago di Loppio steht ein 112 Hektar großes Feuchtgebiet unter Schutz. Der See wurde für den Bau eines Straßentunnels weitgehend trockengelegt.

Die Riserva Naturale Corna Piana di Brentonico (52 ha) umfasst einen Teil des für seine artenreiche Vegetation bekannten Massivs Monte Baldo. Einige der hier gedeihenden Arten sind endemisch und haben schon das vor etwa 10 000 Jahren endende Eiszeitalter überdauert.

Die Fossilien im Parco Naturale Regionale della Lessinia (10 000 ha) sind erdgeschichtliche Dokumente von vor rund 50 Millionen Jahren, als hier tropisches Klima herrschte.

Murmeltier

Scaligerburgen

Wappen der Scaliger

Im 13. und 14. Jahrhundert zählte die Familie della Scala zu den mächtigsten Italiens. Ihre Mitglieder wurden Scaligeri (Scaliger) genannt. Dieser Name rührt von einer im Familienwappen abgebildeten Leiter (Scala) her. Durch Kriege und Intrigen konnten die aus bescheidenen Verhältnissen stammenden Scaliger weite Teile Norditaliens unter ihre Herrschaft bringen. Die Hofhaltung in Verona zählte zu den prächtigsten ihrer Zeit. Die Familie ließ in Oberitalien – u. a. in Verona, Sirmione, Malcesine und Lazise – mehrere Trutzburgen errichten, die durch ihre charakteristischen rohen Mauern und Schwalbenschwanzzinnen besonders wehrhaft erscheinen. 1387 wurden die Scaliger von den Visconti gestürzt, Antonio della Scala flüchtete aus seiner Residenz in Verona und starb im folgenden Jahr.

Zisterne
In der Zisterne wurde Regenwasser aufgefangen und über einen Flaschenzug im Brunnenschacht geschöpft.

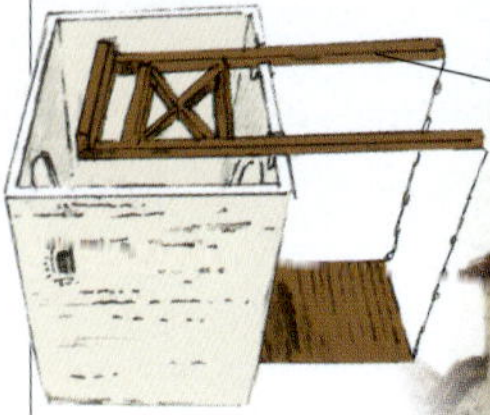

Schwungruten
Über (auch Wippbäume genannte) Schwungruten wurde die Zugbrücke angehoben. Für diesen Mechanismus war im Inneren des Tors ein Gegengewicht angebracht.

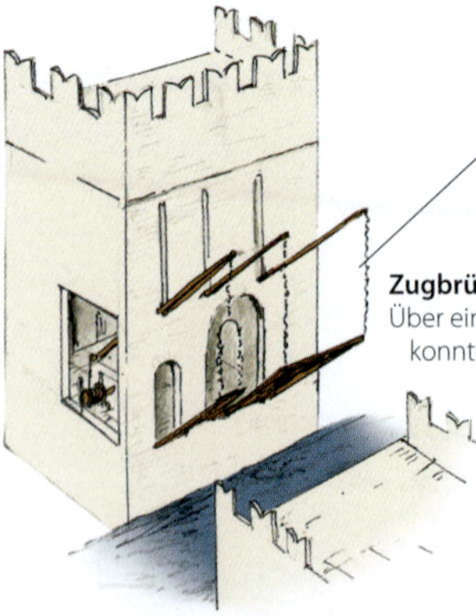

Zugbrücke
Über einen Kurbelmechanismus konnte die Brücke hochgeklappt und der Zugang verschlossen werden.

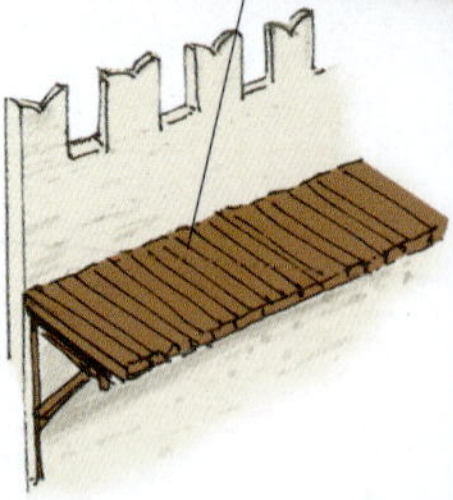

Wehrgang
Vom Wehrgang aus wurden Angreifer mit Pfeilen oder Geschossen abgewehrt.

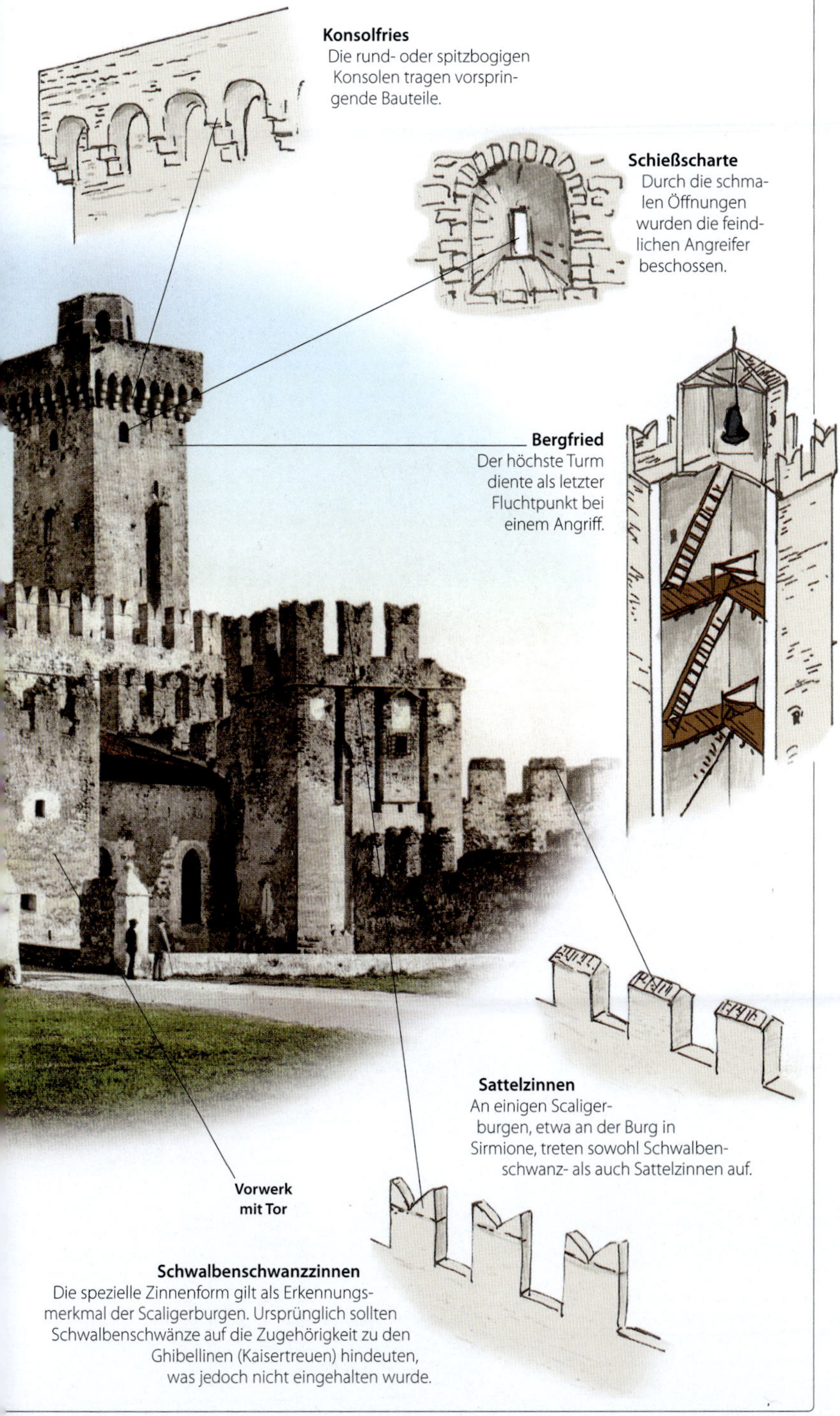
Konsolfries
Die rund- oder spitzbogigen Konsolen tragen vorspringende Bauteile.
Schießscharte
Durch die schmalen Öffnungen wurden die feindlichen Angreifer beschossen.
Bergfried
Der höchste Turm diente als letzter Fluchtpunkt bei einem Angriff.
Sattelzinnen
An einigen Scaligerburgen, etwa an der Burg in Sirmione, treten sowohl Schwalbenschwanz- als auch Sattelzinnen auf.
Vorwerk mit Tor
Schwalbenschwanzzinnen
Die spezielle Zinnenform gilt als Erkennungsmerkmal der Scaligerburgen. Ursprünglich sollten Schwalbenschwänze auf die Zugehörigkeit zu den Ghibellinen (Kaisertreuen) hindeuten, was jedoch nicht eingehalten wurde.

Villen und Palazzi

Das Repräsentationsbedürfnis von Adligen und reichen Bürgern fand am Gardasee seinen architektonischen Ausdruck in prachtvollen, zum Teil von weitläufigen Gärten umgebenen Bauwerken. Sie wurden in bevorzugter Lage errichtet und als Residenzen genutzt. Manche dieser Villen und Palazzi können besichtigt werden, in einigen der stilvollsten Anwesen wurden Hotels eingerichtet, die zweifellos zu den elegantesten am Gardasee gehören. Nicht allein Architektur-Liebhaber werden von der magischen Atmosphäre dieser Traumhäuser verzaubert sein.

Brunnenfigur der Fontana del Delfino, Vittoriale degli Italiani

Prioria (Villa Cargnacco), Vittoriale degli Italiani
Im ehemaligen Wohnhaus des Kriegshelden Gabriele D'Annunzio ist heute ein Museum untergebracht, das allerlei Kuriositäten zeigt *(siehe S. 146f).*

Isola del Garda
Zentrales Anwesen der in Privatbesitz befindlichen Insel ist die Ende des 19. Jahrhunderts im neugotisch-venezianischen Stil erbaute schlossähnliche Villa. Sie wird noch heute von Mitgliedern der Familie Borghese-Cavazza bewohnt, kann aber besichtigt werden (siehe S. 139).

Grand Hotel Gardone, Gardone Riviera
Das Hotel neben dem Fähranleger ist bei Anreise mit dem Boot weithin sichtbar *(siehe S. 140f).*

Villa Feltrinelli, Gargnano
Das herrschaftliche Anwesen mit eindrucksvollem Portal wurde 1892 von der Mailänder Familie Feltrinelli in Auftrag gegeben und beherbergt heute ein Luxushotel *(siehe S. 149).*

Villa Albertini, Garda
Die Besuchern nicht zugängliche Villa mit ausgedehntem Park zeigt auch Stilelemente einer mittelalterlichen Burg *(siehe S. 86)*.

Pferd von Mimmo Paladino, Vittoriale degli Italiani

Palazzo dei Capitani, Malcesine
Die rückwärtige Fassade des ehemaligen Sitzes des venezianischen Statthalters zieren u. a. Zinnen und Renaissance-Fenster. Nur eine niedrige Mauer trennt den Hof des Palazzo vom See *(siehe S. 79)*.

Villa Maria Callas, Sirmione
In den 1950er Jahren wohnte hier die gefeierte griechische Sopranistin Maria Callas und machte die Villa zu einem Künstlertreffpunkt *(siehe S. 117)*.

Torre San Marco, Gardone Riviera
Der mit mittelalterlichen Stilelementen versehene Turm (19. Jh.) ragt am Seeufer gegenüber der klassizistischen Villa Alba auf. Heute wird der Turm als Diskothek genutzt *(siehe S. 141)*.

Gardesana

Die durchgehende Uferstraße rund um den Gardasee umfasst einen westlichen (Gardesana Occidentale) und einen östlichen Abschnitt (Gardesana Orientale). Vor allem der westliche, über weite Strecken an steilem Ufer verlaufende Teil war ein ambitioniertes Projekt, für das über 70 (teils kilometerlange) Tunnel in den Fels getrieben werden mussten. Ob West- oder Ostroute: Beide Abschnitte verlaufen durch die schönsten Orte am Gardasee, von beiden Seiten bieten sich wunderbare Ausblicke über den See und auf das jeweils gegenüberliegende Ufer.

Campione del Garda
Den Ort erreicht man mit dem Auto über die entsprechend beschilderte Ausfahrt aus einem langen Tunnel.

Tunnel bei Gargnano
Ungefähr auf halber Strecke entlang der Gardesana Occidentale befindet sich Gargnano, ein von Auto- und Motorradfahrern gern angesteuertes Etappenziel *(siehe S. 149)*.

Galerien
Die Galerien entlang der Gardesana Occidentale bieten ein ständig wechselndes Spiel aus Licht und Schatten.

Routeninfos

SS 45 bis

Länge: 45,5 km (von Riva del Garda bis Salò).
Fahrzeit (ohne Stau und Pausen): 1 Std.
Gesamtlänge: 154 km (von Cremona bis Trento).
Verlauf: Am Westufer des Gardasees von Riva del Garda bis Salò.
Bedeutende Orte an der SS45: Riva del Garda, Limone sul Garda, Gargnano, Toscolano-Maderno, Gardone Riviera und Salò.
Morgensonne
Bauzeit: 1927 bis 1932.
Besonderheit: Es gibt 74 Tunnel zwischen Riva und Gargnano (28 km), einige sind unbeleuchtet. 1943–1945 fand in den Tunneln Rüstungsproduktion statt. Ab 1963 wurden Galerien gegen Steinschlag errichtet. Alte Straßenabschnitte sind heute teilweise als Fuß- und Fahrradwege geöffnet.

Desenzano
Der Leuchtturm ist ein wichtiger Orientierungspunkt in Desenzano, der größten Stadt am Gardasee *(siehe S. 126f)*.

Die Straßen SS572 und SS11 schließen den ufernahen Straßenring rund um den Gardasee.

Routeninfos

SS 249

Länge: 60 km (von Arco bis Peschiera del Garda).
Fahrzeit (ohne Stau und Pausen): 1:20 Std.
Gesamtlänge: 101 km (von Arco bis Roverbella).
Verlauf: Am Ostufer des Gardasees von Arco bis Peschiera del Garda.
Bedeutende Orte an der SS249: Arco, Torbole sul Garda, Malcesine, Torri del Benaco, Garda, Bardolino, Lazise, Peschiera del Garda (dann weiter nach Valeggio sul Mincio).
Abendsonne
Fertigstellung: 1926.
Besonderheit: Der nördliche Teil an der SS249 ist von den Ausläufern des Monte-Baldo-Massivs geprägt, im südlichen Teil verläuft die SS249 bei Garda und Bardolino durch besonders sonnige Bereiche.

Malcesine
Die zinnenbekrönte Scaligerburg von Malcesine, dem – von Norden kommend – nach Torbole ersten größeren Ort an der Ostroute, ist schon von Weitem sichtbar *(siehe S. 78f)*.

Garda
Der Ort, nach dem der See benannt wurde, liegt an einer ausladenden Bucht. Sie wird von zwei Bergen begrenzt, die bis an die Gardesana reichen *(siehe S. 84–87)*.

Mille Miglia

1000 MIGLIA

Das »1000-Meilen«-Rennen zieht nicht nur Autofans in seinen Bann. Die 1927–57 ausgetragene Veranstaltung, deren Siegerliste illustre Namen wie Rudolf Caracciola (1931) und Stirling Moss (1955) umfasst, war Teil der Sportwagen-Weltmeisterschaft. 1977 wurde sie als Nostalgierennen wiederbelebt und findet nun jährlich im Mai statt. Die Rallye für Oldtimer der Baujahre 1927–57 verläuft von Brescia bis Rom und wieder zurück. Sie führt auch durch Orte am Gardasee, darunter Desenzano, Sirmione und Peschiera, sowie durch Verona.

Mercedes Coupé 300 SL

Wein und Weinbaugebiete

Rings um den Gardasee, einer klimatisch begünstigten Region, wird in großem Umfang Wein kultiviert – stellenweise schon seit Jahrtausenden. Die Anbaugebiete, von denen einige zu den bekanntesten Italiens gehören, liefern nicht nur Trauben für ein umfangreiches Sortiment edler Tropfen, sondern prägen auch maßgeblich das Landschaftsbild. Die in großer Vielfalt gekelterten Erzeugnisse reichen von herkömmlichen Tischweinen bis zu einer Reihe hochwertiger DOC- bzw. DOCG-Weinen, deren Gütesiegel (Denominazione di Origine Controllata bzw. DOC Garantita) Qualität garantieren.

Schild am Weinmuseum in Bardolino

Die Anordnung der Reben in parallelen Reihen erleichtert die Ernte der Trauben.

Valtenesi Chiaretto

Valtenesi Eusebio

Valtenesi

Zu den Aushängeschildern des Anbaugebiets im Südwesten, in dem die Reben auf Moränenhügeln wachsen, gehören der Chiaretto, ein trockener Roséwein mit fruchtiger Note, der erdig schmeckende, rubinrote Groppello und der Garda Classico Bianco mit feinem Nussaroma.

Lugana

Das relativ kleine Anbaugebiet am Südufer ist für frische, sehr leichte Weißweine gleichen Namens bekannt, die gern als Aperitif gereicht werden und zudem als ideale Begleiter von Fischgerichten gelten. Auch die hier produzierten Schaumweine (spumante) sind begehrt.

Lugana – einer der gefragtesten Weißweine der Gardaseeregion

Trauben und Weinblätter bilden auch das »Dach« mancher Terrassen von Weinlokalen.

Legende

- Bardolino
- Lugana
- Valtenesi
- Valpolicella
- Valdadige

Valdadige

Das Anbaugebiet erstreckt sich an den Ufern von Etsch und Sarca im Trentino und reicht nach Veneto und Südtirol hinein. Entsprechend groß ist die Vielfalt: Sie umfasst Weißweine wie etwa Chardonnay, Pinot Bianco und Pinot Grigio, den Roséwein Schiava Rosato sowie Rotweine wie Merlot, Pinot Nero, Cabernet Sauvignon und Vernatsch.

Vernatsch **Pinot Grigio**

Infobox

Museo del Vino (Bardolino)
siehe S. 95.

Tour durch Valpolicella
siehe S. 96f.

Weinmesse Vinitaly (Verona)
siehe S. 32.

Viele Weingüter in der Region bieten Verkostungen und Direktverkauf an.

Valpolicella

Das sich um Verona erstreckende Anbaugebiet bringt neben vielen anderen Tropfen auch den Amarone hervor, einen der großen Rotweine Italiens. Aus seinem Trester wird Ripasso (»erneuter Durchgang«) gekeltert.

Valpolicella Ripasso

Bardolino

Aus dem Hinterland der gleichnamigen Stadt stammen granat- bis rubinrote Weine. Obwohl die Sorten nicht zu den renommiertesten gehören (»Massenwein«), birgt das Anbaugebiet durchaus einige Überraschungen. Manche Classico-Varianten erreichen DOC-Status.

Bardolino Il Pignetto DOC

Die Weinlese beginnt am Gardasee im Spätsommer

Das Jahr am Gardasee

Der Gardasee ist zu allen Jahreszeiten eine Reise wert, jede Saison hat ihren Reiz. Der Veranstaltungskalender bietet ein buntes Mosaik an Festen und Feierlichkeiten – von Karnevalsumzügen über Osterprozessionen, Weinfeste und Musikfestivals bis zu Sport-Events. Im Frühling verbreitet die Blütenpracht rund um den See einen ganz eigenen Zauber. Die einmalige Stimmung einer Opernaufführung an einem lauen Sommerabend in Veronas Arena sollte man einmal erlebt haben. Der Herbst ist die Jahreszeit für besondere kulinarische Genüsse, zahlreiche Feste stehen im Zeichen der agrarischen Traditionen der jeweiligen Gegend. Auch im Winter – z. B. in der Advents- oder der Karnevalszeit – herrscht in vielen Orten rund um den Gardasee ein spezielles Flair.

Die Grafiken auf den folgenden Seiten illustrieren das Klima Sirmiones im Jahresverlauf.

Palio del Chiaretto in Bardolino ***(Mai/Juni)***

Frühling

Im Frühling kommen die zahlreichen liebevoll arrangierten Gärten um den Gardasee so richtig zur Geltung. Das Osterfest wird mit Prozessionen und kulinarischen Genüssen begangen. Auch in dieser Jahreszeit wird dem Wein gehuldigt, andere Festivitäten drehen sich um Zitrusfrüchte. Für Sportbegeisterte ist im Frühling ebenfalls viel geboten: Radsport- und Windsurf-Events (auch für Profis) sowie ein Autorennen ziehen Fans in ihren Bann.

März

Festa di Mezza Quaresima *(März)*, Limone sul Garda. »Mitten in der Fastenzeit« gibt es Polenta und reichlich Fisch, dazu wird Weißwein gereicht.

Vinitaly *(4 Tage Ende März/Anfang Apr)*, Verona. Auf dieser Weinmesse präsentieren Winzer ihre Produkte. Parallel findet die Olivenölmesse Sol statt.

Ostern *(März/Apr)*: Am Karfreitag werden religiöse Feiern abgehalten, u. a. die Kreuzwegsprozession *(via crucis)* in Brenzone sul Garda. Am Ostermontag stehen Festessen im Fokus – z. B. *bigoli con le sarde* (Pasta mit Sardinen) in Campo di Brenzone.

April

Giardini d'Agrumi *(1 Wochenende Mitte Apr)*, Gargnano. Fest rund um das Thema »Zitrusfrüchte« mit Führung durch eine der letzten noch betriebenen *limonaie*.

Zitrusfrüchte-Fest in Gargnano ***(Apr)***

Agricultura Festival *(1 Wochenende Mitte Apr)*, Desenzano del Garda. Traditionsreiches Landwirtschaftsfest mit Führungen und Kostproben.

Trofeo Neirotti Eurocup Slalom *(1 Wochenende Ende Apr)*, Torbole. Windsurfregatta auf einem festgelegten Kurs.

Il Giardino di Delizia *(letztes Wochenende im Apr)*, Bogliaco di Gargnano. In den Gärten des Palazzo Bettoni steht die Pflanzenwelt des Gardasees in Blüte.

Giro del Trentino *(Ende Apr)*, Riva del Garda – Torbole. Etappenrennen der Trentino-Rundfahrt, einer Generalprobe für den Giro d'Italia.

Mai

BIKE Festival Garda Trentino *(1 Wochenende Anfang Mai)*, Riva del Garda. Zum Auftakt der Saison trifft sich die Mountainbiker-Szene. Anspruchsvoller Bike-Marathon, Spaßrennen und Bike-Messe.

Valeggio Veste il Vintage *(1 So im Mai)*, Valeggio sul Mincio. Vintage-Markt mit Mode und Accessoires der 1950er bis 1970er Jahre – eine Fundgrube nicht nur für Sammler.

Colnago Cycling Festival *(Mitte Mai)*, Desenzano del Garda. Radrennen mit umfangreichem Rahmenprogramm.

Dyas-Regatta *(Mitte Mai)*, Riva del Garda. Renommierte Segelregatta.

Mille Miglia *(Mitte Mai)*. Das »1000-Meilen«-Rennen, eine Oldtimer-Rallye von Brescia bis Rom und wieder zurück, verläuft auch nahe dem Südufer des Gardasees *(siehe S. 29)*.

Pane, vino e pesciolino *(1 Wochenende Ende Mai)*, Riva del Garda. Kulinarisches Fest um Brot, Wein und Fisch.

Palio del Chiaretto *(Ende Mai/Anfang Juni)*, Bardolino. Weinfest zu Ehren des Roséweins Chiaretto. Feuerwerk und Drachenbootrennen.

Limonaia sotto le Stelle *(Mai – Sep: einzelne Tage)*, Limone sul Garda. Besichtigung des Zitronengewächshauses mit Limoncello-Verköstigung.

Durchschnittliche tägliche Sonnenstunden

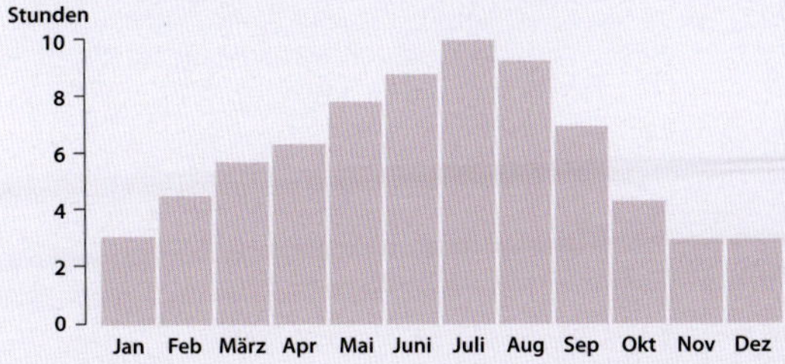

Sonnenschein
Die meisten Sonnenstunden bietet der Juli, der gleichzeitig der wärmste Monat ist. Im Gegensatz dazu zeigt sich in den oft wolkenverhangenen Monaten November, Dezember und Januar die Sonne im Durchschnitt nur etwa drei Stunden am Tag. Unterschätzen Sie nicht, wie stark die UV-Strahlung auch bei bedecktem Himmel sein kann.

Sommer

In der Hauptsaison finden rund um den See ausgelassene Feste statt. Besucher können einheimische Weine kosten, Konzerte (von Jazz bis Klassik) und Tanzevents erleben. Zu den beliebtesten Attraktionen zählen Feuerwerke.

Juni

Italia in Rosa *(Anfang Juni)*, Moniga del Garda. Fest um den Roséwein Chiaretto.
Cinquemiglia del Ghiottone *(Anfang Juni)*, Tremosine. Bei der »fünf Meilen« langen Wanderung werden die Teilnehmer mit lokalen Köstlichkeiten versorgt.
Gran Pescata alla Sardina *(1 Sa Mitte Juni)*, Sirmione. Sardinenfest.
Festa del Nodo d'Amore *(3. Di im Juni)*, Valeggio sul Mincio. Tortellini-Fest auf dem Ponte Visconteo.
Palio delle Bisse *(Mitte Juni – Anfang Aug)*. An acht Samstagabenden gibt es Ruderrennen in historischen Booten *(bisse)*. Gerudert wird im Stehen.
Liberty Festival *(Mitte Juni – Anfang Juli)*, Gardone Riviera. Kunst- und Literaturfest.
Festival Bortolazzi *(5 Tage Ende Juni)*, Toscolano-Maderno. Konzerte an diversen Orten.
Notti bianche *(Juni – Aug: Mi)*, Desenzano del Garda. Musik in der Altstadt.
Opernfestspiele *(Ende Juni – Anfang Sep)*, Verona. Opern in der Arena.
Estate Teatrale Veronese *(Ende Juni – Aug)*, Verona. Theaterfest mit Stücken von Shakespeare.

Sonnenblume in voller Pracht

Juli

Città di Velluto *(Anfang Juli)*, Ala. Kunst, Musik und Poesie in Palazzi und Gärten.
Sardellata al Chiar di Luna *(Mitte Juli)*, Garda. Sardinengerichte im Mondschein.
Sirmione in Scena *(Juli/Aug)*, Sirmione. Theaterfestival.
Armonie sotto la Rocca *(Mitte Juli – Anfang Aug)*, Manerba del Garda. Klassische Musik.

Feuerwerk bei der Notte di Fiaba in Riva del Garda *(Aug)*

Musica Riva Festival *(Mitte Juli – Anfang Aug)*, Riva del Garda. Konzerte junger Musiker.
Teatro del Vittoriale *(Mitte Juli – Anfang Aug)*, Gardone Riviera. Musik und Theater im Amphitheater.
Drodesera Festival *(Ende Juli – Anfang Aug)*, Dro. Kunstfestival.
Festival Violinistico Internazionale Gasparo da Salò *(Ende Juli/Anfang Aug)*, Salò. Violinkonzerte.

August

Garda Jazz Festival *(3 Wochen im Aug)*, u. a. Garda, Riva del Garda, Torbole, Nago, Dro.
Palio delle Contrade *(15. Aug)*, Garda. Ruderwettbewerb. Abschluss mit Feuerwerk.
Rustico Medioevo *(9 Tage im Aug)*, Canale di Tenno. Populäres Mittelalterfest.
Notte di Fiaba *(4 Tage Ende Aug)*, Riva del Garda. Märchenfest mit Markttreiben, Umzügen und Feuerwerk.
Palio della Mura *(Ende Aug)*, Peschiera del Garda. Rennen in venezianischen Ruderbooten.

Dyas-Regatta auf Zweimann-Kielbooten bei Riva del Garda *(Mai)*

Durchschnittliche monatliche Niederschläge

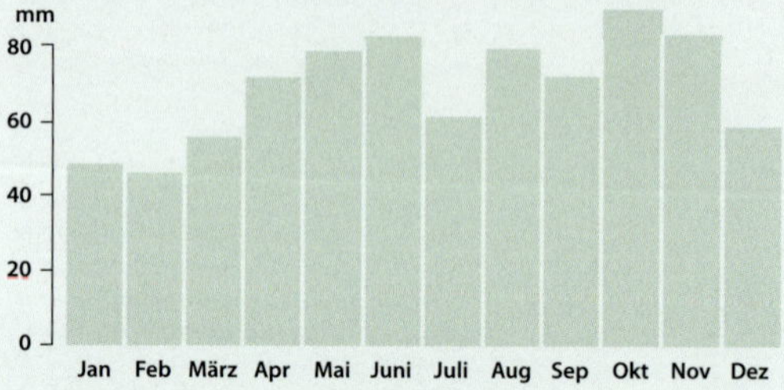

Niederschläge
Aufgrund der Nähe zu den Alpen weist die Region um den Gardasee deutlich höhere Niederschläge auf als Gebiete in Mittel- und Süditalien. Regen fällt zu allen Jahreszeiten. Im Sommer kann es teils heftige Schauer geben. In den Hochlagen fällt der Niederschlag im Winter meist als Schnee.

Festa dell'Uva e del Vino in Bardolino *(Anfang Okt)*

Herbst

Der Herbst ist die Zeit der Weinfeste. Auch andere Feldfrüchte werden jetzt geerntet, zubereitet und auf Festen und Märkten frisch verkostet, darunter Kastanien, Kürbisse und Olivenöl. Kurz gesagt: *die* Jahreszeit für Genießer.

Fiera del Riso *(Sep/Okt)*

September

Sagra dei Osei *(Anfang Sep)*, Cisano. Gesangswettbewerb der Singvögel.
Vita nei Borghi *(1. oder 2. Sa im Sep)*, Pieve. Straßenfest mit Musik und Delikatessen.
Festa della Zucca *(4 Tage Anfang Sep)*, Pastrengo. Kürbisfest. Witzige Kürbisschnitzereien.
Uva e Dintorni *(Anfang Sep)*, Avio. Weinfest mit Führungen durch die Weinberge.
Incontri Chitarristici *(Anfang Sep)*, Gargnano. Musikfest mit bekannten Gitarristen.
Rock Master Festival *(1 Woche Anfang Sep)*, Arco. Inoffizielle WM im Sportklettern.
Centomiglia *(2 Wochenenden im Sep)*, Bogliaco di Gargnano. »100-Meilen«-Regatta.
Settimana Mozartiana *(Mitte Sep)*, u. a. Rovereto. Hommage an W. A. Mozart.
Festa dell'Uva *(3. So im Sep)*, Monzambano. Wein- und Mittelalterfest.
Ciottolando con Gusto *(Ende Sep)*, Malcesine. Kulinarischer Rundgang in 15 Etappen.
Autunno d'Oro *(Sep/Okt)*, Garda. »Goldener Herbst«; Konzerte, Ausstellungen und Feste.
Fiera del Riso *(Sep/Okt)*, Isola della Scala. Reismesse.
Sagra del Tartufo *(Sep/Okt)*, Tignale. Trüffelfest.

Oktober

Abitare il Tempo *(Anfang Okt)*, Verona. Wohn- und Designmesse.
Artingegna *(Anfang Okt; alle 2 Jahre: 2017, 2019 etc.)*, Rovereto. Kunstfestival.
Festa dell'Uva e del Vino *(Anfang Okt)*, Bardolino. Weinfest.
I Giorni del Miele *(1. Wochenende im Okt)*, Lazise. Honigprodukte (Desserts, Liköre, Wachs und Pflegeprodukte).
Lake Garda Marathon *(1 So im Okt)*. Von Limone sul Garda über Arco bis Malcesine.
Lake Garda Mountain Race *(1 Sa im Okt)*, Malcesine. Berglauf vom Ufer auf den Monte Baldo.
Festa del Marrone *(3 Wochenenden im Okt/Nov)*, San Zeno. Leckeres aus Esskastanien.

November

Garda Trentino Half Marathon *(1 So im Nov)*. Halbmarathon. Im Rahmenprogramm Familienlauf (5 km), Konzerte, Apfelstrudel- und Pasta-Party.
Fieracavalli *(Anfang Nov)*, Verona. Pferdemesse mit Darbietungen und Workshops.
Festa di San Martino *(11. Nov)*, viele Orte. Gedenken an den hl. Martin. Feuerwerke.
Fiera di Santa Caterina *(Nov)*, Rovereto. Fest mit Konzerten und Kunsthandwerkermarkt.
Antica Fiera di Santa Caterina *(Ende Nov)*, Castelletto di Brenzone. Fest im Zeichen der Olive.

Badevergnügen, Parco Termale del Garda

Durchschnittliche monatliche Temperaturen

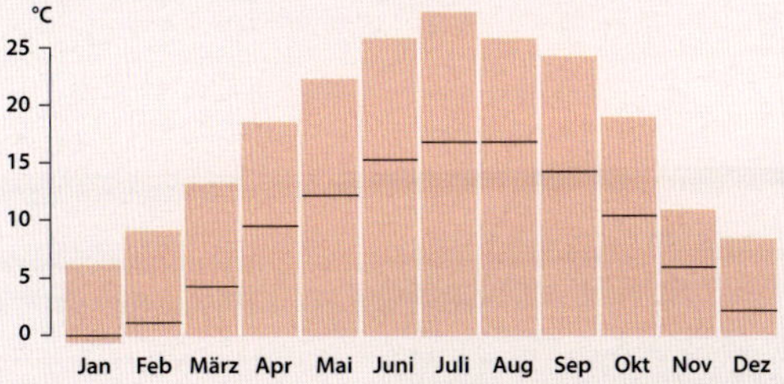

Temperaturen
Die Grafik zeigt die mittleren Höchst- und Tiefsttemperaturen in Sirmione. Frühling und Herbst zeichnen sich durch sehr angenehme Bedingungen aus. Winde mildern die sommerliche Hitze, auch im Winter fällt das Thermometer in den Tieflagen kaum unter null Grad. In den Bergen sind die Temperaturen ganzjährig viel niedriger.

Winter

Viele Besucher schätzen die winterliche Stimmung am See – und die Ruhe. Der Besuch einer Messe in der Adventszeit ist selbst für nicht besonders religiöse Menschen ein bewegendes Erlebnis. Die Weihnachtsmärkte sind häufig sehr aufwendig gestaltet, einige sind überaus stimmungsvoll. In der Karnevalszeit wird in vielen Orten, vor allem in Verona, ausgelassen gefeiert. In den höheren Lagen der Gebirge, etwa am Monte Baldo, findet man in der kalten Jahreszeit sehr gute Schneeverhältnisse für Wintersport vor.

Dezember

Weihnachtsmärkte *(Ende Nov – 24. Dez)*. Die Tradition der Weihnachtsmärkte ist eher in nördlich gelegenen Orten ausgeprägt. Sehr populär ist der Markt in Arco mit Lichterketten und Schnitzarbeiten.

Sagra dei Marù *(Anfang Dez)*, Prabione di Tignale. Kulinarisches Fest mit aus Esskastanien zubereiteten Delikatessen.

Santa Lucia *(13. Dez)*, Tremosine sul Garda. An ihrem Gedenktag verteilt die auf einem Esel reitende hl. Lucia Geschenke an Kinder.

Natale e Campo *(Dez/Jan)*, Campo di Brenzone. Festival der Weihnachtskrippen. An mehreren Stellen (nicht nur in Kirchen) werden Krippen aufgebaut.

Karneval im Weinort Bardolino *(Feb/März)*

Broccoli di Torbole *(2. Sa im Dez)*, Torbole. Gastronomische Veranstaltung mit vielen Brokkoligerichten.

Manerba Medievale *(2 Tage Ende Dez)*, Manerba del Garda. Mittelalterfest im Ortszentrum, Kunstdarbietungen.

Rassegna Internazionale del Presepio *(Dez/Jan)*, Verona. Ausstellung von Krippen aus aller Welt in der Arena.

Carnevale Veronese *(Feb/März)*

Januar

Neujahrsschwimmen *(1. Jan)*, Brenzone sul Garda. Dieses Event für Abgehärtete findet bei jeder Temperatur statt.

Epifania *(6. Jan)*: Die Kinder bekommen an Dreikönig Geschenke, die angeblich die (gute) Hexe Befana bringt. Brave Kinder erhalten Süßigkeiten, böse dagegen Asche aus dem Herd.

Expo Riva Schuh *(4 Tage Mitte Jan)*, Riva del Garda. Internationale Schuhmesse. Ein zweiter Termin findet Mitte Juni statt.

Festa dell'Oliva *(1 Wochenende im Jan)*, Torri del Benaco. Buntes Fest rund um Oliven.

Februar

Verona in Love *(13.–16. Feb)*, Verona. Um den Valentinstag bezaubern die illuminierten Plätze im Zentrum mit Romantik pur.

Karneval *(Feb/März)*. Umzüge und Maskenfeste in vielen Orten. In Arco verwandelt sich das historische Zentrum in den Vergnügungspark Arcoland. Den Karneval von Venedig kann man bei einem Ausflug in die Lagunenstadt erleben.

Bacanal del Gnoco *(Fr vor Faschingsdienstag)*: Maskenumzug in Verona. Im Mittelpunkt steht der *papà del gnoco* mit seinem langen weißen Bart. Gnocchi-Gerichte.

Feiertage

Capodanno Neujahr *(1. Jan)*

Epifania Heilige Drei Könige *(6. Jan)*

Domenico di Pasqua und **Lunedì dell'Angelo** *(Ostern)*

Anniversario della Liberazione Tag der Befreiung *(25. Apr)*

Festa del Lavoro Tag der Arbeit *(1. Mai)*

Festa della Repubblica Tag der Republik *(2. Juni)*

Ferragosto Mariä Himmelfahrt *(15. Aug)*

Ognissanti Allerheiligen *(1. Nov)*

Immacolata Concezione Unbefleckte Empfängnis *(8. Dez)*

Natale und **Santo Stefano** *(25. und 26. Dez)*

Die Geschichte des Gardasees

Das Land um den Lago di Garda blickt auf eine bewegte Historie zurück – sowohl in Bezug auf seine erdgeschichtliche Entstehung als auch auf das politische Geschehen. Rivalisierende Völker, Dynastien und Staaten kämpften erbittert um die Vorherrschaft dieser strategisch bedeutenden Region am südlichen Alpenrand. Ab den 1950er Jahren entwickelte sich der Gardasee zu einer der beliebtesten Urlaubsdestinationen in Europa.

Im Eiszeitalter, dass vor rund 10 000 Jahren endete, rückten mächtige Gletscher aus dem Alpenraum ins Vorland und schürften dabei tiefe Täler aus. Ein zwischen zwei Bergketten südwärts fließender, mehrere Hundert Meter hoher Gletscher schuf das bis weit unter den Meeresspiegel reichende Becken des späteren Gardasees. Mit dem allmählichen Anstieg der Temperaturen schmolz der Gletscher, das Tal füllte sich mit dem Schmelzwasser. Somit war der Gardasee entstanden – nach Süden abgedämmt von Hügeln, die aus vom Gletscher mitgeführtem Gesteinsschutt (Moränen) aufgebaut sind.

Benacus und Engardina

Neben den naturgeschichtlichen Fakten zur Entstehung des Sees gibt es eine mythologische Version: Der Sage nach entstieg der junge Wassergott Benacus einst dem Meer und traf in einem See auf dem Monte Baldo die mit blauem Haar gesegnete, strahlend schöne Nymphe Engardina. Um ihr Herz zu erobern, versprach er ihr einen schöneren und größeren See. Ein Schlag mit seinem Dreizack in den Felsen ließ gewaltige Wassermassen zu Tal rauschen, die sich im Gardasee vereinten. Die beiden Liebenden vermählten sich in den Fluten des Sees, das Haar der Nymphe kolorierte diesen leuchtend blau.

Frühgeschichte und Antike

Felszeichnungen am Monte Baldo sowie Pfahlbauten, die man u. a. bei Malcesine und am nahen Lago di Ledro entdeckte, belegen eine Besiedlung der Region ab dem 2. Jahrtausend v. Chr. Im folgenden Jahrtausend drangen Ligurer, Veneter und Etrusker in das Gebiet vor. Ihnen folgten Kelten, die im 3. Jahrhundert v. Chr. von den Römern über die Alpen zurückgedrängt wurden. Die Römer gründeten in Oberitalien die Provinz Gallia Cisalpina und nannten den Gardasee Lacus Benacus.

Pfahlbauten im Museo delle Palafitte, Molina di Ledro

◀ **Grab der Scaliger neben der Kirche Sant'Anastasia, Verona** ***(siehe S. 121)***

Verona in römischer Zeit

Das an den Gardasee östlich angrenzende Veneto ist nach seinen vorrömischen Bewohnern, den Venetern, benannt. Die Region fiel im 3. Jahrhundert v. Chr. an die militärisch übermächtigen Römer. Verona wurde als Stützpunkt für die römische Armee erbaut, die nach Norden über die Alpen vorstieß und einen Großteil des heutigen Frankreich und Deutschland besetzte. Die Region gedieh unter römischer Herrschaft, ab dem 4. Jahrhundert n. Chr. wurde sie jedoch wiederholt von »Barbaren« überfallen. Von den Kämpfen aufgerieben, begann sich die römische Verwaltung allmählich aufzulösen.

Die Porta dei Borsari (3. Jh. n. Chr.), in der Antike das Stadttor an der Via Postumia, zeigt einen dreigeschossigen Aufbau.

Arena
Die Arena (30 n. Chr.) wurde für Gladiatorenkämpfe und andere Spektakel genutzt. Sie hatte ein Fassungsvermögen von rund 30 000 Zuschauern.

Arco dei Gavi
An seinem früheren Standort in Verona überspannte der Bogen die größte in die Stadt führende Römerstraße.

Verona
Das befestigte und vom Fluss Etsch (Adige) umgebene Verona bestand zur Römerzeit aus quadratischen Blocks, den Inseln (insulae). *Auf dem Forum wurden im Mittelalter Palazzi errichtet, doch einige Römerbauten kann man noch heute sehen* (siehe S. 158). *Bei der Rekonstruktion blieben viele antike Bauelemente erhalten.*

6. Jh. v. Chr. Die Region Veneto ist von Venetern bewohnt

Bildnis einer Römerin

87 v. Chr. Catull, römischer Dichter von Liebeslyrik, wird in Verona geboren

89 v. Chr. Den Bewohnern von Verona, Padua, Vicenza, Este und Treviso werden die römischen Bürgerrechte zuerkannt

600 v. Chr. | **500** | **400** | **300** | **200** | **100**

3. Jh. v. Chr. Die Römer erobern das Veneto. Die Veneter übernehmen die römische Kultur und verlieren ihre eigene Identität

Catull (87–54 v. Chr.)

59 v. Chr. Livius, römischer Historiker, wird in Padua geboren

Ponte Pietra/ Ponte Romano
Die fünfbogige »Steinbrücke« (100 v. Chr.) wurde an manchen Stellen mit Originalmaterial, das zum Teil aus der Etsch geborgen wurde, wiederaufgebaut.

Römisches Verona

Von der Bedeutung Veronas *(siehe S. 156–173)* als überregionales Machtzentrum in römischer Zeit zeugen neben der Arena, dem größten Baudenkmal der Stadt, noch viele weitere Bauwerke. Im Museo Archeologico *(siehe S. 172)* kann man Mosaiken und Skulpturen sehen, in Castelvecchio *(siehe S. 168)* Glas- und Silberarbeiten aus spätrömischer/frühchristlicher Zeit.

Veronas Arena, eines der bedeutendsten architektonischen Zeugnisse aus römischer Zeit, bietet eine einmalige Kulisse für Opern und Konzerte.

Teatro Romano
Das sich zur Etsch hin öffnende Theater mit weit ausladenden Rängen ist heute eine viel besuchte Attraktion und wird für kulturelle Veranstaltungen genutzt.

Alarich
Unter seiner Führung gelingt den Westgoten die Einnahme Roms.

30 n. Chr. Bau der Arena (Veronas Amphitheater). Kaufleute aus dem Nahen Osten bringen das Christentum in die Region

360 Die nördlichen Grenzen des Römischen Reichs werden von Slawen und Teutonen angegriffen

401 Unter der Führung von Alarich fallen die Goten in Norditalien ein; das Veneto wird am stärksten verwüstet

0 | **100 n. Chr.** | **200** | **300** | **400** | **500**

313 Konstantin der Große erklärt das Christentum zur offiziellen Religion

330 Konstantinopel wird anstelle von Rom Hauptstadt des Römischen Reichs

395 Das Römische Reich zerfällt in ein westliches und ein östliches Reich

410 Alarich gelingt es, Rom einzunehmen. Er stirbt jedoch im gleichen Jahr

Fresken (14. Jh.) im Castello di Sabbionara d'Avio thematisieren Kriegskunst und Rittertum

Ende des Römischen Reichs

Mit der 313 unterzeichneten Mailänder Vereinbarung wurde das Christentum im Römischen Reich offiziell als gleichberechtigte Religion anerkannt. Der aus Nordafrika stammende Geistliche Zeno *(siehe S. 170)* setzte sich als Bischof und Schutzheiliger von Verona bis zu seinem Tod (371) für die Christianisierung der Region ein.

Bild Andrea Celestis (1637–1712) aus Toscolano-Maderno

Im Jahr 395 wurde das Römische Reich geteilt, weite Teile West- und Südeuropas – darunter auch ganz Italien – fielen an das Weströmische Reich. Die im 5. Jahrhundert einsetzende Völkerwanderung und wiederholte Eroberungszüge germanischer Stämme, die über die Alpen vorrückten, destabilisierten auch die Region um den Gardasee. Das Weströmische Reich zerfiel 476. Vor allem am südlichen Ufer des Gardasees wurden in den letzten Jahrhunderten der römischen Herrschaft prachtvolle Villen und Thermalbäder errichtet.

Langobarden und Franken

Der Einfall der Langobarden 568 setzte dem Ostgotenreich ein Ende. Die neuen Herrscher über Norditalien gaben der Lombardei ihren Namen, zu ihren Siedlungsschwerpunkten gehörte das Gebiet zwischen Gardasee und Lago Maggiore.

Im Langobardenfeldzug 774 setzten sich die Franken unter Karl dem Großen durch. In der Folgezeit rivalisierten Statthalter der Franken mit einheimischen Fürsten um die Macht in Norditalien. Nach dem Sieg von Otto I., dem späteren Kaiser des Heiligen Römischen Reichs, wurden die Markgrafschaft Verona und der Gardasee 952 dem Herzogtum Bayern angegliedert.

Erstarken der Städte

Im 11./12. Jahrhundert erstarkten die Städte auf Basis eines selbstbewussten Bürgertums und wirtschaftlichen Erfolgs. Der 1167 gebildete Lombardische Städtebund richtete sich gegen die kaiserliche Zentralgewalt, der Frieden von Konstanz (1183) sicherte den Städten ein hohes Maß an Autonomie.

Scaligerburg in Sirmione, eine der besterhaltenen Festungen in Norditalien

313 Mailänder Vereinbarung

371 Tod von Bischof Zeno

395 Teilung des Römischen Reichs

476 Ende des Weströmischen Reichs

568 Einfall der Langobarden in Norditalien

774 Langobardenfeldzug Karls des Großen

962 Verona und Gardasee werden Teil des Hezogtums Bayern

1167 Lombardischer Städtebund

1183 Frieden von Konstanz

1260–1387 Herrschaft der Scaliger als Herren von Verona

1405 Beginn der Herrschaft Venedigs

300 | 500 | 1000 | 1200 | 1400

Wappen der Scaliger

Scaligerburg in Sirmione

Cangrande I. della Scala

***Schlacht von Solferino*, Carlo Bossoli (1815–1884)**

Herrschaft der Scaliger

Die Familie della Scala (Scaliger; *siehe S. 121*) leitete 1260–1387 von Verona aus die Geschicke der Region, die dabei eine Blütezeit erlebte. Kunstwerke wie etwa die Fresken im Castello di Sabbionara d'Avio der Familie Castelbarco entstanden. Architekonischer Ausdruck der Macht der Scaliger waren Burgen, die an strategisch bedeutenden Stellen am Ostufer des Gardasees errichtet wurden. 1387 floh der letzte Scaligerherrscher aus Verona, das an die Mailänder Visconti fiel. 1405 unterwarf sich Verona der Seerepublik Venedig.

Venezianische Herrschaft

Am Anfang der Herrschaft Venedigs über die Region standen Konflikte mit dem Herzogtum Mailand. In der Seeschlacht von Riva (1440) zerstörten die Venezianer die Mailänder Flotte. Mit Konsolidierung ihrer Macht legte die Seerepublik den Fokus auf den Handel, eine Zeit des Friedens, Wohlstands und der künstlerischen Blüte begann. Nachdem 1535 Mailand und später die Region westlich des Sees in den Besitz der spanischen Habsburger übergegangen war, wurde sie 1714 nach dem Spanischen Erbfolgekrieg Österreich zugesprochen. 1796 eroberten Truppen Napoléons Venetien und die Lombardei. Der französische Kaiser ließ sich 1805 zum Oberhaupt des Königreichs Italien krönen. Der Wiener Kongress (1815) bestätigte Österreichs Herrschaft über Venetien und die Lombardei.

Risorgimento

Die italienische Einigungsbewegung drängte auf ein Ende der österreichischen Herrschaft. In der Schlacht von Solferino (1859) südlich des Gardasees besiegten verbündete italienische und französische Truppen die Österreicher. Die Grausamkeit des Geschehens veranlasste Henri Dunant zur Gründung des Roten Kreuzes. Das 1861 neu gegründete Königreich Italien erhielt die Lombardei, 1866 auch Venetien zugesprochen. Das Trentino mit Riva blieb weiterhin habsburgisch.

Logo des Roten Kreuzes

Grand Hotel Gardone in Gardone Riviera – nach der Eröffnung 1884 die erste Adresse am Gardasee

1440 Seeschlacht von Riva endet mit dem Sieg der Seerepublik Venedig über die Mailänder Flotte

1535 Mailand fällt an die spanischen Habsburger

1600

1700

1714 Nach dem spanischen Erbfolgekrieg kommt die Region zu Österreich

1796 Frankreich erobert unter Napoléon die Lombardei und Venetien

1800

1815 Wiener Kongress bestätigt Herrschaft Österreichs

Henri Dunant (1828–1920)

1859 Schlacht von Solferino

1861/66 Lombardei und Venetien werden italienisch

Logo des Internationalen Rotes Kreuzes (gegr. 1863)

1884 Eröffnung des ersten Hotels am Gardasee

1900

1901 Ein Erdbeben erschüttert die Region, vor allem das Gebiet um Salò

1901 Arthur Hruska legt bei Gardone Riviera einen Botanischen Garten an

Bau einer Galerie an der Gardesana Occidentale

Erster Weltkrieg

Im Ersten Weltkrieg (1914–18) wurde nach Kriegseintritt Italiens auf Seiten der Alliierten (1915) ein erbitterter Stellungskrieg um das Nordufer des Gardasees geführt. Bis in die letzten Kriegswochen hinein blieben strategisch wichtige Bergpässe zwischen österreichischen und italienischen Truppen heftig umkämpft. Im 1919 unterzeichneten Friedensvertrag von Saint-Germain verlor Österreich seine in Italien annektierten Gebiete, auch Südtirol und die Region um Trient bis zum Nordufer des Gardasees wurden Italien zugesprochen. Somit erstreckte sich der See ausschließlich auf italienischem Staatsgebiet. 1922 wurde Benito Mussolini, Begründer des italienischen Faschismus, Ministerpräsident, in der Folgezeit regierte er Italien diktatorisch.

Bauboom am Gardasee

Nach Kriegsende wurden – angetrieben durch umfassende Arbeitsbeschaffungsprogramme Mussolinis – große Investitionen im Bereich Infrastruktur getätigt, was am Gardasee insbesondere der Baubranche zugutekam. In den 1920er Jahren begann der Bau der Uferstraße Gardesana *(siehe S. 28f)*. Nach Fertigstellung der Straße im Jahr 1932 war das Seeufer durchgehend befahrbar. Wer es sich leisten konnte, ließ sich eine Villa am Gardasee errichten. Das zur Legende gewordene, am Süden des Sees entlangführende Autorennen Mille Miglia *(siehe S. 29)* wurde 1927 erstmals ausgetragen und begeisterte auf Anhieb die Massen.

Zweiter Weltkrieg

1940 trat das faschistische Italien unter Mussolini an der Seite Deutschlands in den Zweiten Weltkrieg (1939–45) ein. Nach Sturz und Verhaftung des Diktators im Juli 1943 vereinbarte Italien mit den Alliierten einen Waffenstillstand. Nach der Befreiung Mussolinis aus der Haft durch ein deutsches Spezialkommando im September 1943 wurde er von den deutschen Machthabern als Vorsitzender einer Gegenregierung mit der Führung eines faschistischen Satellitenstaates am südwestlichen Ufer des Gardasees (Repubblica Sociale Italiana; Republik von Salò) betraut. Bis zum April 1945 fungierte er von Salò aus als Marionette Nazi-Deutschlands. Nach der Befreiung der Region durch die Alliierten wurde Mussolini auf der Flucht

Besucher kamen gern im Käfer, einem Symbol des Wirtschaftswunders

1919 Nordufer des Gardasees, Trient und Südtirol gehen an Italien

1927 Premiere des Autorennens Mille Miglia

1929 Entdeckung einer prähistorischen Pfahlbautensiedlung am Lago di Ledro

1943–45 Republik von Salò unter Mussolini, der Italien 1922–43 regiert hatte

Autostrada A22

1920 | **1930** | **1940** | **1950** | **1960**

ab 1921 Anlage des Siegesdenkmals bei Gardone Riviera durch Gabriele D'Annunzio

1932 Eröffnung der Uferstraße Gardesana

Gabriele D'Annunzio

1940 Eintritt Italiens in den Zweiten Weltkrieg

1955 Gründung der Comunità del Garda

1960 Gardaseeregion verzeichnet über 2 Mio. Urlaubsgäste

von Widerstandskämpfern erschossen.

In den letzten Kriegsjahren war der westliche Zweig der Gardesana gesperrt, weil in den Tunneln Rüstungsgüter produziert wurden.

Flugzeug im MART, Rovereto

ebenfalls 2002 eröffnete MART in Rovereto, Familien zieht es in die Freizeitparks, etwa zum Gardaland Resort, dem größten Vergnügungspark Italiens.

Boomende Tourismusregion

In den 1950er Jahren erlebte der Norden Italiens ein Wirtschaftswunder, wozu auch die (Gründungs-)Mitgliedschaft des Landes in der Europäischen Wirtschaftsgemeinschaft (EWG, später EG bzw. EU) beitrug. Der Gardasee entwickelte sich innerhalb weniger Jahre zu einer der beliebtesten Urlaubsregionen in Europa, 1960 verzeichnete die Gegend bereits mehr als zwei Millionen Gäste.

Die touristische Infrastruktur wurde gezielt ausgebaut: Immer mehr Hotels entstanden, neben Erholungsuchenden wurde der Gardasee auch für Kurgäste attraktiv. Zur Bündelung und Organisation der touristischen Angebote wurde 1955 die Comunità del Garda ins Leben gerufen.

Mit der 1974 erfolgten Fertigstellung der Brennerautobahn (A22) wurde die Fahrzeit für aus dem Norden anreisende Besucher deutlich verkürzt. Mit 101 Brücken und 29 Tunneln stellt diese Autobahn eine ingenieurtechnische Meisterleistung dar.

Das vielfältige Angebot an touristischen Attraktionen wird ständig erweitert: Naturfreunde schätzen die im Jahr 2002 eingeweihte Seilbahn von Malcesine auf den Monte Baldo, Kunstliebhaber genießen das Angebot an modernen Museen wie das

Innenpolitische Entwicklung

Im Rahmen einer umfassenden nationalen Verwaltungsreform wurde Italien 1970 in 20 Regionen aufgeteilt. Der Gardasee erstreckt sich somit auf dem Gebiet der drei Regionen Trentino-Alto Adige (im Norden), Lombardia (im Westen) und Veneto (im Osten). Der Region Trentino-Alto Adige wurde aufgrund ihrer Historie ein höheres Maß an Autonomie eingeräumt.

Diese drei norditalienischen Regionen zählen zu den wirtschaftlich stärksten des Landes und sind Ziel vieler Zuwanderer aus anderen Teilen Italiens und aus dem Ausland. Alle drei Regionen waren wiederholt Ausgangspunkt für Bestrebungen nach stärkerer Autonomie bzw. Unabhängigkeit.

Bergstation der von Malcesine auf den Monte Baldo führenden Seilbahn (Einweihung 2002)

70 ministrative Neugliederung liens in 20 Regionen; Trentino-o Adige, Lombardia und Veneto ben Anteil am Gardasee

Flagge Venetos

Flagge Lombardias

Logo des MART

2011 Pfahlbauten am Lago di Ledro werden von der UNESCO zum Welterbe erklärt

70 | **1980** | **1990** | **2000** | **2015**

1974 Fertigstellung der Brennerautobahn (A22)

Wappen Trentinos

2002 Eröffnung der neuen Seilbahn von Malcesine auf den Monte Baldo

2002 Eröffnung des Kunstmuseums MART in Rovereto

2004 Erdbeben verursacht Gebäudeschäden in Salò und Umgebung

DIE REGIONEN DES GARDASEES

Der Gardasee im Überblick

Ob man Kulturinteressierter, Outdoor-Sportler, Erholungsuchender oder Genussurlauber ist oder ganz einfach den Süden liebt – der Gardasee und seine Umgebung bieten jedem Urlauber einen wahren Schatz an Attraktionen: von historischen Bauwerken bis zu moderner Kunst, vom Surferlebnis bis zur Mountainbike-Tour, vom Strandvergnügen bis zu kulinarischen Erlebnisreisen. Vier der fünf Regionen, die in diesem Reiseführer in eigenen Kapiteln vorgestellt werden, orientieren sich an Himmelsrichtungen. Verona, der Hauptstadt der gleichnamigen Provinz im Südosten, ist ein eigenes Kapitel gewidmet. Die touristische Infrastruktur (einschließlich der rings um den See verlaufenden Uferstraße Gardesana) ist hervorragend ausgebaut.

Palme – Inbegriff für Süden und mildes Klima

Gardone Riviera
Im 19. Jahrhundert galt der Ort am westlichen Ufer als vornehmste Adresse am Gardasee. Von jener glanzvollen Ära zeugen noch einige illustre Bauten, darunter auch das Grand Hotel mit dem markanten Turm *(siehe S. 140f)*.

Sirmione
Der faszinierende Ort wurde auf einer lang gestreckten Halbinsel angelegt. Die von den Scaligern errichtete Burg am Eingang zur Altstadt zählt zu den eindrucksvollsten und besterhaltenen Festungen in Norditalien *(siehe S. 116–123)*.

Pan im Giardino Botanico André Heller, Gardone Riviera

◀ **Riva del Garda, ein Dorado für Surfer *(siehe S. 52f)***

Rovereto
Das Castello di Rovereto gilt als herausragendes Beispiel einer spätmittelalterlichen Festungsanlage im Alpenraum *(siehe S. 64–69)*.

Flugzeug im MART in Rovereto

Malcesine
Die schon von Weitem sichtbare, auf einem Felsvorsprung thronende Scaligerburg bestimmt das Ortsbild. Ein Saal erinnert an Goethes Aufenthalt in Malcesine *(siehe S. 78f)*.

Verona
Der mit statuenverzierter Balustrade versehene Palazzo Maffei begrenzt die Piazza delle Erbe, das Schmuckkästchen Veronas, im Norden *(siehe S. 156–173)*.

Nördlicher Gardasee

Der nördliche Teil des Gardasees blickt auf eine überaus wechselvolle Geschichte zurück. Heute gehört das in diesem Kapitel vorgestellte, im Osten bis ins Etschtal reichende Gebiet zur italienischen Region Trentino-Alto Adige. Durch die Gebirge der näheren Umgebung und die verlässlich wehenden Winde ist die Region ein wunderbares Terrain für Outdoor-Sportler. Darüber hinaus finden sich hier viele Naturschönheiten und Kulturschätze.

Während im Westen und Osten des Gardasees die Gebirge meist bis nahe ans Ufer reichen, verfügen die Orte an der Nordspitze – vor allem Arco und Riva del Garda – über ein Hinterland, das landwirtschaftlich und industriell geprägt ist. Hier schuf die in Torbole mündende Sarca ein fruchtbares Tal.

Die Nordspitze des Gardasees kam erst 1919 zu Italien, vielerorts erinnern Mahnmale an Kriegshandlungen. Die vorher hier regierenden Habsburger errichteten in Orten wie Arco ihre Winterresidenzen und legten den Grundstein für einen florierenden Kur- und Badetourismus, der auch Nachbarorte erfasste. Die österreichische Vergangenheit prägte nicht nur ganze Ortsbilder, sondern spiegelt sich noch heute im gastronomischen Angebot vieler Restaurants wider.

Der nördliche Gardasee ist vor allem bei Outdoor-Sportlern populär (von Kitesurfern und Seglern bis zu Kletterern und Mountainbikern), die auf dem See sowie in den Bergen der Umgebung ein geeignetes Terrain vorfinden.

Auch Kunstinteressierte genießen ein reichhaltiges wie hochwertiges Angebot. Mit dem MART bietet Rovereto, die größte Stadt im Norden, eines der spannendsten Museen für zeitgenössische Kunst in Italien. Einige der hoch über den Ufern der Flüsse Sarca und Etsch errichteten Burgen – steinerne Zeugen der seit Jahrhunderten großen strategischen Bedeutung der Region – können besichtigt werden. Zudem kann man faszinierende Naturschauspiele wie Wasserfälle, Gletschermühlen und Mondlandschaften oder Dinosaurierspuren bewundern.

Der nördliche Gardasee – ideal zum Windsurfen ***(siehe S. 204)***

◀ **Piazza III Novembre mit der Torre Apponale, Riva del Garda** ***(siehe S. 52f)***

Überblick: Nördlicher Gardasee

Diese Region umfasst neben der Nordspitze des Gardasees und ihrem Hinterland auch einen Teil des von Weinbau geprägten Etschtals und präsentiert sich entsprechend vielfältig. Rovereto, die größte Stadt, hat sich seit Eröffnung des MART den Ruf einer Kulturmetropole erworben, auch Städte wie Riva del Garda und Arco bieten viele Sehenswürdigkeiten. Die Region birgt zahlreiche kulturhistorische und architektonische Zeugnisse ihrer Vergangenheit, u. a. bronzezeitliche Pfahlbauten und mittelalterliche Burgen. Der nördliche Gardasee ist das bevorzugte Ziel für Aktivurlauber – Wasser- wie Bergsportler finden hier optimale Bedingungen vor.

Kunst am Seeufer in Riva del Garda

Uhr an der Torre Apponale, Riva del Garda

Sehenswürdigkeiten auf einen Blick

1. Riva del Garda
2. Lago di Ledro
3. Tenno
4. Arco
5. Torbole
6. Nago
7. Dro
8. Drena
9. Rovereto
10. Villa Lagarina
11. Mori
12. Brentonico
13. Ala
14. Avio

Touren

- T1 Klettersteigtour am Lago di Ledro *S. 56f*
- T2 Marmitte dei Giganti *S. 60f*
- T3 Radtour Rovereto – Borghetto *S. 72f*

Rekonstruierte Pfahlbauten aus der Bronzezeit am Lago di Ledro

Legende

- Autobahn
- Schnellstraße
- Hauptstraße
- Nebenstraße
- Eisenbahn
- Regionalgrenze
- Gipfel
- Fährhafen
- Autofähre

0 Kilometer 5

Weitere Zeichenerklärungen *siehe hintere Umschlagklappe*

Am nördlichen Gardasee unterwegs

Autofahrer reisen über die auch als Brennerautobahn bekannte A22 (Ausfahrt Rovereto Sud) und die zum Nordufer führende SS240 an. Für Ziele im Etschtal kann auch die Ausfahrt Ala-Avio eine Option sein. Kurvenreiche Straßen erschließen das gebirgige Hinterland. Rovereto ist an das Eisenbahnnetz angeschlossen. Busse und Fähren verkehren zwischen den größeren Orten.

Castello (Rocca) di Arco – Burgruine oberhalb des Luftkurorts Arco

Hotel Sole in Riva del Garda an der Nordspitze des Sees

Werbung für das Märchenfest Notte di Fiaba *(Aug)* in Riva del Garda

❶ Riva del Garda

Wappen von Riva del Garda

Die größte Stadt am Nordufer des Gardasees war schon in der Antike ein wichtiger Handelsplatz. Wegen ihrer strategisch günstigen Lage zwischen Monte Brione im Osten und Monte Rocchetta im Westen weckte sie seit je Begehrlichkeiten und war häufig umkämpft. Gegen Ende des 19. Jahrhunderts entwickelte sich Riva zum bevorzugten Aufenthaltsort von Adel und Bürgertum, Künstlern und Literaten. Die Badezone Rivas gehört zu den schönsten am Seeufer.

Torre Apponale, 34 Meter hohes Wahrzeichen von Riva del Garda

Palmengesäumter Uferweg in Riva del Garda

Piazza III Novembre ①

Der am See gelegene malerische Platz bildet das Zentrum der gut erhaltenen, für den Autoverkehr gesperrten Altstadt. Die von schönen Gebäuden mit farbenfrohen Fassaden und Laubengängen gerahmte Piazza war einst Mittelpunkt des Handels. Blickfang ist das Ensemble aus Palazzo Municipale (16. Jh.), Palazzo Pretorio und Palazzo del Provveditore (beide 14. Jh.). Von den Terrassen der Cafés und Restaurants genießt man das pulsierende Treiben – und einen unverbauten Blick auf den See.

Torre Apponale ②

Piazza III Novembre. **Aussichtsplattform** Mitte März–Mai, Okt: Di–So 10–18 Uhr; Juni–Sep: tägl. 10–18 Uhr.

Der 34 Meter hohe Stadtturm an der Ostseite der Piazza III Novembre gilt als Wahrzeichen von Riva. Das schlanke Bauwerk mit quadratischem Grundriss wurde im 13. Jahrhundert aus grob behauenen Steinquadern als Teil der Stadtbefestigung und zur Bewachung des Hafens errichtet, seinen oberen Abschluss mit den Bogenöffnungen erhielt es 1555. An der Turmspitze dreht sich die trompetenblasende Engelsfigur Anzolim mit dem Wind. Von der Aussichtsterrasse des Uhrturms, die man über 165 Stufen erreicht, hat man einen wunderbaren Blick.

Rocca di Riva ③

Piazza Cesare Battisti 3a. 0464 573 869. Mitte März–Mai, Okt: Di–So 10–18 Uhr; Juni–Sep: tägl. 10–18 Uhr.

Brunnenfigur

Die vollständig von Wasser umgebene, nur über eine Brücke erreichbare Stadtfestung geht auf das 12. Jahrhundert zurück. Sie diente wechselnden Regenten (u. a. den Scaligern aus Verona, den Visconti aus Mailand, der Republik Venedig, den Bischöfen von Trient und den Habsburgern) als Machtbasis. Ihre heutige Gestalt erhielt sie Mitte des 19. Jahrhunderts während der österreichischen Herrschaft. Dabei wurden die Ecktürme abgetragen und der Charakter einer Kaserne betont. Die Rocca di Riva birgt das Museo Civico, das neben archäologischen Funden auch eine Gemäldesammlung präsentiert. Im Sommer ist der Burghof Bühne für kulturelle Veranstaltungen.

Il Bastione ④

Der auf einem Ausläufer des Monte Rocchetta etwa 200 Meter über dem See aufragende Rundturm wurde Anfang des 16. Jahrhunderts unter venezianischer Herrschaft erbaut. Nach der Zerstörung durch französische Truppen (1703) ist nur noch eine Ruine erhalten, die man auf einem Serpentinenweg erreicht.

Rocca di Riva – gut erhaltene Festungsanlage auf einer kleinen Insel

Hotels und Restaurants am nördlichen Gardasee *siehe Seiten 178 und 190f*

Chiesa dell' Inviolata ⑤

Largo Marconi. tägl. 9–17 Uhr.

Die auf achteckigem Grundriss errichtete »Kirche der Unberührten« entstand zu Beginn des 17. Jahrhunderts und gilt unter Fachleuten als herausragendes kunsthistorisches Bauwerk von Riva del Garda. Hinter der schlichten, streng wirkenden Fassade mit dem schlanken Glockenturm verbirgt sich ein so üppig wie fantasievoll gestalteter barocker Innenraum, den Skulpturenschmuck, Marmorböden, Fresken und teils vergoldete Stuckdekorationen zieren.

Santa Maria Assunta ⑥

Piazza Cavour 10. tägl. 9–17 Uhr.

Die turmlose Kirche wurde erstmals 1106 erwähnt, das heutige barocke Gotteshaus 1728 geweiht. Bemerkenswert sind die ornamental verzierten Altäre und einige Gemälde von Giuseppe Craffonara. Auch die von einer Kuppel überwölbte oktogonale Cappella del Suffragio (dritte Kapelle rechts) verdient Beachtung.

Wappenschild

Reptiland ⑦

Piazza Garibaldi 2. 348 794 8389.

tägl. 11–20 Uhr.

reptiland.it

Fassadendetail der Barockkirche Santa Maria Assunta

In der Privatsammlung erhält man einen Überblick über die Reptilienwelt. Besonders artenreich vertreten sind Schlangen – von der Klapperschlange über Kobra und Tigerpython bis zur Grünen Mamba. Darüber hinaus kann man hier auch Skorpione und Spinnen sowie Schmetterlinge und Käfer bestaunen.

Monte Brione ⑧

Der nach Osten hin steil abfallende, 376 Meter hohe Monte Brione schiebt sich wie ein Querriegel zwischen Riva del Garda und den östlichen Nachbarort Torbole. Überreste von Festungen und militärischen Stellungen zeugen von der Bedeutung des Bergs, dessen sichelartige Form man von den umliegenden Anhöhen am besten erkennt. Der dicht bewachsene Monte Brione kann im Rahmen einer etwa zweistündigen Wanderung bestiegen werden.

Umgebung: Drei Kilometer nördlich von Riva bietet die **Cascata Varone** ein überwältigendes Naturschauspiel. Hier rauscht der Varone in einem rund 100 Meter hohen Wasserfall durch eine senkrechte Klamm in die Tiefe. Regenschutz ist empfehlenswert (www.cascata-varone.com).

Infobox

Information

Karte G4.

17 000.

Largo Medaglie d'Oro 5.

0464 554 444.

Mo–Sa vormittags; Kleidermarkt: 2. u. 4. Mi im Monat.

BIKE Festival Garda Trentino (Mai), Musica Riva Festival (Mitte Juli–Anfang Aug), Notte di Fiaba (Aug).

comune.rivadelgarda.tn.it

gardatrentino.it

Anfahrt

Zentrum von Riva del Garda

① Piazza III Novembre
② Torre Aponale
③ Rocca di Riva
④ Il Bastione
⑤ Chiesa dell'Inviolata
⑥ Santa Maria Assunta
⑦ Reptiland
⑧ Monte Brione

0 Meter 300

Zeichenerklärung
siehe hintere Umschlagklappe

Karte *siehe Extrakarte zum Herausnehmen*

Blick auf den von Bergflanken gesäumten Lago di Ledro

❷ Lago di Ledro

Karte F4. **W vallediledro.com**

Der tiefblaue, von bewaldetem Bergland umrahmte Lago di Ledro (Ledrosee) liegt wenige Kilometer westlich der Nordspitze des Gardasees. Vom rund zehn Kilometer entfernten Riva aus erreicht man den See über einen lang gestreckten Tunnel und eine gut ausbaute, kurvenreiche Straße. Der Seespiegel (655 m ü. d. M.) liegt fast 600 Meter höher als der des Gardasees. Wegen seiner Abgeschiedenheit geht es am Lago di Ledro deutlich ruhiger zu. Doch auch hier sind die größeren Orte wie Pieve di Ledro und Molina di Ledro, zwischen denen die Hauptstraße am Nordufer entlangläuft, gut auf Besucher eingestellt.

Der bei Molina austretende Ponale ergoss sich früher in einem Wasserfall in den Gardasee. Umfangreiche Wasserentnahmen für den Bau des Wasserkraftwerks von Riva führten 1929 jedoch zu einem starken Absinken des Seespiegels und brachten die Überreste eines bronzezeitlichen Pfahlbautendorfs zum Vorschein *(siehe S. 55)*. Nach ersten Untersuchungen war klar, dass es sich bei den Überresten um eine der größten prähistorischen Siedlungen ihrer Art im gesamten Alpenraum handelte. Einige der Stelzenbauten des Dorfs wurden im **Museo delle Palafitte** in Molina di Ledro rekonstruiert.

Museo delle Palafitte
Via al Lago 1, Molina di Ledro. 0464 508 182. März–Juni, Sep–Nov: Di–So 9–17 Uhr; Juli, Aug: tägl. 10–18 Uhr. **W palafitteledro.it**

❸ Tenno

Karte G4. 2000. Via Dante Alighieri 18. 0464 500 624. **W comune.tenno.tn.it**

Schon von Weitem erkennt man das mit hohem Zinnenkranz versehene Kastell von Tenno. Die Anlage ist in Privatbesitz und kann nicht besichtigt werden. Durch einen Torbogen der alten Stadtmauer betritt man das historische Zentrum von Tenno, das sich seine mittelalterliche Struktur bewahren konnte. Viele der Bauten sind verwittert, was ihnen einen gewissen Charme verleiht. Zu den Highlights gehört die romanische Kirche San Lorenzo. Ihren Innenraum schmücken Fresken aus dem 11. Jahrhundert, die zu den ältesten noch erhaltenen im Trentino gehören.

Wappen von Arco

❹ Arco

Karte G4. 17 000. APT, Viale delle Palme 1. 0464 532 255. **W comune.arco.tn.it**

Das Ortsbild des Luftkurorts Arco sticht ins Auge: Hinter dem Stadtzentrum ragt ein steiler, von einer markanten Burgruine bekrönter Fels auf – Castello bzw. Rocca di Arco, die Burg der Grafen von Arco. Diese Ansicht inspirierte den jungen Albrecht Dürer während seiner Italienreise 1495 zu einem Gemälde. Die Überreste der 1703 von französischen Truppen weitgehend zerstörten Burg in 273 Metern Höhe erreicht man über einen durch Olivenhaine führenden Weg in 30 Minuten.

Sein schmuckes Ambiente verdankt der Ort an der Sarca, dem wichtigsten Zufluss des Sees, Angehörigen des Habsburger Kaiserhofs. Sie wählten Arco als Winterresidenz und ließen hier großzügige Palazzi (u. a. das Casinò Municipale) mit schönen Parks errichten.

Ein Anziehungspunkt ist das berühmte Arboretum, in dessen Miniaturlandschaften die Pflanzenwelt ferner Regionen nachgebildet wird (Apr–Sep: tägl. 8–19 Uhr; Okt–März: tägl. 9–16 Uhr. Eintritt frei). Die üppig ausgestaltete, monumentale Kirche Collegiata della Santa Maria Assunta (17. Jh.) ist ein herausragendes Beispiel später Trentiner Renaissance und ragt unter den vielen Kirchenbauten Arcos hervor.

Die Berglandschaft um den Monte Colodri ist ein bevorzugtes Terrain für Kletterer und Mountainbiker.

Castello bzw. Rocca di Arco – Festungsruine auf einem Steilfelsen

Hotels und Restaurants am nördlichen Gardasee *siehe Seiten 178 und 190f*

Pfahlbauten am Gardasee

Die prähistorische Pfahlbautensiedlung am Lago di Ledro wurde 1929 entdeckt. Archäologen datierten ihr Alter auf etwa 3600 Jahre und fanden heraus, dass die Bauten der insgesamt rund 4000 Quadratmeter großen Ansiedlung auf über 10 000 Pfählen errichtet worden waren. Anhand der Funde, die bei Ausgrabungen im Seegrund entdeckt wurden, gewann man vielfältige Erkenntnisse über die Lebensweise bronzezeitlicher Zivilisationen im südlichen Alpenraum – von den Jagdtechniken über die Bekleidung bis zum Nahrungsangebot. Wegen ihrer kulturhistorischen Bedeutung wurden die Pfahlbauten am Lago di Ledro von der UNESCO 2011 zum Welterbe erklärt. In Lavagnone *(siehe S. 127)* südlich von Desenzano del Garda gibt es weitere Pfahlbauten der sogenannten Polada-Kultur im Gardaseeraum.

Tasche aus der Bronzezeit

Pfahlbauten am Gardasee
Im Museo delle Palafitte in Molina di Ledro stehen drei rekonstruierte prähistorische Hütten (11, 15 und 20 m²). Sie zeigen Aspekte dörflichen Lebens und enthalten Haushalts- und Handwerksexponate. Für die Bauten wurde Lärchenholz verwendet, die Dächer waren mit Schilfrohr gedeckt.

Die Rekonstruktionen der prähistorischen Bauten stehen unmittelbar am Ufer des Lago di Ledro. Man kann sich ihnen auch vom See aus nähern.

Im See errichtete Pfahlbauten boten den Bewohnern viele Vorteile, u. a. Schutz vor Angriffen von Menschen und Tieren sowie eine höhere Flexibilität beim Fischfang..

Die Bauten wurden auf Pfählen errichtet, von denen viele 1929 nach Absinken des Seespiegels im Rahmen von Baumaßnahmen entdeckt wurden.

Haushaltsgegenstände wie dieser Mahlstein dokumentieren Lebens- und Arbeitsweise der bronzezeitlichen Siedler.

Karte *siehe Extrakarte zum Herausnehmen*

T1 Klettersteigtour am Lago di Ledro

Wegweiser

Die überaus reizvolle Tour umfasst vier Klettersteige und führt auf zwei Gipfel. Man kann vom zweiten Gipfel (Cima Rocca) auch direkt ins Tal absteigen, wodurch sich die Tour um etwa 1:30 Stunden verkürzt. Auch bei km 6,3 kommt man – unter Verzicht auf den vierten Klettersteig – schneller hinunter. An vielen Stellen der Tour sind Gefechtsstellungen aus dem Ersten Weltkrieg erhalten.

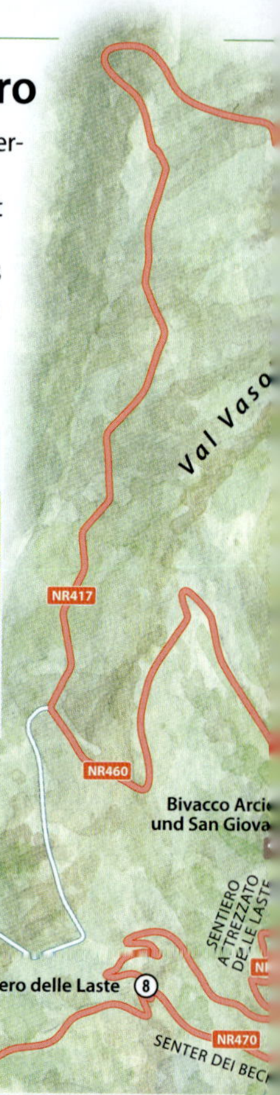

San Giovanni ⑤
Die auf einem Plateau gelegene Kirche San Giovanni wurde aus Naturstein errichtet. Bei ihr kreuzen sich mehrere Wanderwege.

Bivacco Arcione ⑤
Der Rastplatz mit hervorragender Aussicht eignet sich sehr gut für ein Picknick.

Sentiero delle Laste ⑧
Auch der letzte Klettersteig der Tour ist mit Seilen und Trittbügeln ausgestattet.

Roadbook

Start: Parkplatz in Biacesa
GPS-Koordinaten: 45.865722, 10.807094

① **Biacesa** **km 0,0**
Vom Parkplatz beim Sportplatz verlässt man Biacesa in östlicher Richtung. Nach etwa 400 Metern beginnt der Senter dei Bech (Ziegenweg; Nr. 470), auf dem man rasch in ein Waldgebiet kommt. Der Weg Nr. 405 leitet über zum ersten Klettersteig (Via Ferrata).

② **Via Ferrata Fausto Susatti** **km 2,3**
Am östlichsten Punkt der Route beginnt über einen Klettersteig, auf dem man schnell an Höhe gewinnt, der Aufstieg zur Cima Capi. Die Sicht auf den nördlichen Gardasee ist fantastisch.

③ **Cima Capi** **km 2,8**
Vom exponierten Gipfel der Cima Capi (909 m) bietet sich eine grandiose Panoramasicht. Nach einem kurzen Abstieg auf den Sattel zur Cima Rocca folgt man dem Wegweiser (Weg Nr. 460) nach links. Unmittelbar danach passiert man einen Stellungsgang, quert dahinter die südöstliche Wand der Cima Rocca und erreicht den Einstieg in den zweiten Klettersteig der Route.

④ **Via Ferrata Mario Foletti** **km 3,3**
Auch dieser durch Wald führende Klettersteig ist mit Stahlseilen und Trittbügeln sehr gut gesichert. Er endet bei der goldfarbenen Gedenktafel für den italienischen Alpinisten Mario Foletti.

Zeichenerklärung *siehe hintere Umschlagklappe*

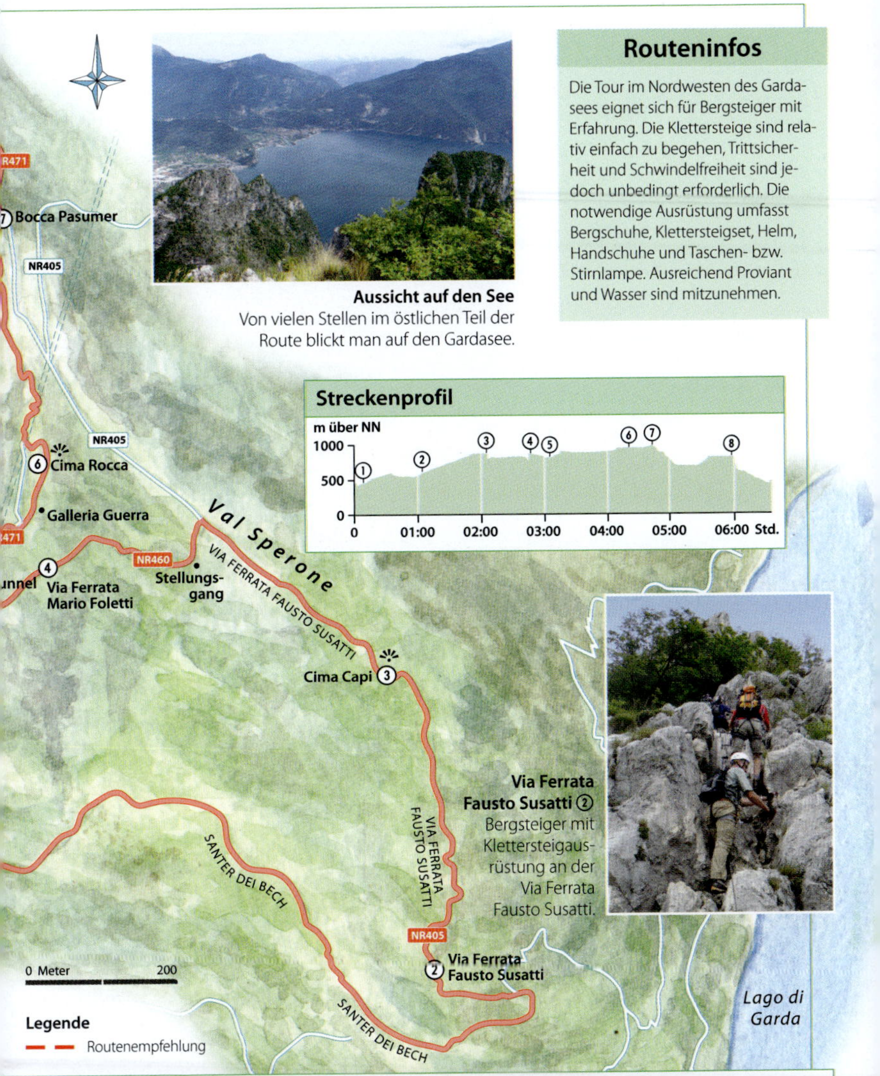

Aussicht auf den See
Von vielen Stellen im östlichen Teil der Route blickt man auf den Gardasee.

Routeninfos

Die Tour im Nordwesten des Gardasees eignet sich für Bergsteiger mit Erfahrung. Die Klettersteige sind relativ einfach zu begehen, Trittsicherheit und Schwindelfreiheit sind jedoch unbedingt erforderlich. Die notwendige Ausrüstung umfasst Bergschuhe, Klettersteigset, Helm, Handschuhe und Taschen- bzw. Stirnlampe. Ausreichend Proviant und Wasser sind mitzunehmen.

Streckenprofil

Via Ferrata Fausto Susatti ②
Bergsteiger mit Klettersteigausrüstung an der Via Ferrata Fausto Susatti.

⑤ **Bivacco Arcione und San Giovanni** **km 3,6**
Nach einer absteigenden Passage durch den Wald erreicht man Bivacco Arcione, einen Rastplatz mit Tischen und Bänken. Dahinter steht die Kirche San Giovanni. Vor der Kirche führt der Weg auf den Klettersteig Sentiero dei Camminamenti. Bei km 4,3 durchquert man einen Tunnel, in den kein Tageslicht dringt (Taschen- bzw. Stirnlampe!) und den man über eine Metallleiter verlässt. Nur wenig höher passiert man mit der Galleria Guerra einen weiteren in den Fels gesprengten Tunnel des Ersten Weltkriegs.

⑥ **Cima Rocca** **km 4,5**
Die Cima Rocca (1030 m) ist der höchste Punkt der Tour. Der Abstieg erfolgt zunächst über einen gestuften Schützengraben.

⑦ **Bocca Pasumer** **km 4,9**
Die Anhöhe (980 m) ist Kreuzungspunkt mehrerer Wege. Bei km 5,2 folgt man dem Wegweiser Richtung Biacesa (Weg Nr. 417) durch Buchenwald abwärts und bei km 6,3 der Abzweigung zur Chiesa San Giovanni (Weg Nr. 460), die man nach etwa halbstündigem Aufstieg erreicht.

⑧ **Sentiero delle Laste** **km 6,8**
An der Kirche beginnt der Abstieg ins Tal über einen weiteren Klettersteig (Weg Nr. 471), über den man wieder zum Ausgangspunkt der Tour gelangt.

Länge: 8,4 km
Schwierigkeit: mittel

✓ ✓

Windsurfer lieben den nördlichen Gardasee

❺ Torbole

Karte G4. 1200. Lungolago Conca d'Oro 25. 0464 505 177.
gardatrentino.it
comune.nago-torbole.tn.it

Die Gardesana Orientale teilt Torbole (offiziell: Nago-Torbole) an der nordöstlichen Spitze des Gardasees in zwei Bereiche: Seeseite mit Hafen und vielen Hotels sowie Bergseite mit Altstadt. Der Ort ist wegen der konstanten Winde einer der europaweit beliebtesten Hotspots der Windsurfer. Auch andere Outdoor-Sportler (u.a. Segler, Kletterer und Mountainbiker) wählen Torbole gern als Quartier, worauf sich der Ort bestens eingestellt hat. Verleihstellen für entsprechendes Equipment gibt es in großer Zahl, zudem kann man Kurse buchen (z.B. bei Surfschulen). Die lange, in beide Richtungen führende Uferpromenade lädt zum Flanieren ein, die gepflegten Strandabschnitte sind bei schönem Wetter gut besucht.

Ausgangspunkt für einen Spaziergang durch das überschaubare alte Zentrum ist die Piazza Goethe (früher Piazza Vittorio Veneto). Auch wenn der berühmte Dichter nur einen Tag in Torbole weilte (12. September 1786), wird mit dem nach ihm benannten Platz seiner gedacht. An der grün gestrichenen Fassade der Casa Alberti, in der er übernachtete, ist eine steinerne Gedenktafel angebracht, ein Medaillon darüber zeigt sein Porträt. Von der Piazza Goethe führen kopfsteingepflasterte Gassen hinauf zur im Barockstil errichteten Kirche Sant'Andrea (18. Jh.). Größtes Schmuckstück im Innenraum ist das Altarbild *(Martyrium des heiligen Andreas)* des Veroneser Meisters Giambettino Cignaroli. Der Blick von der Terrasse vor der Kirche auf den See ist fabelhaft.

Surfbretter in allen Farben

Zu den auffälligsten Bauwerken gehört die bereits für viele Zwecke (u.a. Hotel, Kaserne, Lazarett) genutzte Colonia Pavese am Strand. Nach der Renovierung fungiert sie als Kultur- und Verwaltungszentrum. Sehenswert ist auch das alte Zollhäuschen auf der Hafenmole. Hier verlief bis zum Ende des Ersten Weltkriegs die Grenze zwischen Italien und Österreich. In Torbole mündet die Sarca, der wichtigste Zufluss des Gardasees.

❻ Nago

Karte G4. 1600. *siehe Torbole.*

Torbole bildet gemeinsam mit dem auf einer Anhöhe gelegene Nago die Gemeinde Nago-Torbole. Der Ortsteil Nago ist für die meisten Urlauber, die mit dem Auto anreisen, nur Durchgangsstation zwischen Autobahnausfahrt und Gardasee – obwohl er einige Sehenswürdigkeiten birgt.

Einen fast schon bizarren Anblick bietet die Ruine des auf einem Bergrücken gelegenen Castel Penede. Die Anfang des 13. Jahrhunderts erstmals erwähnte Festung hatte große strategische Bedeutung, wurde von hier doch die wichtige Zufahrt zum Gardasee gesichert. Die Burg wechselte mehrfach die Besitzer, sie ge-

Blick über Torbole mit Sant'Andrea *(links)* am Nordufer des Gardasees

Hotels und Restaurants am nördlichen Gardasee *siehe Seiten 178 und 190f*

Castel Drena (12. Jh.) – Festung in strategisch wichtiger Lage

hörte u. a. den Grafen von Arco, der Familie Castelbarco und der Republik Venedig. Wie viele andere Festungen in der Umgebung wurde auch sie 1703 von den Franzosen weitgehend zerstört. Der wenige Minuten dauernde Aufstieg zu den Überresten der Anlage lohnt sich nicht nur wegen des tollen Ausblicks. Zwischen den Mauerresten, zu denen nicht allzu viele Besucher kommen, kann man sich frei bewegen.

Das von der Hauptstraße aus sichtbare, 1860/61 unter österreichischer Herrschaft errichtete Forte di Nago war ein wichtiger Stützpunkt der Artillerie. Wie Castel Penede Jahrhunderte zuvor ermöglichte auch diese Festungsanlage die Kontrolle eines weiten Gebiets. Heute ist hier ein Restaurant eingerichtet.

Zwischen Nago und Torbole entdeckt man ein markantes Naturphänomen, die Marmitte dei Giganti *(siehe S. 60f)*, Gletschermühlen aus der Eiszeit.

7 Dro

Karte H3. 1600. Via Torre 1. 0464 545 511. **comunedro.it**

Viele Bauten, Türme und Torbogen in Dro sind noch aus dem Mittelalter erhalten und geben dem beschaulichen Ort ein heimeliges Flair. Dro ist jedoch weniger für kunsthistorische Attraktionen bekannt, sondern als Anbau- und Handelszentrum von Pflaumen *(susine di Dro)*. Die hiesigen Früchte sind ausgesprochen groß und zählen bei Genießern zu den schmackhaftesten in Europa. Zur Erntezeit kann man die Pflaumen frisch an Straßenständen kaufen.

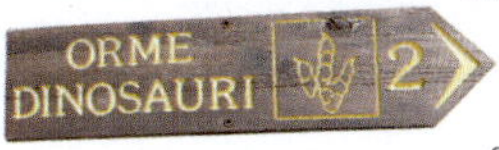

Wegweiser zu Saurierspuren

Dro ist Ausgangspunkt vieler Routen für Wanderer, Kletterer und Mountainbiker. Auf dem Gebiet der Gemeinde erstrecken sich die Marocche di Dro, eine bizarre Steinhügellandschaft *(siehe Kasten)*.

Im ehemaligen Wasserkraftwerk Centrale Fies wurde ein Kulturzentrum für zeitgenössische Kunst eingerichtet. Überregional bekannt ist das alljährlich im Sommer veranstaltete Drodesera Festival *(siehe S. 33)*.

8 Drena

Karte H3. 550. Via Roma 12. 0464 541 170. **comune.drena.tn.it**

Der von mittelalterlichen Häusern geprägte Ort ist neben seiner kulinarischen Spezialität – den *marroni di Drena* (Esskastanien) – vor allem für seine Burg bekannt. Von dem im 12. Jahrhundert in exponierter Lage an einem Steilhang errichteten **Castel Drena** wurde ein Areal zwischen Trient und dem Gardasee kontrolliert. 1703 wurde die von zwei Mauerringen umrahmte Festung mit dem 25 Meter hohen Bergfried von französischen Truppen zerstört. In restaurierten Räumen des Kastells dokumentiert eine Ausstellung die Geschichte von Burg und Region. Der Aufstieg zur Anlage ist etwas mühsam. Man wird aber mit einem Blick auf die Marocche di Dro *(siehe Kasten)* belohnt.

Castel Drena
Feb: Sa, So 10–18 Uhr; März–Sep: Di–So 10–18 Uhr (Juli, Aug: bis 19 Uhr); Okt: Di–So 10–17 Uhr; Nov, Dez: Sa, So 10–17 Uhr. Jan.

Marocche di Dro

Wie eine Mondlandschaft wirkt das rund 15 Quadratkilometer große Areal, in dem sich mächtige Felsblöcke *(marocche)* türmen. Die bizarre Steinwüste ist das Ergebnis eines gewaltigen Bergsturzes. Sie entstand nach dem Rückzug der eiszeitlichen Gletscher. An den hohen Felswänden des nun vom Eis befreiten Tals stürzten gigantische Gesteinsmassen hinab. Auf einigen Felsbrocken wurden Spuren von Dinosauriern entdeckt. Die Marocche di Dro – Dokument der Naturgewalten im Alpenraum – dämmen einige Seen ab.

Die so abweisend wie faszinierend wirkende Trümmerlandschaft erreicht man, wenn man auf der Straße zwischen Dro und Drena die Abzweigung zum Lago di Cavedine nimmt.

Versteinerte Fußabdrücke von Dinosauriern

T2 Marmitte dei Giganti

Startpunkt der Tour

Die Rundtour von Torbole aus führt auf einem kopfsteingepflasterten Wanderpfad, der Strada Santa Lucia, und durch das Valletta di Santa Lucia nach Nago. Nach einem Abstecher zu einer mittelalterlichen Festungsruine am höchsten Punkt der Tour geht es zu den Marmitte dei Giganti genannten Felsformationen, markanten Manifestationen der Gletschertätigkeit während der Eiszeit. Durch Felder, auf denen Oliven und Wein kultiviert werden, kommt man zum Ausgangspunkt zurück.

Marmitte dei Giganti ⑤
Bei dem »Kessel der Riesen« genannten Phänomen handelt es sich um Gletschermühlen. Sie entstanden durch Bewegungen von Gletschern, in deren Spalten Schmelzwasserstrudel markante Löcher bildeten.

Torbole ⑥
Der Urlaubsort am Nordufer des Gardasees ist ein Mekka der Windsurfer. Die in Torbole mündende Sarca ist mit Abstand der wichtigste Zufluss des Sees.

Heiligendarstellung, Strada Santa Lucia

Roadbook

Start: Piazza Goethe, Torbole
GPS-Koordinaten: 45.869295, 10.876466

① Torbole **km 0,0**
Ausgangspunkt der Wanderung ist die Piazza Goethe. Die Route folgt der nach Nordosten abzweigenden Via Pontalta, die in die Strada Santa Lucia (Via di Santa Lucia) übergeht. Der gepflasterte Fußweg, auf dem im 15. Jahrhundert die Venezianer ihre Schiffe zum Gardasee transportierten, führt hinter dem Ortsrand durch das von Olivenhainen geprägte Valletta di Santa Lucia hinauf nach Nago. In diesem Abschnitt ist auf entgegenkommende Mountainbiker zu achten.

② Nago **km 1,6**
Auf der Piazza Antonio Gazzoletti am Ortseingang führt der Weg links durch den Torbogen eines rosafarbenen Hauses zum Castel Penede (dem Schild »Al Castello« folgen). Ein Teil des Anstiegs zur Festungsruine ist mit einer Metallkette gesichert, die man als Geländer nutzen kann.

③ Castel Penede **km 2,0**
Von den Ruinen der mittelalterlichen Burg, auf deren Gelände man sich frei bewegen kann, bietet sich eine fantastische Sicht auf Torbole (mit Sarcamündung) und den nördlichen Gardasee. Vom Castel gelangt man auf einem weiteren Weg, der durch Wald und vorbei an Picknickplätzen verläuft, wieder hinunter nach Nago.

Torbole, Strada Santa Lucia ①
Der gepflasterte Weg von Torbole nach Nago führt durch ausgedehnte Olivenhaine.

Forte di Nago ④
Die 1860/61 während der österreichischen Herrschaft über die Region erbaute Festung ermöglichte die Kontrolle des nördlichen Seeufers. In den historischen Mauern ist heute ein Restaurant eingerichtet.

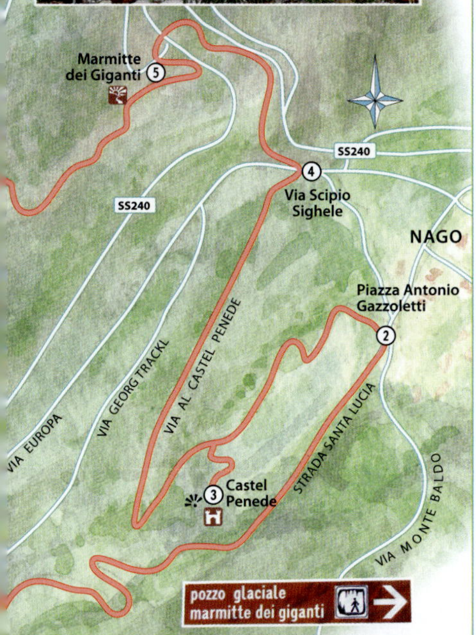

Wegweiser Marmitte dei Giganti

Roadbook *(Fortsetzung)*

④ **Nago** **km 3,0**
Nach Passieren des Forte di Nago verläuft die Route hinab zum Kreisverkehr auf der Straße Richtung Torbole. Unmittelbar vor diesem zweigt links ein zunächst steil nach unten führender Wanderweg ab. Auf ihm erreicht man die (stark befahrene) Hauptstraße, von der man gleich hinter der Bar Sesto Grado nach ca. 30 Metern rechts dem Wegweiser »pozzo glaciale marmitte dei giganti« folgt.

⑤ **Marmitte dei Giganti** **km 3,7**
Die eindrucksvollen Gletschermühlen wurden während der letzten Eiszeit von den Schmelzwasserströmen der Gletscher ausgehöhlt. Eines der Löcher erreicht man über eine etwa sieben Meter lange (gesicherte) Metallleiter. Das bogenförmige Loch in der Felswand hingegen führt zu einem von Menschenhand angelegten Bunker. Unmittelbar vor Rückkehr auf die Hauptstraße folgt man dem Wegweiser nach Torbole. Auf der Strecke dorthin passiert man Olivenhaine und Weingärten.

⑥ **Torbole** **km 5,5**
Über die Strada Granda und die deutlich verkehrsreichere Via Giacomo Matteotti erreicht man den Ausgangspunkt der Tour.

Länge: 5,5 km
Schwierigkeit: leicht

✔ ✔ ✔

Castel Penede ③
Die Anfang des 13. Jahrhunderts erstmals erwähnte Festung wurde 1703 von französischen Truppen zerstört. Die Ruinen bieten jedoch ein stimmungsvolles Bild.

Aufstieg zum Castel Penede ②
Das auf einem Bergrücken thronende Castel erreicht man von Nago auf einem Wanderweg. Steilere Abschnitte sind mit Metallketten gesichert.

Streckenprofil

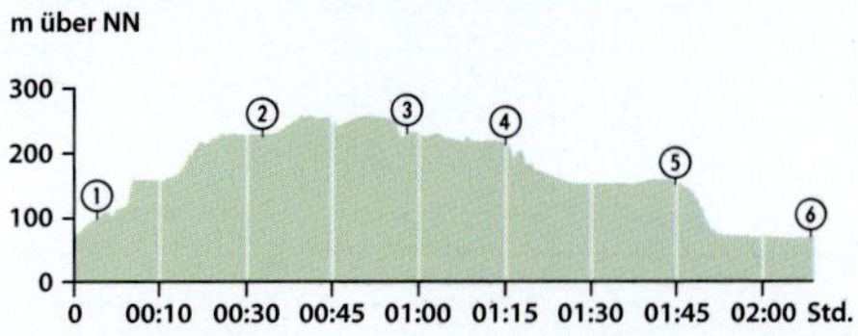

Legende

Routenempfehlung

0 Meter 200

⑨ Rovereto

Roveretos Wappen

Die nach Trento zweitgrößte Stadt im Trentino war im 17./18. Jahrhundert als Zentrum der Seidenproduktion eines der bedeutendsten Industriezentren Norditaliens. Von dieser Blütezeit zeugen noch heute zahlreiche Palazzi im von schmalen Gassen geprägten Zentrum. Im Ersten Weltkrieg war die an der Etsch gelegene Stadt erbittert umkämpft, Mahnmale des Friedens erinnern heute an jene Zeit. Seit 2002 verfügt Rovereto mit dem MART über eines der landesweit renommiertesten Museen moderner Kunst.

Schild zum Kriegsmuseum

Blick über die Mauer des Castello di Rovereto auf San Marco

Zeichenerklärung
siehe hintere Umschlagklappe

Castello di Rovereto und Museo Storico ①

Via Castelbarco 7. ☎ 0464 438 100.
Museo Storico Italiano della Guerra
Juli–Sep: Di–Fr 10–18, Sa, So 10–19 Uhr; Okt–Juni: Di–So 10–18 Uhr. 1. Jan, 24., 25., 31. Dez.
museodellaguerra.it

Das auf einem Hügel thronende Castello überragt das Zentrum Roveretos. Es ging aus einer Burg (14. Jh.) hervor, die die Venezianer im 15. Jahrhundert zu einer schwer einnehmbaren Festung ausbauten. Mit seinen mächtigen Mauern gilt das Castello als imposantes Beispiel einer spätmittelalterlichen Festung im Alpenraum. 1509 ging es an die Habsburger über.

Innerhalb der Festungsmauern wurde 1921 das Museo Storico Italiano della Guerra eingerichtet. Es ist das größte Kriegsmuseum Italiens und die bedeutendste der vielen Gedenkstätten, die sich in dieser Gegend mit dem Grauen des Ersten Weltkriegs auseinandersetzen. Gezeigt werden u. a. Waffen, Uniformen, Fotos und schriftliche Dokumente. Weitere Sammlungen beschäftigen sich mit anderen Kriegen, etwa den Italienischen Unabhängigkeitskriegen im 19. Jahrhundert.

Schild des Museo Depero

MART ②

Siehe S. 68f.

Museo Depero ③

Via Portici 38. ☎ 0464 431 813. Di–So 10–18 Uhr. nach Vereinbarung.
mart.trento.it/casadepero

Das Museum ist Fortunato Depero (1892–1960), einem Vertreter des italienischen Futurismus *(siehe S. 67)*, gewidmet. Die auch als Casa d'Arte Futurista Depero bekannte Stätte – eine Niederlassung des MART *(siehe S. 68f)* – zeigt einen Teil der rund 3000 Werke, die der in Rovereto aufgewachsene und immer wieder hierher zurückgekehrte Künstler der Stadt vermachte. Zu den Exponaten der landesweit einzigen Sammlung futuristischer Kunst gehören u. a. Gemälde, Plakate, Collagen, Möbel und Wandteppiche.

Nördlich des Museums steht die Torre Civica (14. Jh.), Teil der früheren Stadtbefestigung.

◀ **MART – das Museum für moderne und zeitgenössische Kunst von Trient und Rovereto** ***(siehe S. 68f)***

Museo Civico ④

Borgo Santa Caterina 41. 0464 452 800. Di–So 9–12, 15–18 Uhr (Mitte Juni–Mitte Okt auch Fr, So 20–22 Uhr). 1. Jan, 5. Aug, 1. Nov, 25. Dez.
museocivico.rovereto.tn.it

Das Stadtmuseum im Palazzo Parolari wurde 1851 gegründet und zählt zu den ältesten in Italien. Die Ausstellung gliedert sich in sieben Abteilungen: Archäologie, Kunstgeschichte, Astronomie, Botanik, Zoologie, Geologie und Numismatik. Die archäologische Abteilung umfasst auch die Sammlung, die der Wissenschaftler Paolo Orsi 1935 der Stadt vermachte.

Zentrum von Rovereto

① Castello di Rovereto und Museo Storico
② MART
③ Museo Depero
④ Museo Civico
⑤ San Marco
⑥ Casa Natale di Antonio Rosmini
⑦ Teatro Comunale Riccardo Zandonai
⑧ Campana dei Caduti
⑨ Ossario di Castel Dante
⑩ Lavini di Marco
⑪ Castel Beseno

Zweiköpfiges Kalb, zoologische Abteilung des Museo Civico

Zu den bemerkenswertesten Exponaten gehören das ausgestopfte zweiköpfige Kalb, das 1954 in Aldeno auf die Welt kam, sowie versteinerte Fußabdrücke von Dinosauriern *(siehe S. 67)*. Dem Museo Storico ist ein Planetarium angegliedert, im Palazzo Alberti Poja neben dem MART befindet sich eine Außenstelle.

Antonio Rosmini (1797–1855)

San Marco ⑤

Piazza San Marco. 0464 421 251. unterschiedl. Öffnungszeiten (siehe Website). So 10 Uhr. nach Vereinbarung. **parrocchie.it/rovereto/sanmarco**

San Marco wurde im 15. Jahrhundert errichtet und ist nach dem Schutzpatron Venedigs benannt. Die nach Erweiterungen (16./17. Jh.) von einem Tonnengewölbe geprägte Kirche erlitt im Ersten Weltkrieg schwere Schäden und wurde ab 1919 wiederaufgebaut. 1950 erfolgte eine Umgestaltung der Fassade nach Plänen des aus Rovereto stammenden Architekten Mario Kiniger.

Das Tympanon ziert ein Markuslöwe. Im Innenraum beeindrucken Stuckarbeiten von Pietro Calori und Fresken von Luigi Cavenaghi sowie neun Marmoraltäre.

In der Chiesa di San Marco gab Wolfgang Amadeus Mozart am 26. Dezember 1769 im Alter von 13 Jahren sein erstes Konzert in Italien.

Infobox

Information
Karte J4–5. 39000.
Piazza A. Rosmini 16.
0464 430 363. Di, Sa.
Artingegna (Okt; alle 2 Jahre: 2017, 2019 etc.), Festival Internazionale W. A. Mozart (Aug), Settimana Mozartiana (Sep), Fiera di Santa Caterina (Nov).
visitrovereto.it

Anfahrt
Verona 55 km.
Corso Rosmini.

Casa Natale di Antonio Rosmini ⑥

Via Stoppani 3. 0464 420 788. nach tel. Anmeldung.
casanatalerosmini.it

Am 25. März 1797 kam in diesem Haus Antonio Rosmini zur Welt. Seine Familie gehörte zu den begütertsten und wohltätigsten in Rovereto. Der 1821 zum Priester geweihte Antonio begründete 1828 die Ordensgemeinschaft der Rosminianer und verfasste zahlreiche philosophische Schriften. Bereits zu Lebzeiten galt der 1855 verstorbene Rosmini als Universalgelehrter, 2007 wurde er von der katholischen Kirche seliggesprochen. Schmuckstück des Anwesens ist die seit 1987 öffentlich zugängliche Biblioteca Rosminiana, deren rund 15 000 Bände praktisch alle Wissensbereiche abdecken. Auch andere Teile des Anwesens – darunter die Gemäldesammlung und der Spiegelsaal – können bei einer Führung besichtigt werden.

Überdachte Rotunde des 2002 eröffneten MART ***(siehe S. 68f)***

Teatro Comunale Riccardo Zandonai

Teatro Comunale Riccardo Zandonai ⑦

Corso Bettini 82. 0464 452 253.
nach Vereinbarung.
teatro-zandonai.it

Bei seiner Eröffnung 1784 war das Teatro Comunale das erste Theater im Trentino. Die nach Entwürfen des Architekten Filippo Maccari errichtete Bühne bereicherte das kulturelle Leben Roveretos nachhaltig. Während des Ersten Weltkriegs wurde das Bauwerk u. a. als Pferdestallung, Waffenlager und Kaserne zweckentfremdet. Nach Kriegsende bemühte sich die Stadt um eine rasche Wiederaufnahme des Spielbetriebs, die 1919 mit der Oper *Francesca da Rimini* erfolgte. Sie zählt zu den herausragenden Werken des aus Rovereto stammenden Komponisten und Dirigenten Riccardo Zandonai (1883–1944), nach dem das Theater benannt wurde. Nach Abschluss der Umbauarbeiten wurde das Theater 1924 mit Zandonais Oper *Giulietta e Romeo* offiziell wiedereröffnet.

Bei erneuten Restaurierungsarbeiten 2002 wurden neben der Fassade auch die Bühne sowie Foyer und Zuschauerraum renoviert. Heute erstrahlt das Theater wieder in altem Glanz. Die zwei Monate dauernden Feierlichkeiten zur Wiedereröffnung begannen am 18. Oktober 2014 mit der *9. Sinfonie* von Ludwig van Beethoven, gespielt vom Orchestra Haydn di Bolzano e Trento, und umfassten eine Vielzahl erstklassiger Konzerte, Theateraufführungen und Tanzevents.

Das Teatro Comunale Riccardo Zandonai ist auch eine der Spielstätten des seit 1987 alljährlich im August veranstalteten Mozart-Festivals zu Ehren des Komponisten, der 1769 bei seinem Konzert in Roveretos Chiesa di San Marco *(siehe S. 65)* erstmals in Italien auftrat (Infos: www.festivalmozartrovereto.it).

Campana dei Canduti ⑧

Colle di Miravalle. 0464 434 412.
Gedenkstätte März–Okt: tägl. 10–18 Uhr (Mitte Juni–Mitte Sep: auch 20–22 Uhr); Nov–Feb: tägl. 9–16.30 Uhr. 1. Jan, 25. Dez.
fondazioneoperacampana.it

Mit einer Höhe von 3,36 Metern und einem Gewicht von rund 22,6 Tonnen gehört die auch unter dem Namen Campana Maria Dolens bekannte »Glocke für die Gefallenen« zu den schwersten frei hängenden Glocken weltweit. Die Campana dei Caduti ist zentraler Bestandteil einer Gedenkstätte auf dem Colle di Miravalle oberhalb von Rovereto.

Im Gedenken an die Opfer des Ersten Weltkriegs und als Mahnmal für den Frieden ertönt sie jeden Abend um 20.30 bzw. 21.30 Uhr (während der Sommerzeit), ganzjährig sonntags auch um 12 Uhr. Bei der abendlichen Öffnung der Gedenkstätte im Sommer können Besucher den jeweils 100 Glockenschlägen aus nächster Nähe beiwohnen.

Die in ihren Ausmaßen gewaltige Glocke wurde 1924 aus Kanonen der am Ersten Weltkrieg beteiligten Nationen gegossen und ins Castello di Rovereto *(siehe S. 64)* gebracht. Wegen eines irreparablen Risses wurde sie eingeschmolzen und 1960 erneut gegossen. Am 4. November 1965 wurde die Glocke – nach Segnung durch Papst Paul VI. auf dem Petersplatz in Rom – wieder auf dem Colle di Miravalle installiert.

Auf dem Gelände wehen außerdem die Fahnen von mehr als 80 Staaten, wodurch der völkerverbindende Gedanke der Gedenkstätte eindrucksvoll unterstrichen wird. Eine Fotoausstellung und ein Film (auch in deutscher Sprache) dokumentieren Geschichte und Bedeutung der Glocke, deren Klang auch in Rovereto zu hören ist. Die 1968 gegründete Fondazione Opera Campana dei Caduti setzt sich für die Bewahrung dieses kulturellen Erbes ein.

ROVERETO E VALLAGARINA
Azienda per il Turismo

Logo des Tourismusverbands

Man erreicht den Colle Miravalle vom Zentrum Roveretos aus über einen etwa drei Kilometer langen, gut ausgeschilderten Weg.

Ossario di Castel Dante ⑨

Colle Castel Dante. 0464 432 480.
Di–Sa 9–12, 14–16 Uhr.

Auf einem Hügel etwa zwei Kilometer südlich vom Colle di Miravalle befindet sich eine weitere bedeutende Gedenkstätte: Das Ossario di Castel Dante ist das größte Beinhaus für die Gefallenen des Ersten Weltkriegs in Italien. Es enthält die sterblichen Überreste von etwa 20 000 Soldaten aus Itali-

Dinosaurierspuren, Lavini di Marco

Hotels und Restaurants am nördlichen Gardasee *siehe Seiten 178 und 190f*

Castel Beseno: Die von mächtigen Ringmauern umgebene Festung ist die größte im Trentino

en, Österreich, Ungarn, Tschechien und der Slowakei.

Das zylinderförmige Bauwerk mit metallener Kuppel wurde 1936–38 nach Plänen von Ferdinando Biscaccianti im Stil faschistischer Architektur errichtet und erstreckt sich über zwei Stockwerke. Im unteren erinnert eine ewige Flamme an die für ihren Einsatz ausgezeichnete Legione Trentina (trentinische Armee).

Lavini di Marco ⑩

4 km südöstl. von Rovereto. 0464 452 800. tel. beim Tourismusbüro *(siehe S. 65)* erfragen.
museocivico.rovereto.tn.it

Etwas außerhalb Roveretos bewegt man sich – im wahrsten Sinn des Wortes – auf den Spuren von Dinosauriern. 1990 wurden hier versteinerte Fußabdrücke der Urzeitgiganten gefunden und auf ein Alter von rund 200 Millionen Jahre datiert. In jener erdgeschichtlichen Epoche ragte das Gebiet um das heutige Rovereto wie eine Insel aus der von Wasser bedeckten Umgebung.

In dem als Biotopo Lavini di Marco unter Schutz stehenden Gelände sieht man die versteinerten Fußabdrücke mehrerer Sauriergattungen, darunter pflanzenfressender Camptosaurier und fleischfressender Dilophosaurier. Untersuchungen ergaben, dass die Tiere bis sechs Meter groß und bis 800 Kilogramm schwer gewesen sein müssen.

Der Weg zu dem Gelände ist als Piste dei Dinosauri (Weg der Dinosaurier) ausgeschildert. Man erreicht die Stätte von Rovereto über die Strada degli Artiglieri. Nach der Ankunft kommt man auf einem Rundweg an zahlreichen Fußabdrücken vorbei, die ersten sieht man nach rund einer Viertelstunde. Der Weg ist steinig, festes Schuhwerk ist daher zu empfehlen.

Das Museo Civico *(siehe S. 65)* zeigt eine Sammlung zu diesem Thema, darunter auch versteinerte Spuren.

Castel Beseno ⑪

8 km nordöstl von Rovereto. 0464 834 600. Mitte Mai–Okt: Di–So 10–18 Uhr; Nov–März: Sa, So 9.30–17 Uhr; Apr–Mitte Mai: Di–So 9.30–17 Uhr. 1. Jan, 25. Dez.

Im Mittelalter wurden im Trentino viele Burgen errichtet. Die größte davon ist das auf einem Hügel oberhalb von Besenello thronende, von Weitem sichtbare Castel Beseno. Diese erstmals im 12. Jahrhundert erwähnte, von Ringmauern umgebene Festung gewährleistete aufgrund ihrer strategisch günstigen Lage die Kontrolle eines ausgedehnten Gebiets. Mehreren Adelsfamilien diente sie als Sitz – zuerst den Beseno, später den Castelbarco, ab 1470 den österreichischen Grafen von Trapp.

Campari-Soda-Flasche, Design von F. Depero

Letztere vermachten die Festung 1973 der Provinz Trento, die das Anwesen umfassend restaurierte.

Am 10. August 1487 war die Ebene unterhalb der Festung Schauplatz der Schlacht von Calliano zwischen den Truppen aus Tirol und Venedig, bei der der Vorstoß der venezianischen Armee in Richtung Trient gestoppt werden konnte. Eine Ausstellung im Palazzo di Marcabruno zeigt Waffen und Uniformen jener Zeit. Zu besichtigen sind außerdem die Residenz der Grafen von Trapp sowie ehemalige Stallungen und Gefängniszellen.

Der italienische Futurismus

F. Deperos *Ballerina idola (Meccanica di ballerini)* von 1917

Zu Beginn des 20. Jahrhunderts setzte in Italien eine avantgardistische Kunstbewegung ein, als deren Begründer Filippo Tommaso Marinetti (1876–1944) gilt. Ausgehend von seinem 1909 veröffentlichten *Futuristischen Manifest* setzte die alle Genres erfassende Bewegung auf Provokation sowie auf Ablehnung klassischer Formen und Motive. Zu den herausragenden Vertretern gehört der auch in Rovereto wirkende Fortunato Depero. Einen Querschnitt des italienischen Futurismus präsentiert das Museo Depero *(siehe S. 64)* in Rovereto.

Rovereto: MART ②

Logo des Museums

Das 2002 eröffnete Museo di Arte Moderna e Contemporanea di Trento e Rovereto zählt zu den bedeutendsten Museen Europas für moderne und zeitgenössische Kunst. Gezeigt werden rund 7000 Bilder, Zeichnungen und Skulpturen italienischer und internationaler Künstler. Das nach Entwürfen von Mario Botta und Giulio Andreolli errichtete Museum ist auch ein architektonisches Highlight der Stadt. Dependancen des MART sind das Museo Depero *(siehe S. 64)* in Rovereto und die Galleria Civica di Trento (Trient).

***Picnic o Il buon soldato* (1998)**
Der Korbstapel ist Teil einer Installation von Fabio Mauri, die in Kriegszeiten benutzte Objekte zeigt.

***Cross of Sticks* (1983)**
Die Komposition von Richard Long ist mit der Einbeziehung von Naturmaterialien ein typisches Beispiel der Land Art.

Kurzführer
Zentrales Element des MART ist die von einem Glasdach bedeckte Rotunde (Durchmesser: 40 m^2). Die Ausstellungsräume befinden sich in den beiden oberen Stockwerken. Restaurant, Museumsshop und Vortragssaal sind im Erdgeschoss untergebracht, die Bibliothek im Untergeschoss.

Lichthof
Bei der Gestaltung des Museums wurde großer Wert auf Helligkeit und Transparenz gelegt. Beim Blick in den Lichthof wird die gesamte innere Struktur des Gebäudes ersichtlich.

Scenario di terra
Die Ausstellung (2014/15) widmete sich den Beziehungen zwischen Mensch und Umwelt.

Gerätschaften aus dem Hochgebirge
An dieser Wand werden zivile und militärische Objekte präsentiert, die an den Hängen der Punta Linke (Ortlergruppe) auf über 3600 Metern Höhe gefunden wurden. Dort verlief im Ersten Weltkrieg eine Frontstellung.

***Today's Life and War* (2008)**
Gohar Dashtis Bild war Teil der Ausstellung *La guerra che verrà non è la prima* (2014/15), die bewaffnete Konflikte seit 1914 thematisierte.

Infobox

Information
Corso Bettini 43.
0464 438 887.
Di–So 10–18 Uhr (Fr bis 21 Uhr). Letzter Einlass: 30 Min. vor Schließung.

Caffetteria-Ristorante Le Arti
Di–Do 7.30–18, Fr 7.30–21.30, Sa, So 9.30–18.30 Uhr.
0464 423 222.

mart.trento.it

***Movimento d'uccello* (1916)**
Das farbintensive Gemälde schuf Fortunato Depero, einer der bedeutendsten Vertreter des italienischen Futurismus *(siehe S. 67)*.

Blick auf die Fassade
Die Sichtachse auf das MART verläuft zwischen zwei Villen aus dem 18. Jahrhundert – Palazzo dell'Annona *(links)* und Palazzo Alberti Poja.

Raumkonzept
Zwischen den Museumsräumen gibt es oft fließende Übergänge.

Digitale Weltkarte
Die Ausstellung *Perduti nel paesaggio* (2004–14) zeigte die Welt aus unterschiedlichsten Perspektiven und in spannenden Kulissen.

⑩ Villa Lagarina

Karte J4. 3700. Piazza Santa Maria Assunta 9. 0464 494 222.
comune.villalagarina.tn.it

In die nördlich von Rovereto gelegene Gemeinde kommen nur relativ wenige Besucher, weshalb sich Villa Lagarina sein entspanntes Ambiente bewahren konnte. Entlang den schmalen Gassen entdeckt man gepflegte Palazzi, etwa den Palazzo Libera. In dem dreistöckigen Gebäude (17. Jh.) befindet sich eine Zweigstelle des **Museo Diocesano Tridentino**. Präsentiert werden unterschiedliche künstlerische und sakrale Objekte, vielfach Geschenke der Familie Lodron. Ein Schwerpunkt liegt auf den kostbaren liturgischen Gewändern.

Schon von Weitem sichtbar ist die Kirche Santa Maria Assunta, ein besonderer kulturhistorischer Schatz der Gemeinde. Die nur zu Gottesdiensten geöffnete Kirche gehört zu den bedeutendsten Barockbauten im Trentino. Erstmals urkundlich erwähnt wurde das Gotteshaus im Jahr 1188, vermutlich ist es jedoch älteren Ursprungs. Eine umfassende Umgestaltung im Barockstil erfolgte im 17. Jahrhundert durch die Adelsfamilie Lodron. Bemerkenswert sind insbesondere die Fresken des Renaissance-Malers Donato Arsenio Mascagni.

Im Ortsteil Castellano erhebt sich das Castello di Castellano

Castello di Castellano oberhalb von Villa Lagarina

(12. Jh.), von dem aus das Etschtal kontrolliert wurde. Das Anwesen ist noch heute in Privatbesitz.

Figur in Villa Lagarina

Museo Diocesano Tridentino
Via Garibaldi 10. 0464 490 374. Mi–Fr 14–18, Sa, So 10–12.30, 14–18 Uhr. frei. **museodiocesano tridentino.it**

⑪ Mori

Karte H4. 10 000. Via Scuole 2. 0464 916 200.
comune.mori.tn.it

Die 845 erstmals urkundlich erwähnte Gemeinde ist ein wichtiger Verkehrsknotenpunkt. Das Zentrum wird vom schlanken, mit zwei romanischen Fensterreihen versehenen Turm der Pfarrkirche Santo Stefano überragt.

Ein ungefähr 15-minütiger Aufstieg führt zur 1556 errichteten Wallfahrtskirche **Santuario di Monte Albano**, der bedeutendsten Sehenswürdigkeit von Mori. Das Heiligtum präsentiert sich vor der eindrucksvollen Kulisse des Bergmassivs hoch über dem Etschtal. Sein spitz zulaufender Glockenturm trägt eine auch vom Tal aus sichtbare Uhr von vier Metern Durchmesser. Der Innenraum birgt sehenswerte Fresken und Heiligenstatuen. Unweit der Wallfahrtskirche sind noch Reste des Castello di Monte Albano (11. Jh.) erhalten.

Unmittelbar vor dem nördlichen Ortsrand von Mori, am Fuß des Bergs Doss Castion, befindet sich die Grotta del Colombo. Bei Grabungen, die 1881 begannen, entdeckte man darin u. a. Felsmalereien und Tierknochen aus der Bronzezeit. Einige dieser Artefakte sind im Museo Civico *(siehe S. 65)* in Rovereto zu sehen.

Santuario di Monte Albano
Via Monte Albano 12. 0464 918 527. Sommer: tägl. 9–19 Uhr; Winter: tägl. 9–18 Uhr. frei.

⑫ Brentonico

Karte H5. 4000. Via Roma 60. 0464 395 149.
comune.brentonico.tn.it

Brentonico erstreckt sich auf einer Hochebene, dem Altopiano di Brentonico, und wird vor allem von Urlaubern frequentiert, die nach Abgeschiedenheit suchen. Von hier genießt man einen wunderbaren Blick über einen Teil des Etschtals

Santa Maria Assunta – Hauptkirche in Villa Lagarina

Hotels und Restaurants am nördlichen Gardasee *siehe Seiten 178 und 190f*

Castello di Sabbionara d'Avio – eine der ältesten Burgen im Trentino

und die gegenüberliegende Bergkette. Das Ortsbild prägen einige herrschaftliche Residenzen, darunter der **Palazzo Eccheli-Baisi** aus dem 17. Jahrhundert. Der Palazzo birgt mehrere thematische Säle (u. a. Raum der Kunst, Raum der grünen Säulen) mit einer Reihe schöner Fresken sowie ein kleines Fossilienmuseum. Dem Anwesen angegliedert ist der Botanische Garten Brentonicos, der einen Querschnitt durch die Pflanzenwelt des Monte Baldo präsentiert.

Die artenreiche Vegetation des Bergmassivs erlebt man auch bei einem Spaziergang entlang dem Sentiero delle Regole. Idyllisch ist Brentonicos Parco del Palù mit einigen über 100 Jahre alten Pappeln.

Palazzo Eccheli-Baisi
Via Mantova 4. 0464 395 059.
Sep: Di–So 10–17 Uhr; Okt–Mitte Juni: nach tel. Vereinbarung. Mitte Juni–Aug. obligatorisch.

13 Ala

Karte J6. 9000. Piazza San Giovanni 13. 0464 674 068.
comune.ala.trento.it

Ala im Trentino liegt an der Etsch – an der Grenze zum Veneto. Das von der Kirche Santa Maria Assunta überragte Städtchen gelangte im 17. Jahrhundert durch die Produktion von Samt und Seide zu Wohlstand. Aus jener Zeit stammen viele schöne Bauwerke, die in der Folgezeit renoviert wurden und die die von kopfsteingepflasterten Gassen geprägte Altstadt noch heute zu einem architektonischen Juwel machen.

Zu den eindrucksvollsten Bauten gehören der dreistöckige Palazzo Angelini (17. Jh.), mit seinen prachtvollen Logen und Fensterreihen eine der bemerkenswertesten Residenzen im Trentino. Sehenswert sind auch die beiden Palazzi de' Pizzini (beide 17. Jh.) in der Via Santa Catarina, in denen neben Wolfgang Amadeus Mozart auch Regenten wie Napoléon und Zar Nikolaus I. übernachteten.

Wappen von Ala

Im älteren der beiden Palazzi ist das **Museo del Pianoforte Antico** untergebracht. Es beherbergt eine der bedeutendsten Klaviersammlungen von Mitte des 18. bis Ende des 19. Jahrhunderts. Im für seine hervorragende Akustik gerühmten und mit Stuckarbeiten, Medaillons und Gemälden geschmückten Musiksaal finden gelegentlich Konzerte statt.

Museo del Pianoforte Antico
Via Santa Catarina 1. 0464 674 068.
Apr–Okt: 1. So im Monat 17 Uhr (nach tel. Vereinbarung). Gruppen.

14 Avio

Karte H6. 4000. Piazza Vittorio Emanuele III. 0464 688 888.
comune.avio.tn.it

Der als Weinbauzentrum im südlichsten Teil des Trentino bekannte Ort verfügt mit dem **Castello di Sabbionara d'Avio** über eine viel besuchte Sehenswürdigkeit. Die von drei Mauerringen eingefasste, fünftürmige Burg zählt zu den ältesten Befestigungsanlagen im Trentino. Die Familie Castelbarco vermachte sie 1411 den Venezianern, die die Anlage ausbauten, 1509 kam sie an die Habsburger. Nach weiteren Besitzerwechseln, an die noch heute Wappen erinnern, wurde sie im 17. Jahrhundert wieder Besitz der Castelbarcos, die sie 1977 einer Stiftung vermachten. Das Anwesen birgt einige Kunstschätze, mehrere Gebäude zieren Fresken.

Castello di Sabbionara d'Avio
Via al Castello. 0464 684 453.
März–Sep: Mi–So 10–18 Uhr; Okt–Nov: Mi–So 10–17 Uhr.
visitfai.it/castellodiavio

Fresko im Wächterhaus des Castello di Sabbionara d'Avio

T3 Radtour Rovereto – Borghetto

Wegweiser Radweg

Bei der gemütlichen Radtour befährt man einen 32 Kilometer langen Abschnitt des beliebten Etschradwegs. Die überwiegend flache Route verläuft durch idyllische Landschaften überwiegend nahe dem Etschufer und eignet sich sehr gut für Familienausflüge. Lediglich der Anstieg zum Castello di Sabbionara, das man besichtigen kann, ist etwas beschwerlich. Vom Endpunkt in Borghetto kommt man mit dem Zug zurück nach Rovereto.

Wegweiser Etschradweg

Roadbook

Start: Via Pasubio, Rovereto
GPS-Koordinaten: 45.887469, 11.032912

① **Rovereto** **km 0,0**
Von der Brücke südlich des Bahnhofs verläuft die Route auf der Via Pasubio nach Westen an den Stadtrand von Rovereto.

② **Etschufer** **km 1,4**
Vor Erreichen der Etsch kommt man über eine 270°-Kurve auf den Etschradweg, dem man durch eine Unterführung unter der Via Pasubio nach Süden folgt. Ab hier verläuft die Route entlang dem Flussufer, wechselt jedoch mehrfach die Flussseite.

③ **Torrente Leno** **km 2,6**
Den Torrente Leno, einen Nebenfluss der Etsch, überquert man auf einer Holzbrücke. Wenige Kilometer nach der Mündung des Leno führt der Weg unter der Autobahn A22 hindurch, bei km 6 ans rechte (westliche) Ufer der Etsch und über einen Kanal, den man entlangfährt.

④ **Marco** **km 8,5**
Südwestlich von Marco gelangt man wieder an das östliche Etschufer und folgt dem Wegweiser (Ala 9,9 km) nach Süden. Weingärten säumen die Route. Bei Serravalle all'Adige wechselt man erneut die Flussseite.

⑤ **Ala** **km 18,4**
Beim Passieren von Ala am anderen Ufer der Etsch kann man die Pracht des Städtchens nur erahnen. Wenige Kilometer südwestlich umfährt man die Autobahnausfahrt Ala-Avio.

Castello di Sabbionara d'Avio ⑦
Die oberhalb von Sabbionara thronende fünftürmige Festungsanlage wird von drei Mauerringen eingefasst.

Zeichenerklärung *siehe hintere Umschlagklappe*

Mündung des Leno in die Etsch ③
Der Leno, ein rauschender Bach, mündet südlich von Rovereto neben dem Radweg in die Etsch.

Brücke bei Ala
Der Etschradweg führt über mehrere Brücken, darunter über diese südwestlich von Ala.

Routeninfos

Fahrradverleih

Tettamanti
Corso Bettini 40, Rovereto. ☎ 0464 433 799. **W tettamantibike.it**

Vitamina BC
Via Campagnole 44, Rovereto. ☎ 0464 750 065. **W vitaminabc.it**

Fahrradmitnahme im Zug
Das Rad kann im Zug mitgenommen werden. Dafür ist ein Extraticket erforderlich. Die Rückfahrt nach Rovereto dauert ca. 30 Minuten, Züge fahren teilweise stündlich.

Roadbook *(Fortsetzung)*

⑥ **Abzweigung nach Sabbionara** **km 23,6**
Hinter einer Unterführung folgt man dem nach Sabbionara zeigenden Wegweiser. Über die Via al Ponte erreicht man das Zentrum des Orts. Für den über steile Gassen verlaufenden Anstieg zur Burg muss man absteigen und das Fahrrad schieben.

⑦ **Castello di Sabbionara d'Avio** **km 25,1**
Die Festungsanlage *(siehe S. 71)* gehört zu den ältesten im Trentino. Die Tour führt nun über einen gepflasterten Weg wieder ins Tal.

⑧ **Avio** **km 27,0**
Beim Kreisverkehr hält man sich links und biegt hinter der Autobahn rechts ab. Nach einigen Kilometern gelangt man links über die Brücke nach Borghetto.

⑨ **Borghetto** **km 32,0**
Die Straße führt zum Bahnhof. Von dort geht es per Zug zurück nach Rovereto.

Länge: 32 km
Schwierigkeit: leicht

✔ ✔ ✔

Streckenprofil

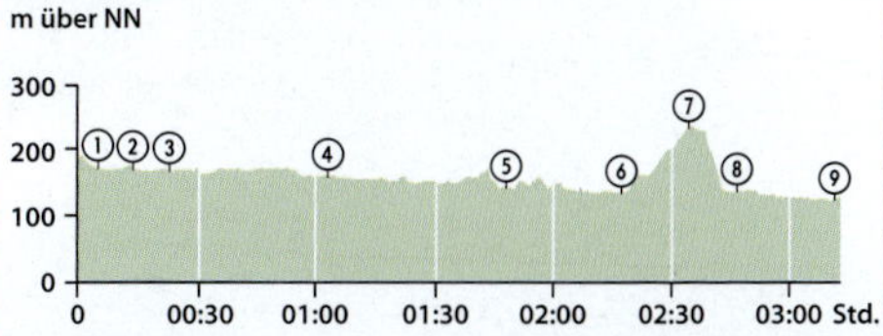

MUNICIPIO
Nicolas

Östlicher Gardasee

Das im Vergleich zur Westseite durchgehend zugängliche und stärker vom Tourismus geprägte Ostufer des Gardasees ist Teil der Region Veneto. Vor allem südlich des Naturparadieses Monte Baldo gehören einige Orte am Ufer zu den am stärksten frequentierten am Gardasee. Im Hinterland südöstlich des Sees spielt der Weinbau eine große Rolle, ein herausragendes Zentrum der Weinproduktion ist Bardolino.

Riviera degli Olivi, der blumige Beiname der östlichen Seite, bezieht sich auf die Kultivierung von Olivenbäumen seit der Antike. Noch heute prägen Olivenhaine neben Weingärten die Landnutzung an der Ostseite des Sees. Allerdings ist der Tourismus längst zur größten Einnahmequelle geworden. Schon Goethe – einer der ersten prominenten Besucher – ließ sich von Sonne, Licht und Landschaft faszinieren und literarisch inspirieren.

Die Gardesana Orientale schlängelt sich in sanften Kurven das Ostufer entlang. Ob sie durch schmucke Städtchen mit kopfsteingepflasterten Zentren und breiten Uferpromenaden (Lungolaghi) führt oder vorbei an Kiesstränden verläuft – die Aussicht auf den See ist bezaubernd. Die schon von Weitem erkennbaren, mächtig aufragenden Scaligerburgen in Orten wie Malcesine, Torri del Benaco oder Lazise sind als Zeugnisse der bewegten Historie der Region wichtige Attraktionen und zudem Orientierungspunkte. Dahinter erheben sich die Ausläufer des Monte Baldo, dessen Hochlagen man auf vielen Wanderwegen erreicht, von Malcesine aus auch mit einer modernen Seilbahn.

Südlich von Garda verliert das Gelände seinen gebirgigen Charakter und wird hügeliger. Dies ist das Areal für den ausgiebig betriebenen, lukrativen Weinbau. Die Strada del Vino genannte Route beginnt bei Bardolino und führt zu vielen Weingütern im Hinterland.

Dunkle Kapitel der Geschichte dokumentieren etwa das Museo Napoleonico in Rivoli Veronese und der Soldatenfriedhof in Costermano. Doch auch diese Orte der Besinnung lohnen einen Besuch.

Die Rocca di Garda begrenzt die Bucht von Garda im Südosten ***(siehe S. 86)***

◀ **Boote im Hafen von Bardolino, dahinter das Rathaus** ***(siehe S. 94f)***

Überblick: Östlicher Gardasee

Die Ostseite des Gardasees ist die bevorzugte Urlaubsregion. Mit Ausnahme von Malcesine liegen die größeren Orte im südlichen Abschnitt des Ostufers. Die meisten besitzen pittoreske Stadtzentren mit eindrucksvoller Architektur (darunter mehrere Scaligerburgen und viele Palazzi) und laden zum Flanieren ein. Doch auch abseits des Ufers gibt es lohnende Ausflugsziele. Der für seine bemerkenswerte Tier- und Pflanzenwelt bekannte Monte Baldo bietet viele Optionen für Wanderer und Mountainbiker. In den Orten am Fuß des Massivs bzw. in Richtung Etsch geht es deutlich beschaulicher zu als am See selbst.

Schwan

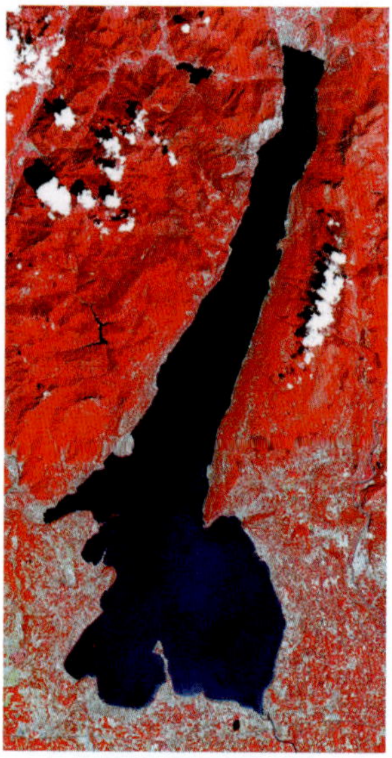

Satellitenbild des Gardasees mit Umgebung – Vegetationsflächen erscheinen in dieser Falschfarbendarstellung in roter Farbe

Hafenbecken von Bardolino mit dem Turm einer Scaligerburg und Rathaus

Weitere Zeichenerklärungen *siehe hintere Umschlagklappe*

Trutzburg am Ufer: das Castello Scaligero in Malcesine

Am östlichen Gardasee unterwegs

Mit dem Auto erreicht man die Region über die auch als Brennerautobahn bekannte A22 (Ausfahrten Rovereto Sud oder Affi) bzw. über die parallel dazu verlaufende SS12. Die Gardesana Orientale (SS249) verläuft direkt am östlichen Seeufer entlang und führt durch alle wichtigen Orte. Auch Busse bedienen diese Route. Das gebirgige Hinterland ist durch Bergstraßen erschlossen. Eine interessante thematische Route ist die in Bardolino startende Strada del Vino. Zwischen den größeren Orten besteht regelmäßiger Schiffsverkehr. Von Malcesine führt eine Seilbahn auf den Monte Baldo.

Legende

- Autobahn
- Schnellstraße
- Hauptstraße
- Nebenstraße
- Eisenbahn
- Regionalgrenze
- Gipfel
- Fährhafen
- Autofähre

In den Fels gebaut: Madonna della Corona in dramatischer Hanglage

Sehenswürdigkeiten auf einen Blick

1. Malcesine
2. Brenzone sul Garda
3. *Monte Baldo S. 80f*
4. Garda
5. Torri del Benaco
6. Madonna della Corona
7. Costermano
8. Rivoli Veronese
9. Affi
10. Bardolino
11. Lazise

Touren

- T4 Abstieg vom Monte Baldo *S. 82f*
- T5 Rundwanderung Garda – Bardolino *S. 88f*
- T6 Wanderung zur Kirche Madonna della Corona *S. 92f*
- T7 Tour durch die Valpolicella *S. 96f*

Blick vom Scaligerkastell in Malcesine Richtung Süden

❶ Malcesine

Karte G6. 3700. Via Capitanato 6. 045 658 9902. Sa.
malcesinepiu.it

Die »Perle des Gardasees« erstreckt sich auf einem schmalen Uferstreifen zwischen See und Monte Baldo und zählt nicht nur wegen ihrer Lage zu den malerischsten Orten am Gardasee. Die verwinkelten, kopfsteingepflasterten Gassen sind hier zum Teil noch steiler und enger als in den meisten anderen Orten am See. Zum Charme Malcesines tragen markante Bauwerke, darunter das Castello Scaligero, prächtige Palazzi und Kirchen wie Madonna della Fontana und Santo Stefano bei. Zudem bereichern schöne Gewölbegänge und das stimmungsvolle Hafenbecken das Ortsbild.

Johann Wolfgang von Goethe *(siehe Kasten)* machte bei seinem Italien-Aufenthalt (Sep 1786 – Mai 1788), den er in der zweibändigen *Italienischen Reise* literarisch verewigte, auch in Malcesine Station. Den Zauber des Orts wollte er zeichnerisch festhalten – was ihn der Spionage für den österreichischen Kaiser verdächtig machte und fast eine Verhaftung eingebracht hätte.

Seepromenaden, an denen Besucher auch Bademöglichkeiten vorfinden, führen in beiden Richtungen aus dem Ort heraus.

Wappen von Malcesine

Von Malcesine fährt eine Seilbahn auf den Monte Baldo *(siehe S. 80 – 83)*. Die Kabinen drehen sich während der Fahrt ständig und bieten somit von allen Plätzen aus einen wundervollen Panoramablick.

Castello Scaligero

Via Castello 39. 045 657 0333. Apr – Okt: tägl. 9.30 – 19.30 Uhr; Nov – März: Sa, So, Feiertage 11 – 16 Uhr. nach tel. Vereinbarung.

Das Bild der Altstadt Malcesines wird vom Scaligerkastell geprägt. Es erhebt sich auf einem Felsvorsprung, der steil zum Gardasee abfällt. Seine Mauern und Türme ragen völlig unvermittelt aus den dicht beieinanderstehenden Häusern heraus.

Auf den Resten einer langobardischen Anlage (6. Jh.), die später unter wechselnden Herrschern umgestaltet wurde, errichteten die Scaliger im 13. Jahrhundert das Kastell. Die im Jahr 1902 zum Nationaldenkmal erklärte Anlage umfasst drei auf unterschiedlichen Niveaus gelegene, ummauerte Innenhöfe, die durch Rampen und Treppen miteinander verbunden sind.

Im Kastell sind zwei sehenswerte Museen untergebracht: Im Museo di Storia Naturale del Baldo e del Garda erhält man Einblicke in die geologische Entstehung des Sees sowie in die Tier- und Pflanzenwelt des Gardasees und des Monte Baldo. Rundumprojektionen vermitteln den Eindruck, in den Gardasse eingetaucht zu sein. Die Sala delle Galee (»Galeerensaal«) widmet sich der Geschichte der Schifffahrt auf dem Gardasee und erläutert Entstehung und Aufbau des Castello. Darüber hinaus wird der spektakuläre Transport venezianischer Schiffe durch das Gebirge bis zum Gardasee dokumentiert.

Zur Erinnerung an Goethe wurde in der ehemaligen Pulverkammer der Burg die Sala di Goethe eingerichtet, in der man u. a. handschriftliche Notizen und die Kopie einer seiner Zeichnungen des Bauwerks sehen kann. Vor diesem Ausstellungsraum ist der Literat in einer Bronzebüste verewigt.

Beim Rundgang kommt man auch an einem Ziehbrunnen, einem Fresko und einem etwa acht Meter langen, im Mittelalter zur Entenjagd genutzten Boot vorbei.

Weithin sichtbar – Castello Scaligero direkt am Seeufer

Hotels und Restaurants am östlichen Gardasee *siehe Seiten 178f und 191f*

Den krönenden Abschluss bietet die Aussicht von der obersten Turmplattform mit der Campana Comunale (Gemeindeglocke; 1442). Der Blick reicht über die Dächer und den See bis ans andere Ufer.

Palazzo dei Capitani

Via Portici Umberto. 045 740 0837. tägl.

Der zinnengekrönte Palazzo wurde im 13. Jahrhundert von den Scaligern errichtet und im 15. Jahrhundert während der venezianischen Herrschaft zum Sitz des Statthalters (Capitano) umgestaltet. Die Eingangshalle ziert noch heute ein aufwendig gestaltetes Deckenfresko (1672) mit der Burg und einem Markuslöwen – Symbol der knapp vier Jahrhunderte währenden Herrschaft Venedigs über die Region. Die Halle geht unmittelbar in einen idyllischen Garten mit Blumenbeeten und Palmen über. Eine niedrige, mit Schwalbenschwanzzinnen versehenene Mauer trennt ihn vom See. Auf einer Bank sitzend, kann man sich hier vom lebhaften Treiben im Zentrum Malcesines entspannen – mit Blick auf die prächtige rückwärtige Fassade, die Renaissance-Fenster, kleine Balkone und Zinnen schmücken.

Der historische, mit Fresken und Kassettendecke überaus ornamental gestaltete Ratssaal im Obergeschoss ist nur im Rahmen der gelegentlich hier stattfindenden Ausstellungen zu besichtigen.

Umgebung: Das einen Kilometer südlich von Malcesine gelegene Fischerdorf **Cassone** konnte sich bis heute sein beschauliches Flair bewahren, nur wenige Urlauber verirren sich hierher. Einen Besuch lohnt das am kleinen Hafen gelegene **Museo del Lago** mit historischen Gerätschaften zur Fischerei im Gardasee. In einem kleinen Park entspringt der Aril – mit 175 Metern Länge angeblich der kürzeste Fluss in Europa. In früheren Zeiten trieb er eine Getreidemühle an. Bis zur Mündung in den Gardasee überspannen ihn drei Brücken.

Palazzo dei Capitani in Malcesine

Museo del Lago

Hafen, Cassone. 0339 540 9343. Apr–Okt: Di–So 10–12, 15–18 Uhr; Nov–März: So 10–12, 15–18 Uhr. frei.

2 Brenzone sul Garda

Karte F6. 2500. IAT, Frazione Porto, Brenzone sul Garda. 045 742 0758. Sa. **comune.brenzone.vr.it**

Brenzone besteht aus 16 Ortschaften. Fast alle liegen am Ufer, einige ziehen sich zwischen Olivenhainen an den Hängen des Monte Baldo hinauf. Die meisten Sehenswürdigkeiten von Brenzone sul Garda, darunter Kirchen und Klöster, haben keine festen Öffnungszeiten.

Wappen Madonna della Fontana

Südlich von Castelletto di Brenzone, dem größten Ort der Gemeinde, steht San Zeno (12. Jh.), eine der ältesten Kirchen am Ostufer. In den Seitenschiffen sind spätromanische Fresken erhalten.

Bemerkenswert ist die Pietra di Castelletto (»Stein von Castelletto«) in der Eingangshalle des Rathauses von Magugnano (Mo–Do 9–13, 15–18, Fr 9–13 Uhr). Der etwa sechs Quadratmeter große, aus der Bronzezeit stammende Felsblock zeigt teils rätselhafte Symbole und Gravuren.

J.W. von Goethe: *Italienische Reise*, 13.9.1786, Malcesine

Den 13. September, abends.

Heute früh um drei Uhr fuhr ich von Torbole weg mit zwei Ruderern. Anfangs war der Wind günstig, daß sie die Segel brauchen konnten. Der Morgen war herrlich, zwar wolkig, doch bei der Dämmerung still. Wir fuhren bei Limone vorbei, dessen Berggärten, terrassenweise angelegt und mit Zitronenbäumen bepflanzt, ein reiches und reinliches Ansehn geben. (…) Das Betrachten und Beschauen dieser angenehmen Gegenstände ward durch eine langsame Fahrt begünstigt, und so waren wir schon an Malcesine vorbei, als der Wind sich völlig umkehrte, seinen gewöhnlichen Tagweg nahm und nach Norden zog. Das Rudern half wenig gegen die übermächtige Gewalt, und so mußten wir im Hafen von Malcesine landen. Es ist der erste venezianische Ort an der Morgenseite des Sees. Wenn man mit dem Wasser zu tun hat, kann man nicht sagen, ich werde heute da oder dort sein. Diesen Aufenthalt will ich so gut als möglich nutzen, besonders das Schloß zu zeichnen, das am Wasser liegt und ein schöner Gegenstand ist. Heute im Vorbeifahren nahm ich eine Skizze davon.

Johannn Wolfgang von Goethe

❸ Monte Baldo

Logo der Seilbahn am Monte Baldo

Das am Ostufer des Gardasees aufragende, bis 2218 Meter hohe Bergmassiv fasziniert mit einer riesigen Vielfalt an Tieren und Pflanzen, was ihm den Beinamen »Garten Europas« einbrachte. Da die Hochlagen des Monte Baldo während der Eiszeit aus dem umgebenden Gletschermeer herausragten, sind hier auch andernorts ausgestorbene Pflanzenarten vertreten. Bei einer Wanderung oder Seilbahnfahrt erlebt man die ökologische Vielfalt und sieht – mit etwas Glück – einige der hier vorgestellten Vertreter der Tierwelt wie Gämsen oder Murmeltiere.

Dachs
Die nachtaktiven Dachse legen ihre Baue, in denen sie den Tag verbringen, meist in Hanglagen an.

Fasan
Die Hühnervögel fallen vor allem wegen ihrer Länge und der markanten Kopffärbung auf.

Panoramablick
Von vielen Stellen oberhalb der Waldgrenze genießt man einen wunderbaren Blick auf den nördlichen Teil des Gardasees und die Bergketten am gegenüberliegenden Westufer.

Steinadler
Mehrere Raubvogelarten, darunter auch Steinadler, ziehen über dem Monte Baldo ihre Kreise.

Kuh
Almwirtschaft mit Milchkühen erfolgt bis in Höhen von etwa 1700 Metern. Einige Almhütten verkaufen frische Milchprodukte.

Pfingstrose
Die Blüte der Pfingstrose leuchtet von Weitem. Sie gehört zu den ca. 600 Pflanzenarten, die an den Hängen des Massivs gedeihen.

Edelweiß
Auch Edelweiß, eine der symbolträchtigsten Alpenblumen, zählt zu den vielen geschützten Arten, die nicht gepflückt werden dürfen.

Hotels und Restaurants am östlichen Gardasee *siehe Seiten 178f und 191f*

Murmeltier
Die tagaktiven Tiere kann man vor allem gegen Abend antreffen bzw. hören. Um die Zeit des ersten Schneefalls beginnt ihr sechs- bis siebenmonatiger Winterschlaf.

Infobox

Information
Karte G6–7.

Funivia di Monte Baldo
Siehe S. 83.

Sessellift Prà Alpesina (von Avio). Mitte Juni – Mitte Sep: tägl. 9–13, 14–18 Uhr.

Orto Botanico Monte Baldo
Via General Graziani 10, Ferrara di Monte Baldo (1232 m).
045 624 7288. Mai – Sep: tägl. 9–18 Uhr.
ortobotanicomontebaldo.org

Achtung: Auf dieser Karte ist **Norden nach unten** ausgerichtet.

Bergstation
Die von der Talstation in Malcesine mit Seilbahnwechsel an der Mittelstation erreichbare Bergstation liegt in 1760 Metern Höhe.

Anemone baldensis (Baldo-Windröschen)
Die nach der Bergkette benannte Windröschenart ist an die Lebensbedingungen des Hochgebirges hervorragend angepasst und gedeiht sogar auf Felsschutt.

Wiedehopf
Der Monte Baldo gehört zu den bevorzugten Orten zur Vogelbeobachtung in Italien.

Grasendes Schaf

Olivenbaum
In tieferen Lagen gedeihen – wie an vielen Stellen rund um den Gardasee – Olivenbäume. Die Blätter zeigen im Sonnenlicht einen silbrigen Glanz.

Gämse
Diese typischen Bewohner des Hochgebirges finden auch auf dem Monte Baldo einen geeigneten Rückzugsraum.

Karte *siehe Extrakarte zum Herausnehmen*

T4 Abstieg vom Monte Baldo

Seilbahnticket

Wegweiser an der Talstation

Von der Bergstation des Monte Baldo führt ein gut markierter und an steileren Passagen gesicherter Weg zunächst über Almwiesen, später durch dichten Wald zur Mittelstation San Michele. Auf der zweiten (deutlich kürzeren) Etappe gelangt man nach Malcesine. Insgesamt überwindet man einen Höhenunterschied von etwa 1650 Metern. Trittsicherheit ist erforderlich, die Mitnahme von Wanderstöcken zu empfehlen. An vielen Stellen hat man einen traumhaften Blick über den See und auf die Bergketten am gegenüberliegenden Ufer.

Maultierpfad Richtung Talstation ④
Ein Teil der letzten Etappe verläuft über einen gepflasterten Pfad, auf dem früher Güter in von Maultieren gezogenen Holzkarren transportiert wurden.

Roadbook

Start: Bergstation der Seilbahn (1760 m)
GPS-Koordinaten: 45.769393, 10.864226

① Bergstation **km 0,0**
Die Bergstation auf dem Sattel Bocca Tratto Spino erreicht man mit der Seilbahn (Funivia) von Malcesine aus. Oben angekommen wählt man den zunächst nach Süden, dann nach Südwesten führenden Wanderweg Nr. 2 (Richtung Piombi). Übersichtskarten und Informationstafeln bieten Orientierung sowie Hinweise zu Tier- und Pflanzenwelt. Die Route verläuft erst über felsdurchsetzte Grashänge, nach wenigen Hundert Metern beginnt dichter Wald. Steile Passagen sind mit Holzgeländern gesichert.

② Piombi **km 3,2**
Ab dem Col di Piombi (bzw. Co' di Piombi) geht es nach Norden durch relativ flaches Gelände. Nach kurzer Zeit ist eine grün-weiße Schranke zu umgehen.

③ Il Signor **km 4,6**
Der Weg führt nun durch die mit Heiligendarstellungen und Blumenschmuck versehene Kapelle Il Signor. Ab hier ist die Route stellenweise asphaltiert. Bei einer Gabelung (km 6,3) hält man sich dem Wegweiser San Michele (Funivia) folgend links und gelangt auf den gepflasterten Weg zur Mittelstation der Seilbahn.

San Michele ④
Die Fahrt von Malcesine auf den Monte Baldo (oder umgekehrt) absolviert man in zwei Etappen. An der Mittelstation erfolgt der Wechsel zwischen beiden Seilbahnen. Bei Bedarf kann man auch nur einen Teilabschnitt befahren.

Zeichenerklärung *siehe hintere Umschlagklappe*

Blick aus der Seilbahn ①
Während der Seilbahnfahrt bieten sich immer wieder wundervolle Panoramablicke. Gleich nach Verlassen der Talstation genießt man die Aussicht auf Malcesine mit der markanten Scaligerburg am Seeufer.

Routeninfos

Funivia di Monte Baldo
Via Navene Vecchia 12, Malcesine.
045 740 0206.
funiviedelbaldo.it
Betriebszeiten: Anfang – Mitte Apr: tägl. 8 – 17 Uhr, Mitte Apr – Mitte Sep: tägl. 8 – 18.45 Uhr; Mitte Sep – Mitte Okt: tägl. 8 – 18 Uhr; Mitte – Ende Okt: tägl. 8 – 17 Uhr. Fahrten alle 30 Min. Mountainbikes dürfen nicht in allen Seilbahnen mitgenommen werden (auf den gesonderten Eingang in der Talstation ist zu achten).

Gastronomie

Baita dei Forti
Tratto Spino (Bergstation).
045 740 0319.

Cime del Baldo
Tratto Spino (Bergstation).
045 658 4283.

Locanda Monte Baldo
San Michele (Mittelstation).
045 740 1679.

Il Signor ③
Der Weg zur Mittelstation führt durch den Bogengang der kleinen Kapelle Il Signor, die Bildnisse und Blumen schmücken.

Roadbook *(Fortsetzung)*

④ **San Michele** **km 7,0**
Die Route von der Mittelstation hinunter nach Malcesine verläuft zunächst durch Wald, im späteren Abschnitt auf geteerten Straßen. Auf der Via Panoramica nimmt man bei km 9 die Abzweigung nach links auf die Via Paier, die auch zu einer sehenswerten Kapelle mit Marienbildnis führt. Über einen mit groben Steinen gepflasterten, früher als Maultierpfad genutzten Weg geht es steil hinunter nach Malcesine.

⑤ **Talstation der Seilbahn, Malcesine** **km 10,2**
Die Tour endet bei der Talstation der Funivia di Monte Baldo.

Länge: 10,2 km
Schwierigkeit: mittel
✔ ✔ ✔

Streckenprofil

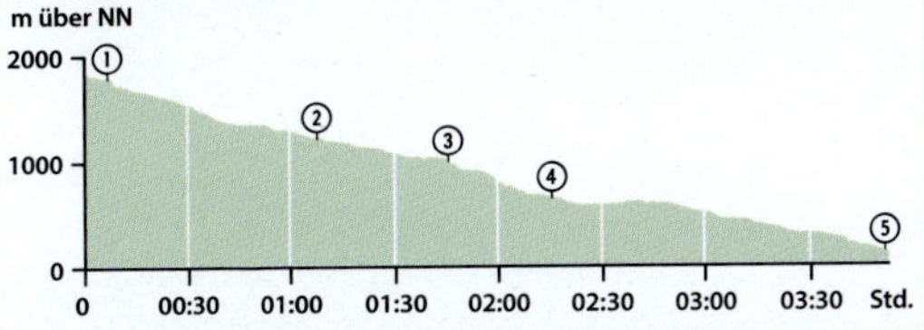

Legende
Routenempfehlung

❹ Garda

Wappen von Garda

Der Ort, nach dem der See benannt ist, erstreckt sich in einer malerischen Bucht, die von zwei Bergrücken umrahmt wird. Auf einem wurde schon im 5. Jahrhundert eine Burg zur Kontrolle der Bucht errichtet. Verwinkelte Gassen, eine zum Flanieren einladende Seepromenade, elegante Palazzi und Gärten mit mediterraner Vegetation prägen das Ortsbild von Garda. Die Bademöglichkeiten zählen zu den besten am Ostufer.

Fußgängersteg an Gardas Uferpromenade mit Blick über den See

Balkon und Spitzbogenfenster, Palazzo dei Capitani

Palazzo dei Capitani ①

Piazza Catullo 14.

Während der Herrschaft Venedigs über die Region entstanden vor allem im 15./16. Jahrhundert auch in Garda viele ehrwürdige Palazzi. Einige von ihnen säumen noch heute die Uferpromenade. Im Palazzo dei Capitani aus dem 15. Jahrhundert residierte früher der venezianische Statthalter (Capitano). Zu jener Zeit reichte das Hafenbecken bis an das Gebäude. Dies hatte zur Folge, dass das Wasser noch direkt an den Palazzo schwappte. Später schüttete man das Hafenbecken zu und errichtete die Promenade. Boote ankern nun an der dahinter angelegten Mole.

Die Fassade des im Stil der venezianischen Gotik errichteten, blassgelben Bauwerks prägen sechs unregelmäßig über die Fassade verteilte Spitzbogenfenster, dem mittleren im Obergeschoss ist ein Balkon vorgelagert.

Im Untergeschoss des Palazzo ist die kleine Bar Ai Capitani eingerichtet. Von deren Terrasse hat man einen schönen Blick auf den See und die Piazza Catullo.

Uferpromenade ②

Die gepflasterete Uferpromenade von Garda gehört zu den schönsten am See. Sie verläuft entlang dem gesamten Ufer des Orts zwischen den beiden Bergrücken, die die Bucht begrenzen – Rocca di Garda *(siehe S. 86)* im Südosten und Monte Luppia *(siehe S. 87)* im Nordwesten. In einigen der schönsten Palazzi sind Hotels untergebracht. Darüber hinaus gibt es hier viele Restaurants, Cafés und Eisdielen mit Terrassen. Auch Verwaltungsgebäude wie das Rathaus *(siehe unten)* und die für Tagungen genutzte Sala Congressi befinden sich hier.

Direkt am Seeufer laden zahlreiche Sitzbänke zum Verweilen ein. Auf diesen kann man unter Schatten spendenen Platanen dem Treiben auf der Piazza Catullo und anderen Abschnitten der Uferpromenade buchstäblich den Rücken zukehren.

Municipio di Garda und Museo del Lago di Garda ③

Municipio di Garda Lungolago Regina Adelaide 15. ☎ 045 620 8444. **W comune-italia.it/comune-garda.html**

Museo del Lago di Garda Lungolago Regina Adelaide 14. ☎ 045 620 8401. 🕒 Fr–So 15–18.30, Sa auch 10–12.30 Uhr.

Das Municipio di Garda (Rathaus) befindet sich in bester Lage am Seeufer. Von diesem modernen, in leuchtendem

Blick auf Garda und den Monte Luppia mit der vorgelagerten Landspitze Punta San Vigilio

Hotels und Restaurants am östlichen Gardasee *siehe Seiten 178f und 191f*

Fassade der Kirche Santa Maria Maggiore mit Glockenturm

Weiß gestrichenen Gebäude, das hohe Fenster mit Holzsprossen zieren, werden die Geschicke Gardas geleitet. Außerdem ist hier die Stadtbibliothek untergebracht.

Etwas zurückversetzt neben dem Rathaus befindet sich der Palazzetto delle Esposizioni, den man durch einen kleinen Hof erreicht. Er beherbergt das Museo del Lago di Garda, das sich auf zwei Stockwerken den Traditionen von Garda und seiner Umgebung widmet. Thematische Schwerpunkte sind Landwirtschaft und bäuerliches Leben, Fischerei und (Kunst-)Handwerk. Sie werden anhand von jeweils typischen Gerätschaften erläutert.

Palazzo Carlotti ④

Lungolago Regina Adelaide/ Via Manzoni.

Zu den malerischsten Bauten an Gardas Ufer gehört der im 16. Jahrhundert im Stil der Renaissance errichtete Palazzo Carlotti. Der nach Entwürfen des Baumeisters Michele Sanmicheli entstandene Palazzo zeichnet sich im Erdgeschoss durch Arkaden und im Obergeschoss durch eine von zierlichen Säulen getragene fünfbogige Loggia aus. Wegen dieser Loggia, von der sich ein wunderbarer Seeblick bietet, trägt das Gebäude den Beinamen Palazzo Losa. Lange Zeit war hier das Zollamt (Antica Dogana) untergebracht.

Infobox

Information

Karte E8.

4000.

Piazza Donatori di Sangue 1.

045 627 0384.

Fr.

Palio delle Bisse (Juni), Sardellata al chiar di luna (Juli), Palio delle Contrade (15. Aug).

comune.garda.vr.it/garda

gardabyweb.it

Anfahrt

Santa Maria Maggiore ⑤

Piazzale Roma. tägl. 9–12, 16–19 Uhr.

Der von Platanen bestandene Piazzale Roma wartet mit einem kunsthistorischen Juwel auf. Die an der Stelle eines frühmittelalterlichen Vorgängerbaus errichtete Kirche Santa Maria Maggiore erhielt ihr heutiges Aussehen im 15. Jahrhundert. Auch nach Barockisierung gegen Ende des 18. Jahrhunderts blieb der originale Kreuzgang erhalten, den man durch eine Tür neben dem Kirchenportal betritt. Seine markanten Säulen sind durch Rundbogen miteinander verbunden. Über eine Treppe gelangt man in die offene Loggia darüber. An einigen Stellen der Fassade sind langobardische Steinmetzarbeiten (8. Jh.) eingelassen.

Zentrum von Garda

① Palazzo dei Capitani
② Uferpromenade
③ Municipio di Garda und Museo del Lago di Garda
④ Palazzo Carlotti
⑤ Santa Maria Maggiore
⑥ Rocca di Garda
⑦ Villa Albertini
⑧ Stadttor und Palazzo Fregoso

Zeichenerklärung *siehe hintere Umschlagklappe*

Karte *siehe Extrakarte zum Herausnehmen*

Die schlossartige Villa Albertini (18./19. Jh.) inmitten von Grünanlagen

Rocca di Garda ⑥

Die Anhöhe Rocca di Garda erinnert in ihrer Form an einen Tafelberg. Wer sie besteigt, genießt einen unübertrefflichen Ausblick über die Bucht von Garda und weitere Teile des Gardasees.

Die etwa einstündige, überwiegend angenehm schattige Wanderung auf die knapp 300 Meter hohe Rocca (»Felsen«) beginnt bei der Kirche Santa Maria Maggiore am Piazzale Roma *(siehe S. 85)*. Von dort führt sie über die Via degli Alpini und anschließend über sehr gut markierte Wanderwege und Pfade weitgehend durch Wälder auf das ausgedehnte Gipfelplateau, dessen Ränder mit Holzgeländern gesichert sind. Für den Aufstieg ist festes Schuhwerk erforderlich, bei Nässe besteht an manchen Stellen Rutschgefahr. Insgesamt ist die Wanderung jedoch relativ leicht und auch für Kinder geeignet.

Unterwegs gibt es keine Einkehrmöglichkeiten, Proviant und genügend Wasser müssen bei der Wanderung mitgenommen werden. Die Wiese auf dem Gipfelplateau wird gern für ein Picknick genutzt – bei bester Aussicht.

Von der im 5. Jahrhundert unter Theoderich, Herrscher der Ostgoten, errichteten Burg sind nur noch Ruinen erhalten. Die Herrschaft über die Festung wechselte wiederholt: Den Ostgoten folgten u. a. Langobarden, Franken und Scaliger. Unter der Herrschaft Venedigs wurde die Anlage weitgehend zerstört.

Villa Albertini ⑦

Via San Carlo 8. ● für Besucher.

Die in Pracht und Ausmaßen schlossartige, von einer weitläufigen Grünanlage mit hohen Magnolienhecken umgebene Villa am nördlichen Ende von Gardas Altstadt verbirgt sich hinter einer langen Mauer. Diese hält den Lärm der Gardesana Orientale, die unmittelbar an der Anlage vorbeiführt, weitgehend ab. Durch Gittertore und von Anhöhen in der Umgebung kann man einen Blick auf das private Anwesen werfen, das – obwohl es nicht öffentlich zugänglich ist – zu den bekanntesten Fotomotiven von Garda gehört.

Auffällig sind die Zinnenbekrönung der Villa und die Farbgebung in intensiven Ocker- und Rottönen. Der ältere, ockerfarbene Teil wurde Ende des 18. Jahrhunderts errichtet, die roten Türme sowie die Zinnenkränze im 19. Jahrhundert ergänzt.

Der ausgedehnte Park um die Villa zieht sich an einem Hügel entlang und umfasst Pavillons, Gewächshäuser und kleine Tempel, die durch Alleen miteinander verbunden sind.

Die Villa Albertini beherbergte im Lauf der Zeit viele nahmhafte Gäste. Zu den bekanntesten gehört Karl Albert, König von Sardinien, der 1848 bei seinem Aufenthalt in Garda in diesem prachtvollen Anwesen weilte.

Stadttor und Palazzo Fregoso ⑧

Via Vittorio Emanuele 37. **Palazzo Fregoso** ● für Besucher.

Die zu Beginn des 15. Jahrhunderts einsetzende Herrschaft Venedigs hat am Ostufer des Gardasees – so auch in Garda – bleibende Spuren hinterlassen. Aus jener Epoche stammen viele architektonisch eindrucksvolle Palazzi, darunter auch der 1510 über dem nördlichen Stadttor errichtete Palazzo Fregoso, der die Altstadt nach Norden begrenzt. An der Innenseite des Gebäudes führt eine Freitreppe hinauf zu einem schönen Renaissance-Portal.

Zwischen dem nördlichen und dem südlichen Stadttor, dem ein Uhrturm aufsitzt, verläuft die zu beiden Seiten von Cafés und Läden gesäumte Via Vittorio Emanuele, die nach Süden über die Via Santo Stefano in die Via XX Settembre übergeht.

Blick über das Hafenbecken auf die Rocca di Garda

Hotels und Restaurants am östlichen Gardasee *siehe Seiten 178f und 191f*

Umgebung

Punta San Vigilio

5 km westl. von Garda.

punta-sanvigilio.it

Die zwischen der Bucht von Garda und der Baia delle Sirene *(siehe unten)* in den Gardasee ragende Landzunge ist ein Ausläufer des Monte Luppia *(siehe unten)*. Beschreibungen des idyllischen Orts an diesem touristisch stark frequentierten Küstenabschnitt überschlagen sich fast in Superlativen.

Agostino Brenzone, Mitglied einer angesehenen Familie aus Verona, betraute keinen Geringeren als den ebenfalls aus Verona stammenden Architekten Michele Sanmicheli mit der Bebauung der Landspitze, u. a. mit einem üppig dimensionierten Palazzo. Der Baumeister schuf um 1540 ein Gesamtkunstwerk aus Gebäuden und Parkanlagen, in das er bestehende Bauten wie die Kirche San Vigilio (13. Jh.) integrierte. Die noch immer in Privatbesitz befindliche Renaissance-Villa ist nicht zu besichtigen.

Vom Parkplatz erreicht man das Kap nach Durchschreiten einer Zypressenallee, an deren Ende ein rund 1000 Jahre alter Olivenbaum steht. Das Anwesen umfasst auch ein Hotel *(siehe S. 179)*, in dessen Gästebuch sich schon viele Berühmtheiten eintrugen, und ein Restaurant *(siehe S. 192)*. Wenn man den Blick über das kleine Hafenbecken auf den Gardasee (mit oder ohne Sonnenuntergang) bei einem Gläschen im Freien genießen möchte, kann man dies von der Taverne aus tun, deren Tische unter einer Pergola auf der Mole stehen. Das Hafenbecken wird von Privatbooten angesteuert, deren Kapitäne die Taverne aufsuchen.

Baia delle Sirene

5 km westl. von Garda. 045 725 5884. Mitte–Ende Mai: tägl. 10–19 Uhr; Juni–Mitte Sep: tägl. 9.30–20 Uhr (So ab 9 Uhr).

parcobaiadellesirene.it

Die winzige, geschützt gelegene »Sirenenbucht« an der Nordseite der Punta San Vigilio gilt als schönste Badebucht am Gardasee. An dem Kiesstrand kann man neben alten Olivenbäumen sonnenbaden. Die Ausstattung umfasst neben Umkleidekabinen, Duschen und Sonnenliegen auch einen Kiosk, Picknickplätze und diverse Sportmöglichkeiten sowie Kinderanimation und einen Spielplatz.

Die Eintrittspreise sind hoch. Dafür findet man in der Baia delle Sirene die Ruhe, die man an den meisten anderen Stränden am Gardasee vermisst.

Kirche San Vigilio (13. Jh.) und Hotel auf der Punta San Vigilio

Eremo San Giorgio

1 km südöstl. von Garda. 045 721 1390. tägl. 9–12, 15.30–18.30 Uhr.

eremosangiorgio.it

Im 17. Jahrhundert errichteten die Kamaldulenser auf dem 305 Meter hohen Monte San Giorgio, einem Berg östlich der Rocca di Garda *(siehe S. 86)*, dieses Eremitenkloster. Man erreicht es zu Fuß auf dem Wanderweg, der auch zur Rocca hinaufführt, sich aber unterhalb des Gipfelplateaus gabelt. Bei ausreichend Zeit kann man beide Ziele miteinander verbinden, die Gehzeit verlängert sich dabei um etwa eine halbe Stunde. Die Romuald, dem Gründer des Kamaldulenserordens, geweihte Kirche ist für Besucher zugänglich, andere Bereiche des Klosters können nicht besichtigt werden. In einem Laden werden Produkte des Klosters verkauft, darunter Olivenöle und Liköre.

Monte Luppia

5 km nordwestl. von Garda.

Der 416 Meter hohe Monte Luppia begrenzt die Bucht von Garda im Nordwesten. Bekannt ist er für seine Felszeichnungen bzw. -ritzungen, die überwiegend in den letzten Jahrhunderten entstanden. Bemerkenswert sind vor allem der Pietra delle Griselle genannte Fels, der landende Schiffe zeigt, und die Pietra dei Cavalieri mit Darstellungen von Reitern.

Man geht heute davon aus, dass die Skizzen von Hirten stammen, die hier ihre Eindrücke verewigten.

Baia delle Sirene, eine idyllische Badebucht westlich von Garda

T5 Rundwanderung Garda – Bardolino

Wegweiser

Die abwechslungsreiche Rundtour verläuft durch Garda und anschließend auf markierten Wanderwegen durch dichten Wald auf die knapp 300 Meter hohe Rocca di Garda. Von dort genießt man eine wundervolle Aussicht und kann picknicken. Weiter geht es über ein Kloster mit sehenswerter Kirche nach Bardolino und am Seeufer wieder zurück. Insgesamt ist die Wanderung relativ leicht und auch für Kinder geeignet, festes Schuhwerk ist allerdings erforderlich. Auch Proviant und genügend Wasser sollte man dabeihaben.

Blick auf die Rocca
Schon von Weitem sichtbar: Hinter dem Hafenbecken von Garda erhebt sich die wegen ihres flachen Gipfelplateaus an einen Tafelberg erinnernde Rocca di Garda.

Marienbildnis ①
Die Heiligendarstellung befindet sich in der Via degli Alpini in Garda.

Roadbook

Start: Piazzale Roma, Garda
GPS-Koordinaten: 45.572909, 10.710153

① Garda **km 0,0**
Von der Piazzale Roma biegt man neben der Kirche Santa Maria Maggiore *(siehe S. 85)* nach rechts in die Via San Bernardo ein. Die Straße beschreibt einen markanten Rechtsbogen. Bei der Gabelung dahinter wählt man die rechte (obere) Abzweigung in die Via degli Alpini.

② Richtung Rocca di Garda **km 0,8**
Die jetzt Via per la Rocca genannte Straße führt zu einem steinigen Pfad, der durch Wald verläuft. In einer Lichtung weist ein Schild den rechts abzweigenden Weg zur Rocca di Garda *(Rocca vecchia; siehe S. 86)*.

③ Rocca di Garda **km 1,4**
Bald erreicht man das knapp 300 Meter hoch gelegene Gipfelplateau. Aussichtspunkte sind mit Geländern gesichert. Unterhalb des Plateaus folgt man dem Wegweiser zum Eremo San Giorgio (bzw. Eremo dei Camaldolesi) nach Osten.

④ Eremo San Giorgio **km 3,2**
Bei einem Holzkreuz geht es rechts zum Kloster *(siehe S. 87)* auf dem Monte San Giorgio (305 m). Die Kirche ist für Besucher zugänglich. Dann orientiert man sich weiter nach Osten und nimmt nach kurzer Zeit eine Abzweigung nach rechts. Die Strada di Sem führt durch die Ansiedlung Rocca.

Uferpromenade ⑦
Die von Bardolino bis Garda verlaufende Uferpromenade ist durchgehend gepflastert und dient auch als Radweg. An manchen Stellen wird sie von Badestränden gesäumt.

Legende
Routenempfehlung

Zeichenerklärung *siehe hintere Umschlagklappe*

Dichter Wald ②
Der Weg hinauf führt durch schattigen Wald zu einer Gabelung, an der man zur Rocca bzw. zum Kloster abzweigen kann.

Streifenmarkierung des Wegs

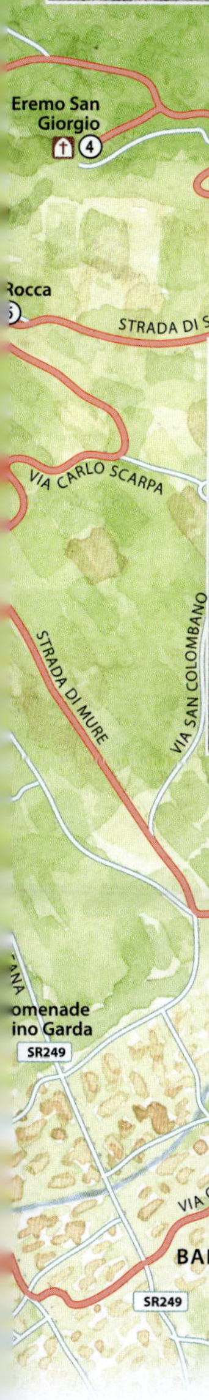

Roadbook *(Fortsetzung)*

⑤ **Rocca** **km 4,8**
Nach etwa 800 Metern biegt man links ab. Über Via Carlo Scarpa und Via Mure mündet der an Weingärten und Olivenhainen vorbeiführende Weg in die Strada di Mure, die in die Via San Colombano übergeht.

⑥ **Bardolino** **km 6,6**
Nun verläuft die Route am Ortsrand von Bardolino nach links in die Via Bottrigo. Bei km 7,1 biegt man rechts in die Via Preele ein und folgt dieser später Via Canevon genannten Straße nach Südwesten in Richtung See. Nach Durchqueren eines kleinen Parks wendet man sich nach rechts in die Via Dante Aligheri, die direkt ans Ufer des Gardasees führt.

⑦ **Uferpromenade** **km 8,3**
Die kilometerlange, auch als Radweg genutzte Uferpromenade von Bardolino verläuft zwischen dem von einzelnen Strandabschnitten gesäumten Ufer auf der einen und Campingplätzen auf der anderen Seite bis Garda. Diverse Bars und Lokale bieten sich für eine Erfrischung an.

⑧ **Garda** **km 11**
Hinter der Rocca di Garda erreicht man über den Parkplatz am Seeufer wieder die Piazzale Roma.

Länge: 11 km
Schwierigkeit: leicht
✔ ✔ ✔ ✔

Gipfelplateau ③
Vom Plateau der Rocca di Garda hat man an gut gesicherten Aussichtspunkten einen fantastischen Blick (im Bild: Bardolino).

Eremo San Giorgio ④
Durch ein Holzportal betritt man das Kamaldulenserkloster (17. Jh.), dessen Kirche zu besichtigen ist. Im Klosterladen kann man einige Produkte (u. a. Olivenöl) kaufen.

Streckenprofil

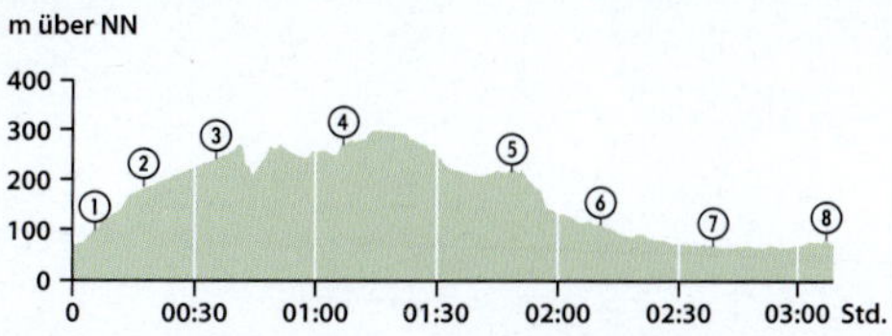

Scaligerburg (14. Jh.) neben dem Hafenbecken von Torri del Benaco

❺ Torri del Benaco

Karte E8. 3000. IAT, Via Gardesana 5. 045 629 6482.
comune.torridelbenaco.vr.it

In dem hübschen Hafenort geht es auch in der Hochsaison beschaulicher zu als etwa in den weiter südlich gelegenen Orten wie Garda, Bardolino und Lazise. Dabei bietet Torri del Benaco einige Sehenswürdigkeiten, wie schon der sich auf die lateinische Bezeichnung des Gardasees (Lacus Benacus) beziehende Ortsname (»Türme des Gardasees«) erkennen lässt. Schon von Weitem sieht man die Türme und Zinnen des **Castello Scaligero**, das im 14. Jahrhundert auf den Fundamenten einer älteren Burg (10. Jh.) errichtet wurde. Das innerhalb der Burgmauern eingerichtete Museum widmet sich traditionellen Erwerbszweigen am Gardasee, darunter Fischerei und Olivenanbau. Eine Abteilung zeigt Originale und Gipsabdrücke von Felszeichnungen aus der Umgebung, von denen einige aus prähistorischer Zeit stammen. An der Südmauer des Kastells steht ein seit 1760 betriebenes Zitrusgewächshaus *(limonaia)*, das zu den letzten verbliebenen am Gardasee gehört. Von den Türmen des Kastells bietet sich eine wundervolle Aussicht.

Einen Blick sollte man auch in die barocke Kirche Santi Pietro e Paolo (Anfang 18. Jh.) werfen, deren Innenraum marmorne Altäre und eine Orgel zieren.

Das Hotel Gardesana *(siehe S. 179)* am Hafenbecken rühmt sich einer illustren Geschichte und einer langen Gästeliste, die viel Prominenz umfasst.

Zwischen Torri del Benaco und Toscolano-Maderno *(siehe S. 148)* am Westufer verkehrt eine Autofähre.

Wappen von Costermano

Castello Scaligero
Viale Fratelli Lavanda 2.
045 629 6111.
Apr – Mitte Juni, Mitte Sep – Okt: tägl. 9.30 – 12.30, 14.30 – 18 Uhr; Mitte Juni – Mitte Sep: tägl. 9.30 – 13, 16.30 – 19.30 Uhr.
museodelcastello ditorridelbenaco.it

Umgebung: Über eine teils sehr enge, kurvige Straße erreicht man das drei Kilometer nördlich gelegene Bergdorf **Crero**, von dem ein Wanderweg nach etwa 15 Minuten zu Felsritzungen führt.

Madonna della Corona – Kirche in atemberaubender Lage

❻ Madonna della Corona

Karte G7. 045 722 0014. Apr – Okt: tägl. 7 – 19.30 Uhr; Nov – März: tägl. 8 – 18 Uhr. unterschiedlich, mehrmals tägl. (siehe Website).
madonnadellacorona.it

Von Caprino Veronese aus erreicht man den kleinen Ort Spiazzi. Am Parkplatz beginnt der Pilgerweg, der in rund 20 Minuten zur Kirche Madonna della Corona hinabführt. Das Gotteshaus in schwindelerregender Lage wurde teil-

Hotels und Restaurants am östlichen Gardasee *siehe Seiten 178f und 191f*

weise in den Felsen gebaut. Ein erstes Heiligtum an dieser Stelle entstand nach dem Fund einer Marienstatue (1522), der Wundertaten zugesprochen wurden. Die heutige Kirche wurde an der Stelle mehrerer Vorgängerbauten errichtet und 1978 geweiht.

Auf dem Weg passiert man Kreuzwegstationen mit lebensgroßen Fiuren, die biblische Szenen darstellen (eine Beschreibung des Pilgerwegs finden Sie auf Seite 92f).

Von Frühling bis Herbst verkehrt zwischen Spiazzi und der Kirche ein Pendelbus (Juni–Sep: tägl.; Apr, Mai, Okt: Sa, So).

Steinkreuze zwischen Heidebüschen, Soldatenfriedhof von Costermano

7 Costermano

Karte F8. 3500. Piazza G. B. Ferrario 1. 045 620 8111.
comunecostermano.it

Der Ort wird vor allem wegen des Soldatenfriedhofs besucht. Der **Cimitero Militare Tedesco**, auf dem knapp 22 000 während des Zweiten Weltkriegs in Norditalien gefallene deutsche Soldaten bestattet sind, befindet sich auf einem Hügel im Süden von Costermano. Die Gräberfelder der Gedenkstätte (1955–67) sind terrassenförmig angelegt. Am höchsten Punkt befindet sich eine Kapelle mit Gemeinschaftsgrab.

In die Kritik geriet der Friedhof, weil hier auch einige für Kriegsverbrechen maßgeblich verantwortliche Personen begraben sind, was erst nach Fertigstellung der Anlage bekannt wurde. Auf diesen Umstand wird (auch in deutscher Sprache) auf einer Tafel am Eingang hingewiesen.

Fassade der Kirche San Pietro in Vincoli, Affi

Cimitero Militare Tedesco
Am südl. Ortsrand. tägl. 8–19 Uhr.

8 Rivoli Veronese

Karte G8. 2000. Piazza Napoleone I. 045 728 1166.
comune.rivoli.vr.it

Der von Weinbergen umgebene Ort ist für die in der Nähe ausgetragene Schlacht von Rivoli berühmt, bei der am 14./15. Januar 1797 französische Truppen unter Napoléon ein habsburgisches Heer schlugen. An dieses Ereignis, das entscheidend für die folgende französische Besetzung Norditaliens war, erinnert das kleine Museo Napoleonico an der Piazza Napoleone. Im Gedenken an diese Schlacht trägt auch eine Straße in Paris den Namen Rue de Rivoli.

An die einstigen kriegerischen Zeiten erinnert das Festungswerk **Forte Wohlgemuth**. Die 1850/51 während der österreichischen Herrschaft auf einem Hügel errichtete Festung diente der Wegesicherung zwischen Gardasee und Etschtal. Benannt wurde die im Querschnitt kreisförmige Anlage nach Feldmarschall-Leutnant Ludwig von Wohlgemuth, der sich im ersten italienischen Unabhängigkeitskrieg (1848/49) verdient gemacht hatte. Der Bau ist heute Veranstaltungsort des Rivoli Arts Festivals (u. a. Konzerte und Theateraufführungen).

Girolamo Fracastoro

Forte Wohlgemuth
Nordöstl. von Rivoli Veronese. 045 728 1166. So, Feiertage 14.30–19 Uhr oder nach Voranmeldung. Feb, Aug. **museowalterrama.it**

9 Affi

Karte F8. 2300. Via della Repubblica 9. 045 723 5411.
comune.affi.vr.it

Viele Besucher kennen Affi nur wegen der Autobahnausfahrt und des Grand'Affi Shopping Center, das zu den größten am Gardasee gehört. Früher hatte der Ort strategische Bedeutung, von hier aus wurde der Zugang zum Brenner kontrolliert. Zu den interessanten Bauwerken gehört die Kirche San Pietro in Vincoli (1761).

Girolamo Fracastoro (um 1477–1553), ein Veroneser Mediziner, Dichter und Philosoph der Renaissance, verbrachte hier viel Zeit auf seinem Landsitz im Ortsteil Incaffi, wo er auch starb.

T6 Wanderung zur Kirche Madonna della Corona

Die überwiegend durch schattigen Wald führende Wanderung besteht aus zwei Etappen: Der erste, längere Abschnitt verläuft von Brentino im Etschtal mit angenehmer Steigung teils über Treppenwege zur Wallfahrtskirche Madonna della Corona, die das ganze Jahr über besichtigt werden kann. Von dort kommt man entlang dem von Figurengruppen gesäumten Kreuzweg zum höchsten Punkt der Route in Spiazzi. Auf dem Rückweg kann man die Strecke bei Benutzung von Treppen oder des Shuttle-Busses etwas abkürzen.

Madonna della Corona ④
Die Kirche wurde in schwindelerregender Lage an und in den Felsen gebaut.

Kreuzweg ⑤
Die vierte von insgesamt 15 Stationen des Kreuzwegs trägt den Titel: »Jesus begegnet seiner Mutter«.

Roadbook

Start: Piazza Rosmini, Brentino
GPS-Koordinaten: 45.642350, 10.872261

① **Brentino** **km 0,0**
Man verlässt die Piazza Rosmini in nördlicher Richtung. Vor den beiden großen Kastanienbäumen zweigt links der Wanderweg Nr. 73 ab. Er führt zunächst über einen Treppenweg zu einem Holzkreuz. Hier beginnt dichter Laubwald, den man auf einem stellenweise mit Stufen versehenen Pfad durchquert. Ausgesetzte Passagen sind mit Seilen gesichert. Lichtungen gewähren wunderschöne Ausblicke auf das Etschtal und die umrahmenden Berge.

② **Grotta della Pietà** **km 1,2**
Auf einem steilen, jedoch mit Geländern und Seilen versehenen Treppenweg mit mehreren Hundert Stufen passiert man die Grotta della Pietà mit einer Heiligendarstellung und Blumenschmuck.

③ **Ponte del Tiglio** **km 1,8**
Die eindrucksvolle Brücke mit den mächtigen Bogen erinnert an ein Aquädukt aus der Römerzeit. Nach Überquerung der Brücke folgt der letzte Anstieg zur Kirche.

Ponte del Tiglio ③
Der lange Treppenweg im oberen Abschnitt der Route zur Kirche führt unter diesem Torbogen einer Brücke hindurch, die man anschließend überquert.

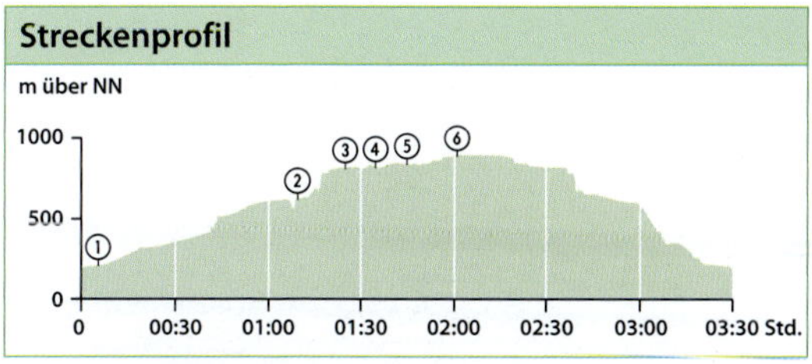

Routeninfos

Ein Shuttle-Bus bedient die rund 700 Meter lange Strecke zwischen dem Parkplatz in Spiazzi und der Kirche Madonna della Corona.
Betriebszeiten: Juni – Sep: tägl.; Apr, Mai, Okt: Sa, So.

Plakat Shuttle-Bus

Grotta della Pietà ②
Die Grotte, an der viele Pilger kurz rasten, birgt die hinter Glas gesetzte, verkleinerte Kopie einer Heiligendarstellung der Kirche.

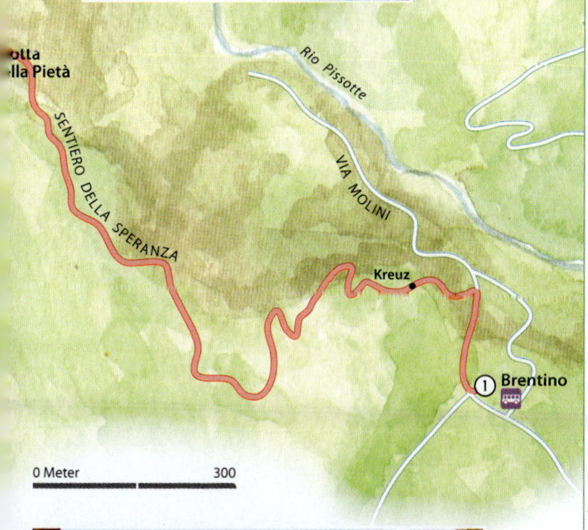

Roadbook *(Fortsetzung)*

④ Madonna della Corona **km 2,1**
Die direkt vor einer Felswand errichtete Wallfahrtskirche *(siehe S. 90f)* ist zu allen Jahreszeiten ein beliebtes Pilger- und Ausflugsziel. Informationstafeln vor dem Eingang dokumentieren die Historie der Kirche, der auch ein kleines Museum angegliedert ist.

⑤ Kreuzweg (Via Crucis) **km 2,2**
Im Bereich vor der Kirche beginnt der nach Spiazzi hinaufführende Kreuzweg. Auf dieser asphaltierten, in Serpentinen verlaufenden Straße kommt man an 15 Figurengruppen vorbei, die Szenen aus dem Leben Jesu darstellen.

⑥ Spiazzi **km 2,9**
Auf dem Parkplatz vor dem Albergo Stella Alpina (Einkehrmöglichkeit) in Spiazzi erreicht man das obere Ende des Kreuzwegs. Der Abstieg zum Ausgangspunkt in Brentino erfolgt auf der gleichen Route. Von Spiazzi bis zur Kirche kann man dafür alternativ steile Treppen nutzen, was Streckenlänge und Gehzeit verkürzt.

Länge: 5,4 km
Schwierigkeit: leicht bis mittel

✓ ✓ ✓ ✓

Legende
Routenempfehlung

Brentino ①
In Brentino führt ein bequemer Weg mit breiten Stufen in dichten Wald. Im weiteren Verlauf gewinnt man schnell an Höhe.

⑩ Bardolino

Karte F8. 7000. IAT, Piazzale Aldo Moro 5. 045 721 0078. Do. **bardolino.it**

Archäologische Funde belegen, dass das Gebiet um den heutigen Ort bereits in der Bronzezeit besiedelt war. Während der römischen Herrschaft entstand eine erste Ortschaft. Vor allem während der venezianischen Herrschaft wurden viele Adelspalazzi und Parkanlagen errichtet, von denen einige noch heute erhalten sind. Der aus Verona stammende, in Bardolino verstorbene italienische Schriftsteller Cesare Betteloni (1808–1858) bezeichnete den Ort als »das lachende Auge des Sees«.

Bekannt ist Bardolino vor allem für den gleichnamigen Rotwein. Die Reben wachsen im hügeligen Hinterland, Kostproben kann man überall zu sich nehmen. Der Ort beherbergt viele Weinkellereien und ist ein wichtiger Routenpunkt entlang der Strada del Vino *(siehe S. 96f)*. Lange Zeit waren Anbau, Produktion und Verkauf edler Tropfen die wichtigsten Einnahmequellen, doch in den letzten Jahren hat sich der Fremdenverkehr zum bedeutendsten Wirtschaftsfaktor entwickelt.

Das Zentrum von Bardolino ist deutlich weniger verwinkelt als in vielen anderen Orten am Gardasee. Wichtigste Shopping- und Flaniermeile ist die für den motorisierten Verkehr gesperrte Piazza Matteotti. Sie verläuft von Bardolinos Hafen im Westen bis zur Kirche Santi Nicolò e Severo *(siehe unten)* im Osten und bildet das Herz der Altstadt. Hier reihen sich elegante Boutiquen aneinander, dazwischen finden sich vereinzelt Souvenirläden.

Von den Terrassen der zahlreichen Cafés und Restaurants zu beiden Seiten der lang gestreckten, mit großen Steinplatten belegten Piazza kann man entspannt das rege Treiben beobachten. Im rechten Winkel zum Platz verläuft mit dem Corso Umberto eine weitere beliebte Einkaufsstraße quer durch das Zentrum von Bardolino.

Hinweis auf die Weinstraße

Uferpromenade

Zwischen den beiden Halbinseln Punta Cornicello im Norden und Punta Mirabello im Süden kann man am Seeufer entlangspazieren. Bei einem Bummel passiert man u. a. einige von sehr schönen Gartenanlagen umrahmte prachtvolle Villen, einen verwitterten Turm (den spärlichen Rest einer ehemals wehrhaften Scaligerburg), das Municipio (Rathaus), Bootsanlegestellen für Segel- und Ruderboote sowie das als Obelisk gestaltete Monumento ai Caduti, das der in beiden Weltkriegen gefallenen, namentlich erwähnten einheimischen Soldaten gedenkt. Am Hafenbecken erinnert ein alter Marmortisch daran, dass hier die Fischer in den frühen Morgenstunden den fangfrischen Fisch verkauften.

Heutzutage herrscht an der Promenade (wie im gesamten Zentrum Bardolinos) vor allem beim Markt am Donnerstagvormittag viel Betrieb. Am östlichen Abschnitt der Uferpromenade beginnt das Anwesen der von einem ausgedehnten Park umrahmten Villa Guerrieri Rizzardi (16. Jh.), die sich im Besitz der Winzerfamilie Rizzardi befindet.

Hafenbecken mit der Ruine einer Scaligerburg *(links)* und dem Rathaus

Säulenfassade von Santi Nicolò e Severo

Santi Nicolò e Severo

Piazza Matteotti 2. tägl. **parrocchiabardolino.it**

Der Eingangsbereich der zwischen 1830 und 1844 im Stil des Neoklassizismus erbauten Kirche am oberen Ende der Piazza Matteotti weist vier hohe Säulen auf. Den Innenraum schmücken farbenfrohe Fresken und Bleiglasfenster. Im Sommer ist die imposante Fassade eine wunderbare Kulisse für Konzerte im Freien.

Hotels und Restaurants am östlichen Gardasee *siehe Seiten 178f und 191f*

Traubenpresse vor dem Museo del Vino

Jenseits der beiden Landspitzen, an denen viel besuchte Strandbäder eingerichtet wurden, verläuft der Weg weiter bis Garda im Norden und Cisano im Süden.

San Severo

Via Marconi/Gardesana Orientale. Mitte März–Mitte Okt: tägl. 8–20 Uhr; Mitte Okt–Mitte März: tägl. 8–17 Uhr.

Die dreischiffige romanische Kirche mit dem schlanken, weithin sichtbaren Campanile mit Kegeldach wurde 893 erstmals erwähnt, der heute noch erhaltene Bau stammt aus dem 11. Jahrhundert und blieb bis ins 15. Jahrhundert das geistliche Zentrum Bardolinos. San Severo zählt zu den besterhaltenen romanischen Kirchen im Veroneser Raum. Trotz seiner unterschiedlich dimensionierten Seitenschiffe wirkt der Bau recht harmonisch.

Durch die kleinen rundbogigen Fenster fällt relativ wenig Licht in den Innenraum, dessen Wände großflächig mit zum Teil verblassten Fresken (12./13. Jh.) bedeckt sind. Diese zeigen u. a. einzelne Apostel und Passionsszenen sowie eine Darstellung kämpfender Ritter. Hinter dem Altar entdeckt man eine langobardische Krypta des Vorgängerbaus.

San Zeno

Corte San Zeno. tägl.

San Zeno steht jenseits der den Ort durchquerenden Gardesana Orientale etwas versteckt in einem privaten Hof zwischen Wohngebäuden. Die Kirche ist eines der ältesten in Italien erhaltenen Bauwerke aus karolingischer Zeit. Die nach dem hl. Zeno von Verona benannte, schon seit Langem nicht mehr für Gottesdienste genutzte Kirche stammt vermutlich aus dem 8. Jahrhundert. Sie wurde 807 zum ersten Mal urkundlich erwähnt und erfuhr keinerlei größere Umgestaltung.

Von den Wandfresken sind Fragmente erhalten. Dies gilt auch für Elemente der originalen Bausubstanz, was den besonderen Reiz von San Zeno ausmacht. Bemerkenswert in dem schlichten, einschiffigen Bau über kreuzförmigem Grundriss sind die sechs an die Wand gebauten Säulen aus rotem Marmor. Sie haben keine tragende, sondern ausschließlich repräsentative Funktion. Die Gestaltung der Kapitelle orientierte sich an Vorbildern aus der Antike, ohne deren Formenreichtum zu erreichen.

Schriftsteller Cesare Betteloni

Museo del Vino

Via Costabella 9. 045 622 8331. Mitte März–Okt: tägl. 9–13, 14.30–19 Uhr; Nov–Mitte März: Mo–Sa 8.30–12.30, 14.30–18.30 Uhr. frei. **museodelvino.it**

Das etwas außerhalb im Ortsteil Costabella gelegene, seit 1870 betriebene Weingut der Familie Zeni ist vom Zentrum Bardolinos aus sehr gut ausgeschildert. Der Inhaber richtete 1991 im Haupthaus des Anwesens ein privates Weinmuseum ein, das am Gardasee einzigartig ist. Das in thematische Bereiche gegliederte Museum dokumentiert sämtliche Schritte der Herstellung edler Tropfen in ihrer historischen Entwicklung – von Anbau und Pflege der Reben über Traubenverarbeitung und Produktion bis zu Fasslagerung und Flaschenabfüllung. Ein besonderes Augenmerk richtet sich auf die Arbeit der Küfer und die von ihnen benutzten Werkzeuge.

In einem gesonderten Raum, der *vinoteca*, können Weine aus dem Repertoire des Weinguts (sowie andere Produkte wie Grappa und Olivenöl) verkostet und gekauft werden. Für die Teilnahme an einer abendlichen Degustation ist eine frühzeitige Anmeldung zu empfehlen.

Umgebung: Zwei Kilometer südlich vom Zentrum Bardolinos liegt der Ortsteil **Cisano** – man erreicht ihn nach einem Spaziergang entlang dem Seeufer oder mit dem Auto. Die ursprünglich romanische Kirche Santa Maria wurde mehrfach umgestaltet, letztmals im klassizistischen Stil. Das private **Museo dell'Olio** illustriert die Produktion von Olivenöl, für die die Gegend am Ostufer des Gardasees bekannt ist. Ein dem Museum angegliederter Laden verkauft Olivenöl und andere Produkte (u. a. Weine und Aceto).

Museo dell'Olio

Via Peschiera 54. 045 622 9047. Mo–Sa 9–12.30, 14.30–19, So 9–12.30 Uhr. frei. **museum.it**

Eines von zahlreichen Fresken in der Kirche San Severo

Karte *siehe Extrakarte zum Herausnehmen*

T7 Tour durch die Valpolicella

Weintrauben

Diese Rundfahrt führt durch die wunderschöne Landschaft des berühmten Weinbaugebiets zwischen Verona und Gardasee. Die nährstoffreichen Böden am Ufer bieten ideale Bedingungen für die Kultivierung von Wein. Aus den Trauben um Bardolino wird der gleichnamige Wein *(siehe S. 31)* gekeltert. Auch weiter landeinwärts führt die Route zu Dörfern, in denen sich alles um Wein dreht. Hier gedeiht Valpolicella *(siehe S. 31)*, ein Rotwein, der leicht und fruchtig, aber auch vollmundig sein kann.

Weinfass, Museo del Vino in Bardolino

Affi ①
Der von Weinbergen und Olivenhainen umrahmte Ort birgt ein gut erhaltenes Zentrum mit prachtvollen Villen und schön gepflegten Grünflächen.

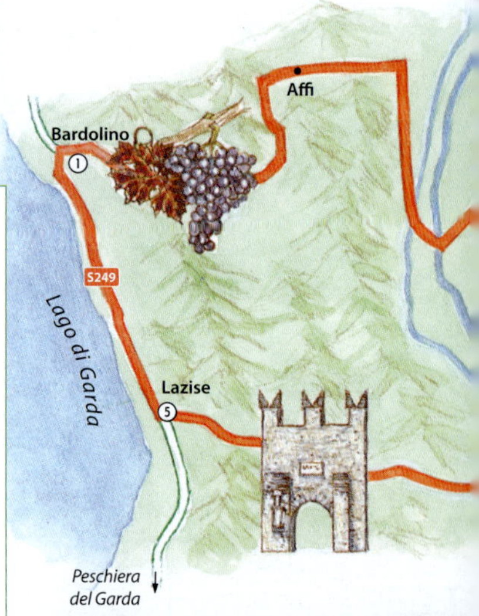

Roadbook

Start: Bardolino
GPS-Koordinaten: 45.550683, 10.722138

① Bardolino/Affi — km 0,0
Vom Zentrum Bardolinos, dem Hauptort des gleichnamigen Weinbaugebiets, führt die Route in östlicher Richtung in das hügelige Hinterland. Hinter Affi fährt man über die Autobahn A22. Schon auf den ersten Kilometern der Tour passiert man mehrere Weingüter. Hinter km 10 biegt man rechts Richtung Süden ab und quert bei Sega die Etsch.

② Sant'Ambrogio di Valpolicella — km 17,0
Der Ort mit seinen zahlreichen Weinkellereien und Probierstuben gilt als eines der wichtigsten Weinzentren der Valpolicella. Bei km 19 folgt man der Abzweigung nach Norden Richtung San Giorgio. Auf der überaus kurvenreichen Strecke gewinnt man schnell an Höhe. Zu beiden Seiten der Strecke wird Weinbau auf ausgedehnten Flächen betrieben.

③ San Giorgio — km 21,0
Von mehreren Aussichtsterrassen des kunsthistorisch bedeutenden Orts genießt man eine exzellente Sicht über das Weingebiet. Um bei km 23 wieder auf die im Tal verlaufende Hauptstraße zu treffen, wählt man den gleichen Weg zurück nach Süden. Die Strecke führt nun durch San Pietro in Cariano, San Floriana und Pedemonte. Bei Parona erreicht die Route wieder die Etsch.

Lazise ⑤
Das Zentrum des beliebten Urlaubsorts wird noch immer von einem geschlossenen mittelalterlichen Mauerring umgeben.

Zeichenerklärung *siehe hintere Umschlagklappe*

Sant'Ambrogio di Valpolicella ②
Von hier stammen ein leichter Rotwein sowie der rötliche Stein vieler Veroneser Palazzi.

Routeninfos

Museo del Vino
Via Costabella 9, Bardolino.
☎ 045 622 8331.
◷ Mitte März–Okt: tägl. 9–13, 14.30–19 Uhr; Nov–Mitte März: Mo–Sa 8.30–12.30, 14.30–18.30 Uhr.
W museodelvino.it

Rasten: In größeren Orten der Valpolicella, u.a. in San Pietro in Cariano, gibt es Cafés und Restaurants.

Kreuzgang von San Giorgio ③
Die romanische Kirche San Giorgio mit dem südlich angebauten Kreuzgang war bis ins Hochmittelalter ein bedeutendes religiöses Zentrum.

Roadbook *(Fortsetzung)*

④ **Verona** **km 40,0**
An ihrem östlichsten Punkt trifft die Tour mit Verona auf die größte Stadt des Gebiets. Viele Weinstuben präsentieren edle Tropfen der Valpolicella (und anderer Anbaugebiete). Von hier geht es wieder Richtung Gardasee. Auch wenn der südliche Abschnitt weniger Weinorte durchquert, prägt Weinbau die Gegend.

⑤ **Lazise** **km 65,0**
Das Städtchen ist eines der meistbesuchten Ziele am Gardasee. Viele Lokale säumen die engen Gassen der Altstadt.

⑥ **Bardolino** **km 70,0**
Ein Abstecher zum gut ausgeschilderten Museo del Vino rundet die Tour ab.

Länge: 70 km

✔ ✔ ✔

Verona ④
In der Altstadt rund um die Piazza delle Erbe gibt es viele gemütliche *osterie*, in denen man die Weine der Region probieren kann.

Streckenprofil

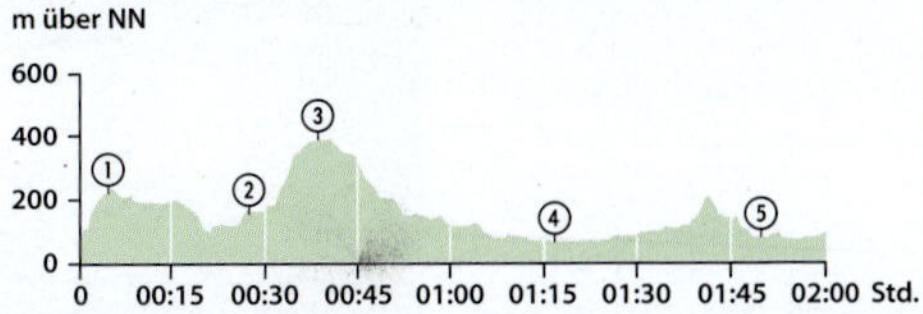

⑪ Lazise

Zur Zeit der Herrschaft Venedigs Anfang des 15. Jahrhunderts war Lazise der wichtigste Handelsstützpunkt am Gardasee und wurde entsprechend befestigt. Das historische Zentrum wird noch von einer an drei Seiten vollständig erhaltenen Stadtmauer mit Wehrtürmen und Toren umrahmt. Auch öffentliche Bauten wie die alte Zollstation zeugen von der Bedeutung Lazises. Der Ort ist ein guter Ausgangspunkt für Ausflüge zu den Freizeitparks am südöstlichen Ufer des Gardasees.

Östliches Stadttor zum historischen Zentrum von Lazise

Castello Scaligero ①

● für Besucher.

Schon von Weitem erkennt man Lazises architektonisches Wahrzeichen, das noch heute über das mittelalterliche Zentrum zu wachen scheint. Die Scaliger ließen die mit sechs mächtigen Türmen versehene Burg Ende des 14. Jahrhunderts auf den Fundamenten einer älteren Festung errichten. Unter der Herrschaft Venedigs wurden zum Schutz des Handels- und Kriegshafens einzelne Teile der ohnehin schon Ehrfurcht einflößenden Anlage weiter verstärkt.

Das von einem ausgedehnten, prachtvoll gestalteten Park umgebene Kastell gilt als die am besten erhaltene Scaligerburg am Gardasee, kann jedoch nicht besichtigt werden. Durch das vergitterte Tor kann man lediglich einen Blick auf das in Privatbesitz befindliche Anwesen werfen.

Stadtmauer und -tore ②

In keinem anderen Ort am Ufer des Sees ist die mittelalterliche Ummauerung mit Wehrtürmen und Toren noch so intakt erhalten wie in Lazise. Sie dokumentiert auf eindrucksvolle Weise den Willen der Republik Venedig, hier eine Bastion gegen das konkurrierende Mailand zu errichten.

In die Mauer wurden drei Tore eingelassen: Porta Cansignorio im Norden, Porta San Zeno im Osten und Porta del Lion im Süden. Letzteres Tor erhielt seinen Namen wegen des von den Venezianern eingemauerten Wappens von Venedig. Vor den Toren befanden sich einst Wassergräben, über die Zugbrücken führten.

Wappen von Lazise *(rechts)* und der Partnerstadt Rosenheim

Zwischen Osttor und Südtor verläuft die nur wenig begangene Via Rocca. Bei einem Spaziergang bekommt man einen guten Eindruck von den Ausmaßen und der Geschlossenheit des Mauerrings um das alte Zentrum von Lazise. Zum Südtor Richtung Altstadt führt die Fußgängern vorbehaltene Via Rosenheim, die zu Ehren von Lazises deutscher Partnerstadt so benannt wurde.

San Nicolò, ein romanischer Kirchenbau mit schlankem Glockenturm

San Nicolò ③

Via San Nicolò. ◯ tägl.

Unmittelbar am Hafenbecken, das sich weit landeinwärts zieht, ragt die im 12. Jahrhundert errichtete Kirche San Nicolò mit ihrem schmalen Campanile auf. Benannt wurde sie nach Nicola da Bari, der im Mittelalter als Schutzpatron der Seefahrer galt.

Den Innenraum des romanischen Gotteshauses schmücken mehrere Fresken, darunter an der nördlichen Wand ein Marienfresko aus dem 14. Jahrhundert. Bei Restaurierungs-

Boote im von einer Promenade gesäumten Hafenbecken von Lazise

Hotels und Restaurants am östlichen Gardasee *siehe Seiten 178f und 191f*

Blick von der Seeseite auf die ehemalige Zollstation Dogana Venata

arbeiten wurden durch Abtragen des Verputzes weitere Fresken mit Darstellungen von Heiligen freigelegt.

Dogana Veneta ④

Piazzetta A. Partenio. ☎ 348 863 9608. ◷ bei Veranstaltungen.
W doganaveneta.it

Das mit einem markanten Zinnenkranz versehene Gebäude am Seeufer wurde seit seiner Errichtung im 14. Jahrhundert für verschiedenste Zwecke genutzt. Die Scaliger richteten hier ein Arsenal ein, diese Funktion behielt es auch unter den Venezianern. Später diente es u.a. als Werft, als Sitz einer Reederei, als Stallung, als Produktionsstätte für Salpeter (einen zentralen Bestandteil von Schießpulver) und als Zollstation (Dogana) für den Hafen von Lazise. Die Entwicklung alternativer Verkehrswege auf Straße und Schiene minderte die Rentabilität des Transports auf dem See, weshalb die Zollstation Ende des 19. Jahrhunderts aufgegeben wurde.

Die relativ geringe Höhe von zehn Metern lässt das Gebäude etwas gedrungen erscheinen. Den besten Blick auf die beiden ausladenden, mit Backsteinumrahmungen eingefassten Bogen an der Seeseite hat man vom Wasser aus.

Heute ist in dem schön restaurierten Bau ein Veranstaltungszentrum eingerichtet, in dem auch Ausstellungen gezeigt werden.

Infobox

Information
Karte F9.
7000.
IAT, Via Francesco Fontana 14.
☎ 045 758 0114.
Mi.
Festa dell'Ospite (Aug), I Giorni del Miele (Okt).
W comune.lazise.vr.it

Anfahrt

SS. Zeno e Martino ⑤

Via Porta San Zeno. ◷ tägl.

Betritt man die Altstadt durch das Osttor, kommt man an der großen, einschiffigen Kirche der Heiligen Zeno und Martin vorbei. Sie wurde 1295 erstmals erwähnt und ist Zeno, einem ehemaligen Bischof von Verona und Schutzpatron der Seefahrer und Fischer, geweiht. Nach weitgehender Zerstörung bei Angriffen im 16. Jahrhundert wurde die Kirche im 18./19. Jahrhundert nach Plänen von Luigi Trezza und Francesco Ronzano wiederaufgebaut.

Zu den wertvollsten Kunstwerken in dem von weißem und rosafarbenem Marmor geprägten Innenraum gehört ein Altarbild des hl. Martin (1828) von Cosroe Dusi.

Zentrum von Lazise

① Castello Scaligero
② Stadtmauer und -tore
③ San Nicolò
④ Dogana Veneta
⑤ SS. Zeno e Martino
⑥ Lungolago
⑦ Piazza Vittorio Emanuele

Zeichenerklärung *siehe hintere Umschlagklappe*

Im Safari Park, einem von zwei Bereichen des Parco Natura Viva

Lungolago ⑥

Die breite, sehr gut ausgebaute Seepromenade Lazises lädt zum ausgiebigen Flanieren ein. Sie beginnt beim Park des Castello Scaligero *(siehe S. 98)*, verläuft um das Hafenbecken und entlang dem gesamten Ufer von Lazise bis weit nach Norden. Die meisten Besucher legen in einem der zahlreichen Cafés und Restaurants, die sich hier aneinanderreihen, eine Pause vom Sightseeing ein und genießen den Blick über den See – weit abseits der lärmenden Gardesana Orientale, die Lazise durchquert.

An der auch von Radfahrern genutzten Promenade gibt es gelegentlich künstlerische Darbietungen.

Piazza Vittorio Emanuele ⑦

Landeinwärts vom Hafenbecken stößt man auf die lang gestreckte, nach dem italienischen König benannte Piazza. Sie ist mit großen, im Schachbrettmuster angeordneten Platten belegt und dient neben der Seepromenade als zweites Flanierareal des Städtchens. Während die Piazza früher vorwiegend als Marktplatz diente, fungiert sie heute als kulinarische Meile mit auf Touristen eingestellten Restaurants zu beiden Seiten.

Die stark frequentierte Piazza ist von einigen Palazzi eingerahmt. An der Südseite steht der Palazzo Comunale, in dem das Municipio (Rathaus) seinen Sitz hat.

Villa Pergolana

Gardesana Orientale. für Besucher.

Am nördlich Ende von Lazises Seepromenade befindet sich die architektonisch markante Villa Pergolana. Mit ihren vier Ecktürmen und dem Kranz aus Schwalbenschwanzzinnen besitzt das im Stil der Renaissance errichtete Bauwerk den Charakter einer Burg.

Im 16. Jahrhundert stand an dieser Stelle ein Kloster, das für einige Jahrzehnte von Franziskanermönchen bewohnt wurde. Sie verkauften das Anwesen 1574 an eine Adelsfamilie, in der Folge blieb es in Privatbesitz.

Einer der späteren Besitzer ließ das Gebäude in der zweiten Hälfte des 19. Jahrhunderts nach Plänen von Giacomo Franco zu einem Palazzo umgestalten.

Im weitläufigen, symmetrisch angelegten Park, der das Bauwerk umgibt, steht noch heute die kleine Kirche Santa Maria delle Grazie aus dem 16. Jahrhundert.

Canevaworld

Località Fossalta 58. 045 696 9900. **Aquapark** Mitte Mai – Mitte Sep: tägl. 10 – 18 Uhr (Mitte Juli – Aug: bis 19 Uhr). **Movieland** Mitte Mai – Mitte Sep: tägl. 10 – 18 Uhr (Mitte Juli – Aug: längere Öffnungszeiten); Apr – Mitte Mai, Mitte Sep – Okt: Sa, So (teilweise auch Do, Fr) 10 – 18 Uhr. **canevaworld.it**

Zwei Kilometer südlich von Lazise befindet sich Canevaworld, ein riesiger Wasservergnügungspark. Das ungefähr 300 000 Quadratmeter große Areal gliedert sich in zwei Themenbereiche.

Im Aquapark kommen Wasserratten auf ihre Kosten. Riesenrutschen, Wellenbad, Wasserfälle, Stromschnellen, Sprungtürme und Tropeninseln sind nur einige der vielen Attraktionen.

Logo des Parco Natura Viva

Nebenan kann man im Movieland spannende Stuntshows mit vielfältigen Spezialeffekten aus nächster Nähe erleben und einen Blick hinter die Filmkulissen werfen. Nervenkitzel pur bieten einige rasante Fahrgeschäfte wie der Hollywood Action Tower.

Auch nach Schließung der beiden zentralen Bereiche am Abend gehen die Lichter nicht aus. Für Unterhaltung sorgen dann Medieval Times, ein Restaurant mit mittelalterlichem Flair, das auch stimmungsvolle Vorführungen im Stil jener Zeit bietet, und das an ein typisches US-Lokal erinnernde Rock & Roll Restaurant.

Im Juli und August können sich Besucher täglich von 22 – 2 Uhr beim Night Festival amüsieren.

Canevaworld – Rock & Roll Restaurant

Der Lago Grande des Parco Termale del Garda mit Pavillons

Parco Natura Viva

Bussolengo, Località Figara 40. 045 717 0113. **Safaripark** tägl. 10–15 Uhr (letzter Einlass für Autos). **Faunapark** tägl. 9–17 Uhr (wetterbedingte Änderungen möglich). **parconaturaviva.it**

Der fünf Kilometer südöstlich von Lazise gelegene Tierpark umfasst zwei Areale mit unterschiedlichen Eingängen: Safaripark und Faunapark.

Durch den Safaripark fahren Besucher im eigenen Auto (keine Cabrios) und erleben auf der rund sieben Kilometer langen Strecke u. a. Giraffen, Löwen, Nashörner und Zebras. Durch die artgerechte Umgebung verhalten sich die Tiere sehr natürlich. So kann es vorkommen, dass einmal ein Tier die Straße blockiert.

Der Faunapark ist als Zoologischer Garten konzipiert, der sich dem Schutz bedrohter Tierarten verschrieben hat. Das Gelände umfasst neben Gehegen im Freien auch ein Vogelhaus. Im angegliederten Saurierpark wurde eine urzeitliche Landschaft mit lebensgroßen Modellen von Dinosauriern nachgebildet.

Parco Termale del Garda

Colà di Lazise, Piazza di Sopra 4. 045 759 0988. Mo–Do 9–23, Fr, So 9–24, Sa 9–2 Uhr (Badebetrieb bis 30 Min. vor Schließung der Anlage). Siehe **Wellness** S. 210f. **villadeicedri.it**

Im Ortsteil Colà di Lazise, drei Kilometer südlich von Lazise, erstreckt sich der etwa 13 Hektar große Parco Termale del Garda. Das Areal umfasst eine ausgedehnte Grünanlage mit einer großen botanischen Vielfalt sowie mit der Villa dei Cedri (18. Jh.). Hier gedeihen zahlreiche Baum- und Straucharten, darunter Zedern, Zypressen, Mammutbäume, Palmen, Lorbeergewächse und Magnolien.

Die meisten Besucher kommen allerdings wegen der beiden Badeseen (Lago Grande mit 5500 m², Lago Piccolo mit 2200 m²) mit Wassertemperaturen von über 30 °C und der mit Thermalwasser aus zwei natürlichen Quellen betriebenen Badeanlagen. Die 1989 entdeckten Quellen stammen aus Tiefen von 160 bzw. 200 Metern. Die Pavillons an den Seen sind mit vielen Annehmlichkeiten für Badegäste ausgestattet.

Architektonisches Schmuckstück im idyllischen Park ist die im 18. Jahrhundert erbaute, heute als Hotel genutzte Villa dei Cedri *(siehe S. 179)*. Das Wellness-Center unmittelbar neben der Villa ist auch für Nicht-Hotelgäste zugänglich.

Umgebung: Lazises Ortsteil **Pacengo** (ca. 4 km südlich von Lazise) ist für seine von schönen Gärten umgebenen Villen bekannt. Der Yachthafen ist eine beliebte Anlaufstelle für Segler. Zudem verfügt Pacengo über einige sehr gut ausgestattete Campingplätze.

Schriftsteller am Gardasee

Der größte See Italiens lockt seit Jahrhunderten nicht nur Urlauber an, sondern inspirierte auch viele Literaten. Einige der bedeutendsten und einflussreichsten deutschen Schriftsteller weilten am Gardasee, schwärmten von den Natur- und Kunstschätzen an seinen Ufern und schilderten ihre Eindrücke in diversen Werken.

Goethe in der Campagna, J. H. W. Tischbein (1786)

Zu den bekanntesten Darstellungen gehört Johann Wolfgang von Goethes *Italienische Reise* (1813–17), die auf dem Tagebuch seines Aufenthalts 1786–88 basiert. Thomas Mann besuchte 1901 den fast 100 Meter hohen Wasserfall Cascata del Varone. Dessen Zauber beschreibt er in seinem 1924 erschienenen Roman *Zauberberg*: »Ganz hinten in der engen, tiefen Schlucht aus nackten Felsen, glitschig wie große, dicke Fischbäuche, stürzte die Wassermasse mit ohrenbetäubendem Lärm hinunter.« Franz Kafkas Erzählung *Der Jäger Gracchus* (1917) spielt in Riva del Garda, wo sich der Autor 1909–13 aufhielt. Auch Thomas Manns Bruder Heinrich sowie weitere deutsche Geistesgrößen wie Rainer Maria Rilke verewigten ihre Eindrücke in literarischen Werken.

Südlicher Gardasee

Landschaftlich präsentiert sich der Süden des Gardasees mit sanften Hügelketten, auf denen Wein kultiviert wird, weitaus lieblicher als der alpin geprägte Norden. Abseits des Trubels am Seeufer kann man im weitläufigen Hinterland auf Entdeckungstour gehen. Im südlichen Teil, der zu den Regionen Lombardei und Veneto gehört, verläuft die einzige Bahnstrecke, die am Gardasee entlangführt.

Wehrhafte Bauten wie die monumentale Festung von Peschiera del Garda oder die Scaligerburg in Sirmione zeugen von der strategischen Bedeutung und ereignisreichen Geschichte der Region, die mit dem Mincio über den einzigen Abfluss des Gardasees verfügt. Früher war der Fluss bis zu seiner Mündung in den Po schiffbar und stellte eine direkte Verbindung zwischen Gardasee und Adria her, die wiederholt schwer umkämpft war. Zu den dunkelsten Kapiteln der Geschichte der südlichen Gardaseeregion gehört zweifellos die Schlacht von Solferino (1859), deren Grausamkeit den Anstoß für die Gründung internationaler Hilfsorganisationen gab.

Größter Besuchermagnet am Südufer ist Sirminone mit seiner unvergleichlichen Lage auf einer kilometerlangen Halbinsel, die wie ein Sporn in den See vorzudringen scheint. Die markante Landspitze teilt den Süden in zwei Gebiete mit je einem herausragenden Wirtschaftszentrum: Desenzano del Garda, die größte Stadt am See, im Westen und Peschiera del Garda im Osten sind auch Verkehrsknotenpunkte.

In den Hanglagen der Region gibt es optimale Bedingungen für Weinbau, die Anbaugebiete Valtenesi (Südwesten), Lugana (Süden) und Bardolino (Südosten) bringen eine Vielzahl edler Tropfen hervor.

Im Unterschied zu den von Gebirge begrenzten Uferregionen im Westen und Osten des Gardasees verfügen die Orte im Süden über ein weites Hinterland, das sich für Ausflüge anbietet. Anziehungspunkte für Familien sind die Freizeitparks am südöstlichen Ufer – allen voran Gardaland, Italiens Vergnügungspark Nr. 1. An Automobilfans richtet sich das Museo Nicolis, der Parco Giardino Sigurtà zählt zu den schönsten Parklandschaften Europas.

Blick über die Altstadt von Sirmione *(siehe S. 118f)*, einen der meistbesuchten Orte am Gardasee

◀ **Hauptturm der Scaligerburg in Sirmione *(siehe S. 120f)***

Überblick: Südlicher Gardasee

Das Südufer des Sees ist weitestgehend flach, Badeurlauber zieht es an die langen Kiesstrände. Daneben finden sich Städte wie Desenzano del Garda, Sirmione und Peschiera del Garda, von denen jede auf ihre eigene Art spannend ist. Nach Süden schließt Hügelland an, das neben Weinbau auch hübsche Städtchen mit kunsthistorischen Attraktionen, darunter sehenswerte Burgen, bietet. Hier gibt es auch idyllische bzw. kultivierte Natur wie das Ufer des Mincio oder den Parco Giardino Sigurtà. In lebhaftem Kontrast dazu steht Gardaland, in dem aufregenden Erlebnispark kann man einen ganzen Tag verbringen.

Denkmal zu Ehren einer italienischen Fliegerstaffel (1927–36), Desenzano del Garda

Scaligerburg von Valeggio sul Mincio im Gegenlicht

Legende

- Autobahn
- Schnellstraße
- Hauptstraße
- Nebenstraße
- Eisenbahn
- Regionalgrenze
- Gipfel
- Fährhafen
- Autofähre

Weitere Zeichenerklärungen *siehe hintere Umschlagklappe*

Blick über ein Hafenbecken auf das zinnenbekrönte Castello Scaligero di Sirmione

Am südlichen Gardasee unterwegs

Autofahrer erreichen den südlichen Gardasee über die Brennerautobahn genannte A22 und von der Ausfahrt Affi über die Schnellstraße SS450. Diese mündet westlich von Castelnuovo del Garda in die am Südufer entlangführende SS11. Parallel zum Südufer verläuft die A4. Fähren bedienen Strecken zwischen den größeren Hafenorten. Desenzano del Garda und Peschiera del Garda sind Stationen an der Bahnstrecke Mailand – Venedig und somit die einzigen mit der Bahn erreichbaren Städte am Ufer des Sees. Zu den schönsten Fahrradrouten zählt die Strecke entlang dem Ufer des Mincio.

Porto Vecchio, das malerische alte Hafenbecken von Desenzano del Garda

Monumento ai Caduti, Villafranca

Sehenswürdigkeiten auf einen Blick

1. Peschiera del Garda
2. Castelnuovo del Garda
3. Gardaland Resort
4. SEA LIFE Aquarium
5. Sommacampagna
6. Villafranca di Verona
7. Museo Nicolis
8. Ponti sul Mincio
9. Monzambano
10. Valeggio sul Mincio
11. Parco Giardino Sigurtà
12. Sirmione
13. Pozzolengo
14. Solferino
15. Castiglione delle Stiviere
16. Lonato del Garda
17. Desenzano del Garda

Touren

T8 Radtour Peschiera del Garda – Borghetto *S. 113*

T9 Bootsfahrt im Süden des Gardasees *S. 128*

❶ Peschiera del Garda

Karte E10. 10 000. Piazzale Betteloni 3. 045 640 0600.
tourismpeschiera.it

Ein Besuch von Peschiera del Garda lohnt sich allein schon wegen der monumental wirkenden Festung, der größten Militäranlage rund um den Gardasee. Auch wenn Teile der Mauer mittlerweile verfallen bzw. überwuchert sind und die stark befahrene Uferstraße durch das Areal führt, kann man die Angreifern Ehrfurcht einflößende Wucht der Anlage noch heute nachvollziehen. Darüber hinaus beeindruckt das von drei Inseln geprägte Stadtbild. Diese befinden sich im Übergangsbereich zwischen Gardasee und seinem einzigen Abfluss, dem Mincio.

Um die strategisch wichtige und seit der Römerzeit wiederholt häufig umkämpfte Stadt an der südöstlichen Spitze des Gardasees zu befestigen, wurde großer Aufwand betrieben. Der Bau der mächtigen Anlage mit der mehrere Meter dicken Mauer geht auf das 16. Jahrhundert zurück, als die Republik Venedig die Region kontrollierte. Unter französischer Besatzung am Anfang des 19. Jahrhunderts und während der 1815 einsetzenden österreichischen Herrschaft wurde die Festung weiter verstärkt. Nach der Einigung Italiens verlor das Anwesen seine Bedeutung. Spannend bleiben jedoch weiterhin seine Form und Ausdehnung. Die vollständig von Wasser umschlossenen Mauern umrahmen in Form eines fünfzackigen Sterns zwei Inseln. Auf der südlichen der beiden erstreckt sich die Altstadt von Peschiera del Garda mit ihren zahlreichen Restaurants und Läden. Eine dritte Insel liegt etwas weiter nördlich. Alle Inseln sind durch Straßenbrücken miteinander verbunden.

Castelnuovo del Garda mit der Chiesa di Santa Maria *(links)*

Wappen von Castelnuovo del Garda

Vom Zentrum der Stadt ziehen sich lang gestreckte Strände nach Westen, man erreicht sie nach einem Spaziergang oder einer kurzen Fahrt mit dem Fahrrad entlang der malerischen Uferpromenade.

Peschiera del Garda ist ein wichtiger Verkehrsknotenpunkt mit einer Station an der Bahnstrecke Mailand–Venedig.

Umgebung: Der **Mincio** schlängelt sich in Mäandern durch die idyllische Moränenlandschaft südöstlich des Gardasees und mündet nach 75 Kilometern in den Po. Eine viel befahrene Fahrradroute ohne größere Steigungen führt unmittelbar am Oberlauf des Flusses entlang bis Borghetto, einem Ortsteil von Valeggio sul Mincio *(siehe S. 113)*.

Unmittelbar südwestlich von Peschiera del Garda, jenseits der A4, erreicht man die Wallfahrtskirche **Santuario Madonna del Frassino** (16. Jh.). Das prachtvoll mit Fresken und Stuck ausgestaltete Gotteshaus wurde im Gedenken an ein Wunder errichtet. Das Erscheinen der Jungfrau Maria in Form einer lichtumfluteten Figur in einer Esche *(frassino)* soll einen Bauern vor einer Giftschlange gerettet haben. Die Statue, auf die sich der Gründungsmythos bezieht, ist in einer der Seitenkapellen untergebracht (www.santuariodelfrassino.it).

Schiff in einem Hafenbecken von Peschiera del Garda

❷ Castelnuovo del Garda

Karte F10. 13 000. Piazza degli Alpini 4. 0465 645 9920.
comune.castelnuovodelgarda.vr.it

Das Bild des inmitten einer von Olivenhainen und Weinbergen geprägten Moränenlandschaft gelegenen Städtchens wird vom Castello Scaligero dominiert. Die Anlage wurde von der Mailänder Familie Visconti erbaut, nachdem sie 1387 mit der

Hotels und Restaurants am südlichen Gardasee *siehe Seiten 180 und 193*

Besetzung Veronas die Herrschaft der Scaliger beendet hatte. Mit dieser Burg wollten sie ihrem Erfolg ein Denkmal setzen. Im 17. Jahrhundert wurde der Bau zeitweise als Kornspeicher genutzt.

Im Zentrum des Orts stehen viele pastellfarbene Häuser. Bedeutendster Kirchenbau ist die auf oktogonalem Grundriss errichtete Chiesa di Santa Maria (15. Jh.).

❸ Gardaland Resort

Siehe S. 108f.

❹ SEA LIFE Aquarium

Località Ronchi, Castelnuovo del Garda. 045 644 9777. Apr–Sep: tägl. 10–18 Uhr; Okt: Mo, Fr 9–15, Sa, So 10–18 Uhr; Nov: Fr 9–15, Sa, So 10–16 Uhr; Dez: Fr 9–15, Sa, So, 20.–31. Dez 10–18 Uhr; Jan, Feb: 1.–6. Jan 10–18, Fr 9–15, Sa, So 10–16 Uhr; März: Mi–Fr 9–15, Sa, So 10–16 Uhr. 25. Dez. für Gruppen (Anmeldung mindestens 30 Tage im Voraus). **gardaland.it/sealife**

Bei dieser Attraktion, die dem populären Freizeitpark Gardaland *(siehe S. 108f)* angegliedert ist, begeben sich Erwachsene wie Kinder auf eine spannende Entdeckungsreise durch die Geheimnisse der Unterwasserwelt. Ob Süß- oder Salzwasserhabitate – bei SEA LIFE werden natürliche Lebensräume nachgebildet, in denen die Tiere leben und beobachtet werden können. Zu diesen Milieus gehören u.a. der Gardasee, das Podelta, die Meeresküsten und ein Schiffswrack. Einige Bereiche widmen sich bestimmten Meeresbewohnern, etwa Quallen oder Seepferdchen. Beeindruckend ist der Gang durch den Unterwassertunnel, in einem Kinosaal werden Filme zu bestimmten Themen der Unterwasserwelt gezeigt. Das Areal entwickelt sich ständig weiter. Unter dem Motto »L'Invasione dei Granchi« wurde 2015 eine neue Abteilung eröffnet, die sich Krebsen widmet.

Für eine Besichtigung von SEA LIFE Aquarium sollte man ungefähr 90 Minuten einplanen.

Ossario di Custoza (38 m)

❺ Sommacampagna

Karte G10. 15 000. Piazza C. Alberto 1. 045 897 1311. **comune.sommacampagna.vr.it**

Der Ort liegt verkehrsgünstig am Schnittpunkt mehrerer Landstraßen nahe der A4 und unweit des Flughafens von Verona. Wegen der geringen Entfernung zum zwölf Kilometer östlich gelegenen Verona gehört Sommacampagna zum Einzugsbereich der Provinzhauptstadt.

Zu den herausragenden Sehenswürdigkeiten zählt die dem Apostel Andreas geweihte Kirche Pieve di Sant'Andrea, deren Ursprünge bis ins 5. Jahrhundert zurückreichen. Sehenswert ist darüber hinaus – neben anderen Gotteshäusern – auch die im Jahr 1511 fertiggestellte Chiesa di San Rocco, deren Glockenturm 1903 ergänzt wurde.

Umgebung: Zum Gemeindegebiet von Sommacampagna gehört auch das südwestlich gelegene **Custoza**, das vor allem für den hier produzierten trockenen Weißwein bekannt ist.

Das 38 Meter hohe, als schlanker Turm gestaltete Ossario di Custoza (Beinhaus) erinnert an die Toten zweier Schlachten (1848 bzw. 1866) zwischen italienischen und österreichischen Truppen, die hier in der Nähe ausgetragen wurden.

Scaligerburg, Villafranca di Verona

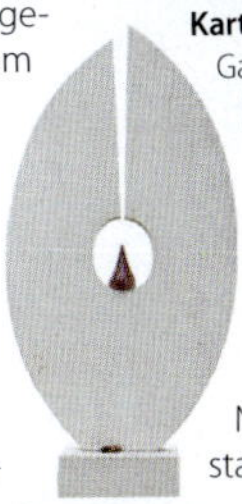

Kunstwerk in Sommacampagna

❻ Villafranca di Verona

Karte G11. 33 000. Corso Garibaldi 24. 045 633 9111. **comune.villafranca.vr.it**

Die Stadt ist nach dem etwa 15 Kilometer nordöstlich gelegenen Verona die zweitgrößte der Provinz Verona. Der Name Villafranca (»Freistadt«) rührt von der Steuerbefreiung her. Diese wurde der 1185 gegründeten Stadt seitens der Regenten von Verona zugesprochen, um die Zuwanderung zu fördern. Aus jener Zeit stammt die noch gut erhaltene Stadtmauer. Die Scaligerburg wurde Anfang des 13. Jahrhunderts vollendet und nach der Zerstörung während der Herrschaft Venedigs wiederaufgebaut.

Ein Meilenstein auf dem Weg zur Einigung Italiens war der am 11. Juli 1859 unterzeichnete Vorfrieden von Villafranca, mit dem der Zweite Italienische Unabhängigkeitskrieg endete.

Villafranca ist ein Verkehrsknotenpunkt. Nur wenige Kilometer nordöstlich befindet sich der Aeroporto di Verona-Villafranca.

❼ Museo Nicolis

Siehe S. 110f.

❸ Gardaland Resort

Für Kinder ist Italiens Vergnügungspark Nr. 1 ein wahres Paradies. Die vielfältigen Attraktionen reichen von Fantasy über Abenteuer bis zu Shows – jedes Jahr kommen neue Anziehungspunkte hinzu. Einen ersten Überblick verschafft eine Fahrt an Bord des Transgardaland Express. Das SEA LIFE Aquarium *(siehe S. 107)* zeigt den Zauber der Unterwasserwelt. An den Wochenenden in der Hauptsaison ist mit langen Wartezeiten zu rechnen.

Prezzemolo
Der Drache Prezzemolo (»Petersilie«), das Maskottchen des Parks, begegnet einem an vielen Stellen.

★ OBLIVION – The Black Hole
Die nahezu halsbrecherische Fahrt in der 2015 eröffneten Achterbahn bietet Adrenalin-Junkies den ultimativen Kick. Der freie Fall ins berüchtigte schwarze Loch ist nichts für Angsthasen.

Colorado Boat
An Bord eines schwimmenden Baumstamms rauscht man durch Stromschnellen und steile Abhänge hinunter – fast wie auf dem Colorado.

Außerdem

① **Giostra Cavalli**

② **Jungle Rapids**, eine überaus rasante Rafting-Fahrt, führt auch durch einen Vulkan.

③ **Mammut**

④ **Space Vertigo**

⑤ **Ice Age 4D**

⑥ **Raptor**

⑦ **Magic House**

⑧ **Ramses**

⑨ **Sequoia Adventure**

⑩ **Magic Mountain**

⑪ **Monorotaia**

⑫ **SuperBaby** – Riesenspaß auf einem fantastischen Karussell.

I Corsari
An Bord der Galeone mit dem Namen »Die Seeräuber« fühlt man sich in einen Piratenfilm versetzt. Auf geht's zur spektakulären Fahrt!

Zeichenerklärung *siehe hintere Umschlagklappe*

Fuga da Atlantide
Bei der feucht-fröhlichen Suche nach der versunkenen Stadt Atlantis an Bord der Wasserbahn geht es zweimal ins kühle Nass (aus 10 bzw. 15 m Höhe).

Infobox

Information
Castelnuovo del Garda.
Karte F10.
☎ 045 644 9777.
Park ○ Apr – Mitte Juni, Mitte – Ende Sep: tägl. 10 – 18 Uhr; Mitte Juni – Mitte Sep: tägl. 10 – 23 Uhr; Okt, Dez: Sa, So 10 – 18 Uhr; Weihnachten – 1. Woche Jan: tägl. 10 – 18 Uhr. ● 2. Woche Jan – März, Nov.
SEA LIFE Aquarium
Siehe S. 107.
frei für ♿ und Kinder unter 1 m Größe.
W gardaland.it

★ Blue Tornado
Ein Erlebnis wie Fliegen mit Hochgeschwindigkeitstempo: Die Wagen hängen unter den Schienen – für manche Besucher ein völlig neues Fahrgefühl. Ein Highlight ist die Helix am Ende der Strecke.

Prezzemolo Magic Village
Die Abenteuerwelt bietet jede Menge Spaß für die kleinsten Besucher. Hier kann man spielen, entdecken und sich austoben.

Eingang

Fantasy Kingdom
Das Reich der Fantasie regt alle Sinne an. Hoch hinauf geht es im L'Albero di Prezzemolo (»Baum des Prezzemolo«; *links*). In diesem mit witzigen Schnitzereien verzierten Baumhaus hat man den besten Überblick über das bunte Treiben.

Karte *siehe Extrakarte zum Herausnehmen*

❼ Museo Nicolis

Logo des Museums

Das vom Veroneser Unternehmer Luciano Nicolis im Jahr 2000 gegründete Museum dokumentiert die technische Entwicklung der letzten rund 200 Jahre. Auch wenn ein Schwerpunkt auf Automobilen liegt, eignet es sich nicht nur für Oldtimer-Fans, sondern ist eine wahre Schatztruhe für jeden technisch Interessierten. Ein Besuch ist weitaus mehr als eine Option für einen verregneten Tag.

Lancia Astura Spider (1937)
Das Modell zählte schon zu den Stars des legendären Autorennens Mille Miglia *(siehe S. 29)*.

Kuriositäten
Der »Vintage Store« birgt ein wahres Sammelsurium an nostalgischen Reiseutensilien und Mitbringseln: Tropenhüte und Hutschachteln, Koffer und Körbe, Bücher, Fotobände und vieles mehr.

Kurzführer

Das Gebäude besitzt eine mehrstöckige offene Struktur, der Eingang ist eine überdachte Galerie. Der Fokus der Ausstellung liegt auf der Historie der Mobilität (Automobile, Motorräder, Fahrräder, Flugzeuge). Zudem werden weitere technische Entwicklungen beleuchtet und einige Kuriositäten gezeigt.

Mercedes-Benz 500 K Cabriolet C (1934)
Dieses mit Kompressor (daher »K«) betriebene Modell von Mercedes-Benz *(vorn)* erreichte eine Höchstgeschwindigkeit von 160 km/h.

Musikinstrumente
Bunte Drehorgeln wie diese stehen neben Spieldosen und Pianolas sowie Aufnahme- und Wiedergabegeräten wie Phonographen und Grammophonen.

Motorräder
Hier gehen »Könige der Landstraße« auf Entdeckungsreise: Die Sammlung motorisierter Zweiräder zeigt u. a. Fabrikate von Bianchi, Ducati, Moto Guzzi, Piaggio, Puch und Zündapp.

Glasfassade
Die Glas-Stahl-Konstruktion bietet einen wahrlich glänzenden Rahmen für die erlesenen Sammlungen des Museo Nicolis.

Infobox

Information
Viale Postumia 71, Villafranca di Verona. **Karte** G11.
045 630 3289.
Di–So 10–18 Uhr.
1. Jan, Ostern, 24., 25., 31. Dez.
nach Vereinbarung.
Genehmigung erforderlich, die am Eingang einzuholen ist.
museonicolis.com

Anfahrt
156 (von Verona).

Kühlerfigur
Diese Figur prangt auf der Kühlerhaube eines Isotta Fraschini Tipo 8 AS (1929).

Automobile
Die illustre Sammlung umfasst Hunderte von Exemplaren, die in der museumseigenen Werkstatt restauriert wurden und in alter Pracht erstrahlen.

Fotoapparate
Anhand von rund 400 Objekten wird die Entwicklung der Fotografie erläutert – vom einfachen Stereoskop bis zur Spiegelreflexkamera.

Fahrräder
Neben Rädern für Spitzensportler entdeckt man hier auch sehr frühe Modelle (u. a. Hochräder).

Schreibmaschinen
Zu den ältesten der circa 80 hier ausgestellten Modelle gehört die Franklin Nr. 8 (1898) mit halbkreisförmiger Tastatur (*Mitte*).

Karte *siehe Extrakarte zum Herausnehmen*

❽ Ponti sul Mincio

Karte E10. 2300. Piazza Parolini 32. 0376 88 121.
comune.pontisulmincio.mn.it

Der Ursprünge des Weinbaus in der unmittelbaren Umgebung von Ponti sul Mincio gehen auf das 5. Jahrhundert zurück. Noch heute ist der südlich von Peschiera del Garda gelegene Ort für seine edlen Tropfen bekannt, die hier in gemütlichen Weinlokalen ausgeschenkt werden.

Herausragend ist die unter den Scaligern errichtete Burg (13./14. Jh.), von der noch Türme und Mauerreste erhalten sind. Wegen ihrer Lage am Mincio, dem einzigen Abfluss des Gardasees, war die Festung für die Sicherung der Herrschaft der auch als Herren von Verona bezeichneten Adelsfamilie von großer Bedeutung.

Ponte Visconteo, Brücke mit Festungscharakter in Valeggio sul Mincio

❾ Monzambano

Karte E10. 2300. Piazza Vittorio Emanuele III 15. 0376 800 502.
monzambano.gov.it

Monzambano erstreckt sich auf einem Moränenhügel am rechten Ufer des Mincio. Schon von Weitem erkennt man das exponiert gelegene Scaligerkastell, von dessen Hauptturm man die Umgebung überblickt. Innerhalb des Mauerrings befindet sich die frühmittelalterliche Kapelle San Biagio. Kunsthistorisch bedeutender als Letztere ist allerdings die Chiesa San Michele Arcangelo. Das 1777 fertiggestellte Gotteshaus mit eindrucksvoller, reich mit Skulpturen verzierter Barockfassade wurde auf den Fundamenten einer Kirche aus dem 15. Jahrhundert erbaut. Zu den Glanzlichtern im Innenraum gehört der marmorne Hochaltar.

Umgebung: Fünf Kilometer südwestlich von Monzambano liegt die mittelalterliche Burgsiedlung Castellaro Lagusello aus dem 12. Jahrhundert.

San Michele Arcangelo, Monzambano

❿ Valeggio sul Mincio

Karte F11. 15 000. Piazza Carlo Alberto 48. 045 633 9800. **comune.valeggiosulmincio.vr.it**

Wie in vielen anderen Orten der Region wird auch die Silhouette von Valeggio sul Mincio von einer Scaligerburg (13. Jh.) dominiert.

An einem Sonntag im Mai ist das Städtchen Schauplatz von Valeggio Veste il Vintage *(siehe S. 32)*, einem landesweit renommierten Vintage-Markt (Mode der 1950er bis 1970er Jahre) mit Anbietern aus ganz Italien.

Statue der Nymphe Silvia, Valeggio sul Mincio

Borghetto, ein Ortsteil von Valeggio sul Mincio, ist ein beliebtes Ausflugsziel, das man auch sehr gut mit dem Fahrrad von Peschiera del Garda aus erreicht *(siehe S. 113)*. Geradezu romantisch wirkt das historische Viertel, in dem sich noch alte Mühlräder drehen. Es erstreckt sich zwischen mehreren Armen des Mincio, die von schmalen Holzbrücken überspannt werden. Der sich mächtig über den Mincio schwingende Ponte Visconteo, heute eine Straßenbrücke, war ursprünglich als Staudamm konzipiert. Die Visconti errichteten die letztlich nicht vollendete Anlage Ende des 14. Jahrhunderts, um die Wassermenge des Mincio zu kontrollieren und das von einer rivalisierenden Familie beherrschte flussabwärts gelegene Mantua von der Wasserzufuhr abzuschneiden. Auf der Brücke wird alljährlich am dritten Dienstag im Juni an einer riesigen Tafel die berühmte Festa del Nodo d'Amore *(siehe S. 33)* gefeiert, bei der Tausenden von Gästen Tortellini serviert werden.

Bekannt ist Valeggio vor allem durch den Parco Giardino Sigurtà *(siehe S. 114f)*.

Hotels und Restaurants am südlichen Gardasee *siehe Seiten 180 und 193*

T8 Radtour Peschiera del Garda – Valeggio sul Mincio

Die Tour entlang dem Oberlauf des Mincio verläuft auf einem weitestgehend asphaltierten Radweg und eignet sich ideal für einen halbtägigen Familienausflug. Der Endpunkt Borghetto ist ein hübscher Ortsteil von Valeggio sul Mincio mit bezauberndem Mühlenviertel und imposanter Brücke (Ponte Visconteo). Hin- und Rückweg der Radtour sind identisch.

Routeninfos

Fahrradverleih

Piccoli Mauro
Via Venezia 15, Peschiera del Garda.
349 467 8006.
noleggiobiciclette peschieradelgarda.it

Hinweisschild, Parco del Mincio

Mincio ②
Der von Bäumen (u. a. vielen Pappeln), Sträuchern und Schilf gesäumte Mincio fließt als blaugrünes Band in sanften Bogen nach Süden.

Wegweiser am Radweg

Roadbook

Start: Stazione Centrale, Peschiera del Garda
GPS-Koordinaten: 45.438644, 10.702205

① **Peschiera del Garda** **km 0,0**
Vom Bahnhof aus überquert man auf Brücken mehrere Kanäle und passiert dabei auch die auf einer Insel gelegene Altstadt. Vom Kreisverkehr am westlichsten Punkt geht es über die Bahngleise nach Osten hinunter zum Flussufer.

② **Oberlauf des Mincio** **km 3,1**
Nun beginnt der ständig unmittelbar am Ufer verlaufende Radweg, der auch von Joggern, Fußgängern und einigen Skatern genutzt wird. Beim Radfahren fällt das gleichmäßige Gefälle kaum auf.

③ **Staumauer** **km 8,5**
Über die Staumauer verläuft eine Brücke, über die man ans östliche Ufer wechselt. Bei km 14 macht die Route einen Schlenker nach links über einen Kanal.

④ **Borghetto/ Valeggio sul Mincio** **km 15,6**
Am Rand von Borghetto, einem Vorort des von einer Scaligerburg überragten Valeggio sul Mincio, quert man auf schmalen Brücken einzelne Arme des Mincio. Im Zentrum Borghettos (Fußgängerzone) muss man das Rad schieben. Über den Ponte Visconteo kommt man zurück ans Ostufer. Dann fährt man auf derselben Route zurück nach Peschiera del Garda.

Länge: 33 km
Schwierigkeit: leicht
✓ ✓

Borghetto/Valeggio sul Mincio ④
Vom lang gestreckten Ponte Visconteo genießt man den besten Blick auf den beschaulichen, idyllisch gelegenen Ort am Mincio.

Streckenprofil

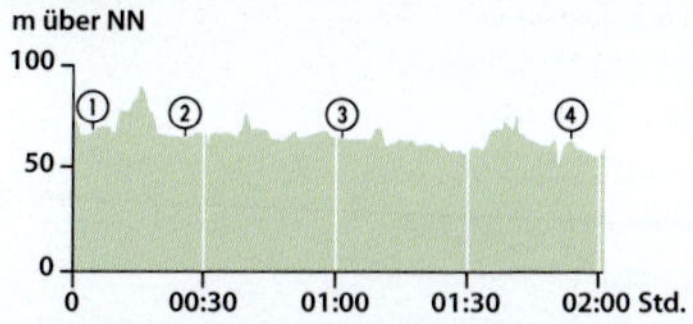

Zeichenerklärung *siehe hintere Umschlagklappe*

⑪ Parco Giardino Sigurtà

Die von Giuseppe Carlo Sigurtà gestaltete Parklandschaft (60 ha) zählt zu den schönsten Europas. Als wundervolle Symbiose aus Natur und Kunst birgt sie u. a. alte Baumbestände, prachtvolle Blütenmeere, idyllische Seerosenteiche und Themengärten sowie Skulpturen und mehrere Bauwerke. Besucher können das Areal zu Fuß, mit Bummelzug, Shuttle-Bus, Golf-Cart oder Fahrrad besichtigen. Egal, wie Sie sich fortbewegen – Sie werden mit ständig wechselnden Perspektiven belohnt.

Giuseppe Carlo Sigurtà (1898–1983), ein Industrieller, erwarb das Gelände 1941 und ließ hier mithilfe des Wassers aus dem Mincio ein Meisterwerk der Gartenkunst gestalten. Seit 1978 ist es öffentlich zugänglich. Die Statue ehrt den Gründer.

Horizontale Sonnenuhr (Meridiana orizzontale) Ein geometrisches Netz aus Linien, Kreisen und Punkten wurde in das Ziffernblatt der Galileo Galilei gewidmeten Uhr graviert.

Rosenallee (Viale delle Rose) Im Frühling zeigen sich die mehr als 30 000 Rosen entlang der einen Kilometer langen Rosenallee in zauberhafter Blütenpracht.

Außerdem

① **Vier Teiche der Einsiedelei (Quattro Laghetti dell'Eremo)**

② **Hundefriedhof (Cimitero dei Cani)**

③ **Aussichtsstand der Kaiser**

④ **Bauernhof von Tà (Fattoria di Tà)**

⑤ **Blühende Teiche (Laghetti Fioriti)**

⑥ **Rondell der Verzauberung (Rotonda degli Incanti)**

⑦ **Panoramaweg**

⑧ **Stein der Jugend (Pietra della Giovinezza)**

⑨ **Arzneipflanzengarten**

⑩ **Zickzack-Weidenallee**

Wassergärten (Giardini Acquatici) Mit ihren Seerosen erinnern die Becken an Motive impressionistischer Gemälde. Über die Gärten verlaufen spannende Sichtachsen.

Zeichenerklärung *siehe hintere Umschlagklappe*

Einsiedelei (Eremo)
Die über eine von Buchsbäumen flankierte Treppe erreichbare Einsiedelei ließ Marquis Antonio Maffei, seinerzeit Besitzer des Geländes, 1792 bauen. Er widmete sie seiner Ehefrau Laura – daher auch der frühere Name Eremo Laura.

Infobox

Information
Via Cavour 1, Valeggio sul Mincio. **Karte** F11. 045 637 1033. März, Okt, 1. Woche Nov: tägl. 9–18 Uhr; Apr–Sep: tägl. 9–19 Uhr (letzter Einlass: 1 Std. vor Schließung). auf Italienisch.
sigurta.it

Anfahrt
Peschiera del Garda, dann APAM-Bus.

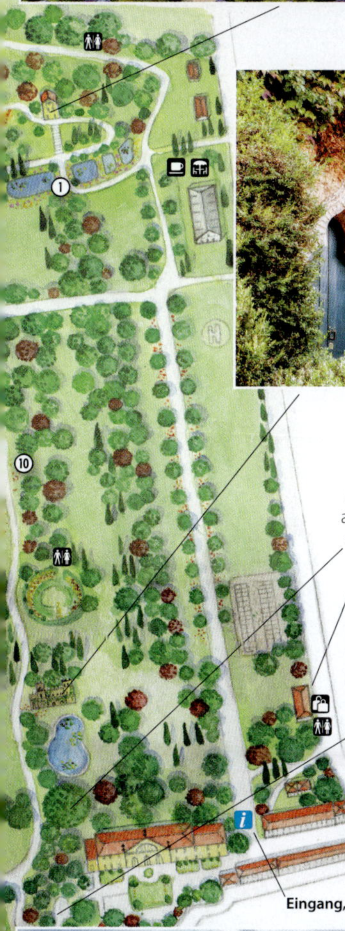

Schlösschen (Castelletto)
Das von Kletterpflanzen überwucherte Schlösschen diente als Treffpunkt von Wissenschaftlern, die bei Sigurtà zum Meinungsaustausch zu Gast waren. Zu ihnen gehörten auch Nobelpreisträger wie Konrad Lorenz, Gerhard Domagk und Alexander Fleming. Heute wird an diese Forscher sowie an einige Literaten, die ebenfalls hier verkehrten, erinnert.

Große Eiche (Grande Quercia)
Der mit rund 400 Jahren älteste Baum der Gartenanlage beeindruckt durch seine harmonische Form.

Bummelzug

Gelübdegrotte (Grotta Votiva)
Ein wenig zwischen Bäumen versteckt liegt die im 18. Jahrhundert im Roncaille-Stil mit Natursteinen und vielen Fossilien gestaltete Gelübdegrotte. 1942 widmete Sigurtà die Grotte der Jungfrau von Lourdes.

Eingang, Leihräder

Seerosen – Farbtupfer auf den Teichen

Labyrinth (Labirinto)
Von der Aussichtsplattform des Turms im Zentrum des Labyrinths verschafft man sich einen Blick über das Wegenetz im Irrgarten. Zudem erblickt man von hier weitere Attraktionen der brillant gestalteten Parkanlage.

Karte *siehe Extrakarte zum Herausnehmen*

⑫ Sirmione

Wappen von Sirmione

Für viele Besucher zählt das bereits von Literaten der Antike (u. a. Catull) gepriesene Sirmione zu den zauberhaftesten Orten am Gardasee. Allein schon die Lage der Altstadt an der Spitze einer lang gestreckten, rund vier Kilometer langen Halbinsel, die mit ihren drei Hügeln wie ein Keil in den See vorstößt, ist spektakulär. Sirmione ist nicht nur ein beliebtes Ausflugsziel mit faszinierenden Bauwerken wie dem Scaligerkastell und den Grotten des Catull, sondern wegen seiner Thermalquellen auch ein zu allen Jahreszeiten viel besuchter Kurort.

Kapitell, Grotte di Catullo

Schiff bei der Einfahrt in den Hafen von Sirmione

Castello Scaligero di Sirmione ①

Siehe S. 120f.

Piazza Carducci ②

Der von Restaurants und Cafés, Hotels und Läden flankierte Platz im Südwesten der verwinkelten Altstadt gilt als »gute Stube« von Sirmione. Hier lässt es sich wunderbar flanieren, von den Terrassen der Lokale kann man Fähren und Ausflugsboote beim An- und Ablegen beobachten.

Der im 18. Jahrhundert errichtete Palazzo Callas dient als Veranstaltungsort – u. a. für Wechselausstellungen (z. B. Gemälde, Skulpturen oder Fotokunst), Feiern und Tagungen. Von der Piazza Carducci verläuft die Via Vittorio Emanuele nach Norden. Mit ihren Boutiquen und Delikatessenläden gilt sie als Haupteinkaufsstraße von Sirmione.

Möwe am Castello Scaligero

Santa Maria Maggiore ③

Via Santa Maria Maggiore 13. tägl.

Auf einem Hügel nahe der alten Stadtmauer entlang der Via Antiche Mura thront die Pfarrkirche Santa Maria Maggiore. Das auf den Fundamenten eines von den Langobarden geschaffenen Vorgängerbaus stehende Gotteshaus entstand überwiegend in der zweiten Hälfte des 15. Jahrhunderts, die Fertigstellung erfolgte 1510. Aus jener Zeit stammen auch einige der Fresken, etwa die Kreuzigungsszene an der südlichen Wand. Besonders sehenswert im Innenraum, der im 18. Jahrhundert barockisiert wurde, sind der Marmoraltar mit einem Altarbild von Paolo Farinato (1524–1606), einem bedeutenden Maler der Spätrenaissance, und die mit feinen Schnitzereien versehene Orgel.

Im Kontrast zum reich ausgeschmückten Inneren ist die Fassade relativ schlicht gestaltet – mit Ausnahme der Säulenhalle an der Westseite, in die die Erbauer der Kirche auch eine Säule aus römischer Zeit integrierten.

Zentrum von Sirmione

① Castello Scaligero di Sirmione
② Piazza Carducci
③ Santa Maria Maggiore
④ Villa Cortine und Parco de Maria Callas
⑤ Villa Maria Callas
⑥ San Pietro in Mavino
⑦ Campana dei Caduti
⑧ Grotte di Catullo
⑨ Lido delle Bionde
⑩ Terme Catullo

Hotels und Restaurants am südlichen Gardasee *siehe Seiten 180 und 193*

Blick von der Piazza Castello Richtung Norden

Infobox

Information
Karte D9. 8000.
Viale Marconi 8.
030 374 8721.
Sirmione e la 1000 Miglia (La Mille Miglia; Mai), Gran Pescata alla Sardina (Juni), Sirmione in Scena (Juli, Aug), Festa dell'Uva (Sep). Mo, Fr.
sirmionebs.it

Anfahrt

Villa Cortine und Parco Maria Callas ④

Viale C. Gennari 2. 030 990 5890. **palacehotelvilla cortine.com**

Die Ende des 19. Jahrhunderts im Stil des Klassizismus erbaute Villa Cortine beherbergt das Fünf-Sterne-Haus Palace Hotel Villa Cortine *(siehe S. 180)*, das zu den elegantesten (und teuersten) am Gardasee gehört. Die Villa umrahmt ein mit mediterraner Vegetation (u.a. Zypressen und Palmen) bewachsener Park mit Skulpturen.

Skulptur an einem Gartentor

Villa Maria Callas ⑤

Via Catullo.

In diesem Haus wohnte die griechische Sopranistin Maria Callas *(siehe S. 123)* mit ihrem Ehemann Giovanni Battista Meneghini von 1950 bis 1959. Hier fand sie vor und nach ihren Tourneen Entspannung. Später bezeichnete die gefeierte Opernsängerin jene Zeit als die schönste ihres Lebens.

In dem Anwesen sind mittlerweile Wohnungen mit gehobener Ausstattung eingerichtet, von denen einige an Urlaubsgäste vermietet werden. Ein Schild an der Fassade weist noch auf die berühmte Operndiva hin, die die Villa seinerzeit zu einem Künstlertreffpunkt machte.

TERME DI SIRMIONE

Logo der Terme di Sirmione

San Pietro in Mavino ⑥

Via San Pietro in Mavino. tägl.

Auf einem Hügel hinter Olivenhainen versteckt steht die kleine, dem hl. Petrus geweihte Kirche. Nur wenige Besucher finden den Weg zu dem kunsthistorischen Kleinod, das im 8. Jahrhundert von lombardischen Mönchen errichtet und später, u.a. durch Anbau eines Glockenturms, erweitert wurde. Vom 13. bis 15. Jahrhundert wurde San Pietro mit Fresken ausgestaltet. Die in kräftigen Farben gemalten Bilder zeigen u.a. eine Kreuzigungsszene und das *Jüngste Gericht*. Mangels Gewölbe liegt der Dachstuhl der Kirche frei.

Campana dei Caduti ⑦

Via San Pietro in Mavino.

Im Parco della Rimembranza, der San Pietro in Mavino umgibt, befindet sich ein Gefallenendenkmal. Auf den beiden aufgestellten Steinwänden, zwischen denen eine große Glocke (Campana) aufgehängt ist, wurde die Inschrift »A tutti gli Italiani caduti per la patria« angebracht. Sie erinnert an die in beiden Weltkriegen gefallenen italienischen Soldaten.

Zeichenerklärung *siehe hintere Umschlagklappe*

Zinnenbewehrte Türme des Castello Scaligero di Sirmione

Karte *siehe Extrakarte zum Herausnehmen*

Im Detail: Altstadt von Sirmione

Die von engen Gassen, belebten Plätzen und pittoresken Fassaden geprägte Altstadt zählt zu den meistbesuchten Orten am Gardasee. Boutiquen und Kunsthandwerksläden säumen die Straßen. Abseits des Treibens an den touristisch interessantesten Stellen entdeckt man auch ruhige Flecken und idyllische Parks. In die für Privatautos gesperrte Altstadt gelangt man über eine Brücke. Autofahrer stellen ihr Fahrzeug auf einem der großen Parkplätze unmittelbar südlich der Brücke ab. Ein besonderes Erlebnis ist es natürlich, sich dem Ort an Bord eines Schiffs zu nähern.

Blütenpracht
Viele Fassaden sind mit Blumenschmuck verziert. Oft dominieren Rot- und Violetttöne (u. a. Bougainvilleen und Flieder).

Piazza Carducci ②
Auf dem weiten, von pastellfarbenen Häusern umrahmten Platz schlägt das Herz der historischen Altstadt von Sirmione. In vielen Cafés und Restaurants kann man sich eine Pause vom Flanieren gönnen.

Anlegesteg
Hier halten Fähren und Ausflugsboote, die Sirmione mit vielen anderen Orten am Ufer des Gardasees verbinden.

Der Palazzo Callas wird für Veranstaltungen, etwa Kunstausstellungen, genutzt.

Schwalbenschwanzzinnen sind tyipsch für Scaligerburgen.

Piazza Castello
An der östlichen Seite des kopfsteingepflasterten Platzes befindet sich der Zugang zum Castello Scaligero. Die Piazza ist ein beliebter Ausgangspunkt für Rundgänge durch Sirmiones Altstadt.

Hotels und Restaurants am südlichen Gardasee *siehe Seiten 180 und 193*

Wappen von Santa Maria Maggiore
Das Wappen der Pfarrkirche Santa Maria Maggiore zeigt den auf Paulus zurückgehenden Ausspruch »Mihi vivere Christus« (»Denn Christus ist mein Leben«).

Spiaggia Parrocchiale
Mehrere gut ausgebaute Strände wie die Spiaggia Parrocchiale (Lido Parrocchiale) säumen das Ufer. Die Wasserqualität des Sees wird regelmäßig kontrolliert.

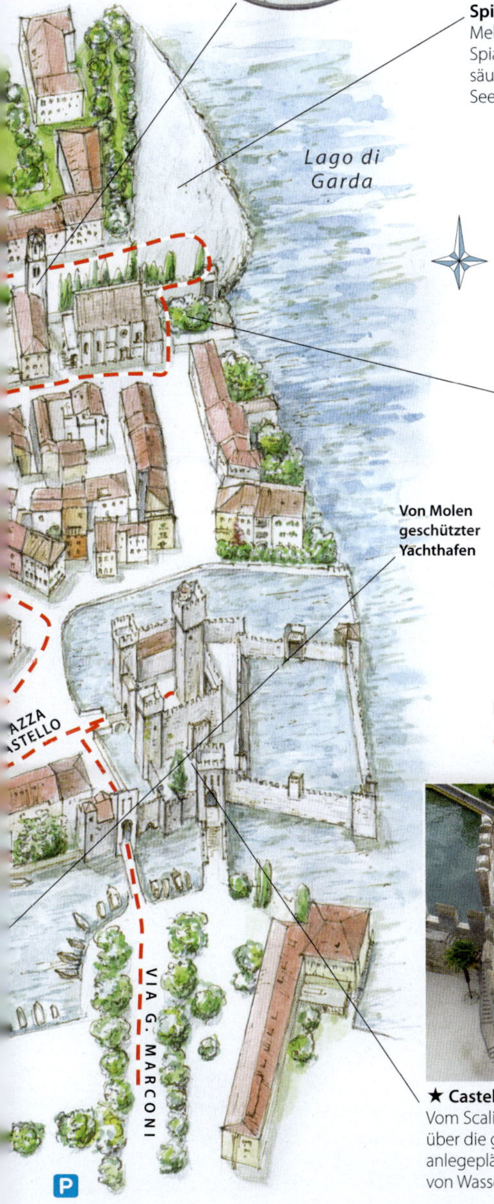

Garten
Neben ausgedehnten Parks wurden viele kleinere Gärten mit typisch mediterraner Bepflanzung angelegt. Überall stößt man auf Figuren und Brunnen.

Von Molen geschützter Yachthafen

Legende

– Routenempfehlung

★ Castello Scaligero di Sirmione ①
Vom Scaligerkastell bietet sich ein fantastischer Blick über die gesamte Altstadt und Teile des Sees. Bootsanlegeplätze reichen bis an die Grundmauern der von Wassergräben umgebenen Burg.

Castello Scaligero di Sirmione ①

Die auch als Rocca Scaligera bekannte Burg zählt zu den besterhaltenen und imposantesten Festungen Norditaliens. Erbaut wurde sie im 13. Jahrhundert unter der Herrschaft von Mastino I. della Scala auf den Fundamenten eines römischen Kastells, um den Ort vor Angriffen vom Festland abzuschirmen. Das ausgeklügelte Verteidigungssystem umfasst dicke Mauern, Wassergräben, steile Treppen und Zugbrücken. Das Fehlen jeglicher Repräsentationsräume betont die militärische Bedeutung des Castello.

★ Ostturm
Von dem 47 Meter hohen Turm der Burg bietet sich ein herrlicher Blick über die gesamte Halbinsel Sirmione.

Westseite
Das Eingangsportal des Scaligerkastells befindet sich an der Piazza Castello. Im Sommer bilden sich hier lange Besucherschlangen.

Außerdem

① **Von der Piazza Castello** gelangt man in die Burganlage. Von den Terrassen der Cafés auf dem Platz hat man auch einen schönen Blick auf die mächtige Festung.

② **Der Burggraben**, früher ein wichtiger Bestandteil des Verteidigungssystems, verleiht dem Kastell den Charakter einer Wasserburg.

③ **Vom mächtigen Wehrturm** aus wurden Angreifer mit Geschützen bombardiert. Wegen der stattlichen Höhe des Turms (47 m) erkannten die Wächter Bedrohungen von der Land- wie von der Seeseite schon frühzeitig.

④ **Im Hafenbecken** lag die Flotte des Kastells vor Anker. Wegen der nahezu vollkommenen Abgeschlossenheit des Hafens war die Burg vom Hinterland unabhängig.

⑤ **Die Zugbrücke** war die einzige Verbindung zwischen dem Kastell und dem Festland.

Zugbrücke
Die mittels Ketten ein- und ausfahrbare Zugbrücke machte bei Bedarf den Wassergraben passierbar und bot Schutz vor Angreifern.

Hafen
Die Skaliger legten an der Ostseite der Burg ein Hafenbecken an, dessen Grundfläche die der Festung übertraf. Der Hafen ist bis auf eine enge Ein- und Ausfahrt komplett von Mauern umschlossen.

Infobox

Information
Piazza Castello 4.
030 916 468.
Okt – März: Di – So 9 – 16 Uhr; Apr – Sep: tägl. 9 – 19 Uhr.
1. Jan, 1. Mai, 25. Dez.
scaligeri.com

Schießscharte
Burgsoldaten kauerten in Nischen, von denen sie durch Schlitze im Mauerwerk die Umgebung überblicken konnten, gleichzeitig aber kaum Angriffsfläche boten.

Möwen
Auf den Mauern und Zinnen sitzende Möwen sind ein vertrauter Anblick. Auch die Besucher des Kastells genießen die Vogelperspektive.

Brunnen
Die Versorgung mit Trinkwasser erfolgte durch Brunnen.

Scaliger

Das Castello Scaligero di Sirmione ist nur eine von vielen Festungen, die die 1260 – 1387 als Herren von Verona regierende Familie della Scala am Gardasee (u. a. in Malcesine und Lazise) erbauen ließen. Darüber hinaus machten sie Verona zu einer der mächtigsten Städte Norditaliens. Trotz ihrer autokratischen Herrschaft brachten die Scaliger der Region eine Zeit des Wohlstands. Ihre Herrschaft endete 1387 mit der Besetzung Veronas durch die Mailänder Visconti.

Cangrande I. della Scala (reg. 1311 – 29)

Sirmione: Grotte di Catullo ⑧

Die Villa im äußersten Norden der Halbinsel ist ein Paradebeispiel einer herrschaftlichen römischen Residenz. Auch wenn dies eine der wichtigsten archäologischen Stätten Norditaliens ist, führt ihr Name in die Irre. Weder handelt es sich um Grotten, noch lebte der berühmte römische Dichter Catull (87 – 54 v. Chr.) jemals hier. Die Ruinen der über zwei Hektar großen, um 150 n. Chr. erbauten Anlage erstrecken sich wundervoll auf Klippen über dem See.

Nordterrasse
Die freiliegende Terrasse diente seinerzeit als Fundament längst eingestürzter Aufbauten.

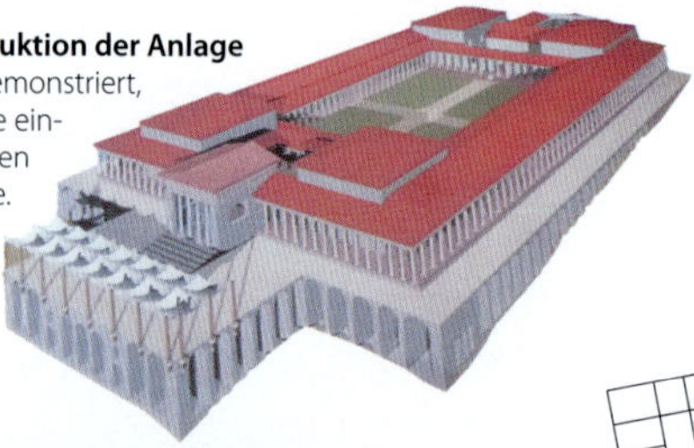

Rekonstruktion der Anlage
Das Modell demonstriert, wie die Anlage einmal ausgesehen haben könnte. Von den oberen Stockwerken sind keine Reste erhalten.

Kryptosäulenhalle
Der rund 160 Meter lange Portikus verläuft entlang der gesamten Längsseite. In den Kammern der westlichen Begrenzung *(links)* waren vermutlich Läden untergebracht.

Kapitell einer umgestürzten Säule

Legende
- Nordterrasse
- Unterbau
- Ostterrasse
- Kryptosäulenhalle
- Schwimmbecken
- Kein Ausstellungsbereich
- Routenempfehlung

Schwimmbecken
In das Schwimmbecken der mit großer Sorgfalt gestalteten Thermalanlage wurde das 70 °C heiße Wasser der Quelle Boiola *(siehe S. 123)* geleitet.

Kurzführer

Von der dreistöckigen Anlage sind nur noch Ruinen des Untergeschosses zu sehen. Sehr gut erhalten ist u. a. die Thermalanlage im Süden. Das hinter dem Eingang untergebrachte Museum zeigt Objekte (u. a. Freskenreste, Vasen und Mosaiken) aus frühgeschichtlicher, römischer und langobardischer Zeit, die bei den Ausgrabungen vor Ort und an anderen Stellen rund um den Gardasee gefunden wurden.

Luftbild
Die Aufnahme zeigt die Lage der Grotte di Catullo auf einem Felshügel an der Nordspitze der Halbinsel von Sirmione.

Infobox

Information
Piazzale Orti Manara 4.
030 916 157.
Apr–Okt: Di–Sa 8.30–19.30, So 9.30–18.30 Uhr; Nov–März: Di–Sa 8.30–17, So 8.30–14 Uhr.
1. Jan, 1. Mai, 25. Dez.
Museum wie Anlage.
grottedicatullo.beniculturali.it

Stein für Sonnensegel
Die Seile der Sonnensegel wurden mit Steinen befestigt.

Aula der Riesen
Der größte Saal der Villa befand sich unter der Nordterrasse. Benannt wurde er nach den großen Steinen, mit denen man die Terrasse abstützte.

Mosaik
Im Museum gezeigte Objekte wie dieses Bodenmosaik lassen die einstige Pracht der Anlage erahnen.

Innenhof
Der an der Südseite einst von einer Zisterne begrenzte Innenhof der Grotte di Catullo ist heute von einer Wiese bedeckt, auf der Olivenbäume wachsen.

Lido delle Bionde ⑨

Der schmale »Strand der Blondinen« erstreckt sich am Fuß des nördlichsten Hügels von Sirmione. Liegestühle, Sonnenschirme und ein Restaurant sind vorhanden, Holzstege reichen vom Kiesstrand weit in den See hinein. Man kann auch Tretboote mieten.

Vom Lido delle Bionde aus kann man die Nordspitze der Halbinsel umrunden. Auf der kleinen Wanderung, für die festes Schuhwerk erforderlich ist, erreicht man auch die Kalkterrassen. Dabei handelt es sich um einen etwa 100 Meter breiten Ring aus flachen Kalkplatten, die nur wenige Dezimeter unter dem Wasserspiegel liegen und das Wasser darüber je nach Sonneneinstrahlung türkisfarben erscheinen lassen.

Terme Catullo ⑩

Piazza Don A. Piatti 1. 030 990 4923. Apr–Okt: tägl. 7–13 Uhr (nach Abschluss der Renovierung länger geöffnet).
termedisirmione.com

Schon in der Antike war die heilende Wirkung des schwefel-, brom- und jodhaltigen Thermalwassers Sirmiones bekannt. Es entstammt der 70 °C heißen Quelle Boiola, die rund 300 Meter vor dem Ufer austritt und mehrere Thermalanlagen, darunter die Terme Catullo mit dem angegliederten Centro Benessere Termale Aquaria (tägl. 10–22 Uhr), speist. Hier werden u. a. Rheuma, Ohrenleiden und Erkrankungen der Atemwege behandelt. Ein weiteres Thermalbad, die Terme Virgilio, liegt südlich der Altstadt im Ortsteil Colombare.

Bad
Das Bad gehörte – wie auch das Schwimmbecken – zur Thermalanlage am landseitigen Ende des Anwesens.

Maria Callas

Die griechische Sopranistin Maria Callas (1923–1977) zählt zu den bedeutendsten Opernsängerinnen des 20. Jahrhunderts. Bei Auftritten bei den Opernfestspielen von Verona, in Venedig und Florenz verliebte sie sich in Italien und zog mit ihrem Ehemann nach Sirmione, wo das Paar 1950–59 das heute als Villa Maria Callas *(siehe S. 117)* bekannte Haus bewohnte. Zu jener Zeit war die Callas auf dem Zenit ihrer Karriere. Zu ihren gefeiertsten Rollen zählt die Violetta in Verdis *La Traviata*.

Maria Callas in *La Traviata*

Memoriale della Croce Rossa in Solferino

⓭ Pozzolengo

Karte E10. 3500. Piazza Repubblica 1. 030 918 131.
pozzolengoturismo.it

In dem vier Kilometer südlich des Gardasees gelegenen Ort kann man dem Trubel des Seeufers entgehen. Pozzolengo blickt auf eine lange Geschichte zurück, erstmals urkundlich erwähnt wurde der Ort im 9. Jahrhundert. Aus jener Zeit stammen die Ursprünge des Castello di Pozzolengo auf dem Monte Fluno, das im 13. Jahrhundert umfassend erweitert wurde. Im Inneren der auf trapezförmigem Grundriss errichteten Anlage wurde 1510 die Chiesa San Lorenzo erbaut, deren Innenraum neben 36 zylindrischen Marmorsäulen auch einige Fresken zieren. Von kunsthistorischem Interesse sind insbesondere die Werke von Domenico Brusasorzi, Andrea Pozzo und Andrea Celesti. Auf dem Burggelände sind auch Reste einer mittelalterlichen Wohnanlage erhalten.

Im Zentrum Pozzolengos stehen noch einige Adelspalazzi (16./17. Jh.). Überregional bekannt ist der Ort für den heimischen Honig und Safran.

⓮ Solferino

Karte D11. 2500. Piazza Luigi Torelli 1. 0376 854 001.
comune.solferino.mn.it

Noch heute ist der Name des Orts untrennbar mit der blutigen Schlacht verbunden, die hier am 24. Juni 1859 ausgetragen wurde. Mit dieser Entscheidungsschlacht, die sinnbildlich für das Blutvergießen im Kampf um die Unabhängigkeit Italiens steht, endete die Herrschaft Österreichs, dessen Truppen sich denen des von Frankreich unterstützten Königreichs Sardinien geschlagen geben mussten. Die Grausamkeit dieser Schlacht bewegte Henri Dunant zur Gründung des Internationalen Roten Kreuzes *(siehe unten)*. 1959 wurde auf einer Anhöhe am Ende einer von Zypressen gesäumten Allee das Memoriale della Croce Rossa (Denkmal des Roten Kreuzes) errichtet. Auf Marmortafeln sind die Namen der 148 Länder eingraviert, die seinerzeit der Hilfsorganisation angehörten.

Rotes Kreuz und Roter Halbmond – Logo der IFRC

Das Museo Storico Risorgimentale (März–Sep: Di–So 9–12.30, 14.30–19 Uhr) dokumentiert italienische Militärgeschichte von 1796 bis 1870, viele Objekte stammen aus der Schlacht von Solferino. In der Chiesa San Pietro gibt es ein Beinhaus *(ossario)*, in dem die Gebeine von rund 7000 in der Schlacht gefallenen Soldaten aufbewahrt werden.

Zum Gedenken an das Leid, das die Schlacht von Solferino verursachte, findet jedes Jahr am Sonntag um den 24. Juni eine Prozession statt. Am Vorabend führt ein Fackelumzug von Solferino nach Castiglione delle Stiviere.

⓯ Castiglione delle Stiviere

Karte C10. 23 000. Via Cesare Battisti 4. 0376 679 305.
comune.castiglione.mn.it

Die auf einem Moränenhügel gelegene Stadt ist ein wichtiger Wirtschaftsstandort mit einem schönen historischen Zentrum, das von der lang gestreckten Via Garibaldi durchzogen wird. Die meisten erhaltenen Palazzi stammen aus dem 16. Jahrhundert, als Castiglione delle Stiviere eine wirtschaftliche Blütezeit erlebte.

Im 1761 fertiggestellten Duomo wurden Verwundete der Schlacht von Solferino *(siehe oben)* gepflegt. Der 1859 31 Jahre alte Schweizer Geschäftsmann Henri Dunant richtete

Henri Dunant

Der 1828 in Genf geborene Unternehmer war bei einer Geschäftsreise in Solferino Zeuge der Schlacht vom 24. Juni 1859. Das Leid erschütterte ihn derart, dass er in Castiglione delle Stiviere eine Notversorgung einrichtete und den Transport Verwundeter dorthin organisierte. Nach Rückkehr in die Schweiz verfasste er das Buch *Eine Erinnerung an Solferino*, in dem er die Gründung einer Hilfsorganisation anregte, die 1863 umgesetzt wurde – die Geburtsstunde des Roten Kreuzes. Damit gilt Dunant als Begründer der Internationalen Rotkreuz- und Rothalbmond-Bewegung (International Federation of Red Cross and Red Crescent Societies; IFRC). 1901 erhielt er den Friedensnobelpreis.

Henri Dunant (1828–1910)

Hotels und Restaurants am südlichen Gardasee *siehe Seiten 180 und 193*

Castello di Lonato, die auf einem Hügel oberhalb des Orts thronende Burg

in der größten Kirche der Stadt ein Behelfshospital ein und fasste angesichts seiner Eindrücke des unfassbaren Leids den Entschluss zur Gründung des Roten Kreuzes *(siehe Kasten)*.

1959 wurde im Palazzo Triulzi-Longhi (18. Jh.) das **Museo Internazionale della Croce Rossa** eingerichtet. Zu den hier gezeigten Objekten gehören u. a. chirurgische Geräte, Tragbahren, Fahrzeuge für den Krankentransport sowie Dokumente und Gemälde, die an die Schlacht von Solferino erinnern.

Sehenswert ist auch das in einem Nonnenkloster eingerichtete Museo Storico Aloisiano mit seiner Kunstsammlung (u. a. Gemälde, Antiquitäten und Goldschmiedearbeiten). Vom Schloss von Castiglione delle Stiviere, das nicht besichtigt werden kann, ist neben den Wehrmauern auch noch ein Turm (10. Jh.) erhalten.

Die Stadt ist Sitz des 1989 von Oldtimer-Fans gegründeten Club Auto Moto Storiche Castiglionese (www.camsc.it)

Museo Internazionale della Croce Rossa
Via Garibaldi 50. 0376 638 505.
Apr – Okt: Di – So 9 – 12, 15 – 18 Uhr; Nov – März: Di – So 9 – 12, 14 – 17 Uhr.
micr.it

⓰ Lonato del Garda

Karte C9. 16 000. Piazza Martiri della Libertà 12. 030 913 922 11.
comune.lonato.bs.it

Überregional bekannt ist das fünf Kilometer südwestlich von Desenzano del Garda gelegene Städtchen vor allem wegen seines Antiquitätenmarkts *(mercantico di Lonato)*. Er wird an jedem dritten Sonntag im Monat (Feb – Juni, Sep – Dez: 9 – 18 Uhr; Juli, Aug: 20 – 24 Uhr) abgehalten und zieht Liebhaber alter Stücke in Scharen an.

Die Silhouette der Stadt wird von mehreren Baudenkmälern geprägt. Das im 10. Jahrhundert erstmals erwähnte **Castello di Lonato** (La Rocca) überragt die Umgebung. Markante Elemente der im Mittelalter stark umkämpften Festung sind die beiden quadratischen Ecktürme und die charakteristischen Schwalbenschwanzzinnen. In der Burg wurde ein Vogelkundemuseum eingerichtet. Vom Burghügel hat man einen guten Überblick über die Moränenlandschaft der Umgebung sowie auf die historische Altstadt mit den beiden benachbarten Hauptplätzen – Piazza Matteotti mit der 55 Meter hohen Torre Maestra (1555) und Piazza Centrale mit dem Palazzo Municipale (1769). Dessen Ratssaal birgt ein Monumentalgemälde von Andrea Celesti, das die Qualen der Pestepidemie thematisiert. Der 60 Meter hohe, von einer mächtigen Kuppel bekrönte Dom San Giovanni Battista (1738 – 80) zählt zu den Hauptwerken des venezianischen Barock. Eine Besichtigung lohnt sich vor allem, um die gewaltigen Ausmaße des Kirchenbaus zu erfassen.

Club Auto Moto Storiche

Zwischen Altstadt und Castello steht die ebenfalls sehenswerte **Casa del Podestà** (Haus des Bürgermeisters), die ab dem 15. Jahrhundert als Residenz des venezianischen Statthalters fungierte. 1906 erwarb der Politiker Ugo Da Como das Gebäude und brachte hier eine Kunstsammlung (u. a. Gemälde, Skulpturen, Porzellan) unter. In einem Anbau richtete er zudem eine Bibliothek mit über 50 000 Bänden (darunter viele Inkunabeln) ein.

Castello di Lonato
030 913 0060.
Mo – Fr nach Vereinbarung, Sa, So 10 – 12, 14.30 – 18.30 Uhr (Juli, Aug: tägl.). auch Kombiticket für Casa del Podestà.
fondazioneugodacomo.it

Casa del Podestà
Via Rocca 2. wie oben. tägl. 10 – 12, 14.30 – 18.30 Uhr. auch Kombiticket für Castello di Lonato.
fondazioneugodacomo.it

Duomo mit Glockenturm, Castiglione delle Stiviere

⑰ Desenzano del Garda

Die größte Stadt am Gardasee war schon zur Römerzeit ein überregional bedeutendes Handelszentrum. Zu Wohlstand gelangte Desenzano während der venezianischen Herrschaft ab dem 15. Jahrhundert vor allem durch Getreidehandel. Obwohl die Stadt einige Kulturschätze, einen malerischen Hafen, eine schöne Seepromenade, gepflegte Grünanlagen und einen der größten Wochenmärkte am See bietet, zählt sie nicht zu den Hotspots für Besucher – ein Tagesausflug lohnt sich aber auf jeden Fall.

Statue der Angela Merici (1474–1540)

Leuchtturm an der Hafenmole von Desenzano

Porto Vecchio und Leuchtturm ①

Wegen seiner günstigen Lage wurde Desenzano schon früh als Hafenort genutzt. Hier legten jahrhundertelang Lastkähne an – beladen mit Waren, die auf dem Markt gehandelt wurden. Der von venezianischen Palazzi flankierte Porto Vecchio, das alte Hafenbecken, präsentiert sich heute hingegen eher beschaulich. Die Verbindung zwischen ihm und dem modernen Hafen, der von Fähren und Yachten angesteuert wird, wird vom Ponte alla veneziana überquert.

Nicht nur für Schiffe, sondern auch für Spaziergänger ist der aus dem 19. Jahrhundert stammende Leuchtturm am Ende der Mole ein Orientierungspunkt. Die Mole wie auch die am Alten und am modernen Hafen entlangführenden Promenaden sind bei Einheimischen wie Besuchern der Stadt beliebte Flaniermeilen.

Piazza Malvezzi ②

An dem von Laubengängen umrahmten Platz kann man es sich richtig gemütlich machen. Die Cafés und Restaurants verfügen über einladend wirkende Terrassen, von denen man das lebhafte Treiben auf der Piazza beobachten und genießen kann.

Das in der Platzmitte aufragende, 1772 errichtete Denkmal Angela Mericis (1474–1540) ist ein Werk des Bildhauers Antonio Calegari. Die aus Desenzano stammende Gründerin des Ursulinenordens, der auch eine Kirche in Rom geweiht ist, gilt als Schutzpatronin ihrer Heimatstadt und wird von Katholiken als Heilige verehrt.

Alpinisten-Denkmal

Duomo Santa Maria Maddalena ③

Via Roma 5. tägl.

Die Hauptkirche Desenzanos wurde nach Plänen von Giulio Todeschini auf den Fundamenten eines gotischen Vorgängerbaus im Stil der Spätrenaissance erbaut und im Jahr 1586 vollendet. Das barocke Portal wurde im 18. Jahrhundert ergänzt. Den Innenraum schmücken großflächige Gemälde von Künstlern, die zu den bekanntesten ihrer Epoche gehören – u. a. Giovanni Battista Tiepolos *Letztes Abendmahl* und einige herausragende Werke von Andrea Celesti aus Toscolano-Maderno.

Castello ④

Via Castello. tägl. 9.30–12, 15–19.30 Uhr.

Von der Piazza Malvezzi gelangt man über steile Gassen hinauf zum Kastell, von dem sich ein toller Ausblick bietet. Türme und Außenmauern der Anlage, die im 11. Jahrhundert auf den Überresten einer Festung aus der Römerzeit erbaut wurde, sind unversehrt erhalten. Im Innenhof gibt es gelegentlich kulturelle Veranstaltungen.

Ein pittoreskes Bild: Boote im Porto Vecchio von Desenzano

Hotels und Restaurants am südlichen Gardasee *siehe Seiten 180 und 193*

Villa Romana ⑤

Via Crocefisso 22. 030 914 3547. März – Okt: Di – So 8.30 – 19 Uhr; Nov – Feb: Di – So 8.30 – 17 Uhr.

Nahe dem Seeufer wurden 1921 bei Grabungsarbeiten für ein Wohnhaus die Ruinen einer prunkvollen römischen Villa samt Nebengebäuden entdeckt. Die von Archäologen auf das 1. bis 4. Jahrhundert datierten Überbleibsel, die zu den beeindruckendsten Funden aus der Spätantike in Norditalien gehören, umfassen neben der Villa auch eine Thermenanlage und eine Apsis, Teil einer frühchristlichen Basilika.

Ein kunsthistorischer Schatz auf dem Gelände sind die in fein abgestuften Farbtönen gehaltenen Mosaikböden der Villa. Auf über 200 Quadratmetern sieht man Tierdarstellungen und geometrische Formen, u. a. Szenen aus Weinlese und Obsternte, Fischfang und Jagd. Im angegliederten Museum sind Ausgrabungsfunde ausgestellt.

Bodenmosaik in der spätantiken Villa Romana

Außenmauer und einer der Türme des Castello

Museo Archeologico »Giovanni Rambotti« ⑥

Via A. Anelli 42. 030 914 4529. Di, Mi 9 – 13, Do, Fr 15 – 19, Sa, So 14.30 – 19 Uhr. 1., 6. Jan, 25., 26. Dez. 1. So im Monat frei. **onde.net/desenzano/citta/museo**

Das 1990 im ehemaligen Kloster Santa Maria de Senioribus eröffnete Museum zeigt prähistorische Funde aus der Umgebung Desenzanos, u. a. aus der Polada-Torfgrube und der Pfahlbautensiedlung Lavagnone südlich der Stadt.

Tasse aus Lavagnone, Museo Rambotti

Unter den Funden gibt es einen über zwei Meter langen, gut erhaltenen Pflug aus der Bronzezeit (um 2000 v. Chr.). Neben weiteren landwirtschaftlichen Geräten gehören u. a. Waffen und Tonwaren zum Inventar. Viele Exponate wurden von dem Archäologen Giovanni Rambotti beigesteuert. Sie belegen, dass das Gebiet um Desenzano zu den ältesten Siedlungsorten am Ufer des Gardasees gehört.

Infobox

Information

Karte D9.

28 000.

IAT, Via Porto Vecchio 34.

030 374 8726.

Di; 1. So im Monat (außer Jan, Aug) Antiquitätenmarkt.

Agricultura Festival (Apr), Colnago Cycling Festival (Mai), Desenzano Jazz Festival (Juni), Notti bianche (Juni – Aug), Luci sul Lago (Sep).

comune.desenzano.brescia.it

Anfahrt

Palazzo Todeschini ⑦

Via Porto Vecchio 36.

In der großen Zeit Desenzanos als eines der Handelszentren Norditaliens wurde in dem von einem breiten Arkadenvorbau geprägten Palazzo (16. Jh.) Getreide gelagert. Heute ist hier die Touristeninformation untergebracht, was dem Bau auch den Beinamen Palazzo del Turismo einbrachte. Zudem wird es als Kongresszentrum genutzt. Von der Pracht aus seiner Entstehungszeit während der Herrschaft der Seerepublik Venedig über die Region hat der Palazzo nichts eingebüßt.

Zentrum von Desenzano

① Porto Vecchio und Leuchtturm
② Piazza Malvezzi
③ Duomo Santa Maria Maddalena
④ Castello
⑤ Villa Romana
⑥ Museo Archeologico »Giovanni Rambotti«
⑦ Palazzo Todeschini

Zeichenerklärung *siehe hintere Umschlagklappe*

Karte *siehe Extrakarte zum Herausnehmen*

T9 Bootsfahrt im Süden des Gardasees

Flagge an Bord

Auf dieser Bootstour lernen Sie fünf faszinierende Orte an einem Tag kennen. Als Alternative zum gemütlichen Flanieren bieten sich diverse Aktivitäten an – ganz wie Sie möchten. So können Sie etwa in Sirmione die Grotte di Catullo oder das Castello Scaligero besichtigen, in Garda zu Mittag essen und auf die Rocca wandern, in Bardolino eine Weinprobe nehmen oder an einem Grasstrand baden, in Lazises Altstadt ein wenig shoppen oder die Nachmittagssonne genießen und in Peschiera del Garda gemütlich zu Abend essen.

Garda ③
An der Uferpromenade von Garda wehen verschiedene Flaggen.

Anlegesteg
Schiffe wie dieses Tragflügelboot legen in allen Häfen an breiten Stegen an. Auch bei hohem Passagieraufkommen gelangt man bequem an Bord.

Gardaseeschiff mit Oberdeck

Sirmione ②
Vom Hauptturm der Scaligerburg bietet sich eine grandiose Aussicht über die Halbinsel von Sirmione und auf den See.

Roadbook

Start: Fähranleger, Peschiera del Garda
GPS-Koordinaten: 45.440344, 10.692105
Start: 8.25/9 Uhr (Sommer-/Winterfahrplan); Ende: 18.10 Uhr (reine Fahrtzeit: 1:40 Std.)
Längе: 43 km

① Peschiera del Garda
② Sirmione
③ Garda
④ Bardolino
⑤ Lazise

✓ ✓ ✓

Bardolino ④
Das malerische Hafenbecken des berühmten Weinbauzentrums Bardolino säumen u. a. das Rathaus *(rechts)* und die Ruine einer Scaligerburg.

Routeninfos

Fahrtzeiten

Die Fahrtzeiten zwischen den einzelnen Hafenorten betragen jeweils 15 bis 30 Minuten. Besonders interessant ist der Wechsel zwischen den deutlich rasanteren Tragflügelbooten auf den ersten beiden Etappen und den größeren, aber gemütlicheren Schiffen auf den anderen drei Abschnitten.

Preise

Beim Erwerb von Einzeltickets liegt der Gesamtpreis für einen Erwachsenen bei 32,40 Euro (inkl. Zuschläge). Günstiger ist der Kauf eines Tagestickets Basso Lago für den südlichen Gardasee für 23,40 Euro (Kinder von 4 bis 12 Jahren: 12,40 Euro), das alle im Rahmen dieser Tour befahrenen Strecken abdeckt. Für die Benutzung schnellerer Boote ist dabei jedoch jeweils ein Aufpreis zu entrichten. Neben dem attraktiveren Preis profitiert man mit dem Tagesticket von der Zeitersparnis, da man sich nicht an jedem Hafen am Tickethäuschen anstellen muss. Ein Tagesticket für den gesamten See kostet 34,30 bzw. 17,60 Euro.

Lazise ⑤
Lazises altes Zollgebäude Dogana Veneta dient heute als Veranstaltungszentrum, in dem auch Ausstellungen gezeigt werden.

Abfahrt-/Ankunftszeiten

Sommerfahrplan					
Peschiera	8.25 h				
Sirmione	8.45 h	10.34 h			
Garda		10.58 h	13.40 h		
Bardolino			13.55 h	16.05 h	
Lazise				16.27 h	17.42 h
Peschiera					18.10 h
Winterfahrplan					
Peschiera	9.00 h				
Sirmione	9.25 h	11.40 h			
Garda		12.50 h	14.40 h		
Bardolino			14.51 h	15.55 h	
Lazise				16.22 h	17.42 h
Peschiera					18.10 h

Peschiera del Garda ①
In der Stadt am südöstlichen Ufer fließt der Mincio in mehreren Armen aus dem Gardasee. Boote und pastellfarbene Häuser geben ein stimmungsvolles Bild.

Westlicher Gardasee

Das poetisch als »Land, wo die Zitronen blühen« bezeichnete Westufer des Gardasees gehört zur Region Lombardei und erstreckt sich über mehrere Naturräume. Im alpinen Norden fallen Felswände steil in den See, die terrassenförmig angelegten Orte schmiegen sich an die Hänge. Weiter im Süden wird die Landschaft sanfter, das Klima mediterraner. Insgesamt ist das Westufer etwas weniger touristisch geprägt als die Ostseite des Gardasees.

An der Riviera dei Limoni – so der noch heute gebräuchliche Name des Westufers – bestimmten einst *limonaie* (Zitronengewächshäuser) das Landschaftsbild. Heute spielt diese Form der Agrarindustrie praktisch keine Rolle mehr, auch wenn man vielerorts noch Reminiszenzen daran findet – von Straßennamen über Türschilder bis zu Speisekarten.

Bei einer Fahrt entlang der Gardesana Occidentale erlebt man das Westufer im Norden als wild romantische Gebirgslandschaft. Die vielen Tunnelpassagen bieten ein ständiges Wechselspiel aus Licht und Schatten. Steile Straßen führen zu den Hochebenen von Tignale und Tremosine, zwei riesigen Aussichtsbalkonen mit idealen Bedingungen für Outdoor-Aktivisten.

Ab Gargnano wird das Ufer breiter, die hier beginnende Riviera Bresciana zeigt mediterranes, südländisches Ambiente. Ende des 19. Jahrhunderts entdeckten die Reichen und Mächtigen aus Mailand sowie Kurgäste aus England und Mitteleuropa diesen Abschnitt, der entsprechend chic wurde. Grandhotels wie in Gardone Riviera erinnern an jene Zeit. Jahrzehnte später zog es auch Gabriele D'Annunzio an diesen Ort – als Literat, Kriegsheld und Selbstdarsteller eine der schillerndsten Figuren seiner Zeit. Sein als Parkanlage konzipiertes Siegesdenkmal zieht viele Besucher an. Eine historische Episode der Region ist mit D'Annunzios Förderer Mussolini verbunden, der hier gegen Ende des Zweiten Weltkriegs die Republik von Salò regierte – allerdings eher auf dem Papier.

Südlich von Salò beginnt das für seinen Wein- und Olivenanbau bekannte Hügelland des Valtenesi.

Blick auf die Uferpromenade von Salò mit dem Dom Santa Maria Annunziata ***(siehe S. 134f)***

◀ **Gardesana Occidentale – kurvenreiche Straße zwischen Gardasee und westlichem Steilufer** ***(siehe S. 28f)***

Überblick: Westlicher Gardasee

Das Westufer des Gardasees präsentiert sich ausgesprochen reizvoll. Im nördlichen Abschnitt drängen sich die wenigen Orte, darunter Limone sul Garda und Gargnano, auf schmalen Uferstreifen an das Gebirge, das von den Hochebenen Tremosine und Tignale gegliedert wird. Nach Süden wird das Gelände sanfter, die Orte zeigen sich mondäner. Bei Gardone Riviera – schon im 19. Jahrhundert eine elegante Adresse – liegen mit dem Giardino Botanico André Heller und dem Vittoriale degli Italiani zwei beliebte Ausflugsareale. Salò im Süden ist die größte Stadt am Westufer.

Zitronen – Namensgeber der Riviera dei Limoni

Uferszenerie am Bergsee Lago d'Idro

Limone sul Garda mit der Kirche San Benedetto

Hafenbecken von Gargnano

0 Kilometer 5

Legende

- Autobahn
- Schnellstraße
- Hauptstraße
- Nebenstraße
- Eisenbahn
- Regionalgrenze
- Gipfel
- Fährhafen
- Autofähre

Weitere Zeichenerklärungen *siehe hintere Umschlagklappe*

Palazzo Bulgheroni in Toscolano-Maderno

Am westlichen Gardasee unterwegs

Die Region erreicht man mit dem Auto über die auch als Brennerautobahn bekannte A22 (Ausfahrt Rovereto Sud), die zum Nordufer führende SS240 und die bei Riva del Garda beginnende Gardesana Occidentale (SS45). Diese Straße führt am westlichen Seeufer entlang und verläuft im nördlichen Abschnitt durch zahlreiche (zum Teil unbeleuchtete) Tunnel. Auch Busse bedienen diese Route. Das gebirgige Hinterland ist durch meist kurvenreiche Bergstraßen erschlossen. Fähren verkehren zwischen allen größeren Orten.

Vittoriale degli Italiani – Brunnen beim Hauptgebäude

Blick von der Hochebene Tremosine

Sehenswürdigkeiten auf einen Blick

1 Salò
2 Padenghe sul Garda
3 Moniga del Garda
4 Manerba del Garda
5 San Felice del Benaco
6 Isola del Garda
7 Gardone Riviera
8 Parco Alto Garda Bresciano
9 Toscolano-Maderno
10 Gargnano
11 Lago di Valvestino
12 Lago d'Idro
13 Tignale
14 Tremosine
15 Limone sul Garda

Touren

T10 Drei-Seen-Tour mit dem Motorrad *S. 136f*
T11 Wanderung durch das Papiermühlental *S. 150f*
T12 Auf dem Hochplateau von Tremosine *S. 154f*

❶ Salò

Die größte Stadt am Westufer gilt auch als eine der elegantesten am Gardasee. Prunkvolle Bauten und elegante Boutiquen prägen das Flair. Die Mailänder Visconti machten Salò im 14. Jahrhundert zum Verwaltungssitz des lombardischen Seeufers. Mehrfach wurde Salò von Erdbeben heimgesucht, besonders schwer waren die Schäden 1901. Beim Wiederaufbau wurde die malerische Uferpromenade angelegt. Von 1943 bis Kriegsende war die Stadt Sitz der faschistischen Regierung von Salò *(siehe S. 42)*.

Torre dell' Orologio mit altem Stadttor

Blick auf die Uferpromenade Lungolago Zanardelli mit dem Dom

Lungolago Zanardelli ①

Der nach dem früheren italienischen Ministerpräsidenten Giuseppe Zanardelli (1826–1903) benannte Lungolago entstand nach dem schweren Erdbeben von 1901, bei dem weite Teile des Zentrums von Salò zerstört worden waren. Die kilometerlange, großzügig angelegte Uferpromenade wird von stattlichen Gebäuden mit pastellfarbenen Fassaden flankiert. Hier reihen sich Boutiquen, Hotels, Cafés und Restaurants aneinander. In einigen Palazzi sind Museen untergebracht.

Neben zahlreichen bedeutenden Bauwerken der Stadt fallen auf dem Lungolago Zanardelli auch einige Denkmäler ins Auge. Besonders auffällig ist die zu Ehren von Gasparo da Salò (auch Gasparo Bertolotti) errichtete Statue. Der Kontrabassist und Begründer einer Geigenbauschule ist der berühmteste Sohn der Stadt.

Das mit einem mächtigen Sockel versehene Kriegerdenkmal auf der Piazza della Vittoria, zu der sich der Lungolago etwa auf halber Höhe öffnet, erinnert an die Gefallenen der beiden Weltkriege.

Von einer der vielen Sitzbänke oder einer der Caféterrassen kann man das Treiben auf der Promenade und auf dem See beobachten.

Gasparo da Salò (1540–1609)

Palazzo della Magnifica Patria und Palazzo della Podestà ②

Piazza della Vittoria.

Zu den bemerkenswertesten Bauwerken am Lungolago Zanardelli gehört der aus dem 16. Jahrhundert stammende Palazzo della Magnifica Patria. Hier residierte einst der venezianische Statthalter.

Eine zur Seeseite hin offene Säulenhalle verbindet das Gebäude mit dem Palazzo della Podestà. In dem Arkadengang, den man einmal durchschreiten sollte, erinnern in Wandtafeln gravierte Zitate an die Protagonisten der italienischen Einigungsbewegung *(siehe S. 41)* wie Giuseppe Garibaldi.

Der im 14. Jahrhundert erbaute Palazzo della Podestà dient heute als Rathaus von Salò. Die Decke des Treppenhauses schmückt ein eindrucksvolles Fresko. Den venezianischen Vorbau des Palazzo schuf der aus Florenz stammende Renaissance-Architekt Jacopo Sansovino im 16. Jahrhundert.

Nach den schweren Erdbebenschäden von 1901 wurde das Ensemble im originalen Stil wiederaufgebaut.

Duomo Santa Maria Annunziata ③

Vicolo Campanile 2. 0365 521 700. tägl. Mo–Sa 18.30, So, Feiertage 9.30, 11, 18.30 Uhr.
parrocchiadisalo.it/lagodigarda/il-duomo.html

Der am östlichen Ende der Uferpromenade aufragende Dom von Salò (1453–1502) ist zweifellos das bedeutendste spätgotische Bauwerk am Gardasee. Von der auffallend unprätentiösen, unvollendeten Backsteinfassade ist nur das

Duomo Santa Maria Annunziata mit prachtvollem spätgotischem Dekor

Palazzo della Magnifica Patria an der Piazza della Vittoria

von Marmorfiguren eingefasste Portal kunsthistorisch bemerkenswert. Dahinter verbirgt sich ein dreischiffiger Innenraum mit überaus wertvollen Zeugnissen der Handwerkskunst jener Zeit. Für die Anfertigung vieler Skulpturen und Gemälde konnten berühmte Künstler (u. a. aus Venedig und Brescia) gewonnen werden. Einige Elemente der Ausstattung wurden in späteren Jahrhunderten ergänzt.

Sehenswert sind das hölzerne Kruzifix des deutschen Bildschnitzers Hans von Ulm, großflächige Fresken von Meistern wie Andrea Celesti, Girolamo Romanino und Giovan Battista Trotti, die Bodenmosaiken und eine meisterhaft gefertigte Orgel.

Palazzo Fantoni und Palazzo Coen ④

Via Fantoni 49.

Museo Storico del Nastro Azzurro
Sa, So 10–12, 15–18 Uhr.
museonastroazzurro.it
Civico Museo Archeologico A. M. Mucchi Mo–Fr 10–12 Uhr.

Kriegerdenkmal, Piazza della Vittoria

Das aus zwei Palazzi in der Via Fantoni bestehende sehenswerte Ensemble bildet ein vielfältig genutztes Kultur- und Ausstellungszentrum. Es umfasst zwei Museen zur Historie der Region.

Das Museo Storico del Nastro Azzurro widmet sich u. a. mit Bildern, Fotografien, zahlreichen Waffen und Uniformen der Militärgeschichte von der napoleonischen Zeit bis zum Zweiten Weltkrieg.

Infobox

Information
Karte D8.
11 000.
IAT, Piazza Sant'Antonio 4.
030 374 8745.
Sa.
Sagra di Sant'Antonio (Juni), Carnevale del Sole (Juli), Festival Violinistico Internazionale Gasparo da Salò (Juli, Aug).
comune.salo.bs.it

Anfahrt

Das Civico Museo Archeologico A. M. Mucchi dokumentiert anhand von Funden aus dem nahe gelegenen Gräberfeld Lugone die römische Vergangenheit Salòs.

Torre dell'Orologio ⑤

Über die baumbestandene Piazza Vittorio Emanuele II erreicht man das frühere Stadttor (Porta dell'Orologio) mit dem Torre dell'Orologio. Der von Einheimischen auch Torre Garibaldi genannte Uhrturm (18. Jh.) ist nicht nur ein architektonisches Wahrzeichen der Altstadt, sondern verweist auch auf die lange Tradition Salòs als Zentrum der Herstellung von Turmuhren.

Hier beginnt die Altstadt mit der langen, von Designer-Boutiquen, Schmuck- und Delikatessenläden gesäumten Fußgängerzone, die über die Via San Carlo zur Piazza della Vittoria am Seeufer führt.

Zentrum von Salò

① Lungolago Zanardelli
② Palazzo della Magnifica Patria und Palazzo della Podestà
③ Duomo Santa Maria Annunziata
④ Palazzo Fantoni und Palazzo Coen
⑤ Torre dell'Orologio

0 Meter 200

Zeichenerklärung
siehe hintere Umschlagklappe

Karte *siehe Extrakarte zum Herausnehmen*

T10 Drei-Seen-Tour mit dem Motorrad

Verkehrsschild Haarnadelkurven

Die spektakuläre Tour führt durch bewaldetes Bergland zu drei Seen: Gardasee, Lago d'Idro und Lago di Valvestino. Die Route ist landschaftlich sehr vielgestaltig und vor allem bei Bikern populär, die die Herausforderung von steilen Serpentinenstraßen schätzen. Auch Radfahrer und Autofahrer sind hier unterwegs. Egal, wie man sich hier bewegt: Bei allem Fahrspaß sollte man stets hochkonzentriert sein, da man entgegenkommende Fahrzeuge oft erst spät bemerkt.

Hinweisschild Parco Alto Garda Bresciano

Lago d'Idro ③
Der Bergsee, an dem es deutlich ruhiger zugeht als am Gardasee, bietet sehr gute Möglichkeiten für Wassersportler wie Windsurfer und Segler.

Gardesana Occidentale
Der westliche Abschnitt der um den See führenden Gardesana verläuft u. a. durch Gargnano, Gardone Riviera und Salò.

Eno ②
Während der Fahrt zum Lago d'Idro durchquert man mehrere kleine, verschlafen wirkende Orte. Zu diesen gehört auch Eno, dessen Kirche Santella Madonna de l'Hortel aus dem 16. Jahrhundert stammt.

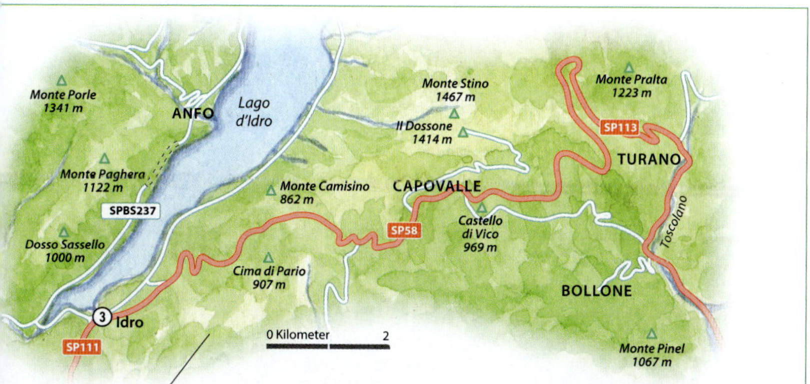

Lago di Valvestino ④
Vor allem der Streckenabschnitt an diesem See ist wegen seiner vielen engen Kurven bei Motorradfahrern überaus beliebt.

Legende
Routenempfehlung

Gargnano ⑤
Das Hafenbecken von Gargnano wird von Häusern mit pastellfarbenen Fassaden gesäumt. Der Ort zählt zu den schönsten entlang der Westküste des Gardasees.

Streckenprofil

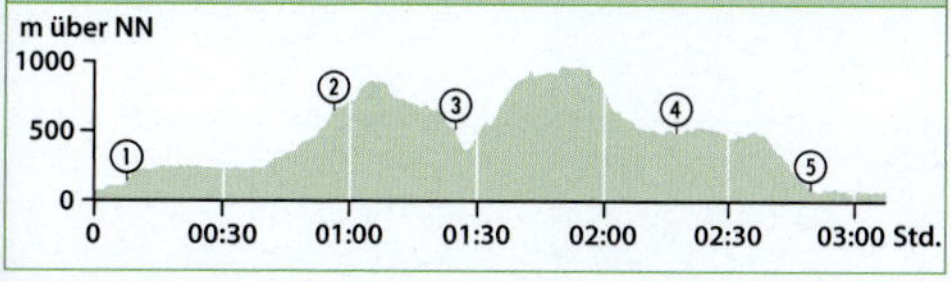

Roadbook

Start: Salò
GPS-Koordinaten: 45.607434, 10.533424

① Salò **km 0,0**
Die Tour startet beim Kreisverkehr am östlichen Rand von Salò, der größten Stadt am Westufer des Gardasees. Man umfährt das Zentrum und kommt in westlicher Richtung gut durch die Stadt. Am Ufer des Fiume Chiese biegt man nach Norden ab. Hinter Vobarno steigt das Gelände an. Die Straße ist gut ausgebaut, allerdings sehr eng und kurvenreich.

② Eno **km 17,5**
Von Eno führt die Bergstrecke weiter durch Wald nach Nordwesten. Weitere Dörfer wie Vico und Treviso Bresciano werden durchfahren, bevor sich die Route nach Norden Richtung Idro wendet. Wiederum in engen Kurven geht es hinunter zum Lago d'Idro.

③ Lago d'Idro **km 28,0**
Oberhalb des Seeufers verläuft die Straße über viele vorher angekündigte *tornanti* (Haarnadelkurven) und durch einige Tunnel hinauf nach Capovalle und Valvestino. Von dort sind es zehn Kilometer zum gleichnamigen See.

④ Lago di Valvestino **km 51,5**
Den schmalen Lago di Valvestino, einen Stausee mit mächtiger Mauer, passiert man auf der gesamten Länge. Dabei überquert man zwei Seitenarme auf Brücken. Die Traumstrecke für Biker führt nun hinunter nach Gargnano.

⑤ Gargnano **km 68,5**
Ab hier verläuft die Route am Seeufer entlang und durch das Städtchen Toscolano-Maderno bis zum Ausgangspunkt in Salò.

Länge: 83 km
✔ ✔

❷ Padenghe sul Garda

Karte C9. 4400. Via I. Barbieri 3. 030 999 5660 oder 990 8889. **comune.padenghesulgarda.bs.it**

Bereits von Weitem erkennt man das auf einem Hügel thronende Kastell, das auf eine rund 1000 Jahre währende Geschichte zurückblickt. Schon im Römischen Reich stand hier eine Festung, von der aus Teile des Gardasees kontrolliert wurden. Zu jener Zeit verfügte Padenghe über einen der bedeutendsten Häfen am See. Während viele andere Burgen zu Museen umgestaltet wurden, entstand innerhalb der Mauern des Castello di Padenghe ein Wohnviertel mit Häusern und kleinen Gärten. Mit Kieselsteinen gepflasterte Gassen führen hindurch. Man kann mit dem Auto bis vor das Eingangsportal fahren. Durch die Aussparungen in den Mauern und über die Zinnen der Burg genießt man einen wunderbaren Blick auf die Umgebung.

Eine weitere Sehenswürdigkeit ist die kleine Kirche Santa Maria, deren Innenraum einige Gemälde von Paolo Veronese schmücken. Auch der Palazzo Barbieri, in dem das Rathaus und die Touristeninformation untergebracht sind, lohnt einen Besuch.

❸ Moniga del Garda

Karte D9. 2500. Piazza San Martino 1. 0365 502 015. **comune.moniga-del-garda.bs.it**

Wie in Padenghe sul Garda *(siehe links)* entstand auch innerhalb der exponiert stehenden Burg dieses Orts ein noch heute bewohntes Viertel. Durch die gitternetzartig verlaufenden Gassen kann man gemütlich schlendern. Auch hier reichen einzelne Wohngebäude und Gärten bis an die Mauern heran. Die gut erhaltene rechteckige Festungsanlage, deren Ursprünge im 13. Jahrhundert liegen, betritt man durch den im 15. Jahrhundert ergänzten, 23 Meter hohen, eckigen Torturm. Er dient gleichzeitig als Glockenturm der Pfarrkirche (14. Jh.). In den Ecken der weitgehend symmetrischen Anlage befinden sich Rundtürme, an den Längsseiten halbrunde Türme.

Madonna del Carmine, San Felice del Benaco

Von der Burg führt eine Straße zum Porto di Moniga, einer bevorzugten Anlegestelle für Yachten. Zu beiden Seiten des Hafens erstrecken sich Kiesstrände.

Moniga del Garda ist unter Weintrinkern für seinen Chiaretto bekannt. Diesen Roséwein genießt man am besten in einer der stimmungsvollen Bars am Hafen. Die Reben gedeihen im Valtenesi, einer Hügellandschaft am südwestlichen Ufer des Gardasees, in der auch Olivenanbau betrieben wird.

In der Festung von Moniga del Garda entstand ein Wohnviertel

Umgebung: Vier Kilometer nordwestlich erreicht man **Soiano del Lago**, dessen Burgruine (12. Jh.) im Sommer eine attraktive Kulisse für Konzerte bildet. Der Ort verfügt mit dem Gardagolf Country Club *(siehe S. 209)* über einen der beliebtesten Golfplätze am Gardasee.

❹ Manerba del Garda

Karte D8. 5200. Via Zanardelli 17. 0365 552 745. **visitmanerbadelgarda.it**

Der Hauptort des Valtenesi setzt sich aus den Dörfern Montinelle, Solarolo, Balbiana und Gardoncino zusammen, die sich landeinwärts aneinanderreihen. Einen guten Überblick über diese Struktur und ihre Umgebung sowie das südliche Becken des Gardasees hat man von der über 200 Meter hohen Rocca di Manerba, die steil zum See abfällt. Unterhalb der Spitze befindet sich das mit dem Auto erreichbare Besucherzentrum des **Parco Archeologico Naturalistico**, das auch ein Archäologisches Museum beherbergt. Von hier führt ein steiler Wanderweg zum Gipfelkreuz. Von der im 8. Jahrhundert erstmals erwähnten Burg auf der Rocca sind nur noch Reste erhalten.

Garten innerhalb der Mauern des Castello di Padenghe sul Garda

Hotels und Restaurants am westlichen Gardasee *siehe Seiten 180f und 194f*

Die Landzunge Punta Belvedere reicht fast bis an die vorgelagerte Isola di San Biagio und ihre Nebeninsel I Conigli. Bei niedrigem Wasserstand (meist im Hochsommer) kommt man zu Fuß hinüber.

Parco Archeologico Naturalistico
Besucherzentrum Via Rocca 20. 0365 552 533. Apr–Sep: tägl. 10–20; Okt–März: Do–So 10–18 Uhr.
parcoroccamanerba.net

5 San Felice del Benaco

Karte D8. 3500. Via XX Settembre 11. 0365 558 6118.
comune.sanfelicedelbenaco.bs.it

Der hübsche Ort wird von Gärten und Parks geprägt. Wichtigste Baudenkmäler sind die Pfarrkirche Santi Felice, Adauto e Flavia (18. Jh.) und die überwucherten Ruinen einer Festung (14. Jh.). Ein beliebtes Ausflugsziel ist die etwas außerhalb gelegene Wallfahrtskirche Santuario della Madonna del Carmine (tägl. 7.30–12, 15–19 Uhr). Das im 15. Jahrhundert als Teil eines Karmeliterklosters errichtete, äußerlich schlichte Gotteshaus besticht mit erlesener Freskenausmalung. Einige Werke dokumentieren eindrucksvoll den Übergang der Malerei von der Spätgotik zur Renaissance. Die Kirche ist reich mit Skulpturen ausgestattet, darunter einer hölzernen Mariendarstellung.

6 Isola del Garda

Karte D8. 328 612 6943. Apr–Mitte Okt (Zeiten bitte der Website entnehmen). obligatorisch; frühzeitige Buchung ist zu empfehlen.
isoladelgarda.com

Die der Landspitze San Fermo vorgelagerte, etwa einen Kilometer lange Isola del Garda ist die größte Insel im Gardasee und im Privatbesitz der Adelsfamilie Borghese-Cavazza. Ihren besonderen Charme verdankt die Insel der schlossartigen prunkvollen Villa *(siehe S. 26f)*, die Ende des 19. Jahrhunderts im neugotisch-venezianischen Stil errichtet wurde, sowie ihrer vielfältigen Vegetation.

Die Isola del Garda kann im Rahmen einer rund zweistündigen Führung besichtigt werden, eine Übernachtung auf der Insel ist nicht möglich. Die Führungen werden von hier residierenden Mitgliedern der Familie Borghese-Cavazza organisiert. Sie beinhalten einen Spaziergang durch den dicht mit Zypressen, Pinien und anderen Bäumen bewachsenen Wald sowie durch die von Palmen, Zedern, Zitrusgewächsen, Olivenbäumen, Magnolien und Rosenpflanzungen geprägte Parkanlage. Anschließend steht die Besichtigung ausgewählter Räume der Villa auf dem Programm. Zum Abschluss wird auf der Terrasse der Villa eine Erfrischung gereicht. Während der Führung wird man über die Geschichte der Insel informiert.

Prächtige Palme

Funde von Grabsteinen belegen, dass die Insel bereits in der Antike besiedelt war. Erstmals urkundlich erwähnt wurde sie von Mönchen im Jahr 879. Franz von Assisi gründete hier 1220 eine Einsiedelei, die später zum Kloster ausgebaut wurde. Ende des 18. Jahrhunderts ging die Insel in Privatbesitz über.

Man erreicht die Insel per Boot von einigen Häfen am West-, Süd- und Ostufer – u. a. von Gardone Riviera, Salò, Manerba del Garda, Desenzano, Sirmione, Bardolino und Garda – jeweils ein- bis zweimal wöchentlich. Die Fahrtzeit von den Häfen am Westufer beträgt etwa 15 Minuten. Schon die Anfahrt auf die bezaubernde Insel ist ein Vergnügen.

Gelegentlich ist das Anwesen auch Schauplatz von Konzerten und Kunstausstellungen (Termine auf der Website). Zudem sind Buchungen von Gruppen für besondere Anlässe (z. B. Bankette oder Hochzeiten) möglich.

Isola del Garda: Blick auf die von einem üppig bewachsenen Park umrahmte Villa

7 Gardone Riviera

Als exklusiver Badeort zog Gardone Riviera bereits Ende des 19. Jahrhunderts Prominenz aus ganz Europa an. Zahlreiche elegante Jugendstil-Villen, mondäne Grandhotels und üppige Parkanlagen prägen noch heute den Ort, über dem ein Hauch von Nostalgie schwebt. Ein Teil des einstigen Glanzes ist verblichen, außerhalb der Hauptsaison ist die kurze, aber gepflegte Seepromenade nur schwach frequentiert. Dennoch ist Gardone Riviera nach wie vor sehr sehenswert. Mit dem Vittoriale degli Italiani und dem Giardino Botanico André Heller verfügt es über zwei der größten Attraktionen am Westufer des Gardasees.

Grand Hotel Gardone – in der Belle Époque erste Adresse am Gardasee

Villa Alba ①

Via Zanardelli 73. 0365 189 6043.
nur bei Veranstaltungen.
villaalbaeventi.it

Der Bau der klassizistischen Villa erfolgte 1904/05 im Auftrag des deutschen Fabrikanten Richard Langensiepen, der hier regelmäßig die Sommermonate verbrachte. Bemerkenswert sind der breite Treppenaufgang, die mit dorischen Säulen und Karyatiden versehene Fassade und der figurengeschmückte Portikus. Während viele Villen rund um den Gardasee den Namen ihrer Besitzerfamilie tragen, wurde diese nach dem italienischen Wort für Morgendämmerung benannt. Zu Recht: Das nach Osten orientierte, erhöht gelegene Anwesen erhält schon bei Tagesanbruch viel Licht.

Während der Republik von Salò *(siehe S. 42)* war hier ein Nachrichtenzentrum untergebracht. In den 1970er Jahren erwarb die Gemeinde Gardone die Villa Alba. Heute ist das monumental wirkende Anwesen, bei dessen Gestaltung man sich am Parthenon der Akropolis in Athen orientierte, Standort des Veranstaltungs- und Kongresszentrums von Gardone Riviera.

Jesusfigur, Museo Il Divino Infante

Villa Fiordaliso ②

Via Zanardelli 150. 0365 201 58. **villafiordaliso.it**

In dieser von einem schönen Garten mit subtropischer Vegetation umrahmten Villa mit Terrasse am Ufer des Gardasees residierte Claretta Petacci, die Geliebte von Benito Mussolini, während der Diktator im benachbarten Salò »regierte«.

In der aufwendig renovierten Jugendstil-Villa mit orangefarbener Fassade sind heute ein Hotel, dessen Zimmer nach Blumen benannt sind (u. a. Mimosa, Iris, Orchidea) und ein Restaurant untergebracht.

San Nicolò da Bari ③

Piazza dei Caduti 26. tägl.

Die nach Plänen von Paolo Soratini gestaltete und 1740 vollendete Kirche entstand auf den Fundamenten eines Gotteshauses aus dem 14. Jahrhundert. Das Innere ist mit Gemälden ausgestaltet, die namhafte italienische Künstler beisteuerten – u. a. Andrea Celesti, Francesco Monti und der in Gardone Riviera wirkende Augusto Lozzia, von dem die Bilder der Via Crucis (Kreuzweg) stammen.

Zeichenerklärung
siehe hintere Umschlagklappe

Blick auf Torre San Marco *(vorn)* und Vittoriale degli Italiani

Giardino Botanico André Heller ④

Siehe S. 142f

Vittoriale degli Italiani ⑤

Siehe S. 146f

Hotels und Restaurants am westlichen Gardasee *siehe Seiten 180f und 194f*

Torre San Marco ⑥

Via Zanardelli 132. 0365 201 58.
torresanmarco.it

Die Spitze des Turms (19. Jh.) ragt zwischen hohen Bäumen auf. Das mit quadratischem Grundriss als Aussichtsturm konzipierte Bauwerk weist Stilelemente einer mittelalterlichen Burg auf. D'Annunzio *(siehe S. 146f)* erwarb den Turm 1925. Nun dient er als Event-Location mit Disco, Pianobar und Restaurant. Für Veranstaltungen (z. B. Hochzeiten) kann man ihn mieten.

Zentrum von Gardone Riviera

① Villa Alba
② Villa Fiordaliso
③ San Nicolò da Bari
④ Giardino Botanico André Heller
⑤ Vittoriale degli Italiani
⑥ Torre San Marco
⑦ Museo Il Divino Infante
⑧ Grand Hotel Gardone

Eintrittskarte für den Giardino Botanico, Keith Haring

Museo Il Divino Infante ⑦

Via dei Colli 34. 0365 293 105.
Apr – Sep: Fr – So 15 – 19 Uhr; Dez – Mitte Jan: Di – So 14 – 18 Uhr.
il-bambino-gesu.com

Das 2005 eröffnete Museum birgt über 250 Figuren des Jesuskindes, dies ist die umfassendste Sammlung ihrer Art in Italien. Die aus vier Jahrhunderten stammenden Exponate aus Holz, Ton, Wachs und Pappmaché sind zwischen 60 und 90 Zentimeter groß und zeigen das Jesuskind in unterschiedlichsten Darstellungen. Im Untergeschoss steht eine neapolitanische Krippe (25 m²).

Infobox

Information

Karte D7. 2700.
Piazza Scarpetta 1.
0365 294 605.
Antiquitätenmarkt (Juni – Sep: jeden 2. Sa).
Garda Danza Estate (Juni), Liberty Festival (Juni, Juli), Teatro del Vittoriale (Juli).
comune.gardoneriviera.bs.it

Anfahrt

Grand Hotel Gardone ⑧

Via Zanardelli 84. 0365 202 61.
grandhotelgardone.it

Der österreichische Ingenieur Ludwig Wimmer kam 1875 hierher, um sein Lungenleiden zu kurieren. Er verliebte sich in den Ort und blieb. 1881 wurde er sogar Bürgermeister. Das 1884 in seinem Auftrag erbaute Grand Hotel war zeitweise die gefragteste Residenz am Gardasee. Die High Society aus allen Teilen Europas feierte hier rauschende Ballnächte. Später zählte das Hotel u. a. Benito Mussolini und Gabriele D'Annunzio zu seinen Gästen. Nach dem Zweiten Weltkrieg stiegen Prominente wie Winston Churchill, William S. Maugham und Vladimir Nabokov hier ab. Nach einigen von ihnen sind noch heute Suiten benannt *(siehe S. 180)*.

Gabriele D'Annunzio (1863 – 1938)

Prioria, das Wohnhaus D'Annunzios, Vittoriale degli Italiani

Karte *siehe Extrakarte zum Herausnehmen*

Gardone: Giardino Botanico André Heller ④

Arthur Hruska, Zahnarzt und Botaniker, legte Anfang des 20. Jahrhunderts einen ca. 10 000 Quadratmeter großen Garten um seine Villa an und bestückte ihn mit Pflanzen aus aller Welt. Nach seinem Tod 1971 lag das Anwesen brach, seit 1988 ist es im Besitz von André Heller. Der österreichische Künstler erweckte den Garten zu neuem Leben und bereicherte ihn um Werke zeitgenössischer Künstler, sodass sich die zauberhaft anmutende Anlage nun als gelungene Symbiose aus Natur und Kunst präsentiert.

Logo des Gartens
Die von Keith Haring stammende Zeichnung ist auf den Tickets abgedruckt.

God of Water
Mosaiken und einzeln gesetzte bunte Steine bedecken Rudolf Hirts Skulptur eines Wassergotts, aus dessen Schlund Rauch verwirbelt.

Lorbeerkirsche

Mostri sputanti
Die beiden auf Pfählen aufgespießten Monsterköpfe – ein Beitrag von André Heller – speien abwechselnd Wasserstrahlen aus, mit denen sie sich gegenseitig treffen.

Chinesisches Tor
Durch das Tor gelangt man auf einen von aufgehängten Bambusrohren gesäumten Weg. Stoßen einzelne Rohre nach Berühren zusammen, ertönt ein Klang wie beim Spiel eines Xylofons.

Spirito del Bosco
Susanne Schmögner, die auch das Eingangsgebäude gestaltete, schuf diese Figur eines Waldgeistes mit einem Körper aus Weidengeflecht, eulenartigem Gesicht und Zipfelmütze.

Scharlachhibiskus
Mit ihren leuchtend roten Blüten setzt diese Blume markante Farbakzente.

Außerdem

① **Joan Miró** ist mit seiner Arbeit *Spagna* vertreten.

② **Im Lago Koi** schwimmen Forellen und Koi-Karpfen. Die Oberfläche bedecken Seerosen und Lotosblüten.

③ **Die 13 Meter hohe Felslandschaft** zeichnet die Dolomiten nach. Ein in der Höhe entspringender Bach rauscht in Wasserfällen hinab.

④ ***Totem*** von Keith Haring.

⑤ **Verschlungene Wege** eröffnen ständig wechselnde Perspektiven.

⑥ **Das Privathaus** André Hellers ist für Besucher nicht zugänglich.

⑦ **Tibetische Gebetsfahnen**

Genius Loci
Die vollständig mit Efeu bedeckte Büste in Menschengestalt schuf André Heller. Sie gilt als Beschützer und lenkender Geist des Ortes.

Infobox

Information
Via Roma 2.
336 410 877.
März – Okt: tägl. 9 – 19 Uhr.

hellergarden.com

Anfahrt

Chinesische Hanfpalme

Pan
In dem etwas versteckt liegenden Werk des österreichischen Bildhauers Rudolf Hirt wird der Hirtengott der griechischen Mythologie als Mischwesen dargestellt.

Buddha
Der sitzende, in Meditationshaltung verharrende Buddha thront auf einer hölzernen Plattform nahe dem Ufer des Lago Strawinsky.

Strelizie
Die auch als Paradiesvogelblume bekannte Pflanze stammt aus dem südlichen Afrika und wird wegen ihrer auffälligen Blüten oft in der Kunst dargestellt.

Zylinderputzer
Der Name der in Australien beheimateten Zierpflanze bezieht sich auf die Anordnung ihrer Blütenstände.

Ganesha
Wie in dieser Skulptur Rudolf Hirts wird die Hindu-Gottheit Ganesha, Symbol einer Manifestation des Göttlichen, immer mit Elefantenkopf und sitzend dargestellt.

Blaue Passionsblume

Zeichenerklärung *siehe hintere Umschlagklappe*

GRAND HOTEL

Gardone Riviera: Vittoriale degli Italiani ⑤

Gabriele D'Annunzio

Der exzentrische Schriftsteller und Kriegsheld Gabriele D'Annunzio (1863–1938) konzipierte das »Siegesdenkmal der Italiener« als eine Art Weihestätte für sich und sein Land. Der Vertreter des Symbolismus war Mentor und literarisches Sprachrohr Mussolinis. Der Krieg und seine Heroisierung stellen zentrale Elemente in seinen Werken dar. Viele Objekte des Vittoriale erinnern daher an den Ersten Weltkrieg. D'Annunzio vermachte das gesamte Anwesen dem italienischen Staat.

Prioria
Das Wohnhaus mit theatralisch dekorierten Räumen und abgedunkelten Fenstern birgt viel Nippes und Kuriositäten.

Piave
Arrigo Minerbis Denkmal erinnert an eine Schlacht des Ersten Weltkriegs am italienischen Fluss Piave.

MAS
Das Torpedoboot *MAS*, von dem aus im Ersten Weltkrieg U-Boote beschossen wurden, ist in einer eigens dafür errichteten Halle untergebracht.

Eingang
Durch dieses Portal gelangen Besucher in das monumentale Anwesen.

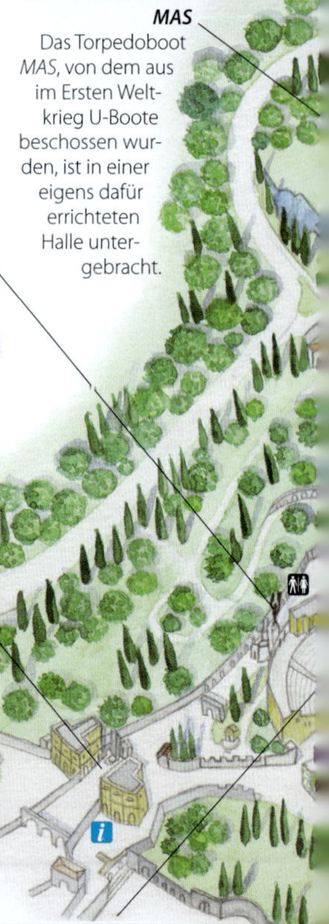

Pferd von Mimmo Paladino

Außerdem

① **Das Museo D'Annunzio Eroe** (Heldenmuseum) präsentiert Militaria und hebt D'Annunzios Rolle als Kriegsheld hervor.

② **Das Auditorium** wird für Events genutzt. Von der Kuppel hängt der Doppeldecker, in dem D'Annunzio im Ersten Weltkrieg an einem Propagandaflug über Wien teilnahm.

③ **Garten mit Obstpflanzungen**

④ **Im Obelisken** von Arnaldo Pomodoro sind militärische Motive eingraviert.

⑤ **Das Museo D'Annunzio Segreto** zeigt persönliche Gegenstände D'Annunzios und modische Accessoires seiner Mätressen.

Amphitheater
In dem nach Osten offenen Freilichttheater werden im Sommer Konzerte, Theaterstücke und Ballettaufführungen gezeigt.

◀ **Glanz einer anderen Zeit: das Grand Hotel Gardone in Gardone Riviera** *(siehe S. 141 und 180)*

Mausoleum
Die faschistisch-pompöse Grabstätte des geltungssüchtigen Selbstdarstellers D'Annunzio wurde in bester Panoramalage errichtet. Im Mausoleum sind auch einige seiner Kriegskameraden bestattet. Die Hundefiguren schuf Velasco Vitali.

Infobox

Information
Via Vittoriale 12.
0365 296 511.
Park Apr – Okt: tägl. 8.30 – 20 Uhr; Nov – März: tägl. 9 – 17 Uhr (letzter Einlass: 1 Std. vor Schließung).
Museo D'Annunzio Eroe und Prioria tägl. ab 9.30 Uhr (Prioria: nur Di – So).
1. Jan, 24., 25. Dez.
für Prioria obligatorisch.
Museo D'Annunzio Eroe und Prioria **vittoriale.it**

Anfahrt

Fontana del Delfino
Die erhöht stehende Statue ziert die aufwendig gestaltete Brunnenanlage im oberen Bereich des Anwesens.

Puglia
Das Vorschiff der *Puglia*, die der Dichter im Ersten Weltkrieg kurze Zeit kommandiert hatte, wurde dekorativ in den Hang zementiert. Es wirkt wie auf Grund gelaufen, sein vorderer Teil scheint über dem Hang zu schweben.

Laghetto delle Danze
Ein schmaler Weg führt zu dem von Palmen und Skulpturen umrahmten Teich der Tänze hinab. Hier münden zwei Bachläufe.

Engelsfiguren
Die beiden Engel nahe dem Eingang symbolisieren Wächterfiguren. Für dieses Werk ließ sich Bildhauer Ugo Riva von griechischen Statuen inspirieren.

Skulptur im Hof der Prioria

Zeichenerklärung *siehe hintere Umschlagklappe*

Toscolano-Maderno erstreckt sich auf einer weit in den See hineinreichenden Landzunge

❽ Parco Alto Garda Bresciano

Karte D8. Via Oliva 32, Gargnano. 0365 714 49 (Verwaltung).
Besucherzentrum mit Museum Prabione di Tignale. 0365 761 642. Mitte Mai – Mitte Sep: Mo – Fr 10 – 12, 15 – 17, So 10 – 12, 14 – 17 Uhr. Sa. **parks.it/parco.alto.garda.bresciano** **tignale.org/gardasee/naturparks.html**

Zum Schutz der vielfältigen Tier- und Pflanzenwelt wurden rund um den Gardasee verschiedene Naturparks eingerichtet. An der westlichen Uferseite eröffnete man 1989 den rund 38 000 Hektar großen Parco Alto Garda Bresciano. Das Naturschutzgebiet des Oberen Gardasees umfasst den Bereich vom Seeufer (65 m ü. d. M.) zwischen Limone sul Garda im Norden und Salò im Süden über die Hochebenen von Tignale und Tremosine bis zu den Berggipfeln in Höhen von fast 2000 Metern.

In diesem komplexen Ökosystem findet man ein breites Spektrum an Naturräumen – vom mediterranen Uferstreifen bis zu alpiner Szenerie. Die Flora reicht von Zitrusgewächsen über immergrüne Sträucher bis zu Alpenblumen. Vertreter der Fauna sind neben zahlreichen Vogel- und Reptilienarten auch Säugetiere wie Hirschwild und Steinböcke.

Dem Besucherzentrum in Prabione di Tignale ist ein Freilichtmuseum angegliedert, in dem man einen guten Überblick über den natürlichen Reichtum des Parco Alto Garda Bresciano erhält. Vom Aussichtsturm genießt man den Blick über die Umgebung.

Der Naturpark bietet ein dichtes Netz an gut markierten Wanderwegen und Mountainbikerouten.

Pastellfarbene Häuser säumen das Hafenbecken von Gargnano

❾ Toscolano-Maderno

Karte E7. 8000. Via Garibaldi 24. 0365 644 298.
prolocotoscolanomaderno.com

Die beiden früher selbstständigen, durch den Fluss Toscolano getrennten Gemeinden wurden 1928 zusammengeschlossen. Im Mittelalter entwickelte sich Toscolano zu einem wichtigen Zentrum der Papierherstellung und des Buchdrucks. Büttenpapier aus Toscolano war in ganz Europa begehrt. Auch die lateinische Bibelvorlage, die Martin Luther übersetzte, stammte von hier. Die Produktionsstätten siedelten sich am Toscolano an, in einer ehemaligen Fabrik ist heute ein Papiermuseum eingerichtet, das man nach einem Spaziergang am Fluss erreicht *(siehe S. 150f)*.

Fassadendetail von Sant'Andrea, Toscolano-Maderno

Ein Meisterwerk lombardischer Romanik ist die Kirche Sant'Andrea (12. Jh.), deren reich verzierte Fassade aus verschiedenfarbigem Marmor besteht. Santi Pietro e Paolo (16. Jh.) birgt Gemälde von Andrea Celesti (1637–1712), der lange Zeit in dem Ort lebte.

Bei vielen Urlaubern gilt der Badestrand als der beste am Westufer des Gardasees.

Zwischen Toscolano-Maderno und Torri del Benaco am Ostufer *(siehe S. 90)* verkehrt eine Autofähre.

⑩ Gargnano

Karte E7. 3000. Piazzale Boldini 2. 0365 791 243.
comune.gargnano.bs.it

Die umliegenden Berge schützen den von eindrucksvollen Villen und Palazzi geprägten Ort vor kalten Winden aus dem Norden – ideale Bedingungen für das Gedeihen von Zitrusfrüchten. Beim Spaziergang entlang der kurzen Seepromenade atmet man den Duft von Orangenbäumen.

Der Hafen Gargnanos wurde nicht in den Gardasee hinaus gebaut, sondern zwischen die drei ihn umrahmenden Häuserzeilen eingelassen. In den Fassaden einzelner Palazzi stecken Kanonenkugeln. Sie wurden im Juli 1866 von österreichischen Kanonenbooten auf italienische Schiffe abgefeuert, die sich während der Kämpfe um die Einigung Italiens in Gargnanos Hafenbecken verschanzt hatten *(siehe S. 41)*. Als Erinnerung an jene Ereignisse wurden die Kugeln bei der Restaurierung der Palazzi (u. a. des Palazzo Municipio) an den Einschlagstellen belassen und ragen nun aus dem Verputz heraus.

Sehenswert ist der Kreuzgang des Klosters San Francesco (13. Jh.). Schlanke Säulen, deren Kapitelle mit Blattwerk von Zitrusfrüchten ornamentiert sind, tragen schwungvoll geformte Bogen. Dieses Dekor trug dem Kreuzgang den Namen »Steinerner Zitronengarten« ein und belegt die frühe Bedeutung der Kultivierung von Zitrusfrüchten am See.

Brücke über den Stausee Lago di Valvestino

Die Mailänder Familie Feltrinelli, einst eine der reichsten in Italien, ließ sich 1892 in Gargnano eine Sommerresidenz erbauen. In der Villa Feltrinelli, heute ein Luxushotel *(siehe S. 180)*, lebte Benito Mussolini 1943–45 als entmachteter Duce und Führer der Republik von Salò *(siehe S. 42)*.

Grand Hotel a Villa Feltrinelli, Gargnano

⑪ Lago di Valvestino

14 km westl. des Gardasees.
Karte DE6. **consorzioforestale valvestino.com**

Den ringsum von dicht bewaldetem Bergland umgebenen, künstlich angelegten Stausee, der den Toscolano abdämmt, erreicht man von Gargnano über eine stellenweise sehr steile Serpentinenstraße. Die Strecke ist vor allem bei Motorradfahrern beliebt *(siehe S. 136f)*. Die 124 Meter hohe Staumauer am südlichen Ende des fjordartigen Sees, dessen Wasser ein Elektrizitätskraftwerk speist, wurde 1962 fertiggestellt.

Der Lago di Valvestino ist touristisch kaum erschlossen. Es gibt keine Bademöglichkeiten, in seinem Einzugsgebiet verlaufen bis jetzt nur wenige Wanderrouten.

Holzsteg am Ufer des lang gestreckten Lago d'Idro

⑫ Lago d'Idro

55 km westl. des Gardasees.
Karte CD5–6. **lagodidro.it**

Mit einer Spiegelhöhe von 368 Metern ü. d. M. ist der Lago d'Idro (Idrosee) der höchstgelegene See der Lombardei. Man erreicht ihn von Salò am Gardasee oder vom Lago di Valvestino aus über Bergstraßen.

Die touristische Infrastruktur ist gut ausgebaut. Wassersportler wie Segler und Windsurfer finden ideale Bedinungen vor, auch viele Angler kommen hierher. Dennoch geht es am Lago d'Idro deutlich beschaulicher zu als am Gardasee. Im Unterschied zu Letzterem kann man den elf Quadratkilometer großen See nicht umfahren, Uferstraßen verlaufen nur im Westen und im Südosten.

T11 Wanderung durch das Papiermühlental

Hinweisschild, Papiermuseum

Die Rundwanderung bietet einen Mix aus Naturerlebnis und anschaulich präsentierter Industriegeschichte. Sie führt auf einem gut ausgeschilderten Weg durch das lang gestreckte, idyllische Valle delle Cartiere zum Papiermuseum. Nachdem man an einigen ehemaligen Papierfabriken vorbeigekommen ist, geht es auf geteerten Straßen durch mehrere kleine Orte zu zwei Kirchen gleichen Namens, aber unterschiedlicher Epochen und von dort zurück. Nehmen Sie Proviant mit, das Tal bietet sich für ein Picknick an.

Ruinen ④
Der Weg durch das bewaldete Valle delle Cartiere führt auch an Papierfabriken vorbei, von denen nur noch überwucherte Ruinen erhalten sind.

Museo della Carta ③
Das Papiermuseum (im Bild das Mühlrad) dokumentiert eindrucksvoll alle Schritte der Produktion von Papier über die Jahrhunderte – von der Herstellung aus alten Lumpen bis hin zu modernen Maschinen.

Roadbook

Start: Piazza dei Cadutti, Toscolano-Maderno
GPS-Koordinaten: 45.644603, 10.616728

① **Toscolano-Maderno** **km 0,0**
Die hübsche Piazza dei Caduti mit der dreischiffigen, prachtvoll ausgestatteten Kirche Santi Pietri e Paolo, einem Brunnen und einem Gefallenendenkmal verlässt man Richtung Südwesten.

② **Ponte Vecchio** **km 0,8**
Vor dem Torrente Toscolano, der in Sichtweite auch von einer alten Steinbrücke (Ponte Vecchio) überquert wird, biegt man rechts auf den markierten Weg ab. Er führt zwischen bewaldeten Hängen und durch einige kurze Tunnelabschnitte ins Valle delle Cartiere hinein und verläuft meist nahe dem Fluss.

③ **Museo della Carta** **km 1,9**
Über eine Brücke kommt man zum Papiermuseum, das in den Gebäuden einer stillgelegten Fabrik eingerichtet ist. Hier werden Geschichte und Kunst der Papierherstellung dokumentiert. Mühlrad und hoher Schornstein sind noch erhalten.

Santi Pietro e Paolo ①
Die dreischiffige Renaissance-Kirche (16. Jh.) birgt wertvollen Bildschmuck, u. a. großformatige Altargemälde.

San Michele Antica ⑤
Das vermutlich auf den Fundamenten einer Festung erbaute, dem hl. Michael geweihte Gotteshaus (15. Jh.) steht exponiert auf einem Hügel mit Aussicht auf Toscolano-Maderno.

Routeninfos

Museo della Carta
Via Valle delle Cartiere, Toscolano-Maderno.
0365 641 050.
Apr – Sep: tägl. 10 – 18 Uhr; Okt: Sa, So 10 – 17 Uhr.
valledellecartiere.it

San Michele Antica: aus römischer Zeit erhaltene Inschrift an der Fassade

Roadbook *(Fortsetzung)*

④ **Ruinen** **km 2,5**
Im weiteren Verlauf passiert man einige zum Teil überwucherte Ruinen ehemaliger Produktionsstätten. Der Schotterweg führt nun in einem steileren Abschnitt hinauf nach Gaino, von dort kommt man auf einer asphaltierten Straße nach Folino.

⑤ **San Michele Antica** **km 5,0**
Die beiden Kirchen San Michele Antica und San Michele Nuova ragen nebeneinander auf einem Hügel auf. Von diesem bietet sich eine tolle Sicht auf Toscolano-Maderno und den Gardasee. Über Pulciano kommt man zum Ausgangspunkt der Tour zurück.

Länge: 6,8 km
Schwierigkeit: leicht bis mittel

Piazza dei Caduti ①
Das Denkmal an der Piazza dei Caduti wurde zum Gedenken an die auf See gefallenen Soldaten aus Toscolano-Maderno errichtet.

Streckenprofil

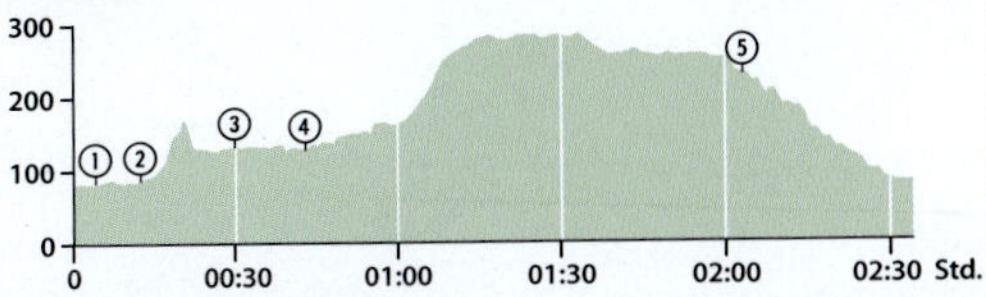

Legende
Routenempfehlung

Hotel Paradiso in Pieve mit der überhängenden Schauderterrasse *(terrazza del brivido)*

⑬ Tignale

Karte F6. Via Europa 5. 0365 733 54. **tignale.org**

Die Hochebene von Tignale erstreckt sich in einem Höhenbereich zwischen 500 und 600 Metern. Man erreicht sie über eine Serpentinenstraße, die in einem Tunnel wenige Kilometer nördlich von Gargnano abzweigt. Das Plateau umfasst nur wenige Orte, größte Siedlung ist Gardola. Wanderer finden ein Netz an Wegen, die die Orte miteinander verbinden.

Die Wallfahrtskirche Madonna di Monte Castello (17. Jh.) thront auf einem steil aufragenden Felsvorsprung, den Innenraum zieren ein vergoldeter Altar und einige Fresken.

Umgebung: Die Häuser von Campione del Garda, das auf einer Landzunge unterhalb von Tignale am See liegt und nur über einen Tunnel erreichbar ist, scheinen an der Felswand zu kleben. Das skurril wirkende Ambiente entspricht der Abgelegenheit des Orts.

⑭ Tremosine

Karte F5. Piazza Marconi 1, Tremosine. 0365 953 185. **infotremosine.org**

Im Vergleich zu Tignale ist die benachbarte Hochebene von Tremosine dichter besiedelt. Der in rund 400 Metern Höhe gelegene Hauptort Pieve ist ein guter Ausgangspunkt für Wanderungen auf gut ausgebauten Wegen. Sie führen über Almwiesen und durch Wälder hinauf ins Bergland oder auf einer steilen Route hinunter an den Gardasee. Von vielen Stellen des malerischen Orts geht der Blick fast senkrecht nach unten, besonders eindrucksvoll ist die Aussicht von der Schauderterrasse *(siehe S. 154f)*. In Pieve kann man sich gut mit Proviant eindecken oder einkehren. Der kleine Ort verfügt auch über eine Bank und eine Tankstelle.

Auf den beiden engen und kurvenreichen Zufahrtsstraßen vom Gardasee nach Tremosine ist Vorsicht geboten. Eine Bergstraße verbindet die beiden Hochebenen Tremosine und Tignale.

Wallfahrtskirche Madonna di Monte Castello, Tignale

⑮ Limone sul Garda

Karte F5. 1200. Via IV Novembre 25. 0365 954 008. **ilimone.it**

Berühmt wurde der Ort durch die früher weitaus intensivere Kultivierung von Zitronen *(siehe S. 153)*, die seit dem 13. Jahrhundert belegt ist. Dennoch leitet sich der Ortsname vom lateinischen Wort »limes« (Grenze) ab. Hier verlief bis Ende des Ersten Weltkriegs die Grenze zwischen Italien und Österreich. Die Altstadt erstreckt sich auf einem schmalen Streifen zwischen Seeufer und angrenzenden Felsen. Blumengeschmückte Häuser säumen den Porto Vecchio. Die Kirche San Rocco (14. Jh.) birgt Fresken aus der Renaissance, in der barocken Pfarrkirche San Benedetto (17. Jh.) beeindrucken Marmoraltäre.

Hotels und Restaurants am westlichen Gardasee *siehe Seiten 180f und 194f*

Zitronen am Gardasee

Wappen von Limone

Am Westufer des Gardasees – der Riviera dei Limoni – befindet sich das nördlichste Zitronenanbaugebiet Europas. Ab Ende des 19. Jahrhunderts sank die Rentabilität der Kultivierung allerdings kontinuierlich: Regionen wie Sizilien produzierten größere Mengen, im Ersten Weltkrieg kam die Produktion am Gardasee zeitweise zum Erliegen, beim Jahrhundertfrost 1928/29 erfroren zahlreiche Bäume. Aus diesen Gründen wurde in immer mehr der *limonaie* genannten Gewächshäusern der Betrieb eingestellt. Doch an die für die Region so prestigeträchtigen Früchte wird man noch vielerorts erinnert.

Blick von der Limonaia del Castel
Von dem erhöht gelegenen Zitronengewächshaus bietet sich ein schöner Blick über die dicht beieinanderstehenden Häuser von Limone sul Garda. Vom Ufer des Gardasees steigt das Gelände terrassenartig zur Felswand an, die den Ort zur Landseite begrenzt.

Die Limonaia del Castel, das wohl bekannteste Zitronengewächshaus in Limone sul Garda, prägt mit seinen hohen Pfeilern, auf die im Winter ein Dach aufgesetzt wurde, noch heute das Ortsbild.

Souvenirs mit Zitronen gibt es in allen Varianten – als Keramik, als Motiv auf T-Shirts, Handtüchern und Schürzen oder als Limoncello.

Zitronen reifen mehrmals im Jahr. In Spitzenzeiten wurden am Westufer des Gardasees bis zu sechs Millionen Früchte jährlich geerntet.

Einige Gewächshäuser wurden in den vergangenen Jahren reaktiviert, andere sind Reminiszenzen an vergangene Zeiten.

Karte *siehe Extrakarte zum Herausnehmen*

T12 Auf dem Hochplateau von Tremosine

Hinweisschild, Tremosine

Die hügelige Hochfläche von Tremosine verfügt über ein dichtes Netz an Wanderwegen. Auf der folgenden markierten Rundtour, die durch Wälder, Weideland und einige Orte (u.a. Pieve, den Hauptort von Tremosine) führt, bekommt man einen guten Eindruck vom Charakter des Hochplateaus, das einen schönen, vor allem ruhigen Kontrast zu Gebieten direkt am Ufer des Gardasees bietet. Einkehrmöglichkeiten gibt es erst in Pieve. Ein Highlight gegen Ende der Tour ist der Blick von der Schauderterrasse.

Sompriezzo ③
Die kleine Kirche im Ort stammt aus dem 18. Jahrhundert.

Bocca di Nevese ②
Die Umgebung der Anhöhe Bocca di Nevese wird landwirtschaftlich genutzt. Die meisten Bauernhöfe betreiben Weidewirtschaft auf ausgedehnten Flächen.

Roadbook

Start: Pregasio
GPS-Koordinaten: 45.761015, 10.741691

① **Pregasio** **km 0,0**
Bei einem Lebensmittelgeschäft im Westen des kleinen Orts Pregasio beginnt der Wanderweg zunächst auf asphaltierter Straße. Nach kurzer Zeit geht er in einen Schotterweg über, auf dem man schnell an Höhe gewinnt. Die Route führt zunächst durch ein kurzes Waldstück, danach durch Weideland.

② **Bocca di Nevese** **km 2,4**
Von der Anhöhe bietet sich ein Panoramablick über die Umgebung. Von hier aus führt der Weg abwärts. Beim Steinhaus mit dem Holzschild Ca del Luf (km 3,1) verläuft die Route im spitzen Winkel nach rechts in den Wald.

③ **Sompriezzo** **km 4,3**
Hinter Secastello erreicht man den beschaulichen Ort Sompriezzo. Links von der Kirche führt der Weg den Hang hinunter nach Musio, etwas weiter bergab kommt man nach Priezzo, wo man die Kirche mit schönem Hochaltar (17. Jh.) und eine Heiligendarstellung passiert.

Blick von der Schauderterrasse ⑤
Die Aussicht von der (mit Geländer gesicherten) Terrasse in die Tiefe ist atemberaubend.

Pieve ④
Der malerische Ort liegt auf einer fast senkrechten Felswand rund 400 Meter über dem See. Das Ortsbild prägen die Pfarrkirche (16. Jh.) und viele gut erhaltene Natursteinhäuser.

Routeninfos

Schauderterrasse des Hotel Paradiso
Viale Europa 19, Pieve.
0365 953 012.
terrazzadelbrivido.it
Auch Nicht-Gäste des Hotels können durch die Lobby auf die Terrasse gehen, einen kurzen Blick (buchstäblich in den Abgrund) werfen und ein paar Fotos machen. In Pieve bieten auch einige Restaurants und Bars eine grandiose, wenn auch etwas weniger spektakuläre Aussicht.

Roadbook *(Fortsetzung)*

④ **Pieve** **km 6,5**
Der Hauptort der Hochebene liegt auf einem steil zum See hin abfallenden Felsen und besitzt schöne Häuser.

⑤ **Schauderterrasse** **km 7,0**
Einen spektakulären Blick in die Tiefe bietet die Terrasse des Hotels Paradiso. Die Route führt nach Südwesten wieder nach Pregasio.

Länge: 9,5 km
Schwierigkeit: leicht bis mittel.
✓ ✓ ✓

Schauderterrasse ⑤
Die nicht umsonst so betitelte Schauderterrasse *(terrazza del brivido)* am Hotel Paradiso ragt mehrere Meter über den Abgrund vor.

Streckenprofil

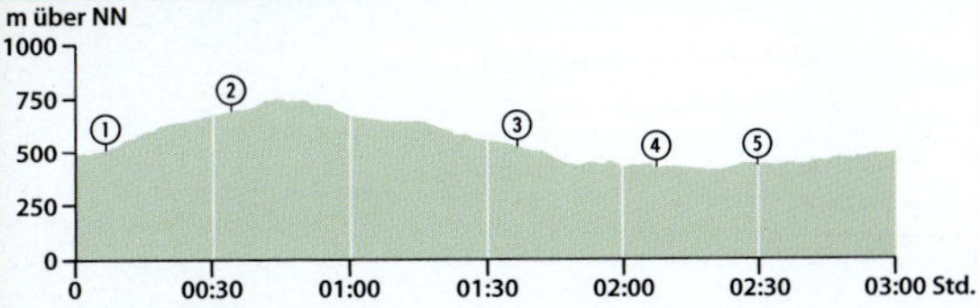

Kuh auf einer Weide

Legende
Routenempfehlung

A
DANTE

Verona

Etwa 25 Kilometer von der südöstlichen Spitze des Gardasees entfernt liegt Verona, eine der faszinierendsten Städte Norditaliens. Mit ihren Bauten aus der Römerzeit – allen voran die Arena – und zahlreichen Palazzi und Kirchen aus dem Mittelalter birgt sie einen außergewöhnlichen architektonischen Reichtum. Doch die Stadt lockt ebenso mit eleganten Boutiquen, Restaurants und Cafés. Durch die alljährlich veranstalteten Opernfestspiele und William Shakespeares Tragödie *Romeo und Julia* ist Verona weltbekannt.

Verona, das zu beiden Seiten einer großen Schleife der Etsch (Adige) liegt, wurde 89 v. Chr. römische Kolonie. 1260 begann die 127 Jahre dauernde Regierungszeit der Scaliger, der Herren von Verona. Das Volk titulierte die Herrscher mit Namen wie Mastino (»Hetzhund«) und Cangrande (»großer Hund«). Die Scaliger brachten der von Unruhen und familiären Zwisten gespaltenen Stadt allerdings auch inneren Frieden. Sie erwiesen sich als relativ gerechte und kultivierte Fürsten. An ihrem Hof weilte von 1301 bis 1304 Dante Alighieri, der das »Paradies«, den letzten Teil der *Göttlichen Komödie*, pflichtgemäß Cangrande I. widmete.

1387 fiel Verona an Mailand, nach weiteren Fremdherrschern – Venedig, Frankreich, Österreich – wurde die Region Veneto 1866 mit Italien vereint.

Die meisten Sehenswürdigkeiten liegen in der Altstadt, die im Jahr 2000 von der UNESCO zum Welterbe erklärt wurde. Der Ponte Pietra (Ponte Romano), eine Fußgängerbrücke, verbindet die Altstadt mit dem Ostufer der Etsch, das nicht nur wegen der fantastischen Aussicht auf das Stadtzentrum einen Besuch lohnt.

Die nahe dem Schnittpunkt von zwei Autobahnen gelegene Stadt verfügt über eine sehr gut ausgebaute Infrastruktur und ist mit ihren erlesenen Boutiquen, die Shopping-Meilen wie die Via Mazzini säumen, ein wahres Einkaufsparadies. Zudem verspricht sie höchsten Kulturgenuss. Die riesige Arena, die rund 20 000 Besuchern Platz bietet, lockt mit ihren Open-Air-Aufführungen Opernfreunde aus aller Welt an. Erstklassige Museen und Theater ergänzen das reiche kulturelle Angebot.

Der Giardino Giusti in Verona, einer der schönsten Renaissance-Gärten Italiens *(siehe S. 173)*

◀ **Dante-Denkmal (1865) auf der Piazza dei Signori** *(siehe S. 162)*

Überblick: Verona

Verona ist eine florierende Metropole und die größte Stadt im näheren Einzugsgebiet des Gardasees. Den antiken Stadtkern, der von der UNESCO zum Welterbe erklärt wurde, zieren viele römische Baudenkmäler, die denen Roms kaum nachstehen, sowie zahlreiche mittelalterliche Palazzi aus *rosso di Verona*, dem rötlichen Kalkstein der Region. Verona birgt zwei Hauptattraktionen: die Arena aus dem 1. Jahrhundert n. Chr. und die Piazza delle Erbe, einen der malerischsten Marktplätze ganz Italiens. Dazwischen liegt ein Labyrinth von Gassen mit eleganten Boutiquen.

Statue der Julia (1972) im Hof der Casa di Giulietta – eines der begehrtesten Fotomotive der Stadt

Piazza delle Erbe: Schmuckkästchen der Stadt mit Marktbrunnen *(links)*, Torre del Gardello und Palazzo Maffei

Legende

Detailkarte *siehe S. 160f*

Zeichenerklärung

siehe hintere Umschlagklappe

In Verona unterwegs

Die meisten Sehenswürdigkeiten liegen in Gehentfernung, abgelegenere Ziele erreicht man mit Bussen. Weite Teile des Zentrums sind Fußgängerzone. Mit der VeronaCard (www.veronacard.it) hat man freie Fahrt mit öffentlichen Verkehrsmitteln und kann viele Attraktionen gratis besuchen. Für Stadtbesichtigungen eignen sich Sightseeing-Busse (www.verona.city-sightseeing.it), die alle wichtigen Sehenswürdigkeiten anfahren. Bei Anreise mit dem Auto sollte man Parkplätze bzw. Parkhäuser außerhalb der Altstadt aufsuchen.

Fußgängerbrücke Ponte Pietra, ein Baudenkmal aus römischer Zeit

Hotels und Restaurants in Verona *siehe Seiten 181 und 195*

Zweigeschossiger Innenring der Arena di Verona

Infobox

Information
Karte H10. 260 000. IAT, Piazza Brà 9. 045 806 8680. tägl. Vinitaly (Italiens größte Weinmesse; März, Apr), Festival Areniano (Opernfestspiele; Ende Juni – Aug), Estate Teatrale Veronese und Shakespeare-Festival (Ende Juni – Aug).
turismoverona.eu
veronatuttintorno.it

Anfahrt
14 km südwestl.
Piazza Cittadella.

Skulpturenschmuck einer Fassade neben den Portoni della Brà

Restaurants *siehe S. 195*

1 12 Apostoli
2 Antica Bottega del Vino
3 Arche
4 Cappa Cafè
5 Casa Mazzanti
6 Enoteca Segrata
7 Il Desco
8 Tre Marchetti

Zentrum von Verona

1 Piazza delle Erbe
2 Piazza dei Signori
3 Santa Maria Antica
4 Sant'Anastasia
5 Duomo
6 Arena
7 Piazza Brà
8 Museo Lapidario Maffeiano
9 Castelvecchio
10 Ponte Scaligero
11 Arco dei Gavi
12 San Fermo Maggiore
13 San Zeno Maggiore
14 Teatro Romano
15 Museo Archeologico
16 Santo Stefano
17 San Giorgio in Braida
18 Santa Maria in Organo
19 Giardino Giusti
20 Museo Civico di Storia Naturale

Statue des Dichters und Philosophen Dante *(vorn)* auf der Piazza dei Signori

Karte *siehe Extrakarte zum Herausnehmen*

Im Detail: Um die Piazza delle Erbe

Das pittoreske Zentrum von Veronas Altstadt befindet sich an der Stelle des ehemaligen römischen Forums. Auf diesem von Prachtbauten umrahmten Platz herrscht immer reger Betrieb. Einheimische und Besucher schlendern an den bunten Marktständen entlang, wo unter riesigen Sonnenschirmen Waren angeboten werden. Obwohl die erhabenen Bauwerke der Scaliger mehrfach verändert wurden, strahlen sie noch etwas von der Strenge des Mittelalters aus.

❷ ★ Piazza dei Signori
Die einzelnen Scaliger-Palazzi wurden während der Renaissance durch Arkaden und verzierte Torbogen verbunden.

Dante-Denkmal
Der große Poet des Mittelalters hielt sich während seines Exils als Gast der Scaliger in Verona auf. Heute blickt er von seinem Sockel (1865) mit strenger Miene auf die Piazza dei Signori hinab.

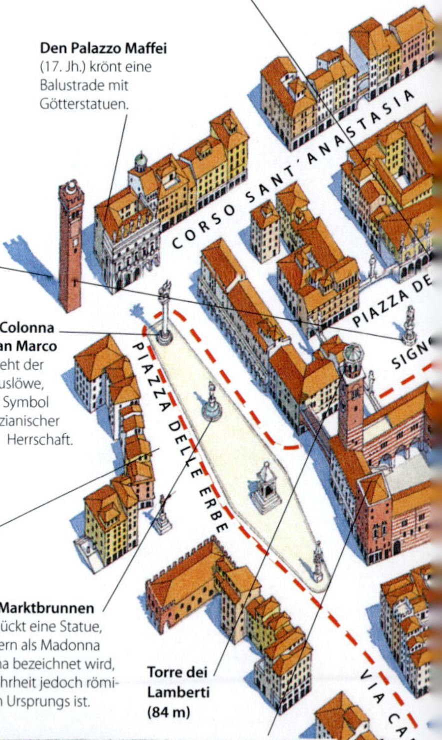

Den Palazzo Maffei (17. Jh.) krönt eine Balustrade mit Götterstatuen.

Auf der Colonna di San Marco (1528) steht der Markuslöwe, das Symbol venezianischer Herrschaft.

Den Marktbrunnen schmückt eine Statue, die gern als Madonna Verona bezeichnet wird, in Wahrheit jedoch römischen Ursprungs ist.

Torre dei Lamberti (84 m)

❶ Piazza delle Erbe
Wo im Mittelalter der Kräutermarkt abgehalten wurde, genießen heute Einheimische und Gäste die Angebote der Boutiquen und Straßencafés.

Palazzo della Ragione
Den mittelalterlichen Justizpalast ziert eine elegante Renaissance-Treppe, die vom äußeren Hof zu den Räumen des Magistrats hinaufführt.

Hotels und Restaurants in Verona *siehe Seiten 181 und 195*

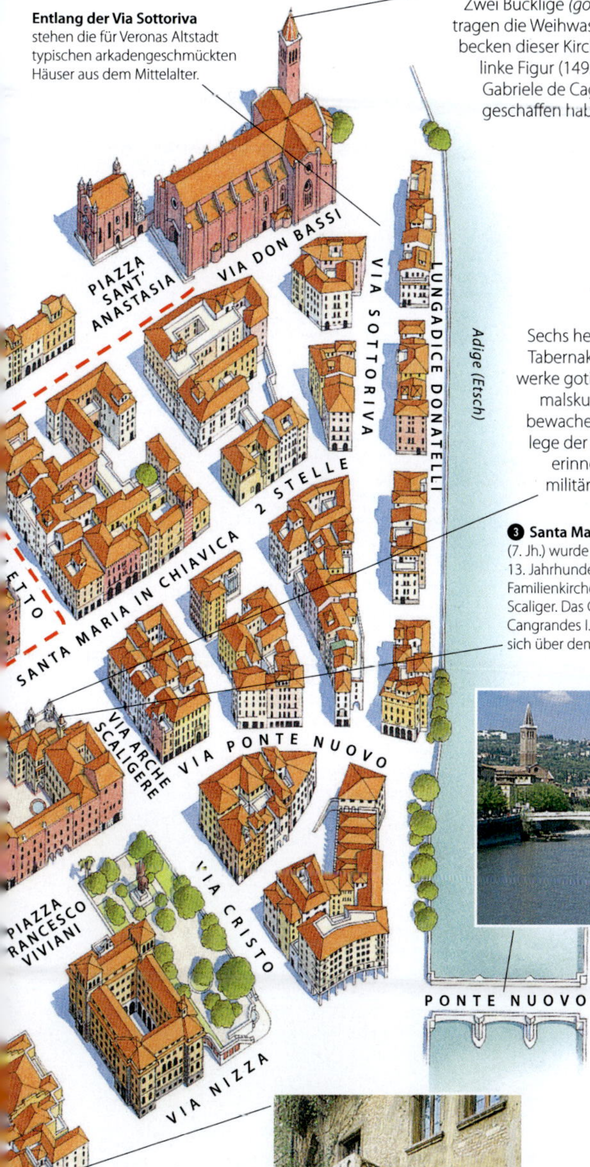

Entlang der Via Sottoriva stehen die für Veronas Altstadt typischen arkadengeschmückten Häuser aus dem Mittelalter.

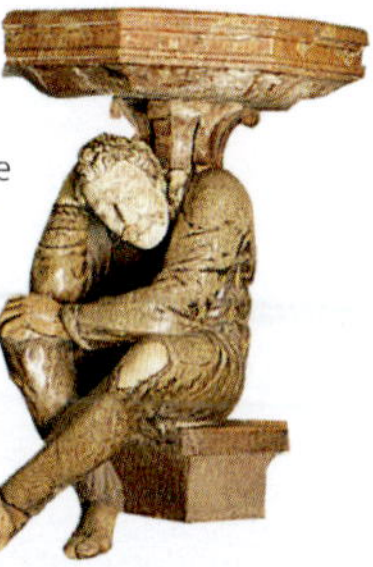

4 Sant'Anastasia
Zwei Bucklige *(gobbi)* tragen die Weihwasserbecken dieser Kirche. Die linke Figur (1495) soll Gabriele de Cagliari geschaffen haben.

★ Scaliger-Grabstätte
Sechs heilige Ritter in Tabernakeln, Meisterwerke gotischer Denkmalskunst (14. Jh.), bewachen die Grablege der Scaliger und erinnern an deren militärische Macht.

3 Santa Maria Antica
(7. Jh.) wurde Ende des 13. Jahrhunderts zur Familienkirche der Scaliger. Das Grabmal Cangrandes I. befindet sich über dem Portal.

Ponte Nuovo
Die Brücke (1540) über die Etsch (Adige) verbindet die Hügel am Ostufer des Flusses mit dem historischen Stadtkern.

Casa di Giulietta
Das Haus der Julia mit seinem Marmorbalkon wirkt romantisch, doch gibt es keinerlei Belege dafür, dass es mit der tragischen Liebesgeschichte in Zusammenhang steht.

Legende

— Routenempfehlung

0 Meter 100

Elegantes Straßencafé an der weitläufigen Piazza dei Signori

❶ Piazza delle Erbe

Die von schmucken Palazzi umrahmte Piazza delle Erbe ist nach dem alten Kräutermarkt der Stadt benannt (*erba* = Kraut). Die heutigen Marktstände offerieren alles Erdenkliche: vom Spanferkel bis hin zu frischem Obst und Pilzen.

Der Markuslöwe thront am nördlichen Teil des Platzes auf einer Säule und erinnert daran, dass Verona 1405 unter die Herrschaft Venedigs fiel. In dem barocken Haus mit der statuengeschmückten Balustrade an der Nordseite der Piazza, dem Palazzo Maffei (1668), sind Geschäfte und Luxuswohnungen untergebracht. Diese Ecke säumen Boutiquen und Straßencafés.

Marmorrelief, Piazza dei Signori

Etwas weiter südlich plätschert ein hübscher Brunnen vor sich hin, inmitten der vielen Marktbuden ist er leicht zu übersehen. Die Frauenstatue stammt aus der Römerzeit.

❷ Piazza dei Signori

Torre dei Lamberti ◻ Juni–Aug: Di–So 11–19 Uhr; Sep–Mai: Di–Fr 10–18, Sa, So 11–19 Uhr.

Im Zentrum der eleganten Piazza dei Signori, dem einstigen Machtzentrum der Stadt, steht ein Denkmal (1865) des Dichters Dante, der die Gebäude in Denkerpose abschätzend zu mustern scheint. Sein Blick ist auf den festungsartigen Palazzo del Capitano geheftet, den Sitz des Veroneser Stadtkommandanten, und auf den ebenso bedrohlich wirkenden Palazzo della Ragione, den Justizpalast. Beide Palazzi stammen aus dem 14. Jahrhundert. Im Inneren wirkt der ehemalige Gerichtshof weniger streng. Eine 1446–50 hinzugefügte Freitreppe führt in die oberen Säle.

Wer die 84 Meter hohe Torre dei Lamberti an der Westseite des Innenhofs erklimmt, wird mit einem fantastischen Blick auf die Berge belohnt. Hinter Dantes Rücken befindet sich die Renaissance-Ratskammer, die Loggia del Consiglio, deren oberer Teil mit Fresken bemalt ist, während das Gesims Statuen berühmter, in Verona gebürtiger Römer trägt – den Dichter Catull (*siehe S. 122f*) rechneten die Schöpfer ebenso dazu wie Plinius d. Ä. und den Architekten Vitruv. Zwischen der Piazza delle Erbe und diesem Platz steht der Arco della Costa, der seinen Namen der Walrippe verdankt, die hier aufgehängt wurde.

❸ Santa Maria Antica

Via Arche Scaligere 3. ☎ 045 595 508. ◻ tägl. 7.30–12.30, 15.30–19 Uhr.

Santa Maria war die Pfarrkirche der Veroneser Herrscherfamilie, weshalb ihre Mitglieder in dieser romanischen Kirche beigesetzt werden wollten. Die Grabmäler sind eindrucksvolle Zeugnisse ihrer militärischen Macht (*siehe S. 121*).

Über dem Kirchenportal befindet sich das Grabmal Cangrandes I. (gest. 1329), gekrönt von einem Reiterdenkmal. Allerdings sehen Sie nur eine Kopie. Das Original steht im Castelvecchio (*siehe S. 169*). Die übrigen Scaliger-Grabstätten sind ein kleines Stück entfernt, sie schirmt ein schmiedeeisernes Gitter mit dem wiederkehrenden Motiv einer Leiter ab – schließlich hieß die Familie ursprünglich della Scala (*scala* = Leiter). Es wird überragt von den Grabmonumenten Mastinos II. (gest. 1351; *mastino* = Hetzhund) und Cansignorios (gest. 1375; *cansignorio* = vornehmer Hund). Beide Denkmäler sind mit gotischen Verzierungen geradezu überladen und suchen in ganz Europa ihresgleichen.

Wasserspiel des Brunnens (14. Jh.) auf der Piazza delle Erbe

Schlichtere Grabmäler markieren die letzte Ruhestätte weiterer Familienmitglieder – Mastino I. (gest. 1277), der die Scaliger-Dynastie begründete (er war 1260 zum Bürgermeister von Verona gewählt worden), und zwei della Scalas, die keine »Hundenamen« trugen: Bartolomeo I. (gest. 1304) und Giovanni (gest. 1359).

4 Sant'Anastasia

Piazza Sant'Anastasia. 045 592 813. März–Okt: Mo–Sa 9–18, So 13–18 Uhr; Nov–Feb: Mo–Sa 10–17, So 13–17 Uhr.

Mit dem Bau des Gotteshauses wurde 1290 begonnen. Es sollte die großen Menschenmengen fassen, die damals zu den Predigten der Dominikaner strömten. Der interessanteste Teil der Kirche ist das gotische Doppelportal mit Fresken (15. Jh.) und Reliefszenen aus dem Leben Petrus'. Bemerkenswert sind darüber hinaus die Weihwasserbecken am ersten Pfeilerpaar: Sie werden von zwei realistisch gestalteten Bettlerfiguren getragen, die im Volksmund *i gobbi* (»die Buckligen«) heißen. Die linke entstand 1495, die rechte 100 Jahre später.

Vom nördlichen Seitenschiff erreicht man die Sakristei mit Antonio Pisanellos Fresko *Der heilige Georg und die Prinzessin* (1433–38). Trotz des schlechten Zustands des Bilds kommt der Charme der Prinzessin zur Geltung. Georg verabschiedet sich von ihr und bricht auf, den Drachen zu töten.

Decke in Sant'Anastasia, ein Musterbeispiel italienischer Gotik

Fassade des Duomo Santa Maria Matricolare

Der jüngere der beiden *gobbi*, Sant'Anastasia

5 Duomo

Piazza Duomo. 045 595 627. März–Okt: Mo–Fr 10–17.30, Sa, So 13.30–17.30 Uhr; Nov–Feb: Mo–Fr 10–16, Sa, So 13.30–16 Uhr. W cattedralediverona.it

Man betritt die 1139 begonnene Kathedrale Santa Maria Matricolare durch ein romanisches Portal, ein Werk von Nicolò, einem der Bildhauer, die auch die Fassade von San Zeno Maggiore *(siehe S. 170f)* gestalteten. Hier meißelte er die Ritter Oliver und Roland, deren Taten im Mittelalter besungen wurden. Neben ihnen stehen Heilige und Evangelisten. Das romanische Südportal zeigt Jonas mit dem Wal und Karyatiden.

Glanzpunkt der Innenausstattung des Doms ist Tizians *Mariä Himmelfahrt* (1535–40) in der ersten Seitenkapelle links. Etwas weiter liegt der Zugang zum romanischen Kreuzgang, in dem man Ausgrabungen von Vorgängerbauten sieht. Von hier gelangt man zum Baptisterium San Giovanni in Fonte.

Romeo und Julia

Die Tragödie von Romeo und Julia, die Luigi da Porto um das Jahr 1530 als Erster niederschrieb, hat zahllose Künstler inspiriert. In der **Casa di Giulietta** (Haus der Julia; Via Cappello 23) soll Romeo den Balkon erklommen haben – tatsächlich handelt es sich um ein restauriertes Gasthaus aus dem 13. Jahrhundert. Im Hof wurde 1972 eine Statue Julias aufgestellt, der Balkon ist wohl der berühmteste der Welt. Die **Casa di Romeo**, deren Hof von einer zinnenbekrönten Mauer umschlossen wird, befindet sich in der Via Arche Scaligere 4. Neben dem Torbogen sind auf einer Tafel Zitate aus Shakespeares Theaterstück um die beiden Liebenden zu lesen. Die **Tomba di Giulietta** ist in der Krypta von San Francesco al Corso in der Via del Pontiere 35 zu sehen. Der Marmorsarkophag ist leer und eher schlicht, das Ambiente aber sehr stimmungsvoll. Julias Haus und das Grabmal sind täglich von 8.30 bis 19.30 Uhr (Mo ab 13.30 Uhr) zu besichtigen.

Botschaften Verliebter, Casa di Giuletta

❻ Arena

Das Amphitheater von Verona ist – nach dem Kolosseum in Rom und dem Amphitheater in Capua bei Neapel – das drittgrößte der Welt. In die 30 n. Chr. fertiggestellte Arena kamen Schaulustige aus der ganzen Region, um sich an Gladiatorenkämpfen und Tierhatzen zu ergötzen. Später wurden öffentliche Hinrichtungen und Stierkämpfe abgehalten. 1913 begannen mit einer Inszenierung von Verdis *Aida* die Opernfestspiele.

Blutige Schauspiele
Viele Tausend Kriegsgefangene, Verbrecher und Christen starben zur Unterhaltung der Massen.

Skulpturenschmuck
Die Einfassung der Ehrentribüne ist mit Bildhauerarbeiten und Gravuren verziert.

Außenring *(ala)*
Vom dreigeschossigen Außenring sind nur noch vier Bogen an der Nordseite erhalten. Der Rest wurde bei einem Erdbeben (12. Jh.) zerstört.

Zuschauerraum *(cavea)*
Die Zuschauer sitzen in den (teureren) Sitzreihen vor der Bühne und auf den 45 Stufenrängen *(gradinate)*.

Außerdem

① **Die Ausmaße** des ellipsenförmigen Amphitheaters (138 m x 109 m) sind auch nach Zerstörung des Außenrings gewaltig.

② **In den Katakomben** warteten die Gladiatoren vor den Kämpfen.

③ **Das Material** für das Mauerwerk (weiße und rosafarbene Kalksteinblöcke) stammte aus den Steinbrüchen von Valpolicella.

④ **Die Stufen** der Zuschauerränge sind 45 Zentimeter hoch.

⑤ **Sonnensegel *(velaria)***, die aufwendig verspannt wurden, schützten die Besucher vor starker Sonneneinstrahlung.

Blick von der Piazza Brà
Ein schöner Blick auf den gut erhaltenen zweigeschossigen Innenring bietet sich von der Piazza Brà. Auf dem Platz halten sich die meisten Besucher vor Beginn einer Veranstaltung auf.

Infobox

Information
Piazza Brà. ☎ 045 800 5151.
◯ tägl. 8.30–19.30 Uhr (Mo ab 13.30 Uhr; Einlass bis 18.30 Uhr). Schließt an Veranstaltungstagen früher. ● 1. Jan, 25. Dez.
♿ teilweise. **Opern und Konzerte** siehe S. 200f.
W arena.it

Eingang der Löwen
Durch diesen Eingang auf der Südseite wurden die Löwen in die Arena gelassen – unter dem Gejohle der Zuschauer.

Arenabogen
Die 74 Doppelarkaden des Innenrings sind regelmäßig geformt. Im unteren Geschoss befanden sich zeitweise Werkstätten von Handwerkern.

Opernfestspiele
Bei den Festspielen ziehen heute Verdis *Aida* und andere populäre Opern rund 20 000 Besucher pro Vorstellung an.

Gewölbegänge
Da die Arena seit 1580 kontinuierlich restauriert wird, sind auch die Innengänge recht gut erhalten. Auch bei großem Andrang während der Opernfestspiele kommen die Besucher rasch zu ihren Plätzen.

Piazza Brà: Münchner-Kindl-Brunnen – Geschenk der Partnerstadt München

❼ Piazza Brà

Viele Besucher betreten die Altstadt von Süden durch das doppelbogige Stadttor Portoni della Brà, hinter dem sich mit der Piazza Brà einer der größten Plätze Italiens ausbreitet. Er gilt als Visitenkarte Veronas. Hier beeindrucken viele Bauwerke, die die rund 2000-jährige Geschichte Veronas widerspiegeln – neben der Arena *(siehe S. 164–167)* sind dies u. a. das Museo Lapidario Maffeiano *(siehe unten)*, der Palazzo della Gran Guardia und der Palazzo Municipale. Im Erdgeschoss einiger Palazzi sind Restaurants und Cafés eingerichtet, von deren Terrassen man die Stimmung des Platzes sehr gut einfangen kann.

Hinter einem Reiterstandbild des italienischen Königs Vittorio Emanuele II. befindet sich der von einer kleinen Grünanlage eingefasste Münchner-Kindl-Brunnen, ein Geschenk von Veronas Partnerstadt München.

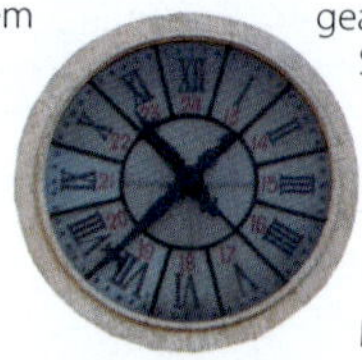

Uhr am Stadttor Portoni della Brà

❽ Museo Lapidario Maffeiano

Piazza Brà 28. 045 590 087. Di–So 8.30–14 Uhr. 1. Jan, 25., 26. Dez.

Das »Steinmuseum« gehört zu den ältesten archäologischen Museen in Europa. Es enthält unterschiedlichste architektonische Fragmente, die die einstige Pracht der römischen Stadt erkennen lassen. Zu den hier präsentierten Objekten gehören viele wunderschön gearbeitete Grabmäler, Skulpturen und Reliefs. Ein großer Teil der Sammlung besteht aus griechischen Inschriften, die der Gründer des Museums, Scipione Maffei, im 18. Jahrhundert zusammengetragen hat.

Im Barocksaal der benachbarten Accademia Filarmonica (Via dei Mutilati 4) finden oft klassische Konzerte statt.

❾ Castelvecchio

Corso Castelvecchio 2. 045 806 2611. tägl. 8.30–19.30 Uhr (Mo ab 13.30 Uhr). 1. Jan, 25., 26. Dez. **museodicastelvecchio.comune.verona.it**

Die mächtige Festung, die der Scaligerherrscher Cangrande II. 1355–75 errichten ließ, beherbergt heute eine der wertvollsten Kunstsammlungen der Region Veneto. Hierzu wurden von Carlo Scarpa zwischen mehreren Gebäudekomplexen neue Verbindungswege geschaffen, von denen aus das Bauwerk selbst ebenso faszinierend zur Geltung kommt wie die Ausstellungsstücke darin.

Die erste Abteilung der Sammlung ist der spätrömischen/frühchristlichen Zeit gewidmet und enthält u. a. Tafelsilber (7. Jh.) mit Abbildungen kämpfender Ritter, Broschen (5. Jh.) und bemaltes Glas. Die Martyriumsdarstellungen der Heiligen Sergius und Bacchus auf den Marmorsarkophagen aus dem Jahr 1179 sind erschütternd realistisch.

Die nächste Abteilung, die die Kunst des Mittelalters und der Frührenaissance umfasst, verdeutlicht den Einfluss Nordeuropas, was auf einen überaus regen Austausch zwischen Verona und den Gebieten nördlich der Alpen schließen lässt. Im Gegensatz zu den Heiligen- und Madonnendarstellungen der toskanischen Kunst liegt der Schwerpunkt hier auf brutalem Realismus. Paradebeispiel ist die Kreuzigung mit Heiligen (14. Jh.), die den gemarterten Leib Christi und die schmerzverzerrten Gesichter der Trauernden realistisch wiedergibt.

Türme und zinnenbekrönte Mauern der Scaligerburg Castelvecchio

◀ **Blick auf die stimmungsvoll beleuchtete Arena *(siehe S. 164f)***

Der römische Arco dei Gavi (1. Jh.)

Ungleich poetischer ist Stefano da Veronas *Rosengartenmadonna*, die Anspielungen auf Mythen enthält, so die Gestalt der Fortuna mit Glücksrad. Das Gemälde zeigt die Jungfrau Maria in einem Garten, umgeben von Vögeln und Engeln.

Andere Madonnenbildnisse (15. Jh.), die Bellini zugeschrieben werden, sind zwischen Werken der Spätrenaissance eine Etage höher zu sehen. Schmuckgegenstände, Rüstungen und Schwerter füllen die nächsten Räume. Einige stammen aus dem 6. und 7. Jahrhundert, als Verona Teutonenangriffen ausgesetzt war.

Hinter dem Saal mit den Rüstungen können Besucher dem Weg folgen, der zur Flussseite des Kastells führt und eine grandiose Aussicht auf die Etsch und den Ponte Scaligero bietet. Ein paar Schritte weiter stößt man auf das Reiterstandbild von Cangrande I. (14. Jh.). Die Statue schmückte ursprünglich das Grabmal von Cangrande. Pferd und Reiter sind prunkvoll gewandet, trotz Cangrandes eher harmlosen Grinsens wirken seine Züge eindrucksvoll.

Dahinter befinden sich weitere Gemäldegalerien mit Bildern zahlreicher berühmter Meister. Beachten Sie insbesondere Veroneses *Kreuzabnahme* (1565) und ein Porträt, das manche Kunsthistoriker Tizian zuschreiben, während andere meinen, es stamme von Lorenzo Lotto.

⑩ Ponte Scaligero

Cangrande II. ließ die Brücke 1354–76 errichten. 1945 sprengten sie deutsche Truppen bei ihrem Rückzug, doch die Einwohner der Stadt scheuten keine Mühe, sie wiederaufzubauen. Die Arbeit war in der Tat mühsam, denn um das Mauerwerk zu retten, musste der Fluss stellenweise ausgebaggert werden.

Die Brücke verbindet Castelvecchio mit dem am Nordufer der Etsch gelegenen Arsenal, das die Österreicher 1840–61 erbauten und das heute an den Stadtpark grenzt. Wenn man von der Grünanlage zurückblickt, kann man erkennen, dass der Fluss die Festung als natürlicher Wassergraben schützte, während die Brücke den Burgbewohnern die Möglichkeit zur Flucht offenließ.

Reiterstandbild von Cangrande I.

⑪ Arco dei Gavi

Neben dem massiven Mauerwerk von Castelvecchio wirkt der römische Triumphbogen trotz seiner stolzen Größe geradezu schmächtig. Ursprünglich überspannte er die größte Römerstraße, die nach Verona führte, den heutigen Corso Cavour. Die französischen Truppen, die im Jahr 1805 Castelvecchio besetzten, richteten den Bogen derart zu, dass man 1933 beschloss, ihn sicherheitshalber an diese weniger exponierte Stelle zu versetzen.

Einige schöne Palazzi aus Mittelalter und Renaissance (Hausnummern 10, 11 und 19) säumen den Corso Cavour. Etwas weiter entfernt steht das alte römische Stadttor, die Porta dei Borsari *(siehe S. 38)*.

⑫ San Fermo Maggiore

Stradone San Fermo. ☎ 045 592 813.
🕐 März–Okt: Mo–Sa 10–18, So 13–18 Uhr; Nov–Feb: Mo–Sa 10–13, 13.30–17, So 13–17 Uhr.
W chieseverona.it

Beim Ponte Navi am Etschufer befindet sich die Doppelkirche San Fermo Maggiore. Dass es sich um zwei Kirchen handelt, erkennt man u.a. an der uneinheitlichen Chorpartie. Über die romanischen Rundbogen ragen die Spitzbogen des jüngeren gotischen Baus empor.

Die Unterkirche von 1065 ist wegen häufigen Wassereinbruchs recht feucht. Eindrucksvoller wirkt die Oberkirche (1313), die ein herrliches Kielgewölbe und reichen Freskenschmuck enthält.

Die Fresken (14. Jh.) hinter dem Hauptportal stammen von Stefano da Zevio und illustrieren das Schicksal von vier Franziskanermissionaren, die im 14. Jahrhundert nach Indien reisten. Daneben steht das Brenzoni-Mausoleum (1439) Giovanni di Bartolos, das Pisanellos Verkündigungs-Fresko (1426) umrahmt. Auf der Südseite befindet sich eine Kanzel (1396), umgeben von Fresken der Evangelisten und Kirchenväter.

Ponte Scaligero, Teil des alten Verteidigungssystems von Castelvecchio

Hotels und Restaurants in Verona *siehe Seiten 181 und 195*

⑬ San Zeno Maggiore

Der hl. Zeno, dem die 1120 – 38 errichtete Kirche geweiht ist, war der erste Bischof Veronas und wurde zum Schutzheiligen der Stadt. Schon zu Lebzeiten verehrte man ihn als Heiligen. Die reich verzierte romanische Kirche zählt zu den schönsten Beispielen der Baukunst jener Epoche in Norditalien. An seiner Fassade zeigt das Gotteshaus Marmorreliefs, die den Bronzetürfeldern (Wunder Zenos) in nichts nachstehen. Unter der Fensterrose ruht der Portalbaldachin auf zwei Säulen. Zwei Türme flankieren die Fassade: rechts der schlanke Backsteinglockenturm, links ein massiver Wehrturm, in dem König Pippin (777– 810) begraben sein soll.

Fassadenschmuck

Kielgewölbe
Das Mittelschiff wird von einem hölzernen Kielgewölbe mit kleeblattförmigem Querschnitt überspannt. Es wurde 1386 beim Neubau der Apsis ergänzt.

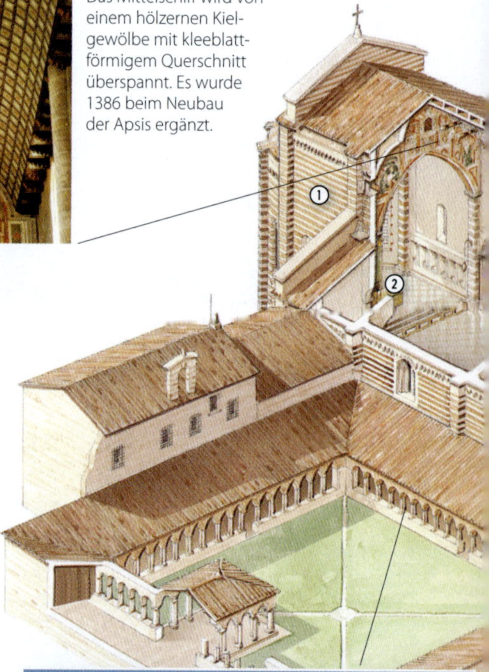

Außerdem

① **Helle und dunkle Streifen** im Mauerwerk der Kirche sind ein typisches Merkmal romanischer Bauten in Verona.

② **Das dreiteilige Altarbild** (1457 – 59) von Andrea Mantegna zeigt die Muttergottes mit Kind und verschiedenen Heiligen. Auch der vergoldete Rahmen des Triptychons wird Mantegna zugeschrieben.

③ **Der Glockenturm**, dessen Bau 1045 begonnen wurde, erreichte im Jahr 1173 seine heutige Höhe von 72 Metern.

④ **Den Lettner** schmücken Marmorstatuen von Christus und den Aposteln aus dem Jahr 1250.

⑤ **In der großen Krypta** befindet sich das Grab des hl. Zeno, der 362 zum Bischof von Verona ernannt wurde und 380 starb.

⑥ **Die Fensterrose** ist als Glücksrad gestaltet: Die Randskulpturen stellen den Aufstieg und den Fall des Menschen dar.

⑦ **Die marmornen Wandfelder** aus dem Jahr 1140 seitlich vom Portal zeigen links das Leben Jesu und rechts Szenen aus der Schöpfungsgeschichte.

★ Kreuzgang
An die Kirche grenzt ein Kreuzgang (1293 –1313), der von romanischen Rundbogen in der einen und gotischen Spitzbogen in der anderen Hälfte geschmückt ist.

Langhaus und Hauptaltar
Das Langhaus der Kirche ist einer altrömischen Basilika (Gerichtshalle) nachempfunden. Der Hauptaltar befindet sich auf einer erhöhten Tribuna (Apsis), auf der der Richterstuhl stand.

Infobox

Information
Piazza San Zeno 2. ☎ 045 800 6120. ◯ März–Okt: tägl. 8.30–18 Uhr (So ab 12.30 Uhr); Nov–Feb: Mo–Sa 10–13, 13.30–17, So 12.30–17 Uhr. ✝ unterschiedl. ● während Gottesdiensten. 🎧 ♿
W basilicasanzeno.it

Anfahrt
🚌 31, 32, 33.

★ Westportal
Beide Flügel des Holzportals sind mit 24 Bronzetafeln verziert, sodass der Eindruck einer massiven Bronzetür entsteht. Das farbige Tympanonrelief zeigt den hl. Zeno mit Patriziern der Stadt.

Fresko
Das Mitte des 14. Jahrhunderts entstandene Fresko zeigt den Kampf des hl. Georg mit dem Drachen.

Bronzetüren

Die 48 ausdrucksstarken Bronzereliefs am Westportal zeigen biblische Szenen und Episoden aus dem Leben des hl. Zeno. Der linke Türflügel (1030) stammt von einem früheren Bau. Die rechte Hälfte entstand rund 100 Jahre später. Riesige Glotzaugen sowie osmanische Kopfbedeckungen, Rüstungen und Architektur bestimmen das Bild. Die Bedeutung einiger Szenen ist bis heute ungeklärt – beispielsweise die der Frau, die zwei Krokodile säugt.

Christus in der Vorhölle | **Christi Himmelfahrt** | **Römischer Kopf**

Blick vom Teatro Romano über die Etsch auf Veronas Altstadt

⓮ Teatro Romano

Rigaste Redentore 2. 045 800 0360. tägl. 8.30–19.30 Uhr (Mo ab 13.30 Uhr; bei Veranstaltungen kürzere Öffnungszeiten).

Auch am anderen Ufer der Etsch, das man von der Altstadt am besten über den Ponte Pietra *(siehe S. 39)* erreicht, wartet Verona mit einigen Sehenswürdigkeiten auf. Schon beim Passieren der auch als Ponte Romano bekannten Brücke blickt man auf die steil ansteigenden Zuschauerränge des Teatro Romano.

Als das Theater im 1. Jahrhundert v. Chr. eröffnet wurde, standen auch satirische Stücke von Dramatikern wie Terenz und Plautus auf dem Spielplan – eine Tradition, die sich in den Open-Air-Vorstellungen des Shakespeare-Festivals fortsetzt.

Das Theater ist in den Hang eines Hügels hineingebaut. Die Aussicht über den Fluss und die dahinterliegende Stadt dürfte schon die damaligen Theaterbesucher fasziniert haben. Von der Bühne ist kaum etwas erhalten, die halbkreisförmigen Sitzreihen sind umfassend restauriert worden – letztmals im Frühling 2015.

⓯ Museo Archeologico

Rigaste Redentore 2. 045 800 03 60. tägl. 8.30–19.30 Uhr (Mo ab 13.30 Uhr).

Vom Teatro Romano bringt Sie ein Aufzug zu dem darüberliegenden einstigen Kloster, das heute ein archäologisches Museum beherbergt und neben seiner ausgezeichneten Sammlung ebenfalls eine prachtvolle Aussicht auf die Stadt bietet. In der ersten Abteilung sind sorgfältig restaurierte Mosaiken zu bewundern. Eines zeigt einen der blutigen Gladiatorenkämpfe, wie sie in der Antike in Veronas Arena *(siehe S. 164–167)* stattfanden. Erst der christliche Kaiser Flavius Honorius (384–423) setzte diesen »Spielen« im 5. Jahrhundert ein Ende.

Büste des Augustus, Museo Archeologico

In einer der angrenzenden Klosterzellen ist die Büste des ersten römischen Kaisers Augustus ausgestellt, dem es im Jahr 31 v. Chr. gelungen war, seine Konkurrenten Marcus Antonius und Kleopatra auszuschalten und das Römische Reich als Alleinherrscher zu regieren. Wer für die Frauenbüste nebenan Modell saß, ist unbekannt.

Es folgen der Kreuzgang mit Mosaiken und Relieffragmenten und eine Reihe von Räumen mit Glas- und Keramikwaren, Inschriften und Grabmälern. Zum Ende der Ausstellung hin sind die Exponate nicht mehr beschriftet, die Bestimmung von Art und Alter der Gegenstände bleibt der Fantasie des Besuchers überlassen.

⓰ Santo Stefano

Vicolo Scaletta Santo Stefano. 045 834 8529. tägl.

Der Kirchenbau zählt zu den ältesten Veronas. Er wurde im 6. Jahrhundert geweiht und diente bis ins 12. Jahrhundert als Kathedrale, bis am gegenüber liegenden Ufer der Etsch der neue Dom *(siehe S. 163)* errichtet wurde. Wer Santo Stefano besucht, wird mit einem atemberaubenden Blick über den Dom und das angrenzende Bischofspalais belohnt. Ungefähr zur Entstehungszeit des Doms wurde Santo Stefano von lombardischen Architekten erneuert und erhielt den achteckigen, roten Backsteinglockenturm. Die Apsis blieb unangetastet.

Im Inneren befinden sich ein byzantinisch beeinflusstes Ensemble aus Bischofsstuhl und Bank sowie eine Galerie und Kapitelle aus dem 8. Jahrhundert. Die meist verschlossene Apsis stammt wohl aus dem 6. Jahrhundert. In der Krypta sind Freskenfragmente aus dem 13. Jahrhundert und eine Petrusstatue (14. Jh.) zu sehen.

Hoch über der Kirche ragt im Osten das von Zypressen umsäumte Castel San Pietro auf. Der heutige Bau entstand 1854 unter österreichischer Herrschaft, steht jedoch auf den Grundmauern einer früheren Festung, die die Mailänder Visconti errichteten, als sie 1387 Verona eroberten.

Petrusstatue, Santo Stefano

⓱ San Giorgio in Braida

Piazzetta San Giorgio 7. 045 834 0232. tägl.

San Giorgio ist eine der wenigen Renaissance-Kirchen Veronas mit hoher Kuppel. Der Bau basiert

Junger Hahn: Einlegearbeit in der Kirche Santa Maria in Organo

auf einem Entwurf von Michele Sanmicheli und wurde 1477 begonnen. Sanmicheli ist auch der Schöpfer des von klassischen Vorbildern inspirierten Altars mit Paolo Veroneses *Martyrium des heiligen Georg* (1566). Dieses berühmte Bild wird jedoch von einem anderen in den Schatten gestellt, das Girolamo dai Libri 1526 malte: *Madonna mit Kind und den Heiligen Zeno und Lorenzo Giustiniani* zeigt eine mit vielen Details versehene Hintergrundlandschaft.

⑱ Santa Maria in Organo

Piazzetta Santa Maria in Organo 1. 045 591 440. tägl.

Die Kirche birgt einige der schönsten Einlegearbeiten Italiens. Sie stammen von dem Architekten Fra Giovanni Giocondo, der 1477–1501 an diesen illusionistischen Intarsien arbeitete. Die Lehnen der Chorbänke und die Schranktüren in der Sakristei sind in liebevoller Kleinarbeit mit höchst ergötzlichen Details verziert. Durch eine interessante Interpretation der Perspektive gelang es Fra Giovanni, selbst flachen Landschaften Tiefe zu verleihen und die Schränke mit Büchern, Musikinstrumenten und Obstschalen zu »füllen«. Am reizendsten sind die kleinen Tierbilder – der Hase auf dem Pult sowie die Eule und der Hahn in der Sakristei.

⑲ Giardino Giusti

Via Giardino Giusti 2. 045 803 4029. Apr–Sep: tägl. 9–20 Uhr; Okt–März: tägl. 9–19 Uhr. 25. Dez.

Zwischen den Fassaden der Via Giardino Giusti liegt versteckt der Eingang zu einem der schönsten Renaissance-Gärten Italiens. Er wurde 1580 angelegt und stellt – wie viele Gärten dieser Zeit – Natur und Kunst bewusst nebeneinander. Der unteren Gartenanlage mit Formsträuchern, geometrischen Wegen, Skulpturen und Topfpflanzen stehen die eher natürlichen oberen Terrassen gegenüber.

Zu den frühen Besuchern des Giardino zählte der Engländer Thomas Coryate, der die Anlage 1611 als »zweites Paradies« bezeichnete. Auch Goethe lobte 1786 die »ungeheuren Zypressen« und die »treffliche Lage«. Heute ist der Garten der ideale Ort, um eine Pause einzulegen.

⑳ Museo Civico di Storia Naturale

Lungadige Porta Vittoria 9. 045 807 9400. Mo–Do 9–17, Sa, So 14–18 Uhr. 1. Jan, 25. Apr, 1. Mai, 25. Dez. **museodistorianaturale.comune.verona.it**

Das Naturgeschichtliche Museum von Verona besitzt eine herausragende Sammlung von Fossilien, die selbst Laien begeistern kann. Ganze Fische, Farnblätter und Libellen sind bis ins kleinste Detail erhalten. Die Versteinerungen stammen zum Großteil aus den Ausläufern der Dolomiten nördlich der Stadt.

Versteinerter Fisch im Museo Civico di Storia Naturale

Über frühe menschliche Siedlungen informieren Funde aus der Umgebung des Gardasees, es gibt sogar Rekonstruktionen ganzer Dörfer. In der oberen Etage bieten Vitrinen mit ausgestopften Vögeln, Säugetieren und Fischen Einblick in die heutige Fauna der Region.

Zypressen, Formhecken und Skulpturen im Giardino Giusti

ZU GAST AM GARDASEE

Hotels

Die populäre Ferienregion verfügt über ein riesiges Angebot an Unterkünften sämtlicher Kategorien und für alle Zielgruppen. Urlauber, die großen Wert auf besonderes Flair oder Design legen, werden ebenso fündig wie Gäste, die ihr Hotel nur »zum Schlafen« nutzen wollen und keinen Wert auf spezielle Ausstattung legen. Luxushotels lassen keine Wünsche offen, umfassende Verwöhnprogramme mit herkömmlichen wie exotischen Wellness- und Beauty-Angeboten bieten Spa-Hotels *(siehe S. 210f)*. Das reiche Angebot an Unterkünften umfasst auch diverse Alternativen zu Hotels. Wer mehr Platz benötigt, wählt vielleicht eher eine Ferienwohnung, die auch für Familien eine Option ist. Agriturismi bieten Einblick in authentisches Landleben. Campingplätze runden das Spektrum ab.

Hotel Sole Riva ***(siehe S. 178)*** **am Ufer von Riva del Garda**

Hotelklassen

Die Hotels am Gardasee sind – wie überall in Italien – nach einem Sternesystem eingestuft, das bei der Fülle an Angeboten Orientierung bietet. Ein Stern steht für ein Minimum an Komfort, fünf Sterne für eine luxuriöse Ausstattung. Die Vier-Sterne-Kategorie bietet erstklassigen Service, ohne den sehr hohen Preis eines Fünf-Sterne-Hotels zu verlangen. Drei-Sterne-Unterkünfte, insbesondere Familienbetriebe, zeichnen sich in Italien in der Regel durch ein besonders gutes Preis-Leistungs-Verhältnis aus.

Zu den meisten Hotels gehört ein Restaurant, das nicht nur den Hotelgästen offensteht. Alle Hotels, gleich welcher Kategorie, haben eine Reihe an Service-Angeboten. So verleihen einige Hotels etwa Fahrräder und bieten kostenloses WLAN. Auch in Spa-Hotels *(siehe S. 210f)* stehen die Angebote ebenfalls Besuchern offen, die hier nicht übernachten.

Preise

Die Preise für Unterkünfte variieren nach Lage und Ausstattung. Für eine Suite in einem Luxushotel muss man deutlich mehr als 300 Euro pro Übernachtung bezahlen, während ein Doppelzimmer in einem einfachen, zweckmäßig ausgestatteten Hotel für unter 100 Euro zu haben ist. Preisnachlässe für mehrtägige oder gar mehrwöchige Aufenthalte sind in der Hochsaison nicht zu erwarten, zu anderen Zeiten kann man danach fragen. Auf den Websites der in der Hotelauswahl *(siehe S. 178–181)* vorgestellten Unterkünfte kann man sich über Ausstattung und Preise informieren.

Mit Kindern reisen

Im kinderfreundlichen Italien sind Kinder meist überall gern gesehen. Kinderbetten, die bei Bedarf ins Zimmer gestellt werden können, sind vorhanden. Manche Hotels verfügen über Familienzimmer mit abgetrennten Schlafbereichen oder zwei Räumen mit Verbindungstür. Die Restaurants haben Hochstühle und bereiten auch Kinderportionen zu. Einige größere Hotels bieten sogar einen Babysitter-Service.

Agriturismo

Ferien auf einem *agriturismo* genannten Landgut sind ideal, um regionale Traditionen kennenzulernen. Die Mahlzeiten werden oft aus eigenen Erzeugnissen – darunter Milchprodukte, Fleisch, Gemüse und Honig – nach alter Tradition zubereitet. So kann man regionale Spezialitäten kosten.

Eingebettet zwischen Weinbergen südöstlich von Desenzano del Garda liegt **Cascina Le Preseglie**. Das Anwesen, auf dem auch Wein produziert wird, umfasst einen gut ausgestatteten Wellnessbereich. In der **Azienda Agricola Le Quattro Stagioni** wird auf über zehn Hektar Obst-, Gemüse-, Oliven- und Weinanbau sowie Schafzucht betrieben, Gäste wohnen in rustikal eingerichteten, aber modern ausgestatteten Zimmern.

Ferienwohnungen

Der Gardasee ist ein Reiseziel für die ganze Familie. Ideal für Eltern mit Kindern oder aber für einen längeren Aufenthalt sind komplett eingerichtete Ferienwohnungen, in denen man sich

Fliese im Hotel Meublé Grifone, Sirmione ***(siehe S. 180)***

◀ **Salon der Villa Feltrinelli in Gargnano – einst Sommerresidenz, heute ein Luxushotel** ***(siehe S. 180)***

Hotel Olivi, beliebtes Spa-Hotel in Sirmione ***(siehe S. 180)***

besser ausbreiten kann als in einem engen Hotelzimmer. In bester Lage direkt an Torboles Seeufer befindet sich **Casa al Sole**. Die Zweizimmerwohnungen sind geräumig und verfügen über einen Balkon mit Seeblick und einen Garten. Ein Abstellraum für Surfboards und Fahrräder ist vorhanden.

Die unterschiedlich großen Ferienwohnungen von **Appartamenti Leon d'Oro** in der Altstadt von Riva del Garda sind individuell eingerichtet. Im Erdgeschoss des mit Lift ausgestatteten Hauses ist ein mittags und abends geöffnetes Restaurant, das italienische Spezialitäten serviert, untergebracht.

Camping

Am Ufer des Gardasees und im Hinterland gibt es zahlreiche Campingplätze unterschiedlicher Kategorien. Das Niveau in Bezug auf die Ausstattung der Plätze wurde in den letzten Jahren deutlich angehoben. Manche haben Pool und Badestrand und bieten zudem viele Sportmöglichkeiten. Auf immer mehr Plätzen wohnt man mittlerweile in Bungalows, Wohnwagen oder gar in Apartments. Ein weiterer Trend ist, dass viele Gäste im Wohnmobil anreisen. Urlauber, die im Zelt schlafen, sind auf solchen Plätzen inzwischen in der Minderheit. In der Hauptsaison sind viele Dauercamper zu Gast, sodass die Anzahl der Stellplätze für Kurzurlauber überschaubar sein kann. Vor allem für einen Aufenthalt im Juli und August sollte man seinen Platz bereits mehrere Monate im Voraus reservieren.

Hotel Rovereto, Rovereto ***(siehe S. 178)***

Camping Cisano & San Vito am Seeufer von Bardolino bietet auch Unterkünfte wie Bungalows und Wohnwagen. Zum Gelände gehören mehrere Pools. Nicht alle Plätze um den Gardasee liegen am Ufer – **Camping Brione** bei Riva del Garda erstreckt sich mitten in einem alten Olivenhain. Wer naturnahes Campen bevorzugt und auf Stromanschluss verzichten kann, wählt hier einen nur zu Fuß erreichbaren Zeltplatz mitten im Hain. Wesentlich komfortabler wohnt man in den Bungalows von **Camping Sirmione**.

Hotelkategorien

Die Hotels in der Hotelauswahl *(siehe S. 178–181)* sind nach Regionen gegliedert, die den Kapiteln dieses Reiseführers entsprechen, innerhalb der Region alphabetisch nach Städten und Preiskategorien gelistet und in verschiedene Hotelkategorien eingeteilt.

»Luxus« ist die Bezeichnung für Hotels am obersten Ende der Preisskala, die mit höchstem Komfort, erstklassigem Service und allerbester Ausstattung wie etwa einem Spitzenrestaurant und einem perfekt ausgestatteten Wellnessbereich überzeugen.

Bei den Kategorien »Boutique« bzw. »Historischer Charme« handelt es sich um Häuser mit besonderem Design bzw. edlem oder nostalgischem Ambiente.

»Gästehaus« steht für Gemütlichkeit und persönliches Flair, die Kategorie »Komfort« bezeichnet eher funktional ausgestattete Hotels mit einer Reihe von Annehmlichkeiten. »Spa-Hotels« bieten mit ihren Wellnessoasen und vielfältigen Anwendungen alles für einen erholsamen Aufenthalt.

Die **Vis-à-Vis-Tipps** heben bestimmte Hotels hervor – Häuser mit außergewöhnlichem Service, grandioser Lage, schöner Ausstattung oder einer Kombination aus allem.

Auf einen Blick

Agriturismo

Agriturismo Il Casale del Lago
Villa della Calma 24, Località Pasture, Gardone Riviera.
☎ 0365 201 67.
W **ilcasaledellago.com**

Azienda Agricola Le Quattro Stagioni
Località Gerone, Arco.
☎ 0464 532 623.
W **masole4stagioni.it**

Cascina Le Preseglie
Località Preseglie, Desenzano del Garda.
☎ 030 910 8195.
W **agriturismo lepreseglie.com**

Ferienwohnungen

Appartamenti Leon d'Oro
Via dei Fabbri 29, Riva del Garda.
☎ 0464 557 631.
W **leondororiva.it**

Casa al Sole
Via della Lòva 20, Torbole.
☎ 0464 505 434.
W **casaalsole.it**

La Porta del Cuore
Via Strappazocche 14, Arco.
☎ 0464 517 799.
W **laportadelcuore.it**

Camping

Camping Brione
Via Brione 32, Riva del Garda.
☎ 0464 520 885.
W **campingbrione.com**

Camping Cisano & San Vito
Via Peschiera 48, Bardolino.
☎ 045 622 9098.
W **camping-cisano.it**

Camping Sirmione
Via Sirmioncino 9, Sirmione.
☎ 030 919 045.
W **camping-sirmione.it**

Hotelauswahl

Nördlicher Gardasee

Arco

Hotel Sole Holiday €
Komfort K G4
Via Foro Boario 5, 38062
0464 516 676
soleholiday.com
Familiengeführtes Hotel, das ideal für Sportler ist (Boulderraum, Abstellraum und Reparaturservice für Fahrräder). Es gibt auch Apartments. Sauna, Whirlpool. Frühstück bis 12 Uhr.

Villa delle Rose €
Komfort K G4
Via Santa Caterina 4, 38062
0464 519 091
villadellerosearco.it
Modernes Hotel für sportliche und gesundheitsbewusste Gäste. Im Winter Hallenbad, im Sommer Pool. Garage zur Aufbewahrung von Sportgeräten vorhanden.

Riva del Garda

Hotel Bellavista €€
Komfort K G4
Piazza Cesare Battisti 7, 38066
0464 554 271
soleholiday.com
In den komfortablen Zimmern und Apartments dominieren Gelb- und Blautöne. Dachterrasse mit Liegestühlen, My Wellness Spa. Als Willkommensgruß gibt es Schokolade und Kekse.

Grand Hotel Liberty €€
Historischer Charme K G4
Viale Carducci 3/5, 38066
0464 553 581
grandhotelliberty.it
Hier gibt es stilvolle Zimmer in einem herrschaftlichen Palazzo (19. Jh.). Gelungener Mix aus nostalgischem Flair und topmoderner Ausstattung. Pool, Wellness- & Beauty-Center, Fitnessraum.

Hotel Sole Riva €€
Komfort K G4
Piazza III Novembre 35, 38066
0464 552 811
hotelsoleriva.it
Schönes Hotel mit jeder Menge Komfort. Wellnessbereich mit Sauna und Hydromassage, Sonnenterrasse mit Liegen und Restaurant mit Terrasse am See. Kostenloser Fahrradverleih.

Du Lac et du Parc €€€
Luxus K G4
Viale Rovereto 44, 38066
0464 566 600
dulacetduparc.com
Luxushotel, das keine Wünsche offenlässt. Es gibt einen riesigen Park mit Tennisplätzen, Pools und kleinen Seen. Traumhafte Verwöhnprogramme im ArmoniA Spa *(siehe S. 210)*.

Lido Palace €€€
Luxus K G4
Viale Giosuè Carducci 10, 38066
0464 021 899
lido-palace.it
Luxus pur in einem majestätisch wirkenden Jugendstil-Palazzo (1899) mit herrlichem Park (12 500 m²). Der Wellnessbereich bietet vielfältige Anwendungen aus aller Herren Länder.

Rovereto

Vis-à-Vis-Tipp

Casa del Pittore €
Historischer Charme K H4
Via Acquedotto 8, 38068
0464 486 856
casadelpittore.it
Kleines, aber charmantes Hotel mit heimeliger Atmosphäre. Die Bibliothek im »Haus des Malers« verströmt nostalgisches Flair. Die Zimmer sind mit Eichenparkett ausgestattet, Betten und Schränke zum Teil mit Schnitzereien verziert. Vom Garten blickt man über das Etschtal auf das Monte-Baldo-Massiv.

Hotel Rovereto €
Boutique K H4
Corso Rosmini 82, 38068
0464 435 222
hotelrovereto.it
Die Zimmer der familiengeführten Pension im Zentrum sind stilvoll und mit Bildern zeitgenössischer Künstler versehen. Hübsches Restaurant. Kurzum: eine Unterkunft für Romantiker.

Preiskategorien
Die Preise gelten für ein Standard-Doppelzimmer pro Nacht (Hochsaison), inklusive Steuern und Service.

€	unter 100 Euro
€€	100 – 200 Euro
€€€	über 200 Euro

Torbole

Hotel Benaco €
Komfort K G4
Via Benaco 35, 38069
0464 505 364
onbenaco.com
Komfortabel ausgestattete Zimmer. Abstellraum für Fahrräder und Surfboards. Outdoor-Fans buchen hier gern Halbpension. Pizzeria am kleinen Hafenbecken.

Hotel Lago di Garda €€
Boutique K G4
Lungolago Verona 11, 38069
0464 505 111
hotellagodigarda.it
Das Hotel bietet modern ausgestattete Zimmer mit klaren Linien und reduzierter Farbgebung sowie Kunst in den öffentlichen Bereichen. Wellness-Center.

Östlicher Gardasee

Bardolino

Hotel Catullo €€
Komfort K F8
Lungolago Lenotti 8, 37011
045 621 2576
hotelcatullobardolino.it
Die Lage am Hafenbecken zwischen Ruine der Scaligerburg und Rathaus ist hervorragend. Pizzeria an der Uferpromenade. Pool mit Hydromassage.

Color Hotel €€
Boutique K F8
Via S. Cristina 5, 37014
045 621 0857
colorhotel.it

Hotel Benaco in idyllischer Lage am Hafenbecken von Torbole

Hotelkategorien *siehe Seite 177*

Die Zimmer und Suiten des Hauses sind farblich stimmungsvoll eingerichtet. Vier Swimmingpools, schöner Garten, Terrasse und Gourmet-Restaurant. Kostenlose Fahrräder.

Hotel Caesius Therme €€€
Spa-Hotel K F8
Via Peschiera 3, 37011
📞 045 721 9100
W hotelcaesiusterme.com
Eine Wohlfühloase mit Thermalzentrum, Wellness-Center und Private Spa für individuelle Anwendungen. Bei Bedarf auch Ayurveda-Behandlungen.

Hotel Du Lac et Bellevue €€€
Komfort K F8
Loc. Santa Cristina, 37011
📞 045 621 0355
W hoteldulacbellevue.com
Eines der besten Hotels am Platz, direkt an der Seepromenade. Hoteleigener Strand, Pool, Wellnessbereich, mediterranes Restaurant. Fahrradverleih im Haus.

Brenzone sul Garda

La Caletta Hotel Bolognese €€
Komfort K F6
Via Amerigo Vespucci 44, 37010
📞 045 743 0159
W hotel-bolognese.it
Hotel am Seeufer mit eigenem Strand und Terrassenrestaurant. Alle Zimmer haben Holz- oder Fliesenboden (keine Teppiche).

Garda

Hotel degli Olivi €€
Gästehaus K E8
Via Olivai 2/4, 37016
📞 045 725 5637
W hoteldegliolivi.com
Familiengeführtes Haus inmitten eines alten Olivenhains und abseits vom Trubel am See. Die Hotelgäste haben freien Zutritt zur Wellness-Oase Gardaqua *(siehe S. 211)*.

Hotel Tre Corone €€
Komfort K E8
Lungolago Regina Adelaide 54, 37016
📞 045 725 5033
W hoteltrecorone.it
Traditionshaus, das aus einer 1860 gegründeten Poststation hervorging. Von der Terrasse blickt man auf den Hafen und die Rocca di Garda.

Regina Adelaide Hotel €€€
Boutique K E8
Via San Francesco Assisi 23, 37016
📞 045 725 5977
W regina-adelaide.it

Gardaland Hotel im Vergnügungspark, Castelnuovo del Garda ***(siehe S. 180)***

Elegante Villa mit vier raffiniert miteinander verbundenen Gebäuden. Individuell gestaltete Zimmer, zum Teil mit Stilmöbeln. Pool, Wellness-Center, Kochkurse.

Lazise

Alla Grotta €
Boutique K F9
Via F. Fontana 8, 37017
📞 045 758 0035
W allagrotta.it
Kreativ konzipiertes Hotel über einem Restaurant mit acht individuell gestalteten Zimmern und vier Suiten. Die Farbgebung reicht von sanft bis kontrastreich.

Hotel Principe di Lazise €€€
Spa-Hotel K F9
Loc. Le Greghe, 37017
📞 045 649 0177
W hotelprincipedilazise.com
In den Zimmern (mit Design-Bädern und Holzparkett) herrschen die Farbe Weiß und Naturtöne vor. Wellnessbereich Aquavitae mit Top-Ausstattung.

Villa dei Cedri €€€
Spa-Hotel K F9
Piazza di Sopra 4, Colà di Lazise, 37017
📞 045 759 0988
W villadeicedri.it
Venezianische Villa mit historischem Flair und perfektem Wellness-Center im Parco Termale del Garda. Hier beginnt das Wellnessprogramm schon im Badezimmer *(siehe S. 210)*.

Malcesine

Hotel San Marco €
Gästehaus K G6
Via Capitanato 9, 37018
📞 045 740 0115
W sanmarcomalcesine.it
Hinter der renovierten Fassade in leuchtendem Orange verbergen sich modern eingerichtete Zimmer. Im Erdgeschoss Terrassenrestaurant an der Seepromenade.

Beach Hotel Du Lac €€
Komfort K G6
Via Gardesana 63, 37018
📞 045 740 0156
W dulac.it
Komfortables Hotel mit eigenem Strand und Badesteg. Pool mit Hydromassage, Seeterrasse mit Whirlpool. Terrassenrestaurant.

Hotel Castello €€
Komfort K G6
Via Paina 21, 37018
📞 045 740 0233
W h-c.it
Familiengeführtes Haus unterhalb der mächtigen Scaligerburg. Hoteleigener Kiesstrand, sonnendurchfluteter Salon mit Seeterrasse. Gutes Restaurant.

Punta San Vigilio

Locanda San Vigilio €€€
Historischer Charme K E8
Punta San Vigilio, 37016
📞 045 725 6688
W locanda-sanvigilio.it/de/camere
Das Haus bietet zwölf unterschiedlich gestaltete Zimmer (teils mit edlen Teppichen oder Holzbalkendecke) mit netten Details. Stilvoller kann man kaum übernachten. Herrlicher Seeblick.

Torri del Benaco

Vis-à-Vis-Tipp

Albergo Gardesana €€
Historischer Charme K E8
Piazza Calderini 5, 37010
📞 045 722 5411
W gardesana.eu
Hotel am malerischen Hafenbecken in einem Haus (15. Jh.) mit Zimmern im venezianischen Stil. Frühstück gibt es im Salon oder auf der Terrasse. Hier residierte schon viel Prominenz – von Winston Churchill bis Laurence Olivier. Sommerliche Musikabende.

Grand Hotel a Villa Feltrinelli, Luxushotel in Gargnano

Südlicher Gardasee

Castelnuovo del Garda

Gardaland Hotel **€€**
Komfort **K** E9
Via Palù 11, 37014
045 640 4000
gardalandhotel.it
Hotel im Gardaland Resort *(siehe S. 108f)* – ideal, wenn man hier zwei Tage bleiben will. Themenzimmer.

Desenzano del Garda

Hotel Vittorio **€€**
Komfort **K** D9
Via Porto Vecchio 4, 25105
030 991 2245
hotelvittorio.it
Schöne Lage am alten Hafen. Modern eingerichtete Zimmer mit starken Farbakzenten.

Villa Rosa Hotel **€€€**
Boutique **K** D9
Via Cesare Battisti 89, 25105
030 914 1974
villarosahotel.eu
Die Zimmer in Brauntönen gehen zum See oder zum Garten. Stilmöbel in den öffentlichen Bereichen, Wasserbecken im Foyer.

Peschiera del Garda

Hotel Bell'Arrivo **€€**
Komfort **K** E10
Piazzetta Benacese 3, 37019
045 640 1322
hotelbellarrivo.it
Von den Zimmern mit Seeblick erlebt man bei Dunkelheit schöne Lichtspiele (nur Mitte März – Mitte Nov geöffnet).

Sirmione

Hotel Catullo **€€**
Boutique **K** D9
Piazza Flaminia 7, 25019
030 990 5811
hotelcatullo.it
Angenehm: Laube und Sonnenterrasse am See sowie ein mit Skulpturen verzierter Garten. Der Pianosalon besitzt knallbunte Sofas. Musikabende.

Hotel Flaminia **€€**
Komfort **K** D9
Piazza Flaminia 8, 25019
030 916 078
hotelflaminia.it
Das Hotel am Seeufer bietet Liegestühle und Sonnenschirme auf der Terrasse. Bar (24 Std.) in der Lobby. Fahrradverleih.

Hotel Olivi **€€€**
Spa-Hotel **K** D9
Via San Pietro in Mavino 5, 25019
030 990 5365
hotelolivi.it
Ein Wohlfühlhotel mit modernen Zimmern, mehreren Restaurants und Lounge-Bar. Zur Auswahl steht ein riesiges Angebot an Verwöhnprogrammen im Natural Spa *(siehe S. 210)*.

Palace Hotel Villa Cortine **€€€**
Luxus **K** D9
Viale C. Gennari 2, 25019
030 990 5890
palacehotelvillacortine.com
Der Traum von Luxushotel liegt in einer altehrwürdigen Villa. Die Zimmer haben Parkettböden, Stilmöbel, Accessoires aus Muranoglas und Marmorbäder.

Westlicher Gardasee

Gardone Riviera

Grand Hotel Fasano **€€€**
Spa-Hotel **K** D7
Via Zanardelli 190, 25083
0365 290 220
ghf.it
Luxushotel und Wellnesstempel unter einem Dach – für viele ist das Haus der Inbegriff von Schönheit. Auch beim Spa eine stilbildende Adresse *(siehe S. 210)*.

Grand Hotel Gardone **€€€**
Luxus **K** D7
Via Zanardelli 84, 25083
0365 202 61
grandhotelgardone.it
Das Grand Hotel am Fähranleger war einst die populärste Residenz am Gardasee. Das Haus ist bemüht, den einstigen Glanz und Stil zu bewahren *(siehe S. 141)*.

Villa Fiordaliso **€€€**
Historischer Charme **K** D7
Via Zanardelli 190, 25083
0365 201 58
villafiordaliso.it
Heimeliges Hotel in einer aufwendig renovierten Jugendstil-Villa, die sich ihren Charme bewahrt hat. Die Zimmer sind nach mediterranen Blumen benannt *(siehe S. 140)*.

Gargnano

Vis-à-Vis-Tipp

La Baia d'Oro **€€€**
Boutique **K** E7
Via Donatori di Sangue 13, 25084
0365 711 71
hotelbaiadoro.it
In jeder Hinsicht ein Hotel mit Stil: charmante Zimmer, Restaurant und Sonnenterrasse am Seeufer sowie Spitzenrestaurant mit edlen Tropfen aus dem gut sortierten Weinkeller. Das Hotel verfügt über eine eigene Anlegestelle für Motorboote (für Gäste kostenlos). Bootsverleih im Haus (auch Boote ohne Führerscheinpflicht).

Grand Hotel a Villa Feltrinelli **€€€**
Historischer Charme **K** E7
Via Rimembranza 38/40, 25084
0365 798 000
villafeltrinelli.com
Ein geschichtsträchtiges herrschaftliches Anwesen mit geradezu verschwenderischem Luxus, umrahmt von einem üppigen Park. Das Ambiente der mit originalen Stilmöbeln ausgestatteten Zimmer ist exklusiv. Gourmet-Restaurant *(siehe S. 149)*.

Lefay Resort **€€€**
Spa-Hotel **K** E7
Via Angelo Feltrinelli 136, 25084
0365 241 800
lefayresorts.com
Das Juwel von Wellness-Hotel in wundervoller Hügellage wird von einem elf Hektar großen Garten umrahmt. Architektur und Ausstattung sind kaum zu toppen. Alles in allem: ein Resort der Superlative *(siehe S. 210)*.

Limone sul Garda

Hotel Ilma €€
Komfort **K** F5
Via Caldogno 1, 25010
0365 954 041
hotelilma.it
Die Anlage umfasst fünf Gebäude mit Zimmern sowie einigen Apartments. Wellness-Center mit orientalischem Flair, Pool und Hallenbad.

Park Hotel Imperial €€€
Spa-Hotel **K** F5
Via Tamas 10b, 25010
0365 954 591
parkhotelimperial.com
Ein Platz zum Wohlfühlen. Diverse Tao-Anwendungen, Infinity-Pool (35 °C), Sauna, Dampfbad, Aromarium. Gäste können die Anlage des Golf Club Arzaga günstiger nutzen.

Manerba del Garda

La Quiete Park Hotel €€
Komfort **K** D8
Via del Rio 92, 25080
0365 954 041
laquieteparkhotel.it
Etwas oberhalb des Ufers gelegenes Hotel, 50 Meter zum Kiesstrand. Es gibt zwei Pools und zwei Tennisplätze. Das Hotel wird gern von Familien gebucht.

Salò

Hotel Duomo Salò €€
Komfort **K** D8
Lungolago Zanardelli 63, 25087
0365 210 26
hotelduomosalo.it
Einige Zimmer des komfortablen Hotels haben Stilmöbel. Jacuzzi auf der Dachterrasse sowie Fitnessraum, Sauna und Whirlpool. Kostenloser Fahrradverleih.

Hotel Bellerive €€€
Komfort **K** D8
Via Pietro da Salò, 25087
0365 520 410
hotelbellerive.it
Hotel in schöner Lage am See mit bestens ausgestatteten Zimmern und Suiten. Neben dem Haupthaus steht eine Villa mit sechs Wohnungen.

Vis-à-Vis-Tipp

Hotel Laurin €€€
Historischer Charme **K** D8
Viale Landi 9, 25087
0365 220 22
hotellaurinsalo.it
Die luxuriöse Unterkunft bietet ein spezielles Ambiente: Jugendstil und nostalgisches Flair, gepaart mit modernstem Komfort in einer altehrwürdigen Villa. Die Zimmer tragen illustre Namen: »La Dolce Vita« für das beste, »Piccola Piccola« für das kleinste, aber immer noch überaus behagliche. Das Hotel Laurin ist seit 1900 in Betrieb.

San Felice del Benaco

Hotel San Filis €€
Gästehaus **K** D8
Via Marconi 5, 25010
0365 625 22
sanfilis.it
Charmante Villa im Zentrum von San Felice mit funktional eingerichteten Zimmern sowie gutem Restaurant. Im Sommer speist man im begrünten Patio (Innenhof). Garten mit Pool.

Tremosine

Hotel Paradiso €
Gästehaus **K** F5
Viale Europa 19, Pieve, 25010
0365 625 22
terrazzadelbrivido.it
Das Hotel in Tremosines Ortsteil Pieve wartet mit einer einzigartigen Lage auf. Von der »Schauderterrasse« *(siehe S. 155)* des Restaurants (mit eigener Konditorei) bietet sich eine grandiose Aussicht. Die Zimmer haben warme Farbtöne. Kamin und Pianobar.

Hotel Giulietta e Romeo, beliebtes Boutique-Hotel in Verona

Verona

All'Opera €€
Gästehaus **K** H10
Via Alberto Mario 11a, 37121
338 858 8763
bbopera.com
Kleines, aber elegantes Gästehaus in unmittelbarer Nähe zur Arena. Individuell gestaltete Zimmer (zum Teil mit Holzbalken), einige mit Blick auf die Arena.

Hotel Cavour €€
Gästehaus **K** H10
Vicolo Chiodo 4, 37121
045 59 0166
hotelcavourverona.it
Familiengeführtes, recht gemütliche Gästehaus im Zentrum – eine Unterkunft mit hervorragendem Preis-Leistungs-Verhältnis.

Due Torri Hotel €€€
Historischer Charme **K** H10
Piazza Sant'Anastasia 4, 37121
045 595 044
hotelduetorri.duetorrihotels.com
Das Hotel ist in einem Palazzo (14. Jh.) untergebracht. Erlesenes Mobiliar der Stilepochen Empire und Biedermeier sowie wertvolle Stoffe schmücken die geräumigen Zimmer und Suiten.

Hotel Accademia €€€
Historischer Charme **K** H10
Via Scala 12, 37121
045 596 222
hotelaccademiaverona.it
Das edle Hotel in einem prachtvollen Palazzo gehört zu den traditionsreichsten in ganz Italien. Kronleuchter und Ledersessel in den Salons.

Hotel Giulietta e Romeo €€€
Boutique **K** H10
Vicolo Tre Marchetti 3, 37121
045 800 3554
giuliettaeromeo.it
Das Haus liegt nur 50 Meter von der Arena entfernt. Die Zimmer haben zum Teil Fototapeten (Motive aus Verona). Zwei luxuriöse, Residenzen genannte Suiten (Giulietta und Romeo). Mit dem Auto erreichbar (eigene Parkgarage). Kostenloser Fahrradverleih.

Hotel Veronesi la Torre €€€
Historischer Charme **K** H10
Via Monte Baldo 22, Dossobuono di Villafranca, 37062
045 860 4811
hotelveronesilatorre.it
Außerhalb von Verona gelegenes, stimmungsvolles Hotel in einem früheren Kloster. Geradezu zauberhaft ist das Ambiente in der Turmsuite.

K = Karte *siehe Extrakarte zum Herausnehmen*

Restaurants

Die Gardaseeregion bietet eine einzigartige Küche mit vielen unverwechselbaren Gerichten. Die Köstlichkeiten kann man in den zahlreichen Restaurants genießen – vom einfach ausgestatteten, aber soliden Imbisslokal bis zum Gourmettempel mit Spitzengastronomie. Kochtraditionen anderer Länder oder Kulturräume spielen am Gardasee kaum eine Rolle, der Schwerpunkt liegt auf italienischen Gerichten und Zubereitungsformen. Viele Restaurants sind auf der Jahreszeit entsprechende Speisen aus der Region bzw. der unmittelbaren Umgebung spezialisiert, bei denen die Zutaten so frisch wie möglich verarbeitet werden. Einen Querschnitt durch das reichhaltige Angebot bieten die vielen kulinarischen Feste, die vor allem im Herbst veranstaltet werden.

Restauranttypen

Die Gardaseeregion besitzt eine breite Auswahl an Restaurants, Trattorien und Bars. Ein *ristorante* ist oft eleganter (und teurer) als eine *trattoria*, in der es in der Regel etwas ungezwungener zugeht. Von Familien geführte Trattorien bieten exzellente Hausmacherkost. Zudem gibt es in fast allen Orten relativ günstige *pizzerie*, in denen neben Pizzas meist auch andere Gerichte zubereitet werden. In einer *enoteca* kann der Gast nicht nur aus einem großen Angebot an Weinen wählen, meist gibt es auch Snacks. In einer *birreria* kann man – selbst wenn man kein Biertrinker ist – einfach nur etwas trinken oder auch kleine Gerichte bestellen.

Viele Restaurants verfügen über eine Terrasse am See. Wegen des milden Klimas beschränkt sich die Zeit, in der man im Freien sitzen kann, nicht auf die Sommermonate. Selbst an sonnigen Wintertagen bieten viele Lokale einige Tische im Freien an.

Kellner bei einem Empfang auf einer Restaurantterrasse

Caffè Il Mulino *(siehe S. 193)* im Mühlenviertel von Borghetto

Speisekarte

Neben den Gerichten auf der Speisekarte gibt es in vielen Restaurants auch Tagesgerichte *(piatti del giorno)*. Es lohnt sich meist, ein solches Tagesgericht zu bestellen. Wenn Sie sich nicht sicher sind, können Sie sich natürlich jederzeit *la lista* (die Speisekarte) geben und vom Kellner beraten lassen.

Ein ausgiebiges Essen beginnt mit *antipasti* (Vorspeisen) oder *primi piatti* (häufig Pastagerichte). Die *secondi piatti* genannten Hauptgerichte basieren meist auf Fleisch oder Fisch, Beilagen *(contorni)* müssen Sie normalerweise extra bestellen. Den Abschluss bilden *formaggi* (Käse), *frutta* (Obst) oder *dolci* (Desserts). Ein Espresso und eventuell ein Schnaps runden das Mahl ab. Je nach Appetit können Sie den ersten Gang auch auslassen oder einen Salat wählen. Pasta gilt normalerweise nicht als Hauptspeise.

Eisportion in einer Gelateria

Öffnungszeiten

In den meisten Orten am Gardasee hat man sich an die Gewohnheiten der Herkunftsländer, aus denen die Urlauber kommen, angepasst. Während man in südlicheren Regionen Italiens abends erst relativ spät essen geht – in der Regel erst nach 21 Uhr –, bekommt man in den Restaurants am Gardasee meist schon ab 19 Uhr Abendessen. Die meisten Restaurants sind bis Mitternacht, einige auch etwas länger geöffnet.

Zumindest in der Hochsaison gönnen sich die wenigsten Restaurants einen Ruhetag, da sie in den Sommermonaten einen großen Teil ihres Jahresumsatzes machen.

Preise und Trinkgeld

Ein Drei-Gänge-Menü mit einer halben Flasche Wein kostet in vielen Restaurants zwischen 30 und 50 Euro. Nur in Spitzenrestaurants wird die 50-Euro-Grenze überschritten.

Wie überall in Italien üblich, ist im Rechnungsbetrag neben Steuern und Service auch der Preis für das Gedeck *(coperto)* enthalten. Wenn Sie mit Essen und Service zufrieden waren, geben Sie zehn bis 15 Prozent des Rechnungsbetrags als Trinkgeld.

Viele Restaurants akzeptieren die wichtigsten Kreditkarten (Visa, MasterCard, American Express und Diners Club). Bars, Cafés oder kleine Familienrestaurants nehmen dagegen meist nur Bargeld.

Reservierung

Restaurants sind insbesondere an Sommerabenden sehr gut besucht. In der wärmsten Jahreszeit sollte man daher vorab Plätze reservieren. Versuchen Sie, einen Tisch auf der Terrasse zu bekommen, manche Restaurants sind nicht mit Klimaanlage ausgestattet.

Rauchen

In Italien ist das Rauchen in allen öffentlichen Räumen, auch in Restaurants und Bars, verboten. Es ist somit kein Problem, ohne störenden Qualm zu speisen. Geraucht werden darf nur noch im Freien und in abgetrennten Räumen mit Lüftung.

Mit Kindern essen

Kinder sind in Italien grundsätzlich gern gesehene Gäste. In den meisten Lokalen werden Kinderportionen angeboten. Fragen Sie bei Bedarf nach einem Kinderstuhl *(seggiolino)*.

Kulinarische Feste

Die vielfältige Küche im Gardaseeraum lernt man am besten auf einem der zahlreichen Volksfeste *(sagre)* kennen. Diese stehen ganz im Zeichen der landwirtschaftlichen Traditionen der jeweiligen Gegend und sind meist einem bestimmten Gericht oder Erzeugnis (Wein, Trüffeln, Kürbisse, Reis, Honig oder Kastanien) gewidmet. Besonders beeindruckend ist das Sagra del Tartufo genannte Trüffelfest (Sep/Okt) in Tignale, wo die Delikatesse in allen Varianten zubereitet wird. Die Festa del Marrone in San Zeno (Okt/Nov) steht im Zeichen der Esskastanie. Der großen Bedeutung des Weinbaus entsprechend finden in allen Weinregionen *(siehe S. 30f)* vor allem zur Zeit der Weinlese diverse Weinfeste statt, darunter etwa die Festa dell'Uva e del Vino (Okt) in Bardolino.

Ein Traum von Jugendstil: Caffè Casino Arco *(siehe S. 190)*

Restaurantkategorien

Die Restaurantauswahl *(siehe S. 190–195)* reflektiert den kulinarischen Reichtum der Gardaseeregion. Hier werden die besten Speiselokale aus jeder Preisklasse empfohlen. Sie wurden aufgrund der Qualität ihrer Speisen, ihres guten Preis-Leistungs-Verhältnisses, ihrer Ausstattung, ihrer schönen Lage (z. B. mit Seeblick) und ihres besonderen Ambientes ausgewählt – von Spitzenrestaurants, die gehobene Kochkunst kultivieren, bis zu soliden Imbisslokalen, in denen einfache, aber schmackhafte Snacks gereicht werden. Die Restaurants sind nach Regionen aufgelistet, deren Reihenfolge den Kapiteln in diesem Buch entspricht. Innerhalb der Regionen sind die Städte alphabetisch geordnet.

Bei jedem vorgestellten Restaurant wird eine Typisierung nach Stil bzw. vorherrschender Küche vorgenommen (z. B. Gourmet, Weinlokal, Bierlokal, Café, Pizzeria, Spaghetteria, Grillrestaurant, Café bzw. International, Italienisch, Regional, Seafood etc.). In Lokalen aller Preiskategorien können Sie die Vielfalt der Küche am Gardasee kennenlernen – z. B. in Gourmet-Restaurants bei einem Degustationsmenü mit vielen kleinen Gängen oder in Cafés bei einem Teller mit einer Auswahl süßer Kreationen.

Die **Vis-à-Vis-Tipps** listen besondere Restaurants auf – etwa Lokale mit außergewöhnlich kreativer Küche, schöner Aussicht, historischem Ambiente – oder einer Kombination aus allem.

Ristorante Gardesana *(siehe S. 192)* am Hafenbecken von Torri del Benaco

Gardasee-Küche

Die Kochtraditionen rund um den Gardasee sind so vielfältig wie die Landschaften. Hier treffen drei italienische Regionen mit unterschiedlichen kulinarischen Traditionen aufeinander. Als vage Faustregel gilt: Die Küche im Norden, Westen und Süden ist eher herzhaft bis deftig, im Osten leichter. Überall steht Fisch auf der Karte. Auch Reis- und Pastagerichte gibt es in zahlreichen Variationen. Alle gastronomischen Trends überdauert hat die Polenta, ein äußerst populäres Gericht aus Maisgrieß.

Basilikum – Bestandteil der mediterranen Küche

Fischgerichte

Bei allen regionalen Unterschieden ist die Fischküche ein verbindendes Element. Wegen der starken Nachfrage stammen die Fische nicht mehr ausschließlich aus dem See, sondern auch aus diversen Fischzuchtbetrieben. Renke, Barsch, Aal, Felche, Schleie, Karpfen und andere Sorten werden auf unterschiedlichste Art zubereitet – gegrillt, gedünstet oder gebacken. Eine Besonderheit ist die zu den Lachsfischen zählende, nur hier vorkommende Gardaseeforelle, die für ihr rosafarbenes Fleisch bekannt ist.

Fleischgerichte

Im nördlichen Hinterland des Gardasees wird – typisch für das Trentino – gern Speck in verschiedensten Variationen gegessen, darunter auch in Form von Speckknödeln. Ganz nach lombardischer Tradition kommt an der Westseite des Sees häufig Ossobuco (geschmorte Kalbshaxe) auf den Tisch. Auch *spiedi* genannte Bratspieße mit Stücken verschiedener Fleischsorten sind sehr beliebt. *Fegato alla veneziana*, Kalbsleber auf Zwiebelbett, hat hingegen viele Anhänger an der Ostseite des Sees.

Reisgerichte

Das Veneto zählt zu den italienischen Hauptanbaugebieten für Reis, entsprechend groß ist das Angebot an Reisgerichten wie etwa Risotto alla tinca (mit Schleie). Zu den bekanntesten gehört auch eines aus der Lombardei: Risotto alla Milanese, bei dem in Wein gekochter Reis mit Parmesan

Auswahl an Käsesorten aus der Gardaseeregion

Polenta

Getreidebrei zählt zu den ältesten Gerichten der Menschheit. Aus der Antike ist bekannt, das Vorläufer des Maisbreis Polenta aus Hirse oder Dinkel den Speiseplan in Italien bereicherten. Nachdem Mais von Amerika nach Europa gebracht worden war, wurde Polenta im 17. Jahrhundert in weiten Teilen Europas populär. In Norditalien – insbesondere im Trentino – gehört das Gericht zur regionalen Kochtradition und ist noch heute als Grundnahrungsmittel nicht wegzudenken. Die Zubereitung nach Originalrezept ist aufwendig, der in Salzwasser gegebene Maisgrieß muss etwa eine Stunde gerührt werden. Mittlerweile gibt es vorgegarten Maisgrieß, mit dem der Aufwand deutlich verkürzt wird. Mit Sauce übergossen, dient Polenta als Hauptgericht, sie wird aber auch als Beilage zu Fleisch- und Gemüsegerichten gereicht.

Mais – die Basis für Polenta

Speckknödel
Knödel sind im Trentino beliebt. Neben der Variante mit Speck gibt es z. B. auch Spinatknödel.

Paprikaschoten in verschiedenen Farben

und Safran verfeinert wird. Auch Pilze wie Pfifferlinge oder Steinpilze bereichern viele Risottogerichte.

Pastagerichte

Wie bei Reisgerichten variieren die Zutaten der Pastagerichte nach Saison und Region. Getreu dem Motto, dass angeblich jede Gemeinde ihre eigene Pastaspezialität hat, sollte man einmal die mit Kürbiscreme gefüllten Tortellini aus Vallegio sul Mincio kosten, die bei einem Menü als *primo piatto* (erster Gang) bestellt werden. Bei Pasta e fagioli werden vor allem Bohnen *(fagioli)*, aber auch andere Gemüsesorten (z. B. Sellerie und Tomaten) mit Nudeln zu einer dicken Suppe verarbeitet. Aus den bewaldeten Gebieten im Norden des Gardasees stammen Tagliatelle mit delikaten Waldpilzen.

Österlicher Hefekuchen: Pinza

Käse

Eine Menüfolge endet oft mit einer Käseauswahl, wobei sich die Küchen aus einem reichen heimischen Angebot bedienen können: Einige Ebenen und Hanglagen werden weidewirtschaftlich zur Erzeugung von Milchprodukten genutzt. Einen Querschnitt durch das reichhaltige Käseangebot am Gardasee bietet die Casa del Formaggio in Gargnano (www. casadel formaggioecantinadibacco.it). Neben Klassikern wie Gran Padano, Taleggio und verschiedenen Arten von Gorgonzola erhalten Sie hier auch regionale Spezialitäten wie Formagella Bresciana und Caciotta di Tremosine.

Oliven

Olivenbäume so weit das Auge reicht: Diesen Eindruck vermitteln ausgedehnte Olivenhaine, die weite Gebiete prägen. Ihre Kultivierung im Gardaseeraum begann bereits in der Antike. Nach der Ernte (Okt/Nov) gelangt ein großer Teil in die Ölmühlen zur Produktion von Olivenöl *(siehe Kasten)*. Ansonsten werden Oliven gern als Antipasti, als Beilage oder als Snack zu Getränken serviert. Die Anzahl an Sorten ist enorm, sie unterscheiden sich u. a. in Farbe, Größe und Härte und Geschmack.

Schwarze Oliven vor der Ernte im Herbst

Olivenöl

Olivenbäume gedeihen rund um den Gardasee, die größten Haine befinden sich am Ostufer, das den Beinamen »Riviera degli Olivi« trägt. Der überwiegende Teil der Ernte wird zu Olivenöl verarbeitet, für das der Gardasee bekannt ist. Die Erzeugnisse vieler Hersteller werden mit einem Gütesiegel versehen. Olivenöl aus dieser Region wird wegen seiner Frische und seines leicht fruchtigen, pikanten Geschmacks geschätzt.

Forelle
Das zarte Fleisch der Forellen aus dem Gardasee wird für seine Qualität hoch geschätzt.

Polenta mit Gemüse
Das vegetarische Gericht besteht aus weicher Polenta und möglichst bissfestem Gemüse.

Risotto ai finferli
Pilze (z. B. Pfifferlinge) sind eine klassische Zutat für Reisgerichte wie diesen Risotto.

Obst und Dolci

Für Naschkatzen ist die Gardaseeregion ein kleines Paradies. Bei der Zubereitung von feinem Gebäck und Süßspeisen sowie von Eis in vielerlei Geschmacksrichtungen wird Handwerk zur Kunstform erhoben. Bei der riesigen Obstpalette kommt einem die gesamte Uferregion wie ein einziger Obstgarten vor. Ihr *caffè* – egal zu welcher Tageszeit – ist vielen Italienern heilig. Ein *dolce* dazu, und fertig ist das Frühstück oder der kleine Snack am Nachmittag.

Chiacchiere: frittierte und mit Puderzucker bestreute Teigstreifen

Obst und Zitrusfrüchte

Das milde und nach Süden immer mediterraner werdende Klima am Gardasee begünstigt die Kultivierung vieler Obstsorten, von denen einige mehrmals im Jahr geerntet werden. Die bunte Vielfalt begegnet Besuchern etwa an den Ständen der Wochenmärkte oder in Obstläden sowie bei vielen Nachspeisen – von Obstkuchen und -torten über Dessertsaucen bis zu Früchtesorbets. Obst vom Gardasee ist darüber hinaus Basis für viele Marmeladen und Getränke wie Fruchtsäfte, Weine, Liköre (z. B. Limoncello) und Spirituosen wie Obstbrände (u. a. Grappa). Das Aroma einzelner Sorten verbreiten Duftspender, die für den Export gedacht sind. Am Gardasee braucht man sie nicht, hier hängt stets irgendwo der angenehme Duft einer Obstsorte in der Luft.

An machen Abschnitten der Westküste prägen traditionell Zitronen das Ambiente – von Bäumen bis zu Souvenirs. Zwar haben immer mehr *limonaie (siehe S. 153)* den Betrieb inzwischen eingestellt, doch einige dieser Zitronengewächshäuser zeugen noch von der Bedeutung der Kultivierung dieser Zitrusfrüchte.

Süßspeisen

Ein Klassiker unter den *dolci* am Gardasee wie auch in anderen Regionen Italiens ist Zabaione, eine Weinschaumcreme auf Basis des Likörweins Marsala oder anderer Süßweine. Auch den Profiteroles, den kleinen Windbeuteln mit Vanille- oder Sahnefüllung und Schokoladenüberzug,

Auswahl aus dem reichen Angebot an Obstsorten vom Gardasee

Italienisches Eis

Eis aus der Waffel

Gelato – Eis aus Italien – ist für viele ein Inbegriff von Genuss und Lebensfreude. Ob Sorbet oder Milcheis – je frischer, desto besser. Dabei ist Eis nicht gleich Eis. Für die Produktion von frischem Eis benötigt man langjährige Erfahrung, hohes handwerkliches Können und eine gute Portion Kreativität – Tugenden, über die ein guter *gelatiere*, der für die Kunden seiner Eisdiele *gelato artigianale* (aus eigner Herstellung) produziert, zweifelsfrei verfügt. So ist für ihn etwa der Verzicht auf Konservierungsstoffe, wie sie bei der industriellen Produktion von Eis verwendet werden, Ehrensache. Das Angebot an Eissorten ist nahezu grenzenlos. Neben Klassikern wie Vanille, Erdbeere, Zitrone oder Schoko finden sich in den Eisdielen scheinbar alle nur denkbaren Nuss- und Obstsorten, Geschmacksrichtungen wie Pfefferminze, Karamell, Latte macchiato oder Zimt sowie Mischungen wie Pfirsich-Maracuja. Einfach probieren!

Crostata al Limone
In Italien wählt man oft lockere Kuchen wie diese Zitronentarte zum Dessert.

kann man nur schwer widerstehen. Wie Tiramisù und Panna cotta schmecken sie am besten hausgemacht. Im Norden des Gardasees zeigt sich das kulinarische Erbe der österreichischen Herrschaft noch heute. Hier findet man auf manchen Speisekarten Strudel (u. a. Apfel-, Quark- und Mohnstrudel) oder Palatschinken.

Gebäck

Die flache, trockene *Torta sbrisolona* erinnert in Konsistenz und Geschmack an Kekse. *Sanvigilini*, süße Blätterteigstücke mit Rosinen und einem Schuss Grappa, wurden nach der Landspitze Punta San Vigilio nördlich von Garda benannt, da sie angeblich im dortigen Gasthaus erfunden wurden. Weitere Gebäckspezialitäten sind *fogàssa*, das in einer salzigeren Variante auch anstelle von Brot gereicht wird, *chiacchiere* und *lattughe* (beides Karnevalsgebäck) sowie die *brasadelà* genannten süßen Osterkringel.

Kaffee

Neben dem meist starken *caffè* – mit oder ohne Zucker – sind auch Cappuccino und Latte macchiato (*caffè* mit etwas bzw. viel geschäumter Milch) sehr gefragt. Was einfach klingt, ist sehr komplex: Ähnlich dem breiten Spektrum an Rebsorten für die Weinherstellung liefert die Bohnenvielfalt zahlreiche Kaffeesorten, auch Art der Röstung, Mahlgrad sowie weitere Faktoren machen den Unterschied aus. Eine Auswahl hochwertiger Eigenkreationen verkauft etwa die Kaffeerösterei G. Martini in Padenghe sul Garda (www.caffemartini.eu).

Torta sbrisolona, südlich des Gardasees ein beliebtes Gebäck

Espresso (*caffè*)

Marmelade, Honig und Kastanien

So groß wie das Angebot an Obst ist auch das an köstlichen Marmeladen. Eine weitere Spezialität vom Gardasee sind die vielfältigen Honigsorten (*siehe S. 199*), besonders gefragt ist der dunkle Kastanienhonig, den man möglichst direkt beim Erzeuger kaufen sollte. Die nach ihrem Herkunftsort *marroni di Drena* genannten Esskastanien genießt man am besten geröstet oder kandiert.

Zitronen

An der Westküste (»Riviera dei Limoni«) befindet sich das nördlichste Zitronenanbaugebiet in Europa. Auch wenn die Kultivierung von Zitronen dort mittlerweile stark zurückgegangen ist, sind Nachspeisen auf Zitronenbasis (von *crostata al limone* bis *crema al limone*) von keiner Dessertkarte wegzudenken. Kaum etwas ist erfrischender als Zitronensorbet. Und viele Einheimische genießen regelmäßig ein Gläschen des Zitronenlikörs Limoncello, der auch Eisbechern und anderen Desserts eine besondere Note verleiht.

Tiramisù
Das Dessert aus Schichten von Löffelbiskuits und Mascarponecreme stammt aus Venetien.

Macedonia
Frische Früchte in allen Farben machen Obstsalat auch optisch zum Leckerbissen.

Panna cotta
Das an Pudding erinnernde Dessert wird oft mit einer Schicht aus Früchten bedeckt.

Getränke

Die Weinproduktion spielt am Gardasee traditionell eine bedeutende Rolle. Einige Anbaugebiete *(siehe S. 30f)* wie Bardolino, Valpolicella und Lugana zählen zu den bekanntesten des Landes. Weißwein ist die Basis mancher Aperitifs und Cocktails. Auch Brauereien und Destillerien für Hochprozentiges wie Grappa, ein italienisches Nationalgetränk, sind am Gardasee ansässig. Liköre wie etwa Limoncello sind ebenfalls recht beliebt. Egal zu welcher Tageszeit – *caffè* symbolisiert ein Stück italienischer Lebensart.

Frisch geerntete Weintrauben

Von links nach rechts: Marzemino, Bardolino Classico, Valtenesi, Valpolicella

Rotwein

Das Spektrum an Rotweinen vom Gardasee ist groß, »den« für die Region typischen Tropfen gibt es nicht (zu den Weinbaugebieten *siehe S. 30f*). Am Ostufer dominiert der rote Bardolino, jedes Jahr zur Weinlese im Herbst gibt es ein großes Weinfest in Bardolino *(siehe S. 34)*. Zwei vorzügliche, nur im Trentino gekelterte Rotweine sind Teroldego und Marzemino. Neben einer Reihe von Tischweinen haben es einige Rote zu erstaunlicher Qualität gebracht. Die Vielfalt der Aromen reicht von erdig über würzig bis fruchtig. Ein großer Teil der Ernte gelangt in den Export. Rotweine sind beliebte Begleiter von deftigen Gerichten aus dem Trentino sowie zu Fleisch- und Pastagerichten.

Rosé- und Weißwein

Zu den gefragtesten Rosés vom Gardasee gehört Chiaretto. Seine typische Farbe und die fruchtige Note erhält er durch den kurzen Kontakt des Mostes mit der Schale. Wegen seiner Frische eignet er sich auch gut als Aperitif. Weißweine vom Gardasee passen ausgezeichnet zu Fisch und Meeresfrüchten. Für seine besonders leichten Weißweine ist das Anbaugebiet Lugana im Süden des Gardasees bekannt. Hier werden aus der autochthonen Traube *Trebbiano di Lugana* einige Spitzenweine kultiviert. Auch die hiesigen Schaumweine sind gefragt. Im Etschtal (Valdadige) werden ebenfalls viele Weißweine gekeltert – von Chardonnay bis Pinot Grigio.

Valtenesi Chiaretto | **Bardolino Chiaretto** | **Lugana** | **Valdadige Pinot Grigio**

Manerba Weizen, La Bionda, Hop 'n' Roll

Bier

In Italien wird zwar eher Wein getrunken, doch Bier ist deutlich auf dem Vormarsch. Im Südwesten des Gardasees produzieren einige Brauereien Bier. Die seit 1999 betriebene Manerba Brewery in Manerba del Garda braut *chiara* bzw. *bionda* (Helles), *scura* (Dunkles), *doppio malto rossa* (Doppel-Malz) und einige Spezialitäten. Darüber hinaus werden überall Biere weiterer italienischer Brauereien angeboten, u. a. von Peroni und Moretti. Neben Flaschenbieren ist in den Lokalen auch Bier vom Fass *(birra alla spina)* sehr populär.

Peroni Superiore | **Moretti Lager** | **Moretti La Rossa**

Brände

Grappa ist der krönende Abschluss eines italienischen Essens. Im 15. Jahrhundert verbreiteten Mönche seine Herstellung. Seither hat sich die Produktion des Tresterbrands auch in den Weinregionen am Gardasee etabliert. Die Spirituose ist in verschiedenen Geschmacksrichtungen erhältlich. Qualitativ hochwertige Grappas tragen Bezeichnungen wie Invecchiata, Stravecchia und Riserva. Einige große Grappa-Destillerien sind in Santa Massenza im nördlichen Hinterland des Sees angesiedelt. Zudem gibt es viele kleinere Brennereien, die den beliebten Digestif produzieren.

Von links nach rechts: Grappa di Bardolino, Grappa di Amarone, Grappa di Lugana

Crodino, ein beliebter alkoholfreier Aperitif und Longdrink

Drinks

Vor dem Essen werden gern Aperitifs mit fruchtig-bitterer Note gereicht, etwa Aperol oder Crodino (alkoholfrei). Aperol eignet sich auch als Basis für Cocktails mit Weißwein oder Prosecco. Campari ist der Klassiker für Longdrinks, etwa Campari-Soda. In Italien wird Campari-Soda auch schon fertig gemischt angeboten. Übrigens: Das Design der Campari-Soda-Flasche kreierte der in Rovereto tätige futuristische Künstler Fortunato Depero *(siehe S. 67)*.

Aperol – Basis für eine Reihe von Mixgetränken, etwa für Sprizz

Campari-Soda, ein typisch italienischer Aperitif

Mineralwasser

Acqua minerale naturale – Wasser aus Quellen, die am italienischen Alpenrand entspringen, zeichnet sich durch eine besonders hohe Reinheit aus. Italienisches Leitungswasser sollte – trotz überwachter und in den letzten Jahren verbesserter Wasserqualität – nur mit Bedacht getrunken werden. Zum Ausgleich gibt es ein riesiges Angebot an Mineralwasser – mit oder ohne Kohlensäure. Einige der Marken werden in großem Umfang exportiert. Mineralwasser wird in Lokalen sehr gern zu Wein bestellt.

S. Pellegrino – Mineralwasser aus einer Quelle der lombardischen Alpen

Surgiva Frizzante und Naturale

Kaffee & Co.

Kaffee ist in Italien ein Kulturgut, das sich gegenüber der amerikanischen Coffee-Shop-Szene mit ihren »flavoured« Kaffeevariationen nach wie vor behauptet. Für Einheimische geht nichts über einen *caffè* (Espresso) mit der typischen dichten Schaumschicht, der *crema*, oder einen Cappuccino mit geschäumter Milch – ganz ohne zusätzliche Aromen. Filterkaffee ist ein Entgegenkommen an Touristen.

Espresso in typischer Tasse

Kaffee und Cappuccino

Restaurantauswahl

Nördlicher Gardasee

Arco

Alla Grotta €€
Schweizerisch K G4
Via Monte Brione 5, 38062
0464 553 244 Di
allagrotta.com
Von Schweizern betriebenes Restaurant am Fuß des Monte Brione. Das Ambiente ist rustikal und urgemütlich. Auf der Karte finden sich Schweizer Spezialitäten (u. a. Raclette und Fleischfondue) neben einigen Gerichten aus dem Trentino.

Caffè Casino Arco €€
Café K G4
Via delle Palme 6, 38062
0464 512 8746
2 Wochen Anfang Aug
caffecasinoarco.it
Jugendstil-Ambiente vom Feinsten mit plüschigen Sesseln und Kronleuchtern. Ob drinnen oder auf der Terrasse: Hier schmecken Kaffee und Kuchen genauso gut wie die warmen Speisen.

Vis-à-Vis-Tipp

Alla Lega €€€
Regional K G4
Via Vergolano 8, 38062
0464 516 205
ristoranteallalega.com
Stilvoll speisen: Das Restaurant ist im Palazzo dei Conti d'Arco (16. Jh.) untergebracht. Fleischgerichte wie Rinderbraten oder Pferdefleischfilet werden mit für das Trentino typischen Beilagen (u. a. Polenta und Pilzen) serviert. Daneben gibt es Pasta – von Orecchiette bis Tagliatelle – und Risotto. Die Weinkarte listet Weine aus dem Trentino und anderen Regionen Italiens.

Il Ritratto €€€
Regional K G4
Via Ferrata 30, 38062
0464 512 958 Mo
ristoranteilritratto.it
Kosten Sie Garnelen mit Ingwer und Fenchel als Antipasti. Typisch für das Trentino sind die Spinatnocken. Sehr beliebt ist das siebengängige Degustationsmenü. Die Weinliste führt die besten Tropfen aus der Region.

Molina di Ledro

Locanda Le Tre Oche €€
Regional K F4
Via Maffei 37, 38067
0464 509 062
locandaletreoche.it
Im unverputzten, aber gemütlichen Speiseraum genießt man Kartoffelpolenta, Käseknödel und andere trentinische Spezialitäten. Ein spezieller Genuss: *carne salada* in hauchdünnen Scheiben.

Riva del Garda

Bar Ristorante Commercio €
Pizzeria K G4
Piazza Garibaldi 4, 38066
0464 521 762
forstrivadelgarda.com
Gemütliches holzgetäfeltes Lokal in einem Palazzo. Neben Pizza gibt es auch Pasta-, Fleisch- und Fischgerichte.

Ristorante Mediterraneo €
Italienisch K G4
Piazza Garibaldi 6, 38066
0464 550 175
ristomediterraneo.it
Italienische Klassiker wie Gnocchi alla Sorrentina und Tagliatelle alla Bolognese sowie Seafood-Gerichte wie Schwertfisch mit Rucola oder Räucherlachs in ausgezeichneter Qualität stellen jeden Gast zufrieden.

Fresken schmücken den Speisesaal des Alla Lega, Arco

Preiskategorien
Die Preise gelten für ein Drei-Gänge-Menü pro Person mit einer halben Flasche Wein, inklusive Steuer und Service.

€	unter 30 Euro
€€	30–50 Euro
€€€	über 50 Euro

Leon d'Oro €€
Italienisch K G4
Via dei Fabbri 29, 38066
0464 557 631
leondororiva.it
Exzellente italienische Küche ist das Markenzeichen des »Goldenen Löwen«. Ob Lendensteak, Hähnchenbrust oder Trentiner Käse mit gebratenen Polentascheiben und Steinpilzen: Jedes Gericht ist ein Genuss.

Locanda Restel de Fer €€
Regional K G4
Restel de Fer 10, 38066
0464 553 481
resteldefer.com
Schmackhafte Gerichte aus regionalen, der jeweiligen Jahreszeit entsprechenden Produkten. Dem Restaurant ist eine Enoteca angegliedert, in der man Weine und Olivenöle kaufen kann.

Al Volt €€€
Gourmet K G4
Via Fiume 73, 38066
0464 552 570
ristorantealvolt.com
Das Gewölbelokal mit romantischem Flair liegt in Rivas Altstadt. Kalbsfilet mit Trüffelfondue ist ein Klassiker des Hauses. Der Zitronenmousse danach kann man kaum widerstehen. Helles, sehr charmantes Ambiente.

Rovereto

Locanda D&D Maso Sasso €€
Regional K H4
Via Maso 2, 38068
0464 410 777 Mo, Di
locandaded.it
In Sasso di Nogaredo, einem westlichen Vorort von Rovereto, erwartet den Gast trentinische Küche. Die Hauptgerichte (z. B. Kaninchen oder Grillteller) werden von Polenta begleitet.

Torbole

La Terrazza €€
Italienisch K G4
Via Benaco 14, 38069
0464 506 083
allaterrazza.com
Hier gibt es Küche mit Schwerpunkt auf Gerichten der Gardaseeregion. Im (sehr zu empfeh-

Restaurantkategorien *siehe Seite 183*

Tre Camini, Restaurant in einem alten Landgut bei Garda

lenden) Degustationsmenü werden regionale Klassiker gebündelt. Brokkoli darf dabei nicht fehlen. Die traumhafte Aussicht gibt es kostenlos dazu.

Surfer's Grill €€
Italienisch K G4
Via Sarca Vecchio 5, 38069
☎ 0464 505 930
W surfersgrill.it
Nicht nur Surfer zieht es in das für seine schmackhaften Fleisch- und Fischgerichte gerühmte Lokal. Wie der Name erwarten lässt, kommen hier viele Gerichte vom Grill.

Östlicher Gardasee

Bardolino

La Formica €
Pizzeria K F8
Piazza Lenotti 11, 37011
☎ 045 721 1705
W ristorantelaformica.com
Sehr hübsches Restaurant im historischen Ortskern. Man genießt hier seine Pizza (oder Pasta) im orangefarben gestrichenen Speiseraum. Saisonbedingt auch Fisch- und Fleischgerichte.

La Dacia €€
Italienisch K F8
Monvei di Bardolino, 37011
☎ 045 721 1408
W ristoranteladacia.com
Etwas abseits gelegenes Restaurant mit großem Speisesaal, Gartenterrasse und Kaminzimmer. Forelle vom Grill oder Kaninchen mit Polenta sind gefragte Hauptgerichte. Auch eine Adresse für festliche Anlässe.

La Loggia Rambaldi €€
Italienisch K F8
Piazza Principe Amedeo 7, 37011
☎ 045 621 0091 ● Mo
W laloggiarambaldi.it
Restaurant in einem der schönsten Gebäude Bardolinos: Säulen, Gewölbe und prachtvolle Deko bewirken ein spezielles Flair. Viele Fleisch- und Fischspezialitäten sowie glutenfreie Gerichte.

Taverna da Memo €€
Italienisch K F8
Piazzetta Statuto 15, 37011
☎ 045 721 0130
W tavernadamemo.com
Hier werden italienische Klassiker in einem Gebäude aus dem 16. Jahrhundert serviert. Das Lokal liegt an einem der stimmungsvollsten Plätze Bardolinos.

La Veranda del Color €€€
Italienisch K F8
Via Santa Cristina 5, 37011
☎ 045 621 0857
● Mitte Okt – Mitte März
W ristorantelaveranda bardolino.it
Im Lokal legt man Wert auf Stil und Design. Ob Wolfsbarsch, Seeteufel oder Steinbutt: Es dreht sich vieles um Fisch. Auch Entenbrust und Rinderfilet sind bestens zubereitet.

Brenzone sul Garda

Alla Fassa €€€
Italienisch K F6
Via B. G. Nascimbeni 11, 37010
☎ 045 743 0319
W ristoranteallafassa.com
Das Restaurant am Seeufer ist für kreative Fischgerichte bekannt. Als erster Gang sind Gnocchi eine gute Wahl.

Osteria al Pescatore €€€
Seafood K F6
Via Imbarcadero 1, 37010
☎ 045 743 0702
W osteriaalpescatore.it
Das Restaurant am Hafenbecken hat nur wenige Plätze im Freien. Doch die beiden Inhaber Rosaria und Livio zaubern exzellente Gerichte aus fangfrischem Fisch. Hier fühlt man sich wohl. Reservierung empfohlen.

Vis-à-Vis-Tipp

Taverna Kus €€€
Regional K F6
Loc. Castello 14, 37010
☎ 045 728 5667
● Anfang Jan – Mitte März
W ristoranteverona tavernakus.it
Das Restaurant in Brenzones Ortsteil San Zeno di Montagna orientiert sich bei den Speisen u. a. am Wechsel der Jahreszeiten (z. B. März/Apr: Spargel; Juli/Aug: Sommergemüse; Sep: Gans; Okt/Nov: Kastanien). Die Weinkarte zählt rund 250 Einträge. Im Weinkeller kann man die edlen Tropfen kaufen (Gäste erhalten 30 % Rabatt).

Garda

Al Graspo €€
Italienisch K E8
Piazzetta Calderini 12, 37016
☎ 045 725 6046
W graspo.it
Bemerkenswert: Es gibt keine Speisekarte. Küchenchef Luca bereitet nämlich alle Gerichte aus frischen Zutaten vom Markt – Überraschung garantiert. Das Niveau der Speisen wird jedoch allseits gerühmt.

Leon d'Oro *(siehe S. 190)*, **Riva del Garda**

Ai Beati €€€
Italienisch K E8
Via Val Mora 57/59, 37016
☎ 045 725 5780
W ristoranteaibeati.com
Ein Traum von Terrassenrestaurant mit fantastischem Seeblick. Der Speisesaal in einer ehemaligen Ölmühle ist anheimelnd. Empfehlenswert: Risotto al nero mit schwarzem Reis, Wolfsbarschfilet in Kartoffelkruste und Lachs in Zitronensauce.

Tre Camini €€€
Italienisch K F8
Loc. Murlongo 83, 37010 Costermano
☎ 045 720 0342 ● Winter: Mo
W trecamini.it
Einladendes Gartenrestaurant in einem alten Landgut. Serviert werden viele Grill- und Pastaspezialitäten. Ein typisches Gericht der Region ist Polenta mit Trüffeln. Zum Essen wird der passende edle Tropfen empfohlen.

K = Karte *siehe Extrakarte zum Herausnehmen*

San Vigilio, Hotel und Restaurant in Traumlage auf der Punta San Vigilio

Lazise

Al Castello di Bozzini €€
Italienisch K F9
Via Porta del Lion 8, 37017
045 247 7232
famigliabozzini.it
Das von der Familie Bozzini geführte Restaurant auf zwei Ebenen überzeugt mit urgemütlicher Atmosphäre. Gäste können sich auf eine kulinarische Reise durch Italien begeben: Pizza, Pasta und Lasagne, Rinderfilet und gegrillte Fischgerichte.

Corte San Marco €€
Regional K F9
Via Porta del Lion 1, 37017
045 647 0989
cortesanmarco.it
Die Fische (u.a. Felchen, Barsch und Forelle) stammen aus dem See, das Fleisch von Weidetieren, die an den Hängen des Monte Baldo grasten. Neben Fischspezialitäten gibt es auch Pizza aus dem Steinofen. Die elegante Terrasse ist beheizbar.

Oreste Restaurant €€
Seafood K F9
Via F. Fontana 32, 37017
045 758 0019 Mi
tavernaoreste.it
Traditionsreiches, seit 1907 betriebenes Restaurant mit großer Auswahl an Seafood. Im Sommer speist man auf der Terrasse mit Blick auf das Hafenbecken, im Winter macht man es sich neben dem Kamin gemütlich.

Malcesine

Italia da Nikolas €
Pizzeria K G6
Via Portici Umberto I, 37018
045 740 0025
ristoranteitalianikolas.it
Die Pizzakarte scheint kein Ende zu nehmen. Wie wär's mit der Hausspezialität Pizza Nikolas (mit Steinpilzen, Speck und Kürbis)? Zudem gibt es Pasta sowie einige Fleisch- und Fischgerichte.

Lido Paina €
Pizzeria K G6
Loc. Paina 49, 37018
045 740 0587
Mitte Okt – Mitte Apr
lidopaina.it
Die knusprige Pizza kommt aus dem Steinofen. Daneben gibt es eine Auswahl anderer Gerichte. Ein weiterer Pluspunkt ist die schöne Terrasse mit Blick auf die Scaligerburg.

Osteria alla Rosa €€
Gourmet K G6
Piazzetta Boccara 5, 37018
045 657 0783
osteriaallarosa.it
Das gastliche Lokal blickt auf eine lange Geschichte zurück. Auf der Speisekarte finden sich Klassiker aus dem Veneto, z.B. Tagliatelle mit Hühnerleber oder Polenta mit Bauernsalami. Im Sommer speist man in der Weinlaube.

Al Corsaro €€€
Seafood K G6
Via Paina 17, 37018
045 658 4064
alcorsaro.it
Die Lage zwischen Seeufer und Scaligerburg ist grandios. Klassiker des Hauses sind Sardinen-Trilogie, Felchentatar mit Maracuja und Garnelen mit Melone. Und zum Dessert Semifreddo?

Vis-à-Vis-Tipp

Vecchia Malcesine €€€
Regional K G6
Via Pisort 6, 37018
045 740 0469 Mi
vecchiamalcesine.com
Qualität hat ihren Preis. Ob Kalbszunge, Gänseleber oder Jakobsmuscheln: Alle Gerichte in diesem mit Michelin-Stern prämierten Spitzenrestaurant werden raffiniert zubereitet und ideenreich präsentiert. Der Speisesaal zeichnet sich durch besonderes Design aus.

Punta San Vigilio

Locanda San Vigilio €€
Italienisch K E8
Punta San Vigilio, 37016
045 725 6688
locanda-sanvigilio.it/de/ristorante
Innovative Gerichte mit der Saison entsprechenden Zutaten zeichnen das Restaurant auf der Landspitze Punta San Vigilio aus. Daneben gibt es Klassiker wie etwa die Platte mit gegrillten Fischen oder Risotto mit Amarone. Traumhafte Nachspeisen. Fragen Sie bei der Reservierung nach einer Loggia mit Aussicht.

Sant'Ambrogio di Valpolicella

Ristorante Groto de Corgnan €€€
Italienisch K G9
Via Corgnan 41, 37010
045 773 1372
So, Mo mittags
grotodecorgnan.it
Italienische Küche vom Allerfeinsten mitten im Weinbaugebiet der Valpolicella. Eine Speisekarte gibt es hier nicht, man verlässt sich auf die entsprechenden Empfehlungen des kompetenten Personals. Die Weinkarte führt auch Tropfen anderer Regionen Italiens (z.B. Toskana und Piemont).

Torri del Benaco

Ristorante Gardesana €€
Italienisch K E8
Piazza Calderini 5, 37010
045 722 5411
Mitte Okt – Mitte März: Mo
gardesana.eu
Das Restaurant ist mit dem gleichnamigen Hotel in einem Gebäude aus dem 15. Jahrhundert untergebracht. Bewährte Gerichte sind Safranrisotto und frittiertes Seafood. Von der Terrasse im ersten Stock blickt man auf das pittoreske Hafenbecken und das Scaligerkastell.

Le Gemme di Artemisia €€€
Italienisch K E8
Via Corrubio 18, 37010
045 242 8622
Nov – Mitte März
legemmediartemisia.it
Das Restaurant im Ortsteil Albisano verfügt über nur wenige Tische, weshalb man frühzeitig reservieren sollte. Im Angebot sind viele vegetarische Speisen. In den vom Küchenchef angebotenen Kochkursen kann man die Geheimnisse der italienischen Kochkunst erfahren.

Südlicher Gardasee

Desenzano del Garda

Kapperi €€
Italienisch K D9
Via Nazario Sauro 7, 25105
030 999 1893 Mo
kapperi.eu
Lecker: Kalbsmedaillons mit Artischocken, Rindersteak mit Rucola oder Wildreis mit Tintenfisch. Die Auswahl an Pizzas reicht von Alpina (mit Schinken und Brie) über Titanic (mit Garnelen und Zucchini) bis zu Vegetariana.

Ristorante Colomba €€
Seafood K D9
Vicolo dell'Interdetto 16, 25105
030 914 3701
ristorantecolomba.it
In dem rustikal eingerichteten Lokal in schöner Lage am Porto Vecchio gibt es viele Seafood-Spezialitäten. Thunfischtatar und Spaghetti alle vongole zählen zu den beliebtesten Speisen.

Antica Hostaria Cavallino €€€
Seafood K D9
Via Murachette 29, 25105
030 912 0317
Mo; So abends; Mitte Nov – Anfang Dez
ristorantecavallino.it
Der Himmel für Liebhaber von feinstem Fisch und Seafood. In erhabenem Ambiente genießt man erstklassige Gerichte. Rund 300 Weine stehen zur Auswahl.

Ristorante Rose & Sapori €€€
Seafood K D9
Lungolago C. Battisti 89, 25105
030 914 4585
ristoranteroseesapori.com
Auch hier gibt es köstliches Seafood sowie andere regionale Gerichte. Ein beliebter erster Gang sind Spaghetti in Hummersauce, als Hauptgang sind Steinbutt- oder Seebarschfilet gefragt.

Peschiera del Garda

L'Osteria €€
Regional K E10
Via Felice Cavallotti 7, 37019
045 745 0545
ristoclassique.it/l-osteria
In der typisch venetischen Osteria speist man unter einer Holzbalkendecke. Wechselnde Tagesgerichte – von Minitintenfischen mit Polenta bis Kartoffelgnocchi mit Meeresfrüchten.

Trattoria Tulio €€
Regional K E10
Via Valeggio 9a, 37019
045 755 0542
trattoriatulio.it
Die kleine, populäre Trattoria besteht seit den 1960er Jahren. Die Fleisch-, Fisch- und Pastagerichte basieren auf frischen Zutaten. Beliebt sind Rumpsteak, gegrillte Forelle, Spaghetti alle vongole sowie Tagliatelle mit Steinpilzen.

Pozzolengo

Antica Locanda del Contrabbandiere €€
Italienisch K E10
Loc. Martelosio di Sopra 1, 25010
030 918 151 Mo
locandadelcontrabbandiere.com
Gewölbe, Holzdecke und Pastelltöne schaffen ein besonderes Raumgefühl. Spezialitäten des Hauses sind Hecht mit Polenta, Rinderfilet und Melonenrisotto. Geräumige Gartenterrasse.

Sirmione

Al Pescatore €€
Seafood K D9
Via Piana 20/22, 25019
030 916 216
ristorantealpescatore.com
Bodenständiges Lokal mit typischen Gerichten der Region – z. B. gegrillte Scampi, Meeresfrüchterisotto oder Hecht mit Polenta.

Trattoria al Porticciolo €€
Seafood K D9
Via XXV Aprile 53, 25019
030 919 6161 Mo
trattoriaalporticciolo.it
Das Lokal hat einen sehr hellen, nicht verputzten Speiseraum mit bodentiefen Fenstern. Auf der Terrasse am Seeufer sitzt man umrahmt von mediterraner Vegetation. Im Angebot: Seafood sowie hausgemachte Pasta.

La Rucola €€€
Gourmet K D9
Via Strentelle 3, 25019
030 916 326
ristorantelarucola.it
Sehr kleines, aber edles Restaurant mit erlesener, vielfach prämierter Küche. Viele Spezialitäten stammen aus dem Meer. Für Fischliebhaber ist das siebengängige Menü erste Wahl.

Tancredi €€€
International K D9
Via XXV Aprile 75, 25019
030 990 4391
Nov – Mitte Feb
tancredi-sirmione.com
Modernes Restaurant mit überaus kreativer Küche – das Angebot reicht von bretonischem Hummer über schottisches Rind bis Fisch aus dem Gardasee. Auf der Dachterrasse kann man einen Drink nehmen.

Trattoria Antica Contrada €€€
International K D9
Via Colombare 23, 25019
030 990 4369
ristoranteanticacontrada.it
Gelungener Mix aus rustikalem Charme und modernem Dekor. Exzellente Fisch- und Fleischgerichte wie Tintenfisch an Tagliatelle und Rinderfilet. Bei der Weinkarte liegt der Schwerpunkt auf Norditalien.

Valeggio sul Mincio

Vis-à-Vis-Tipp

Caffè Il Mulino €€
Italienisch K F11
Via Raffaello Sanzio 18b, 37067
045 795 1279
caffeilmulino.com
Die Lage im romantischen Mühlenviertel in Valeggios Vorort Borghetto ist fantastisch. Dem Caffè Il Mulino ist das Ristorante Lo Stappo angegliedert. Somit hat man die Wahl zwischen Kaffee, Imbiss oder Cocktail einerseits und Hauptgerichten andererseits.

Speisen direkt am Wasser: Terrasse der Trattoria al Porticciolo, Sirmione

K = Karte *siehe Extrakarte zum Herausnehmen*

Westlicher Gardasee

Gardone Riviera

Taverna del Borgo €€
Italienisch K D7
Piazza dei Caduti 22, 25083
☎ 0365 290 404 ● Mo
W latavernadelborgo.net
Tagliatelle mit Wildschweinsauce, gegrillter Fisch (Dorade, Hummer oder Seebarsch) und Kaninchen in Weißweinsauce zählen zu den Spezialitäten des Hauses. Manche Gäste schauen vor oder nach einem Besuch des nahe gelegenen Vittoriale degli Italiani vorbei.

Torre San Marco €€
Weinlokal K D7
Corso Zanardelli 132, 25084
☎ 0365 201 58
W torresanmarco.it
Moderne Einrichtung, zwangloses Ambiente. In der vielfältig genutzten Event-Location ist auch ein hübsches Weinlokal mit einer kleinen Auswahl an Fleisch- und Fischgerichten, Pasta und Salaten untergebracht.

Gargnano

Ristorante Sostaga €€€
International K E7
Via Sostaga 19, 25084
☎ 0365 791 218
W ristorante-lagodigarda
Das Restaurant mit Aussicht liegt in einem Palazzo (19. Jh.) oberhalb von Gargnano. In zwei Speisesälen werden Gerichte vom Feinsten serviert: Pistazien-Gnocchi, gegrillter Seeteufel mit Spargel oder kanadischer Hummer mit hausgemachter Pasta.

La Tortuga €€€
Italienisch K E7
Via XXIV Maggio 5, 25084
☎ 0365 712 51
W ristorantelatortuga.it
Holzbalken, Blumenschmuck, Bogenfenster, Kerzenleuchter, rot gestrichene Wände und ein Piano – das Flair des Lokals ist sehr heimelig. Die ausgezeichneten Gerichte werden schön und aufwendig drapiert serviert.

Limone sul Garda

Ristorante Gemma €€€
Regional K F5
Piazza Garibaldi 11, 25010
☎ 0365 954 014
W ristorantegemma.it
Für viele das beste Lokal im Ort. Das Gemma liegt nur 100 Meter vom Fähranleger entfernt. Die Speisekarte listet viele Fischgerichte auf. Es gibt aber auch Fleischgerichte und vegetarische Optionen.

Manerba del Garda

Vis-à-Vis-Tipp

Manerba Brewery €
Bierlokal K D8
Via Trevisago 19, 25080
☎ 0365 550 847
● Sep – Mai: Mo
W manerbabrewery.it
Eine Abwechslung zu den vielen Lokalen, in denen gute Weine (häufig aus der Region) serviert werden. Die hier ausgeschenkten Biere stammen aus eigener Produktion. Dazu werden einfache Gerichte wie Brotzeitplatten, Würstchen mit Kraut oder Pizzas serviert. Großer Innen- und Außenbereich mit jeweils rund 300 Plätzen.

Capriccio €€€
Gourmet K D8
Piazza San Bernardo 6, 25080
☎ 0365 551 124 ● Di
W ristorantecapriccio.it
Das familiengeführte Restaurant beeindruckt mit kreativer Küche bester Qualität, die ihm einen Michelin-Stern einbrachte. Gerichte mit fangfrischem Fisch bilden den Schwerpunkt.

Terrasse des Ristorante Gemma, Limone sul Garda

Moniga del Garda

L'Osteria H_2O €€€
Gourmet K D9
Via Pergola 10, 25080
☎ 0365 503 225
W losteriah2o.it
Ausgezeichnete Gerichte, die ihren stolzen Preis wert sind: Lachsfilet, Cannelloni mit Rucola und Krabbencocktail. Illustre Weinkarte sowie nahezu unwiderstehliche Desserts.

Trattoria Al Porto €€€
Seafood K D9
Via Porto 29, 25080
☎ 0365 502 069 ● Mi; Winter
W trattoriaporto.it
Fisch steht hier im Fokus. Die Gerichte werden aus dem Fang des Tages zubereitet. Um nichts zu versäumen, empfiehlt sich eine gemischte Platte mit vielen Köstlichkeiten aus dem Gardasee.

Salò

Osteria dell'Orologio €
Regional K D8
Via Butturini 26, 25087
☎ 0365 290 158
W osteriadellorologiosalo.com
Das Weinlokal ohne Verzehrzwang offeriert nur wenige Gerichte (u.a. Lammkotelett, Hecht mit Polenta oder die Tagessuppe). Einheimische kommen nach der Arbeit gern auf ein Glas Wein. Viele Stammgäste.

Osteria di Mezzo €€
Regional K D8
Via di Mezzo 10, 25087
☎ 0365 216 33
W osteriadimezzo.it
Unprätentiöses, angenehmes Lokal mit soliden Gerichten. Aal mit Polenta, Grillteller oder Käsevariationen stehen auf Karte weit oben. Guter Tipp für ein Dessert: Semifreddo.

Ristorante Rosa €€
Regional K D8
Lungolago Zanardelli 63, 25087
☎ 0365 210 26
W ristoranterosasalo.it
Restaurant mit Terrasse an der Uferpromenade. Die hausgemachten Tortellini mit diversen Füllungen (u.a. Fisch) oder Kartoffel-Kastanien-Gnocchi haben viele Anhänger. Die Weinkarte listet rund 250 edle Tropfen.

Antica Trattoria alle Rose €€€
Italienisch K D8
Via Gasparo da Salò 33, 25087
☎ 0365 432 20
W trattoriaallerose.it
Das modern gestaltete Restaurant mit klaren Linien serviert fantasievolle Gerichte von bester

Restaurantkategorien *siehe Seite 183* **Preiskategorien** *siehe Seite 190*

Heller Speisesaal der L'Osteria H_2O in Moniga del Garda *(siehe S. 194)*

Qualität. Ein Schwerpunkt liegt auf Fisch aus dem Gardasee. Die Pasta ist hausgemacht.

Tignale

Al Torchio €
Pizzeria K F6
Via Europa 1, 25080
0365 760 296 Nov – Apr: Di
altorchiotignale.it
Gemütliches Lokal im historischen Ortskern mit soliden Gerichten. Pizzas und Bruschette kommen aus dem Steinofen. Gutes Preis-Leistungs-Verhältnis.

Osteria La Miniera €€
Regional K F6
Via Chiesa 9a, 25080
0365 760 225 Di
gardaminiera.it
Rinderfilet, Spanferkelmedaillons, geschmortes Kaninchen oder gegrillter Fisch zählen zu den Spezialitäten. Auf die Verwendung regionaler Produkte wie Steinpilze und Trüffel legt man Wert.

Tremosine

La Rocchetta €
Pizzeria K F5
Via Rocchetta 20, 25010
0365 953 250
ristorantelarocchetta.it
Großer Speiseraum mit rustikalem Flair in einem altehrwürdigen Steinhaus. Neben Pizza in allen Variationen bekommt man hier auch einige Grillgerichte, Käse- und Wurstspezialitäten sowie Desserts.

Spaghetteria Bar da Nando €
Spaghetteria K F5
Vicolo Largo 10, 25010
0365 951 230 Mo
danando.gardasee.info
Spaghetti, Tagliatelle, Tortellini, Maccheroni, Gnocchi usw. – hier dreht sich alles um hausgemachte italienische Teigwaren. Überdachte Gartenterrasse.

Verona

Vis-à-Vis-Tipp

Cappa Cafè €€
Café K H10
Piazzetta Brà Molinari 1a, 37121
045 800 4516
cappacafe.it
Das Café mit Terrasse am Ufer der Etsch, nahe dem Ponte Pietra und mit Blick auf das Teatro Romano, strahlt eine legere Atmosphäre aus. Es gibt Snacks wie Polenta mit Pilzen, Salami oder Gorgonzola und Hauptspeisen wie Fleischgerichte (von Rind, Kalb oder Pferd) und Pizzas. Am Wochenende bis 1.30 Uhr geöffnet. Gute Cocktails und Smoothies.

Enoteca Segrata €€
Regional K H10
Vicolo Samaritana 10, 37121
045 801 50 24
enotecasegreta.it
Hier gibt es venetische Spezialitäten wie Fettuccine mit Pilzen und Gorgonzola oder Fleischbällchen in Tomatensauce. Lauschiger begrünter Patio.

12 Apostoli €€€
Regional K H10
Corticella San Marco 3, 37121
045 596 999
12apostoli.com
Historie pur: Das Gewölberestaurant ist zweifellos eines der traditionsreichsten Lokale in Verona. Serviert werden Spezialitäten der Region in großen Portionen. Der Weinkeller bietet Degustationen.

Antica Bottega del Vino €€€
Regional K H10
Via Scudo di Francia 3, 37121
045 800 4535
bottegavini.it
Stets gut besuchtes Restaurant mit traditioneller italienischer Küche und einer Weinbar mit schier unglaublicher Auswahl. Klassische Speisen: Pasta e fagioli (Bohnen) und Kalbskotelett.

Arche €€€
Regional K H10
Via Arche Scaligere 6, 37121
045 800 7415
ristorantearche.com
In warmen Farbtönen gehaltenes, familiengeführtes Spitzenrestaurant mit exzellenter Küche, die typische Gerichte aus dem Veneto kreiert. Erlesene Weine.

Casa Mazzanti €€€
International K H10
Piazza delle Erbe, 37121
045 800 3217
ristorantemazzanti.it
Das Restaurant an der Piazza delle Erbe, der »guten Stube« Veronas, besticht durch Eleganz und Geradlinigkeit. Neben italienischer Küche gibt es auch Sushi und Sashimi. Tische im Freien.

Il Desco €€€
International K H10
Via Dietro San Sebastiano 5/7, 37121
045 595 358 So, Mo
ristoranteildesco.it
Der Mix aus modernem, elegantem Dekor und Holzbalkenflair prägt das Ambiente dieses mit einem Michelin-Stern ausgezeichneten Restaurants. Gelungene Degustationsmenüs.

Tre Marchetti €€€
Regional K H10
Vicolo Tre Marchetti 19b, 37121
045 803 0463
tremarchetti.it
Gerichte der venetischen Küche werden hier besonders fantasievoll zubereitet, z. B. Rinderfilet mit Steinpilzen und Trüffeln, Tortelloni di Valeggio oder Tintenfisch mit Gemüse. An Opernabenden bis 4 Uhr geöffnet.

Casa Mazzanti, Terrassenlokal an der Piazza delle Erbe in Verona

Shopping

Es soll Urlauber geben, die ausschließlich zum Shoppen an den Gardasee kommen. Mode, Lederwaren und Design aus Italien (auch im Luxussegment) sind weltberühmt. In den Boutiquen und Läden einiger Orte rund um den See sowie in Outlet-Centern an den Autobahnen erwartet den Besucher ein Querschnitt durch das exklusive Œuvre renommierter Modeschöpfer und Designer.

Andererseits spielt am Gardasee auch der unabhängige Einzelhandel traditionell eine große Rolle – statt Einheitslook setzt man hier auf Authentizität und Vielfalt. Wer sich auf den stimmungsvollen Antiquitätenmärkten umsehen will, sollte frühzeitig erscheinen – die besten Stücke sind schon beizeiten verkauft. Düfte mit besonders mediterraner Note gibt es in ausgewählten Parfümerien.

Mode und Accessoires

Die Nähe zur Mode-Metropole Mailand wird bei einem Bummel durch die Boutiquen am Gardasee offenkundig. An die modebewusste Frau richtet sich **Vanda Boutique** in Riva del Garda. Unter dem Label Vanda firmieren mit Nick & Vanda (Herrenmode) und Vanda Accessories (u. a. Schals und Halstücher) zwei weitere Boutiquen in unmittelbarer Nähe. Lässig und leger ist die Mode von **Tiziani** in Bardolino. Die Tops, Shirts und Jeans überzeugen mit kreativem Schnitt und Mut zur Farbe.

Neben eleganten Läden eignen sich auch Outlet-Center zum bequemen Shoppen. Die meisten haben sich entlang den Autobahnen A4 und A22 niedergelassen. Das **Desenzano Fashion Outlet** etwa präsentiert neueste Modetrends italienischer Designer, darunter Dolce & Gabbana, Gucci und Versace.

Auf der Suche nach den besonderen Dessous sowie neuesten Trends in Sachen Lingerie und Bademode wird man im **Calzedonia Intimissimi Outlet** in Avio fündig.

Retro-Fans aus ganz Italien zieht es alljährlich an einem Sonntag im Mai zum Vintage-Markt Valeggio Veste il Vintage *(siehe S. 32)* für Mode und Accessoires – ein Event für Fashion-Victims und Nostalgiker.

Wasserkessel von Alessi

Schmuck und Uhren

Ein Schwerpunkt der Kollektionen in der **Gioielleria Tranquilli** mit Filialen in Desenzano del Garda und Salò liegt auf der Verarbeitung von farbintensiven Steinen und Mineralen. Ob Transparenz oder Tiefe: Smaragd, Saphir, Rubin, Aquamarin, Topas, Opal, Bernstein oder Türkis geben Ringen, Armbändern und Halsketten ihr besonderes Etwas. Erlesene Unikate fertigen die Goldschmiede der **Gioielleria Vezzola** in Padenghe sul Garda an. Das Sortiment des Juweliergeschäfts umfasst außerdem Stücke international renommierter Hersteller, darunter Gold- und Silberschmuck von Rosato und Pierre Cardin sowie Uhren von Tissot, Casio und Fossil.

Schaufenster eines Juweliers in Rovereto

Schuhe und Lederwaren

Schuhe für Sie und Ihn, von stylish über casual bis klassisch und für jeden Anlass findet man bei **Bertasi** in Lazise in der Filiale am Corso Ospedale. Das Sortiment der Niederlassung in der Via Francesco Fontana umfasst auch Schuhe aus Schlangen- und Krokodilleder. So oder so: Der Laden rühmt sich seiner internationalen Kundschaft.

Riva del Garda und Salò sind Standorte der Stores von **Leo Guizzetti**. Zu deren Angebot gehören Koffer und Handtaschen, Gürtel und Geldbörsen aus stabilem Leder und von zeitloser Schönheit – edles Kunsthandwerk in Vollendung.

Plakate zum Vintage-Markt in Vallegio del Mincio

Mehrwertsteuer (*imposta sul valore aggiunto*; IVA) in Italien: 22 Prozent, ermäßigt 10 bzw. 4 Prozent

Übrigens: Auf Märkten sollte man bei Schnäppchenangeboten (z. B. für Handtaschen) kritisch sein, es könnte sich um Fälschungen von Markenprodukten handeln.

Design und Antiquitäten

Design für gehobene Wohnansprüche ist das Markenzeichen von **Il Ghibellin Fuggiasco** in Verona. Das illustre Spektrum reicht von klar strukturierten Möbeln (vom Sideboard bis zum Barhocker) über Wohnaccessoires wie raffiniert gestaltetes Besteck und Kristallgläser bis zu durch Eleganz bestechende Beleuchtungssysteme für drinnen und draußen. Der **Alessi Shop** unter dem Dach von Casabella Martinelli in Cavaion Veronese bietet eine große Auswahl an Design-Produkten aus dem Hause Alessi – vom Wasserkessel bis zum Cocktail-Shaker. Espressomaschinen und weitere Haushaltsgeräte in spannendem Design findet man außerdem bei **Bialetti** in Verona.

Venezianische Glaswaren aus Murano in vielen Farben und Formen gibt es auch am Gardasee in vielen Läden.

Auslage mit Taschen in allen Farben vor einem Laden in Lazise

Acqua del Garda

Im **Antiquariato Cajola** durch das kunterbunte Sammelsurium aus Tafelgeschirr und Tabletts, Kristalllüstern und Kerzenhaltern, Sekretären und Kommoden, Vitrinen und Spiegeln, Gemälden und vergoldeten Figuren diverser Epochen zu stöbern, gleicht einer Zeitreise durch vergangene Jahrhunderte. Neben seinem angestammten Sitz in Desenzano del Garda verkauft das Antiquariat alte Kostbarkeiten auch auf diversen Antiquitätenmärkten. Derartige Veranstaltungen sind eine Fundgrube für »Schatzsucher«. Die Märkte werden in mehreren Orten rund um den Gardasee jeweils einmal im Monat abgehalten. Besonders beliebt sind diejenigen in Rovereto (1. Sa), Arco (3. Sa), Desenzano del Garda (1. So), Bardolino (3. So) und Torri del Benaco (4. So).

Kosmetik und Parfum

Dem selbst auferlegten Anspruch, mit einzigartigen Geruchsnoten Natur und Flair des Gardasees widerzugeben, wird **Acqua del Garda** gerecht. Neben einer fein abgestimmten Parfumserie mit erlesenen Duftkreationen findet man im Flagship Store in Verona auch ein Sortiment an Duschgel, Shampoo sowie Hand- und Körpercremes mit Pfirsich-, Trauben- oder Olivennote sowie Duftspender und -kerzen. Ein Fest für die Sinne!

Entsprechend dem Namenszusatz »Parfumerie Artistique pour Homme et Femme« führt **Parfum Idéal** in der Altstadt von Peschiera del Garda edle Herren- und Damendüfte. Zu den Kostbarkeiten des kleinen Ladens gehört die bemerkenswerte Auswahl an Düften der Marke Profumum Roma.

Auf einen Blick

Mode und Accessoires

Calzedonia Intimissimi Outlet
Via del Lavoro 30, Avio. Mo 15–19, Di–Sa 9–19 Uhr.

Desenzano Fashion Outlet
Via delli Colli Storici 185, Desenzano del Garda. tägl. 10–20 Uhr.

Tiziani
Via Carducci 15, Bardolino. 045 721 1024. **tiziani.it**

Vanda Boutique
Viale Dante 47, Riva del Garda. 0464 551 696. **vandaboutique.com**

Schmuck und Uhren

Gioielleria Tranquilli
Via Achille Papa 19, Desenzano del Garda. 030 914 4742. Via San Carlo 58, Salò. 0365 205 34. **gioielleriatranquilli.it**

Gioielleria Vezzola
Via Italo Barbieri 14, Padenghe sul Garda. 030 990 7584. **gioielleriavezzola.it**

Schuhe und Lederwaren

Bertasi
Corso Ospedale, Lazise. 045 758 0191. Via Francesco Fontana, Lazise. 045 647 0941. **bertasicalzature.com**

Leo Guizzetti
Via Fiume 41, Riva del Garda. 0464 550 564. Via Butturini 60, Salò. 0365 520 447. **leoguizzetti.it**

Design und Antiquitäten

Alessi Shop
Via Pozzo dell'Amore 50/54, Cavaion Veronese. 045 626 0344. **casabellamartinelli.it**

Antiquariato Cajola
Via Roma 63/67, Desenzano del Garda. 030 991 1707. **antiquariatocajola.com**

Bialetti
Via Mazzini 78, Verona. 045 209 4539. **bialetti.it de**

Il Ghibellin Fuggiasco
Vicolo Dietro SS Apostoli 7, Verona. 045 803 5557. **ilghibellinfuggiasco.com**

Kosmetik und Parfum

Acqua del Garda
Via Rosa 8, Verona. 045 876 6961. **acquadelgardafragranze.it**

Parfum Idéal
Via Rocca 23, Peschiera del Garda. 045 222 3332. **parfumideal.it**

Delikatessen und Souvenirs

Viele kulinarische Spezialitäten kann man bei regionalen Erzeugern erwerben – von Wein und Grappa über Olivenöl und Honig bis zu Trüffeln und Pasta. Bei größeren Mengen übernehmen manche Produzenten auch den Versand der Ware an die Heimatadresse der Kunden. Die kreative Vielfalt an Gerichten mit Delikatessen aus der Region um den Gardasee erlebt man bei zahlreichen kulinarischen Festen *(siehe S. 32–35)*. In allen Orten gibt es ein großes Angebot an Souvenirs und Mitbringseln mit typischen Motiven.

Emailschild vor einer Metzgerei in Sirmione

Schinken und andere Fleischwaren an einem Marktstand

Wochenmärkte

Nehmen Sie sich Zeit für einen ausgedehnten Bummel über einen Wochenmarkt, den es in nahezu jedem Ort gibt (z. B. Mo in Peschiera del Garda, Mi in Lazise, Do in Bardolino, Sa in Malcesine). Dies ist die beste Möglichkeit, sich einen Überblick über das vielfältige Angebot an kulinarischen Spezialitäten der Region zu verschaffen. An vielen Ständen werden Produkte aus der unmittelbaren Umgebung verkauft.

Die bunten Märkte sind bei Einheimischen wie Urlaubern gleichermaßen beliebt. An den Markttagen sind die Boote ausgebucht, auch Parkplätze in Marktnähe sind oft schwer zu bekommen.

Wein

Rund um den Gardasee erstrecken sich einige der bekanntesten Weinbaugebiete Italiens *(siehe S. 30f)*, darunter Bardolino, Lugana und Valpolicella. Die **Cantina Madonne delle Vittorie** mit angegliedertem Restaurant bietet Verkostungen, ein Schwerpunkt des Weinverkaufs liegt auf Marken aus dem Trentino. Das seit 1870 betriebene Weingut **Fratelli Zeni** in den Hügeln oberhalb von Bardolino wartet neben Führungen und abendlichen Degustationen auch mit einem 1991 eingerichteten Weinmuseum *(siehe S. 95)* auf, durch das man in eine *vinoteca* mit Direktverkauf gelangt. Die hier angebotenen edlen Tropfen (u. a. Bardolino, Soave, Lugana) können gratis verkostet werden (ohne Kaufverpflichtung). In Lugana di Sirmione befindet sich das Weingut **Azienda Agricola Cà dei Frati**, dessen Weiß-, Rot- und Roséweine ebenfalls unverbindlich probiert werden können. Zu den renommiertesten Weinhandlungen rund um den Gardasee gehören auch **Enoteca Malcesine**, **Enoteca L'Arte del Bere** in Lazise und die **Vineria de Tarczal** in Marano d'Isera, einem Vorort von Rovereto.

Trüffel, eine Delikatesse der Region

Die meisten Weingüter mit Direktverkauf führen auch Spirituosen (z. B. Grappa und andere Obstbrände sowie Liköre wie Limoncello). In diesem Reiseführer wird eine Tour durch die Valpolicella vorgestellt, die durch einige Weinorte führt *(siehe S. 96f)*.

Olivenöl

Olivenöl gilt als Grundstoff der mediterranen Küche. Die Olivenhaine um den Gardasee zählen – neben denen am Comer See – zu den nördlichsten in Europa. Traditionell bildet die Ostküste einen Schwerpunkt bei der Kultivierung, nicht umsonst trägt sie den Beinamen »Riviera degli Olivi«. Unmittelbar nach der Ernte (Okt/Nov) wird in den vielen Ölmühlen der Region das »flüssige Gold« gepresst.

Die Familie Veronesi betreibt seit 1918 eine Ölmühle, das dort gewonnene Olivenöl wird bei **Frantoio Veronesi** in Lazise verkauft. Neben dem klassischen Öl sind auch mit Gewürzen wie Rosmarin oder Basilikum angereicherte Varianten sowie weitere Spezialitäten wie Olivenpaste, in Olivenöl eingelegtes Gemüse und Pflegeprodukte im Angebot.

Zu den Aushängeschildern für Olivenöl am Gardasee gehört die schon mehrfach ausgezeichnete **Azienda Agricola e Frantoio Montecroce** in Desenzano del Garda. Sie bietet – ebenso wie die **Agraria Riva del Garda** – neben dem Verkauf auch Führungen durch die Ölpresse und Degustationen an.

Der Laden des **Museo dell' Olio** in Cisano, einem südlichen Vorort von Bardolino, führt ein umfassendes Sortiment an Olivenölen aus der Region sowie andere Delika-

Auslage eines Wein- und Spirituosenhandels in Bardolino

tessen wie Aceto und Wein sowie Kosmetikprodukte auf Olivenbasis und Artikel aus Olivenholz. Im Museum erfährt man nebenbei viel über die Geschichte der Kultivierung von Olivenbäumen und Produktionstechniken bei der Gewinnung von Olivenöl.

Pilze, Kastanien und Honig

Ob auf Wochenmärkten oder in Feinkostläden: Steinpilze *(funghi porcini)*, die viele Gerichte verfeinern, sind nahezu überall erhältlich. Seltener und bei Gourmets entsprechend begehrter sind die schwarzen und die (kostspieligeren) weißen Trüffel *(tartufo)*. Kilopreise von mehreren Hundert Euro sollten nicht abschrecken. Schon extrem kleine Mengen dieser unter der Erdoberfläche wachsenden Delikatesse genügen, um z. B. Reis- oder Pastagerichten eine besondere Note zu verleihen. Übrigens: Ein leicht modriger Geruch beim rohen Pilz ist ein Zeichen von Qualität. Der Feinkostladen **MartelliFood** in Sirmione führt neben frischen Trüffeln und anderen Pilzen u. a. auch Käse und Salami, Pasta und Pesto. Einige Restaurants bieten im Herbst Trüffelmenüs an.

Vor allem im trentinischen Teil des Hinterlands wachsen viele Kastanienbäume. Sehr schmackhaft sind die *marroni di Drena* genannten Esskastanien *(siehe S. 59)*, die man geröstet isst oder manchen Speisen wie Reisgerichten oder Salaten zugibt. Versuchen sollte man auch den dunklen Kastanienhonig, weitere beliebte Honigsorten sind Akazien-, Lindenblüten- und Bergblütenhonig. Direkt beim Erzeuger und in besonderem Ambiente kauft man Honig z. B. im Eremitenkloster **Eremo San Giorgio** *(siehe S. 87)*. Bekannt für feinsten Honig der Sorte Millefiori aus eigener Produktion ist **Casale di Pegol** in Tignale.

Schalen, Flaschenhalter und mehr aus Olivenholz

Typische Motive des Gardasees: Zitronen und das Kastell in Sirmione

Souvenirs

In jedem touristisch interessanten Ort findet man Souvenirläden mit unterschiedlichem Sortiment – es reicht von kitschiger Billigware, die weder originell ist noch in der Gardaseeregion produziert wurde, bis zu schön verarbeiteten, authentischen Produkten. Häufig spiegeln sich darin landwirtschaftliche oder industrielle Traditionen wider. Beliebt sind Artikel aus Olivenholz – vom Salatbesteck bis zum Weinflaschenhalter – und Keramikwaren wie Obstschalen und Vasen mit für den Gardasee typischen Motiven. »Natürliche« Mitbringsel sind etwa Olivenbäumchen, kleine Zypressen und Zitruspflänzchen.

Auf einen Blick

Wein

Azienda Agricola Cà dei Frati
Via Frati 22, Lugana di Sirmione.
☎ 030 919 468.
W cadeifrati.it

Cantina Madonna delle Vittorie
Via Linfano 81, Arco.
☎ 0464 505 542.
W madonnadellevittorie.it

Enoteca L'Arte del Bere
Via Cansignorio 10, Lazise.
☎ 045 758 0032.
W artedelbere.com

Enoteca Malcesine
Viale Roma 15b, Malcesine.
☎ 045 740 1046.
W enotecamalcesine.it

Fratelli Zeni
Via Costabella 9, Bardolino.
☎ 045 721 0022.
W zeni.it
☎ 045 622 8331.
W museodelvino.it

Vineria de Tarczal
Marano d'Isera, Rovereto.
☎ 0464 450 707.
Weingut
☎ 0464 409 134.
W detarczal.com

Olivenöl

Agraria Riva del Garda
Via San Nazzaro 4, Riva del Garda.
☎ 0464 552 133.
W agririva.it

Azienda Agricola e Frantoio Montecroce
Viale Andreis 84, Desenzano del Garda.
☎ 030 991 1504.
W frantoiomontecroce.it

Frantoio Veronesi
Via Giuseppe Verdi 1, Lazise.
☎ 045 758 0030.
W frantoioveronesi.com

Museo dell'Olio
Via Peschiera 54, Cisano.
☎ 045 622 9047.
W museum.it

Pilze, Kastanien und Honig

Casale di Pegol
Via Pegol, Tignale.
☎ 0365 760 069.
W casaledipegol.com

Eremo San Giorgio
1 km südöstl. von Garda.
☎ 045 721 1390.
W eremosangiorgio.it

MartelliFood
Via Verona 174, Sirmione.
☎ 030 990 5197.
W martellifood.it

Unterhaltung

Eine Region mit derart mildem Klima, wie es rund um den Gardasee herrscht, ist geradezu prädestiniert für Veranstaltungen im Freien. Viele Musik-, Theater- und Tanzfestivals ziehen Besucher in ihren Bann. Italien ist das Land der Oper. Ein wohl unvergessliches Erlebnis ist ein Opernabend in Veronas noch aus der Antike stammender Arena, dem weltweit drittgrößten Amphitheater. Die abendlichen Feuerwerke über dem See bringen jeden ins Schwärmen. Bis tief in die Nacht kann man in Strandbars und Diskotheken feiern. Einen Überblick über die vielen Feste und Festivals am Gardasee finden Sie auf Seite 32–35. Außerdem locken vielfältige Sportmöglichkeiten *(siehe S. 204–209)* sowie ein kunterbuntes Veranstaltungsprogramm für Kinder *(siehe S. 212–215)*.

Teatro del Vittoriale: Open-Air-Bühne in Gardone Riviera

Information

Hinweise zu aktuellen kulturellen Veranstaltungen rund um den Gardasee erhalten Sie im Internet auf den Websites der deutschsprachigen Portale *(siehe S. 219)*. Die Tourismusbüros in den einzelnen Orten bieten ebenfalls vielfältige Informationen zum aktuellen Geschehen.

Vor Ort kann man sich darüber hinaus über einige in deutscher Sprache publizierte lokale Blätter wie etwa die in Verona erscheinende **Gardasee Zeitung** informieren. Sie bietet Veranstaltungshinweise für kulturelle Events in der Gardaseeregion und im Raum Verona. Man erhält sie gratis in Hotels und Touristeninformationen.

Auf der Website von **ENIT** (Ente Nazionale Italiano per il Turismo, Italienischer Fremdenverkehrsverband) stehen Prospekte und Broschüren zum Download bereit. Das Material ist nach italienischen Regionen geordnet. Informationen für den Gardasee findet man unter den Rubriken Trentino, Veneto und Lombardei.

Tickets

Eintrittskarten für Veranstaltungen wie Konzerte und Theatervorstellungen gibt es beim jeweiligen Veranstaltungsort oder bei den Touristeninformationen, die in vielen Orten im Rathaus untergebracht sind. Unter Umständen kann Ihnen auch das Hotelpersonal bei der Buchung von Tickets behilflich sein. Manche Reiseveranstalter bieten Pakete an, die neben der Unterkunft auch Karten für bestimmte Veranstaltungen enthalten.

Für viele Events wie etwa Opern oder Musikfestivals ist insbesondere in den Sommermonaten eine frühzeitige Buchung anzuraten. Die Nachfrage ist häufig sehr groß, einige Veranstaltungen sind schon Monate im Voraus ausverkauft. Bedenken Sie, dass manche Reisegruppen speziell für einzelne Events anreisen. Kurzentschlossene haben die Möglichkeit, an der Abendkasse noch Resttickets zu erwerben. Man läuft allerdings Gefahr, leer auszugehen, zudem muss man sich häufig in längere Warteschlangen einreihen.

Buchen Sie Eintrittskarten daher so früh wie möglich im Internet. Für manche Veranstaltungsorte können Sie auch bestimmte Sitzplätze reservieren.

Oper und Ballett

Zu den Höhepunkten im Veranstaltungskalender der Region gehören die alljährlich zwischen Ende Juni und Anfang September stattfindenden Opernfestspiele in der **Arena** von Verona *(siehe S. 164–167)*. Das weltberühmte Festival, das erstmals 1913 veranstaltet wurde, ist nicht nur für Opernfans ein Ereignis. Viele Besucher wohnen zum ersten Mal einer derartigen Aufführung bei, angezogen von der magischen Atmosphäre dieses Orts. Vor den Augen der rund 20 000 Besucher werden Klassiker des Genres wie *Nabucco*, *Aida*, *Tosca*, *Don Giovanni* oder *Der Barbier von Sevilla* in meist aufwendigen Inszenierungen und mit eindrucksvollen Bühnenbildern präsentiert. Insbesondere die Premieren sind weit über die Region hinaus

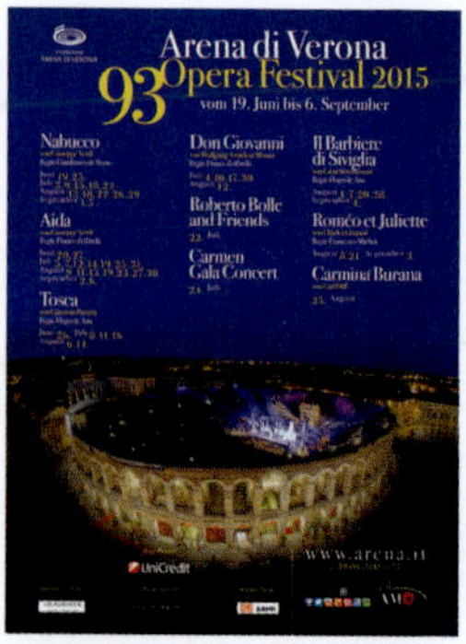

Plakat des Opernfestivals in der Arena di Verona

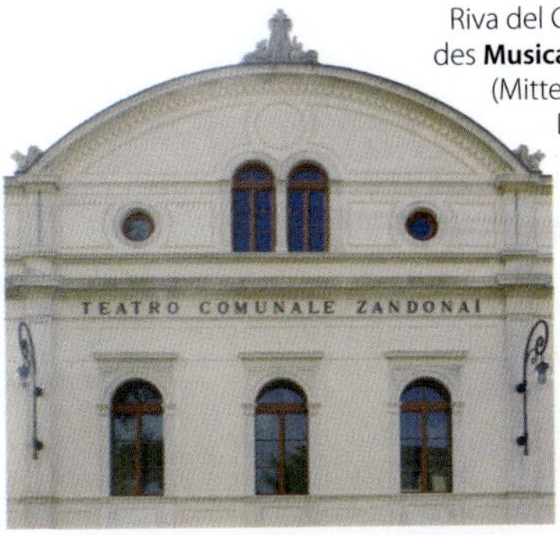

Teatro Comunale Riccardo Zandonai, Rovereto

Gesprächsthema unter Opernfans. Neben dem hohen künstlerischen Anspruch der Aufführungen wird immer wieder der Volksfestcharakter des Opernfestivals gelobt.

Zum Programm gehören jedes Jahr auch vereinzelte Konzerte und Ballettabende mit weltberühmten Tänzern. Ballett- und andere Tanzdarbietungen von höchstem Niveau erlebt man im Juni auch beim Garda Danza Estate in Gardone Rivieras Teatro del Vittoriale *(siehe Open-Air-Veranstaltungen)*. Auch bei Theaterfestivals wie Estate Teatrale Veronese *(siehe Theater)* kann man Tanzevents mit berühmten Ensembles beiwohnen.

Musikfestivals

Neben den Opernfestspielen in Verona finden am Gardasee weitere Musikfestivals statt, die meisten im Sommer.

Jazzliebhaber zieht es im August zum **Garda Jazz Festival**. Das dreiwöchige Musikfest mit internationalen Größen findet an diversen Orten im Norden des Sees statt, u. a. in Arco, Riva del Garda, Torbole und Nago. Die meisten Konzerte werden im Freien vor eindrucksvoller Kulisse dargeboten, Schauplätze sind etwa der auf einem Felsen hoch über Riva del Garda aufragende Rundturm Il Bastione *(siehe S. 52)* oder das Castello di Arco *(siehe S. 54)*. Bei Regen stehen alternative Spielstätten bereit.

Balletttänzer

Riva del Garda ist Schauplatz des **Musica Riva Festival** (Mitte Juli – Anfang Aug). Bei diesem Klassik-Event geben vor allem Nachwuchsmusiker Konzerte.

Zu Ehren des Kontrabassisten Gasparo da Salò (auch Gasparo Bertolotti) findet alljährlich in seiner Heimatstadt das Festival Violinistico Internazionale Gasparo da Salò (Ende Juli/Anfang Aug) statt. Dabei treten berühmte europäische Orchester und Violinisten auf.

Im August wird an mehreren Spielorten in Rovereto das **Festival Internazionale W. A. Mozart** veranstaltet.

Theater

Das 1783 fertiggestellte **Teatro Comunale Riccardo Zandonai** in Rovereto *(siehe S. 66)* ist das älteste Theater im Trentino. Nach mehrjährigen Renovierungsarbeiten wurde die Traditionsbühne 2014 feierlich wiedereröffnet. Sie gehört zu den wichtigsten Spielstätten des Mozart-Festivals *(siehe oben)* und wird neben Konzerten auch für Theater- und Tanzaufführungen genutzt.

Immer noch als Spielstätte dient das aus dem 1. Jahrhundert v. Chr. stammende, letztmals im Jahr 2015 restaurierte **Teatro Romano** in Verona *(siehe S. 172)*. Das in den Hang gebaute Theater ist eine faszinierend schöne Kulisse für einen Theaterabend. Hier finden Aufführungen des Estate Teatrale Veronese (Ende Juni – Aug) statt. Bei diesem Theater- und Musikfest werden im Teatro Romano einige Klassiker von Shakespeare aufgeführt, andere Veranstaltungen des Veroneser Theatersommers finden im **Teatro Camploy** statt.

Weitere Theaterfestivals sind das im Juli/August veranstaltete Sirmione in Scena und das Festival del Vittoriale im Teatro del Vittoriale *(siehe Open-Air-Veranstaltungen)* in Gardone Riviera (Mitte Juli – Anfang Aug).

Open-Air-Veranstaltungen

Viele Events am Gardasee *(siehe S. 32 – 35)* – darunter auch einige der genannten Festivals – finden im Freien statt. Vor allem an lauen Sommerabenden ist es ein Genuss, einem Konzert, einer Theateraufführung oder einem anderen Ereignis unter dem Sternenhimmel beizuwohnen. Zu den stimmungsvollsten Orten für ein Open-Air-Event zählt das **Teatro del Vittoriale** *(siehe S. 146)* in Gardone Riviera. Die Bühne ist so konzipiert, dass Besucher zumindest von den oberen Rängen einen wundervollen Blick auf den Gardasee haben. Prachtvoll ist auch die Aussicht vom Teatro Romano in Verona.

Veranstaltungsplakat in Malcesine

Eine Opernaufführung in Veronas Arena zählt zu den Höhepunkten eines Aufenthalts in der Region.

Film

Der im Südwesten des Gardasees gelegene Ort San Felice del Benaco ist Schauplatz des **Filmfestival del Garda**. Zu den Veranstaltungsorten gehört auch der Rathausplatz. Die Filme werden in Originalfassung mit italienischen und englischen Untertiteln gezeigt. Neben aktuellen Produktionen junger Regisseure liegt ein weiteres Augenmerk des Filmfests auf Retrospektiven, die sich einzelnen Stars der Leinwand widmen. Bis auf Sonderveranstaltungen ist der Eintritt zu den Vorführungen frei.

Atrium des Kunstmuseums MART in Rovereto

Museen

Früher dienten Museen ausschließlich der Präsentation von Kunst, heute sind immer mehr dieser Kulturstätten Schauplätze von Veranstaltungen wie Konzerten, Lesungen und Workshops.

Rovereto verfügt mit dem **MART** *(siehe S. 68f)* über eines der renommiertesten Museen für moderne und zeitgenössische Kunst in ganz Europa. Neben erstklassigen Sammlungen erlebt man hier auch kulturelle Veranstaltungen wie Lesungen. Im Musiksaal des **Museo del Pianoforte Antico** in Ala *(siehe S. 71)* werden von Zeit zu Zeit Klavierkonzerte gegeben. In manchen Museen, etwa im **Museo Nicolis** in Villafranca di Verona *(siehe S. 110f)*, wird die Eröffnung einer neuen Ausstellung wie ein Event gestaltet.

Weitere Museen wenden sich mit ihrem Veranstaltungsprogramm vorwiegend an Kinder *(siehe S. 214f)*.

Feuerwerke

Stimmungsvoller geht es kaum: An mehreren Sommerabenden erleuchten Feuerwerke den nächtlichen Himmel über dem Gardasee und rufen auf dessen Oberfläche wundervolle Licht- und Farbenspiele hervor. Oft bilden diese knallbunten und lauten Spektakel den feierlichen Höhepunkt eines Festivals oder einer anderen Veranstaltung. Besonders fulminant: das beim Märchenfest Notte di Fiaba in Riva del Garda *(siehe S. 213)* Ende August veranstaltete Feuerwerk und dasjenige anlässlich des Ruderwettbewerbs Palio delle Contrade in Garda am 15. August.

Bars und Beach Bars

Auch wenn die meisten Urlauber nicht primär wegen des Nachtlebens an den Gardasee reisen, ist hier für Nachtschwärmer einiges geboten. Im Sommer ist es zur nächsten Beach Party nicht weit. Bei Dunkelheit, wenn die untergehende Sonne dem Sternenhimmel Platz gemacht hat, verwandeln sich einige Strandbars in Partyzonen mit Musik (zum Teil Live-Acts) und Cocktailbar.

In Desenzano del Garda lockt **Golden Beach – Spiaggia d'Oro** mit lauten Rhythmen. Viele genießen das Lounge-Ambiente für einen Aperitif, andere feiern hier bis tief in die Nacht. Auch **Coco Beach** am weißen Strand von Lonato del Garda und **Lido Holiday Beach** in Bardolino sind für ihre heißen (und langen) Partynächte bekannt. In beiden heizen gelegentlich Live-Bands die Stimmung an. Zum Lido Holiday Beach gehört neben Lounge-Bars auch eine Shisha-Bar.

Ein beliebter Treffpunkt für Mountainbiker und Surfer ist die im Zentrum von Torbole gelegene **Wind's Bar**, in der allerdings nicht nur Aktivurlauber gern den Tag bei einem Gläschen ausklingen lassen. Da sich die Location abends schnell füllt, verlagert sich das Geschehen auf den (schmalen) Gehsteig.

Clubs und Discos

Typisch für den Gardasee: Clubs und Restaurants befinden sich häufig unter einem Dach. Eine erstklassige Event-Location in Gardone Riviera ist **Torre San Marco**. Sie ist im

Feuerwerk beim Märchenfest Notte di Fiaba in Riva del Garda

Abendliches Flanieren an einer Uferpromenade

gleichnamigen Turm (19. Jh.) untergebracht und verfügt über Pianobar, Weinlokal *(siehe S. 194)* und Diskothek (Di – So bis 3 Uhr geöffnet). Das Areal zu Füßen des architektonisch eindrucksvollen Turms *(siehe S. 140f)* wird für nächtliche Veranstaltungen vor bezaubernder Kulisse genutzt.

Szenebekannte DJs legen im **Hollywood** auf, wo häufig auch Bands auftreten. Die am Wochenende bis 5 Uhr geöffnete Disco ist einer der populärsten Hotspots am Gardasee. Vor der Clubnight kann man auf der Terrasse am See zu Abend essen. Den Rahmen bildet ein lauschiger Palmengarten mit Pool.

In Lazise ist das **CortéS** die erste Adresse für Nachtschwärmer. Der Club rühmt sich der besten Mojitos am Gardasee. Das Musikspektrum reicht von House über Alternative, Lounge und Acid bis Funk.

Flanieren

Wer dem Nightlife weniger abgewinnen kann bzw. mal eine Pause braucht oder wer grundsätzlich Entspannung sucht, findet sie beim Flanieren. Gemütlich am See zu schlendern gehört zu den Lieblingsbeschäftigungen vieler Urlauber. Viele Orte haben breite, gut ausgebaute Uferpromenaden, auf denen auch Menschen mit eingeschränkter Mobilität gut vorankommen. Ein Restaurant oder Café ist immer in der Nähe. Entspannend ist es, sich auf einer Bank niederzulassen und auf den See hinauszublicken. Tagsüber sieht man Schiffe und Boote vorbeiziehen, bei Dunkelheit erlebt man interessante Lichtspiele an der Oberfläche des Sees.

Auf einen Blick

Information

ENIT (Ente Nazionale Italiano per il Turismo)
Barckhausstraße 10, 60325 Frankfurt am Main.
(069) 237 434.
enit.de

Gardasee Zeitung
gardaseezeitung.it

Oper und Ballett

Arena
Piazza Brà, Verona.
045 800 5151.
arena.it

Teatro Romano
Siehe Theater.

Musikfestivals

Festival Internazionale W. A. Mozart
wamrovereto.com

Garda Jazz Festival
gardajazz.com

Musica Riva Festival
musicarivafestival.com

Theater

Teatro Camploy
Via Cantarane 32, Verona.
045 800 9549.
teatrocamploy.it

Teatro Comunale Riccardo Zandonai
Corso Bettini 82, Rovereto.
0464 452 253.
teatro-zandonai.it

Teatro Romano
Rigaste Redentore 2, Verona.
045 800 0360.
estateteatrale veronese.it

Open-Air-Veranstaltungen

Teatro del Vittoriale
Via Vittoriale 12, Gardone Riviera
340 139 2446.
anfiteatrodel vittoriale.it

Film

Filmfestival del Garda
filmfestival delgarda.it

Museen

MART
Corso Bettini 43, Rovereto.
0464 438 887.
mart.trento.it

Museo Nicolis
Viale Postumia 71, Villafranca di Verona.
045 630 3289.

Museo del Pianoforte Antico
Via Santa Catarina, Ala.
0464 674 068.

Bars und Beach Bars

Coco Beach
Via Catullo 5, Lonato del Garda.
030 207 7757.
cocobeachclub.net/ cocobeach

Golden Beach – Spiaggia d'Oro
Via Zamboni 7, Desenzano del Garda.
045 725 5178.
goldenbeach desenzano.com

Lido Holiday Beach
Riva Cornicello 5, Bardolino.
045 721 1418.
lidoholiday.com

Wind's Bar
Via Matteotti 9, Torbole.
0464 505 232.
windsbar.com

Clubs und Discos

CortéS
Via F. F. Scolari 18, Lazise.
0365 201 58.
bartour.it

Hollywood
Via Montavoletta 11, Bardolino.
045 721 0580.
hollywood.it

Torre San Marco
Via Zanardelli 132, Gardone Riviera.
0365 201 58.
torresanmarco.it

Sport und Aktivurlaub

Zu allen Jahreszeiten gelten der Gardasee und seine Umgebung als Eldorado für Outdoor-Fans. Im See können alle Arten von Wassersport ausgeübt werden, von entspannendem Segeln bis zu aufregendem Wakeboarding. Wer neueste Trends entdecken will, ist hier richtig. Bei Höhenunterschieden von über 2000 Metern zwischen dem Seeufer und den höchsten Gipfeln im Hinterland haben Bergsportler viele Möglichkeiten, sich nach Herzenslust auszutoben. Mountainbiker, Wanderer und Kletterer sind im Sommerhalbjahr unterwegs, zur Wintersportsaison zieht es Skifahrer und Schneeschuhwanderer hierher. Abseits des Sees findet man auch Golfplätze und geeignetes Gelände für einen Ausritt. Übrigens: In Italien gilt für Surfer, Segler und Ruderer Schwimmwestenpflicht.

Segler (und Surfer) sind vor allem im Norden des Gardasees unterwegs

Windsurfen und Kitesurfen

Der Gardasee gehört zu den besten Surfspots in Europa. Der nördliche Teil des Sees ist im Sommerhalbjahr fest in der Hand der Surfer, Hochburg für diesen Sport ist Torbole. Grund dafür sind die verlässlichen Windsysteme, nach denen man fast die Uhr stellen kann. Vormittags bläst von Norden der Pelér (Vento), nachmittags von Süden die Ora. Der in der Regel etwas sanftere Pelér eignet sich gut für Einsteiger. Für Könner wird es etwa ab 13 Uhr besonders interessant, sie erreichen bei stark wehender Ora Geschwindigkeiten von 60 km/h. Für die beiden Winde braucht man unterschiedliche Boards.

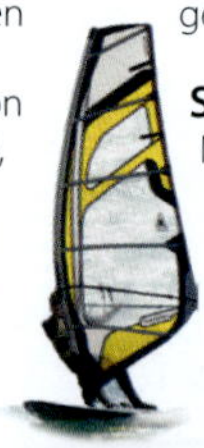

Surfer im Einsatz

Equipment und Kurse für Anfänger, Fortgeschrittene und Könner bieten eine Reihe von Anbietern *(siehe Kasten)*. Infos rund ums Surfen und Hinweise auf Wettbewerbe auf dem Gardasee erhält man bei **Circolo Surf Torbole**.

Das aufregende Kitesurfen (Windsurfen mit Gleitschirm) findet in den letzten Jahren immer mehr Anhänger. Man ist auf viel kürzeren Brettern unterwegs, erreicht aber durch den Drachen deutlich mehr Speed. Auch Surfschulen haben diesen Sport in ihr Angebot aufgenommen.

Segeln und Catsegeln

Neben Surfern finden auch Segler am Gardasee beste Bedingungen vor. Der See ist wegen der beständigen Winde und des recht mäßigen Wellengangs geradezu ideal für einen Segeltörn und Schauplatz mehrerer renommierter Regatten.

Das Wassersportzentrum **Circolo Vela Torbole** organisiert viele Veranstaltungen auf dem Wasser und bietet ein reichhaltiges Kursprogramm, das auch Kindersegeln umfasst. Zum Kursangebot von **Sailing du Lac** gehören neben Kursen für niedrigere Levels auch Starkwindkurse für Teilnehmer, die während der nachmittags wehenden Ora sportlich segeln wollen. Ein weiterer Anbieter, **SailLaser Lake Garda**, betreibt neben seinem Zentrum in Torbole auch eines in Campione del Garda.

Die meisten Segelschulen am Gardasee bieten auch Segeln mit Katamaranen (Catsegeln) an. Diese Boote mit zwei Rümpfen sind leichter und formstabiler als vergleichbare Einrumpfboote und können sehr schnell werden.

Wakeboarding und Wasserski

Ob man sich beim Wasserski auf zwei schmalen Skiern oder beim Wakeboarding auf einem Board von einem Motorboot durchs Wasser ziehen lässt – Spaß pur ist garantiert. Die Startschwierigkeiten bei den ersten Versuchen überwindet man meist schnell. Während Wasserski zu den traditionellen Wassersportarten auf dem Gardasee gehört, hat sich Wakeboarding, das man auf einem dem Snowboard ähnlichen, aber dickeren Board betreibt, in den letzten Jahren etabliert.

Segeln in einem Katamaran (Catsegeln)

Parasailing – einzeln wie auch als Tandem möglich

Immer mehr Zentren haben diese Variante in ihr Angebot aufgenommen bzw. sich darauf spezialisiert, darunter auch **Gardawake** in Lazise.

Parasailing

An einem steuerbaren Fallschirm über den See zu schweben, dabei über das Wasser gezogen zu werden und die wundervolle Perspektive zu genießen, kann ein ganz besonderes Vergnügen sein. Fallschirm und Motorboot sind durch ein Seil verbunden. Einhängen, Start und Landung erfolgen auf dem hinteren Teil des Boots. Neben Einzelflügen kann man bei Anbietern wie **Parasailing Center** in Bardolino auch Tandemflüge buchen, die Flugdauer beträgt etwa zehn Minuten.

Wakeboarding – rasanter Fahrspaß

Stand Up Paddling

Die Trendsportart SUP ist längst auch am Gardasee angekommen und wird u. a. von Windsurfern in windstillen, wellenfreien Phasen praktiziert. Zum Stand Up Paddling, einer eher gemütlichen Sportart, benötigt man nur Surfboard und Stechpaddel – und einen guten Gleichgewichtssinn. Das Zubehör kann man in den meisten Windsurfschulen am Seeufer ausleihen.

Tauchen

Auch wenn der Gardasee nicht mit Korallenriffen oder einer besonders bunten Fischwelt aufwarten kann, kommen Taucher hier zweifellos auf ihre Kosten. Wracks und Reste der Ladung von versenkten Schiffen zählen zu den bevorzugten Zielen eines Tauchgangs. Für viele sind Steilwände, Grotten und Schluchten an manchen Stellen des Seegrunds der besondere Kick. Beste Jahreszeiten zum Tauchen im Gardasee sind Frühling und Herbst, im Sommer hingegen ist die Sicht häufig durch Algenblüte stark eingeschränkt. Am See gibt es mehrere Tauchbasen, die geführte Tauchgänge (auch nachts) und Kurse für sämtliche Niveaus anbieten, zu den etabliertesten gehört **Ambiente Acqua** in Arco.

Taucherflossen

Angeln

Wer die Angelschnur auswerfen will, benötigt für den Gardasee und seine Zu- und Abflüsse sowie für die größeren Seen der Umgebung (Lago di Ledro, Lago d'Idro) eine kostenpflichtige Lizenz, die man bei der jeweiligen Gemeinde erhält. Beachten Sie, dass sich die Angelvorschriften zwischen den drei Regionen am See (Trentino-Südtirol, Veneto, Lombardei) voneinander unterscheiden. Ausrüstung und wertvolle Tipps erhält man z. B. bei **Obiettivo Pesca** in Affi.

Man kann am Gardasee vom Ufer wie vom Boot aus angeln. Interessierte sollten sich über Angelverbots- und Schonzeiten einzelner Fischarten informieren. Besonders fischreich sind übrigens die Bereiche um die Zu- und Abflüsse.

Auf einen Blick

Windsurfen und Kitesurfen

Circolo Surf Torbole
Via della Lova,
Torbole.
📞 0464 505 385.
W **circolosurftorbole.com**

Gardasurf & Sail
Via Benaco 14,
Brenzone.
📞 338 338 8817.
W **gardasurf.eu**

Stickl Sportcamp
Malcesine.
📞 045 740 1697.
W **stickl.com**

Surfcenter Lido Blu
Via del Sarca Vecchio 39,
Torbole.
📞 0464 506 349.
W **surflb.com**

WWWind Square
Via Gardesana 374,
Malcesine.
📞 345 485 9576.
W **wwwind.com**

Segeln und Catsegeln

Circolo Vela Torbole
Lungolago Conca d'Oro 12, Torbole.
📞 0464 506 240. W **circolovelatorbole.com**

Sailing du Lac
Viale Rovereto 44,
Riva del Garda.
📞 0464 552 453.
W **sailingdulac.com**

SailLaser Lake Garda
Via Matteotti 90,
Torbole.
📞 366 443 3674.
W **sail-laser.it**

Wakeboarding und Wasserski

Gardawake
Via Pra' del Principe,
Lazise.
📞 349 407 6004.
W **gardawake.com**

Parasailing

Parasailing Center
c/o Camping Serenella,
Bardolino.
📞 045 721 1333.
W **parasailing.it**

Tauchen

Ambiente Acqua
Via Sant'Anna 19, Arco.
📞 0464 510 366.
W **ambienteacqua.com**

Angeln

Obiettivo Pesca
Via San Pieretto 29, Affi.
📞 045 723 8130.
W **obiettivopesca.com**

Mountainbiker auf einem ausgesetzten Bergtrail am Monte Baldo

Moutainbiken

Das gebirgige Hinterland des Gardasees ist ein Mekka für Mountainbiker. Vor allem im Norden gibt es ein dichtes Netz an Trails in allen Schwierigkeitsgraden – atemberaubende Aussicht inklusive. Beliebte Standorte für Mountainbiker sind Arco, Torbole und Riva del Garda. Dort gibt es Verleihstellen für Mountainbikes, in denen man auch Tipps für Touren bekommt und einen Reparaturservice in Anspruch nehmen kann. Zu den Spezialisten gehören **BIKBIKE** in Arco und **Carpentari Bike Shop** in Torbole. Manche Hotels verfügen über spezielle Garagen, in denen man sein Mountainbike unterstellen kann. Wer an einer geführten MTB-Tour teilnehmen und sich Tricks von den Cracks abschauen will, kann dies u.a. bei **MTB Garda Riders** in Riva del Garda tun.

Ein bevorzugtes Ziel ist der Monte Baldo mit vielen spannenden MTB-Strecken. Man kann auch mit dem Bike in der Seilbahn zur Bergstation in 1760 Metern Höhe fahren *(siehe S. 83)* und von dort zunächst einen Höhenweg nehmen oder gleich Richtung See hinunterfahren.

Eine wahre Traumstrecke führt von Riva del Garda über die Via Ponale hinauf zum Lago di Ledro und von dort noch weiter ins Hinterland. Bei gutem Wetter ist die abwechslungsreiche Strecke stark frequentiert. Einen Shuttle-Service bieten Agenturen wie **Bike Shuttle Torbole**. Sie fahren Mountainbiker, die auf die mitunter mühsamen Anstiege verzichten und sich auf das Downhill-Erlebnis beschränken wollen, zu hoch gelegenen Startpunkten. Dort geht es direkt auf die rasante Abfahrt. Ein weiterer Vorteil: Man spart viel Zeit und kann für eine derartige Tour auch noch am späten Nachmittag starten. Die Busse des Anbieters holen mit der Bahn anreisende Mountainbiker auch von den Bahnhöfen in Rovereto ab.

Jogging- und Nordic-Walking-Route

Zum Saisonauftakt trifft sich die Szene im Mai zum BIKE Festival Garda Trentino in Riva del Garda *(siehe S. 32)*.

Bergsteigen und Wandern

Wer sich buchstäblich neue Horizonte erschließen will, hat dazu rund um den Gardasee reichlich Gelegenheit. Ob man es sportlich oder eher gemütlich angehen lassen möchte – das im Norden gebirgige, im Süden hügelige Hinterland birgt eine große Zahl an Wanderwegen. Viele sind sehr gut markiert, des Mitführen einer Wanderkarte schadet aber keineswegs. Von vielen Stellen genießt man eine fantastische Aussicht. Für geübte Bergsteiger (wie für erfahrene Mountainbiker) ist das Massiv des Monte Baldo eine Herausforderung. Sehr schöne, überwiegend einfachere Wanderungen sind etwa in den traumhaften Berglandschaften um die Hochebenen von Tremosine und Tignale möglich.

Wanderkarten bekommt man in den oft in Rathäusern untergebrachten Touristeninformationen. Man kann auch den **AVS (Alpenverein Südtirol)** kontaktieren, dessen Website (auch auf Deutsch) vielfältige Infos für Bergsteiger und Wanderer bietet. Smartphone-Nutzer können **GPS-Touren** mit ausführlicher Wegbeschreibung herunterladen. Wer geführte Bergtouren bevorzugt, kann sich vor Ort an den auf alle Arten von Bergsport spezialisierten Anbieter **Friends of Arco** wenden.

In diesem Buch finden Sie einige Vorschläge für Wanderungen *(siehe S. 60f, S. 82f, S. 88f, S. 92f, S. 150f, S. 154f)*. Bei jeder sind u.a. Schwierigkeitsgrad und voraussichtliche Dauer angegeben.

Joggen und Nordic Walking

So schön die Uferpromenaden vieler Orte auch sind: Zum Joggen eignen sie sich meist nur früh am Tag. Zu anderen Zeiten muss man vielen Passanten ausweichen, vor Fähranlegern bilden sich oft Schlangen. Reizvolle Strecken für Jogging und Nordic Walking gibt es hingegen im südlichen Hügelland.

Wegweiser nahe der Bergstation der Seilbahn am Monte Baldo

Paragliding über der grandiosen Berglandschaft am Gardasee

Klettern

In den beeindruckenden Felswänden im Norden gibt es zahlreiche sehr gut ausgebaute Kletterrouten für sämtliche Niveaus, vom Einsteiger bis zum Alpinkletterer. Insbesondere das Städtchen Arco hat sich zum Treffpunkt der Kletterszene entwickelt – nicht nur wegen spektakulärer Events wie dem Rock Master Festival im September *(siehe S. 34)*. Auf der Website von **arcowall** werden Klettergebiete vorgestellt, zudem gibt es wertvolle Tipps rund um den Vertikal-Sport. Ausrüstung erhält man z. B. bei **Gobbisport** oder in den beiden Läden von **Red Point**.

Das Gebiet um den nördlichen Gardasee bietet auch viele Klettersteige. Eine besonders schöne, recht einfache Tour wird in diesem Reiseführer vorgestellt *(siehe S. 56f)*.

Kletterer beim Abseilen

Canyoning

Das Begehen von Schluchten durch Rutschen, Springen, Abseilen etc. ist ein besonderes Naturerlebnis, das immer mehr Anhänger findet. Touren sollten nur unter fachkundiger Anleitung durchgeführt werden. **Canyon Adventures** in Torbole und **SKYclimber** in Tremosine stellen neben Bergführern auch das benötigte Equipment zur Verfügung (z. B. Neoprenkleidung, Helm, Klettergurt). Manche Touren beinhalten auch Badespaß in einem Naturbecken (Badesachen mitnehmen!).

Paragliding

Sich von Winden über fantastische Landschaften tragen zu lassen, ist auch am Gardasee möglich. Bunte, durch die Lüfte schwebende Gleitschirme sind im Norden des Sees ein vertrauter Anblick. Bevorzugtes Revier der Paraglider ist das Massiv des Monte Baldo im Nordosten. Gleitschirme können in der Seilbahn zur Bergstation in 1760 Metern Höhe *(siehe S. 83)* mitgenommen werden. Oben angekommen schwingt man sich von einem Plateau in die Luft, um nach einem langen, genussvollen Flug auf einer abgegrenzten Rasenfläche am Seeufer in Malcesine zu landen. Neben Einzelflügen sind auch Tandemflüge möglich. Die Organisation übernehmen Agenturen wie der **Paragliding Club Malcesine**.

Canyoning – Eintauchen in die geheimnisvolle Welt der Höhlen

Auf einen Blick

Mountainbiken

BIKBIKE
Via S. Caterina 9, Arco.
0464 514 385.
bikbike.com

Bike Shuttle Torbole
Via Matteotti 77, Torbole.
329 435 2878.
bikeshuttletorbole.com

Carpentari Bike Shop
Via Matteotti 95, Torbole.
0464 505 500.
carpentari.com

MTB Garda Riders
Via Carducci 8, Riva del Garda.
348 371 6945.
mtbgardariders.com

Bergsteigen und Wandern

AVS (Alpenverein Südtirol)
Vintlerdurchgang 16, Bozen.
0471 978 141.
alpenverein.it

Friends of Arco
Via Santoni 13, Arco.
0464 532 828.
friendsofarco.it

GPS-Touren
gpswandern.de

Klettern

arcowall
arcowall.com

Gobbisport
Via Segantini 72, Arco.
0464 532 500.
gobbisport.it

Red Point
Via Santoni 15b, Arco.
0464 519 668.
Via Segantini 120, Arco.
0464 533 194.
climbingarco.it

Canyoning

Canyon Adventures
Via Matteotti 12, Torbole.
334 869 8666.
canyonadv.com

SKYclimber
Via Dalco 3, Tremosine.
335 293 237.
canyonadv.com

Paragliding

Paragliding Club Malcesine
Via Gardesana 228, Malcesine.
335 611 2902.
paraglidingmalcesine.it

Skifahren auf einer präparierten und gesicherten Piste

Wintersport

Der Gardasee ist ganzjährig ein beliebtes Reiseziel für Sportler und Aktivurlauber. Im Winter präsentiert sich die reizvolle Landschaft von einer ganz besonderen Seite. In den verschneiten Hochlagen findet man ausgezeichnete Bedingungen für viele Arten von Wintersport. Im Gipfelbereich und an den Hängen des bis 2218 Meter hohen Monte-Baldo-Massivs kann man nach schneereichen Wintern oft noch bis in den Frühling hinein Ski fahren und snowboarden. Vor allem am Osthang des Massivs tummeln sich Skifahrer und Snowboarder auf Pisten sämtlicher Schwierigkeitsgrade.

Zu den beliebtesten Skigebieten gehören Polsa und San Valentino. Übersichten über die Skipisten am Monte Baldo findet man im Internet *(siehe Kasten).*

Auf der Hochebene von Brentonico – ebenfalls an der Ostflanke des Monte Baldo – steht Skilangläufern ein weitläufiges Netz an gespurten Loipen zur Verfügung. Die **Scuola Italiana Sci Monte Baldo** in Malcesine bietet Ski-, Snowboard- und Langlaufkurse für Einzelpersonen und Gruppen und verleiht auch das entsprechende Equipment.

Auch Skitourengänger und Schneeschuhwanderer kommen hier auf ihre Kosten. Da sie nicht auf Lifte angewiesen sind, können sie ihre Touren flexibel wählen. Insbesondere Schneeschuhwandern erfreut sich seit einigen Jahren zunehmender Beliebtheit.

Egal, welchen Wintersport Sie ausüben: Zum Après-Ski locken neben Berghütten auch viele Orte am Ufer des Gardasees.

Snowboard

Reiten

In entlegene Winkel der wunderschönen Umgebung des Sees gelangt man sehr gut bei einem Ausritt. Für dieses Vergnügen sollte man auf jeden Fall sattelfest sein bzw. alternativ vorher ein paar Reitstunden buchen, was auf vielen Reiterhöfen möglich ist. **La Basia** in Puegnano del Garda ist Reiterhof, Agriturismo und Weingut in einem. Auf dem Programm des 25 Hektar großen Anwesens stehen Reitstunden und Wanderritte. Die **Villa dei Cedri** *(siehe S. 101 u. 210f)*, ein beliebtes Wellness-Hotel in Colà di Lazise, organisiert auch Reitausflüge in die Umgebung. Die einstündigen Ausritte finden an Wochenenden vormittags statt, je nach Saison sind Einschränkungen möglich. Die Teilnehmerzahl ist auf zwei begrenzt. Vom zweistündigen Ausritt bis zum mehrtägigen Wanderritt in die Berglandschaft des Parco Alto Garda Bresciano reicht das Angebot der **Scuderia Castello** in Toscolano-Maderno.

Schneeschuhwandern – winterliche Alternative zum Bergwandern

Rad fahren

Neben dem sportlichen Mountainbiken *(siehe S. 206f)* kann man es am Gardasee mit herkömmlichen Fahrrädern auch

Reiter im hügeligen Hinterland des Gardasees

gemütlich angehen lassen – solange man sich von der um den See führenden Gardesana fernhält. Räder kann man vor Ort ausleihen *(siehe S. 233)*. In diesem Reiseführer werden zwei halbtägige Radtouren vorgeschlagen: Eine verläuft durch einen Teil des Etschtals *(siehe S. 72f)*, die andere entlang dem Mincio *(siehe S. 113)*. Die Schifffahrt auf dem Gardasee bietet Radfahrern einen besonderen Service: Auf einigen Schiffen kann man sein Rad gegen Gebühr mitnehmen *(siehe S. 230)*.

Tennis

Auch im Urlaub kann man sein Tenniskönnen auf die Probe stellen oder verbessern. Viele touristische Hotspots bieten Tennisplätze oder -hotels. Wenn es im Sommer unten am See zu heiß wird, findet man auf den Plätzen der Hochebene von Tremosine oberhalb des Westufers wegen der dort kühleren Luft ideale Bedingungen vor. Passionierte Spieler quartieren sich im Hotel Le Balze ein, dessen **Tennis Center Lago di Garda** 13 Sandplätze und eine Tennisschule umfasst. Gäste dieses Tennishotels, der größten Anlage ihrer Art am Gardasee, erhalten ein paar Gratisstunden. In der **Tennis Clinic** kann man – wie der süffisante Name schon vermuten lässt – Schwächen und Fehler verbessern bzw. abstellen. Das dem Club Hotel Olivi angegliederte, ganzjährig geöffnete Tenniszentrum verfügt über neun Plätze (acht Sandplätze, ein Kunstrasenplatz). Auf vier dieser Plätze kann man auch nach Einbruch der Dunkelheit unter Flutlicht spielen. Auf dem Trainingsprogramm stehen Einzelstunden und Gruppentraining sowie Tenniscamps.

Schlittenfahrt durch verschneite Winterlandschaft

Golf

Am Gardasee gibt es rund ein Dutzend Golfplätze, die dank des milden Klimas ganzjährig geöffnet sind. Wegen des großen Platzbedarfs befinden sie sich nicht unmittelbar am überwiegend schmalen Seeufer, sondern eher im Hinterland. Einen Schwerpunkt bildet der Südwesten. Die Anlagen sind mit einem Auto gut zu erreichen. Zum Angebot der Clubs gehören Kurse, die sich an sämtliche Niveaus richten – vom Einsteiger bis zum Geübten, der seinen Schwung perfektionieren und sein Handicap verbessern will. Einige Anlagen umfassen auch Schwimmbäder und andere Sportmöglichkeiten, auch für das leibliche Wohl der Gäste ist bestens gesorgt.

Golfbag mit Schlägern

Der **Golf Club Arzaga** in Calvagese della Riviera bietet zwei Anlagen mit 18 bzw. neun Löchern, die von den Golflegenden Jack Nicklaus und Gary Player konzipiert wurden, sowie eine Pitch- & Putt-Anlage zur individuellen Verfeinerung des Spiels. Der **Gardagolf Country Club** in Soiano del Lago überzeugt nicht nur durch seine beiden Anlagen (18 bzw. neun Löcher), sondern auch durch seine aufwendige landschaftliche Gestaltung. Nicht umsonst zählt er zu den renommiertesten Golfclubs in Europa. In eindrucksvoller Lage hoch über dem Gardasee präsentiert sich das 1912 gegründete **Bogliaco Golf Resort** mit 18-Loch-Platz. Geübt werden kann in Driving Range und Putting Green. Eine Option an der Ostseite des Gardasees ist **Golf Ca' degli Ulivi** in Marciaga nördlich von Garda.

Zwischen einigen Hotels und Golfanlagen gibt es spezielle Vereinbarungen, wovon Hotelgäste durch günstigere Greenfees profitieren.

Auf einen Blick

Wintersport

Scuola Italiana Sci Monte Baldo
Malcesine. ☎ 324 615 6361. **W scuolascimontebaldo.it**

Übersicht über Skipisten am Monte Baldo
W skiresort.de/skigebiet/polsa-san-valentinoaltopiano-di-brentonico/pistenplan
W skiresort.de/skigebiet/malcesine monte-baldo/pistenplan

Reiten

La Basia
Via Predefitte 31, Puegnano del Garda. ☎ 0365 555 958. **W labasia.it/centro_ippico.htm**

Scuderia Castello
Via Castello 10, Toscolano-Maderno. ☎ 0365 644 101. **W scuderiacastello.it**

Villa dei Cedri
Piazza di Sopra 4, Colà di Lazise. ☎ 045 759 0988. **W villadeicedri.it/de/cavalli**

Tennis

Tennis Center Lago di Garda
Via delle Balze 8, Tremosine. ☎ 0365 91 7155. **W tenniscenterlagodigarda.com**

Tennis Clinic
Via Gardesana 160, Malcesine. ☎ 045 740 0444. **W tennisclinic.it**

Golf

Bogliaco Golf Resort
Via del Golf 21, Toscolano-Maderno. ☎ 0365 643 006. **W golfbogliaco.com**

Gardagolf Country Club
Via Angelo Omodeo 2, Soiano del Garda. ☎ 0365 674 707. **W gardagolf.it**

Golf Ca' degli Ulivi
Via Ghiandare 2, Marciaga. ☎ 045 627 9030. **W golfclubcadegliulivi.it**

Golf Club Arzaga
Via Arzaga 1, Calvagese della Riviera. ☎ 030 680 6266. **W arzagagolf.it**

Wellness

Zu den zentralen Motiven für einen Aufenthalt am Gardasee gehören für viele Besucher neben Sport und Spaß, Kunst und Kultur, Gastronomie und Genuss auch die Themen Wellness und Wohlbefinden sowie Energie und Entspannung. Ergänzend zum milden Klima, dem mediterranen Ambiente und der wunderbaren Seeluft gibt es hierfür ein großes Angebot – vom perfekt ausgestatteten Spa-Hotel, in dem man sich mehrere Tage verwöhnen lassen kann, bis zu Thermen und Wellness-Oasen, in denen man aus einem breiten Angebot an Massagen und kosmetischen Behandlungen wählen kann. Diese Einrichtungen eignen sich für einen mehrstündigen Aufenthalt oder auch für einen ganzen Tag. Die Angebote sind rund um den See verteilt: Zu den Wellness-Hochburgen gehören Riva del Garda, Lazise, Sirmione und Gardone Riviera.

Hotel Olivi – Wellness-Hotel in der Altstadt von Sirmione

Hotels

Immer mehr Hotels am Gardasee verfügen über Spa-Bereiche mit vielfältigen Wellness- und Beauty-Angeboten. Die Wohlfühlbereiche der meisten Hotels heißen auch Nicht-Hotelgäste willkommen.

Im ArmoniA Spa des **Du Lac et du Parc** in Riva del Garda genießt man Schönheitsrituale und Massagen, für die u. a. reinigendes Olivenöl und revitalisierender Torf vom Gardasee verwendet werden. Kneipp-Anwendungen in kaltem Wasser erfolgen im Schatten von Zypressen und Palmen. Ein weiterer Schwerpunkt liegt auf Schönheitsbehandlungen für Hände und Füße.

Zum Angebot des **Grand Hotel Fasano** in Gardone Riviera gehören Massagetechniken von Ayurveda über Thai bis klassisch sowie Salz-Peelings und Caribbean Therapy. Beliebt sind u. a. Stress-Fix-Massage und Chakra-Balancing-Massage. Die Badelandschaft erinnert an antike römische Thermen. Im **Lefay Resort** in traumhafter Hügellage oberhalb von Gargnano bleibt kein Wunsch unerfüllt. Das Luxus-Resort hat eine eigene Wellness-Methode ins Leben gerufen, bei der auch Elemente der traditionellen chinesischen Medizin mit einfließen. Bei den Anwendungen kommen Pflegeprodukte einer eigenen dermatologischen Kosmetiklinie zum Einsatz.

Das **Hotel Principe di Lazise** bietet in seinem Wellnessbereich Aquavitae u. a. Massagen (von klassisch über Hot Stone bis Ayurveda), einen Pool mit Wassermassage sowie Aromatherapie und Beauty-Anwendungen (u. a. Peeling, Fango und Pediküre).

Inmitten eines ausgedehnten Parks befindet sich die venezianische **Villa dei Cedri** mit angegliedertem Wellness-Center, das u. a. Massagen (im Sommer auch im Freien), Thermal-Schwimmbad, Dampfbad mit Farb- und Aromatherapie sowie eine Saunalandschaft umfasst. Für Gäste des Anwesens beginnt Wellness schon im Zimmer: Die Wannen sind mit Hydromassagedüsen ausgestattet, für die Beleuchtung der Badezimmer (mit Farbduschen) wird Swarovski-Kristall verwendet.

Das Natural Spa des **Hotel Olivi** bietet neben Thermal- und Salzschwimmbad u. a. Massagen mit Trauben- oder Orangenöl, Body Scrub mit Salz aus dem Toten Meer oder Mandelbutter sowie eine aromatische Orientzeremonie.

Raumduft Aqua del Garda

Thermalanlagen

In der sanfthügeligen Landschaft der Valpolicella befindet sich der Thermalpark **Aquardens**, einer der größten Wellnesstempel in Europa. Das aus rund 130 Metern Tiefe in die Seen, Becken, Wasserfälle, Lagunen und Grotten gepumpte jod- und bromhaltige Wasser dient der Entspannung sowie balneotherapeutischen Behandlun-

Brunnenanlage am Eingang zu den Terme di Sirmione

Parco Termale del Garda – Blick über einen der Badeseen mit Pavillons

gen. Im Beauty-Bereich erwarten den Gast Sauna und Hamam sowie von Farben, Klängen und Düften begleitete Anwendungen.

Ein wahres Fest für die Sinne ist auch ein Besuch im Thermen- und Wellness-Center **Aquaria**, das von Terme di Sirmione betrieben wird. Nach Hydromassage, Shiatsu-Behandlung, Venenpfad, Moorbad, Saunen-Parcours oder Erlebnisdusche (von Tropenregen über warmen Nebel bis Sommergewitter) begibt man sich in thematische Ruhezonen (z. B. Musikzimmer, Salzzimmer oder Ruheraum mit Sternenhimmel) und fühlt sich anschließend wie neugeboren.

Wellness-Kultur, wie man sie aus Mitteleuropa kennt, genießen Gäste der **Garda Thermae** in Arco. Einst kam der Habsburger Adel hierher zur Kur, in bester Tradition locken heute der Saunabereich und Pools zu herkömmlichem »Kuren«. Spezielle Lichteffekte ergeben sich in einem Pool mit Stahlboden bei Sonneneinfall. Jedem Gast werden fachärztliche Untersuchungen angeboten.

Wellness-Oasen

Beauty-, Wellness- und Fitnessbereiche zählen zu den Einrichtungen von **Gardacqua**, einem der größten Hallen- und Freibäder am Gardasee. Die Anwendungen reichen von Aromatherapie bis Hot-Stone-Massage. Das Bistro offeriert leichte, vitaminreiche Gerichte. Und wer seine Ruhe haben möchte, findet auf der rund 7000 Quadratmeter großen Liegewiese sicher »seinen« Platz – vielleicht unter einem Olivenbaum.

Das nach dem Sanskrit-Begriff für Quellen benannte Wellness- und Beauty-Center **dHara** ist auf Massagen und Ayurveda-Behandlungen spezialisiert. Bei den Anwendungen werden ausgesuchte Öle, Schlämme und Essenzen sowie Tees und Kräuter eingesetzt. Eine große Rolle spielen Düfte und Farben.

Im **Parco Termale del Garda** *(siehe S. 101)*, der die Villa dei Cedri *(siehe S. 210)* umgibt, locken zwei Badeseen mit Wassertemperaturen von über 30 °C. In beiden gibt es Anlagen zur Unterwasser- und Nackenmassage. Die angrenzenden Pavillons verfügen über Ruhezonen.

Yoga und Meditation

Im buddhistischen Meditationszentrum **Kushi Ling** oberhalb von Arco werden Yoga- und Meditationskurse abgehalten. Kursteilnehmer können im Haus übernachten. Auch diverse Yogagruppen aus Deutschland mieten sich hier gern für ein Retreat ein.

Eingangsbereich des Parco Termale del Garda

Auf einen Blick

Hotels

Du Lac et du Parc
Viale Rovereto 44, Riva del Garda.
☎ 0464 566 600.
w dulacetduparc.com

Grand Hotel Fasano
Via Zanardelli 190, Gardone Riviera.
☎ 0365 290 220. **w ghf.it**

Hotel Olivi
Via San Pietro in Mavino 5. Sirmione.
☎ 030 990 5365.
w hotelolivi.com

Hotel Principe di Lazise
Loc. Le Greghe, Lazise.
☎ 045 649 0177.
w hotelprincipedilazise.com

Lefay Resort
Via Angelo Feltrinelli 136, Gargnano.
☎ 0365 241 800.
w lefayresorts.com

Villa dei Cedri
Piazza di Sopra 4, Colà di Lazise. ☎ 045 759 0988.
w villadeicedri.it

Thermalanlagen

Aquardens
Via Valpolicella 63, Santa Lucia di Pescantina.
☎ 045 670 4406.
w aquardens.it

Aquaria
Piazza Don A. Piatti 1, Sirmione.
☎ 030 916 044.
w termedisirmione.com

Garda Thermae
Via Linfano 52, Arco.
☎ 0464 548 012.
w gardathermae.it

Wellness-Oasen

dHara
V. Zanardelli 6, Brenzone sul Garda. ☎ 045 742 0102.
w wellnessdhara.com

Gardacqua
Villa Cirillo Salaorni 10, Garda. ☎ 045 725 6212.
w gardacqua.eu

Yoga / Meditation

Kushi Ling
Alle Fontane Laghel 19, Arco. ☎ 347 211 3471.
w kushi-ling.com

Gardasee mit Kindern

Am Gardasee gibt es für Kinder jede Menge zu entdecken. Wasserratten haben hier viel Spaß und können vielleicht einmal eine neue Sportart wie Surfen oder Segeln ausprobieren. Kindgerechte Kletteranlagen im Freien oder in der Halle gibt es in großer Zahl. Immer mehr Museen haben sich zu wahren Erlebniswelten mit tollen Angeboten für Kinder entwickelt, in vielen Burgen kann man nach Herzenslust stöbern und in die große Zeit des Rittertums eintauchen. Zu den wichtigsten Anziehungspunkten für Kinder gehören zweifellos die Freizeitparks im Südwesten des Sees, allen voran Gardaland Resort. In diesen Parks und in den meisten Erlebnisbädern kann man problemlos einen ganzen Tag verbringen. Für das leibliche Wohl ist dort bestens gesorgt.

Schwimmen an einem Strand vor eindrucksvoller Bergkulisse

Information

Das Freizeitangebot für Kinder bzw. Familien am Gardasee ist riesig. Informationen vor Ort erhält man bei den Tourismusbüros und in Hotels. Streckenpläne und Fahrzeiten der Boote und Fähren *(siehe unten)* bietet Navigazione Lago di Garda *(siehe S. 230f)*.

Schifffahrt

Eine Fahrt an Bord eines großen Linienschiffs über den Gardasee ist ein Muss. Auch für viele Kinder ist es das Größte, mit einem Schiff auf den großen See hinauszufahren. Fähranleger gibt in jedem größeren Ort. Besonders rasant ist eine Fahrt an Bord eines Tragflügelboots *(aliscafo)*, bei dem die Gischt meterhoch spritzt. Für diesen Spaß sollte man im hinteren Teil des Schiffs Platz nehmen. Beim »Hopping« zwischen den einzelnen Orten verbinden Sie Fahrspaß mit Sightseeing *(siehe S. 128f)*. Kinder zwischen vier und zwölf Jahren zahlen für Fahrten mit Linienschiffen etwa die Hälfte des regulären Preises.

Übrigens: Bei der Benutzung einer Autofähre *(siehe S. 230)* vermeidet man nicht nur längere Autofahrten um den See, sondern bietet seinen Kindern (und sich selbst) das Erlebnis einer entspannten und gleichzeitig spannenden Bootsfahrt.

Aktivitäten am See

An vielen Stellen rund um den Gardasee gibt es schöne Strände. Das ruhige Wasser eignet sich ideal zum Schwimmen und Planschen. Vor allem im Süden ist das Wasser in den Badebereichen sehr flach. Einige Strände verfügen sogar über einen Spielplatz.

Zu den Dinosaurierspuren

Wer es hingegen aufregender möchte, findet insbesondere im Norden des Sees viele Optionen zum Austoben. Sich gemeinsam mit anderen Kindern auf einem Bananenboot durch den See ziehen zu lassen, zählt mit zu den beliebtesten Aktivitäten. Für den Speed sorgt das ziehende Motorboot. Fahrspaß für die mit Schwimmwesten und Gurten gesicherten Kinder ist garantiert. **Gardawake** in Lazise bietet dieses Vergnügen ebenso an wie Wakeboarding und Wasserski für Größere.

Für nahezu alle Wassersportarten werden am Gardasee auch Kurse für Kinder und Jugendliche angeboten. Dabei lernt man etwa – meist in kleinen Gruppen – den Umgang mit Surfboard oder Segelboot. Die Kurse werden auch in deutscher Sprache abgehalten. Zu den renommiertesten Anbietern gehört **Stickl Sportcamp** in Malcesine.

Daneben kann man sich auf dem See ganz gemütlich mit Tret- oder Ruderboot bewegen. Verleihstellen befinden sich an vielen Stränden. Für einen Familienausflug eignen sich Motorboote *(Anbieter siehe S. 231)*. Dabei ist für die Benutzung von Booten unter 40 PS kein Bootsführerschein erforderlich.

Bei einer Fahrt auf einem Bananenboot ist Spaß garantiert

Spaß in der Gruppe: Windsurfkurs für Kinder

Weitere Sportarten

In der Gegend um Arco und Torbole befinden sich die meisten Klettergärten am Gardasee. Hier können auch Kinder mit entsprechender Ausrüstung in die Wand, das Zubehör wie Klettergurt und Helm kann vor Ort ausgeliehen werden. Die auch auf Kinder sehr gut eingestellte Kletteranlage **King Rock** in Verona zählt zu den größten in Europa.

Besonderen Spaß in freier Natur bieten Hochseilgärten wie der im Abenteuerpark **Busatte Adventure** in der Nähe von Torbole. Hier bewegen sich Kinder auf Brücken und Balken sowie an Seilen in unterschiedlichen Höhen, die bis zum Niveau der Baumwipfel reichen. Der **Jungle Adventure Park** in San Zeno di Montagna hat Routen für verschiedene Altersklassen (ab 3, 8, 11 und 14 Jahren). Auf einem botanischen Lehrpfad lernt man die heimische Flora kennen.

Pistenvergnügen pur bietet **South Garda Karting** nahe Desenzano del Garda. Auf dem einen Kilometer langen Gokart-Rundkurs dürfen Kinder ab acht Jahren und einer Körpergröße von 1,30 Metern außerhalb des offiziellen Rennbetriebs etwas Rennfahrerluft schnuppern und aufs Gaspedal treten. Hier hat schon Formel-1-Rennfahrer Michael Schumacher seine Runden gedreht.

Es gibt zudem Reitvergnügen und Winterspaß am Gardasee *(siehe S. 208f)*.

Zoos und Tierparks

Die spannende Tierwelt Europas und ferner Kontinente kann man im **Parco Natura Viva** *(siehe S. 101)* südöstlich von Lazise erleben. Das Gelände gliedert sich in zwei Bereiche: Safaripark und Faunapark.

Im Safaripark leben Löwen, Leoparden, Giraffen, Antilopen, Zebras, Gnus, Emus und viele weitere Tiere in artgerechter Umgebung. Besucher bewegen sich im eigenen Auto durch das Areal – ganz im Stil einer afrikanischen Safari.

Der Faunapark ist ein klassischer Zoo und umfasst auch Vogelhaus und Tropenhaus. Zum Staunen kommt man im angegliederten Saurierpark mit gewaltigen Rekonstruktionen von Dinosauriern.

Wer sich für Reptilien und Insekten interessiert, kommt im **Reptiland** *(siehe S. 53)* in Riva del Garda auf seine Kosten. Ob Klapperschlangen, Grüne Mambas oder Kobras: Hier erlebt man Schlangen völlig gefahrlos aus der Nähe. Deutlich harmloser wirken die kunterbunt schillernden Schmetterlinge. Die Sammlung bietet mit »Discovery Reptiland« ein didaktisches Programm für Kinder an.

Stolzer Pfau

Buchstäblich auf die Spuren von Dinosauriern kann man sich in den Marocche di Dro *(siehe S. 59)*, in den Lavini di Marco *(siehe S. 67)* und in Roveretos Museo Civico *(siehe S. 65)* begeben.

Feste und Veranstaltungen

Am Gardasee ist das ganze Jahr über etwas geboten, vor allem in den Ferienzeiten. Zu den spannendsten Festivitäten für kleinere Kinder zählt das viertägige Märchenfest Notte di Fiaba, das Ende August in Riva del Garda stattfindet. Dabei werden klassische und moderne Märchen in Szene gesetzt. Auch einige Stoffe der Gebrüder Grimm sind vertreten. Neben den Aufführungen gibt es Mitmachprojekte (u. a. einen Malwettbewerb), Spiele, Musik und vieles mehr. Ein Höhepunkt ist das Feuerwerk (Sa um 22 Uhr).

Spektakulär ist auch Tocatì. Das ebenfalls vier Tage dauernde Internationale Festival der Straßenspiele wird Mitte September in Verona veranstaltet. Bei rund 40 Spielen – ein Teil stammt aus dem jeweiligen, jährlich wechselnden Gastland – ist Mitmachen angesagt.

Zu den Hochburgen des Karnevals am Gardasee gehört Arco. Aufwendig und ausgelassen werden die tollen Tage auch in der Altstadt von Verona begangen.

Löwen begegnet man im Safaripark des Parco Naturale Viva

Kitt Super Jett: aufregende Fahrt im Movieland, Canevaworld

Freizeit- und Abenteuerparks

Am Gardasee gibt es die wohl größte Dichte an Freizeit- und Abenteuerparks in ganz Europa. Die meisten sind im Südosten konzentriert und bieten ein Rundum-Vergnügen. Der Vorteil liegt auf der Hand: Wenn man mehrere Parks besuchen will, hat man angenehm kurze Wege. Auch einige Unterkünfte sind auf die Interessen und Bedürfnisse der Parkbesucher zugeschnitten.

Für viele Kinder ist **Gardaland Resort** *(siehe S. 108f)* die ultimative Adresse am Gardasee. Hier gibt es Fahrspaß für jeden – vom noch recht beschaulichen Märchenkarussell über feucht-fröhliche Wildwasserfahrten bis zur halsbrecherischen Highspeed-Achterbahn. Und jedes Jahr kommen neue Attraktionen hinzu, die im Jahr 2015 eröffnete Achterbahn OBLIVION – The Black Hole ist die neueste von ihnen. Die Vielfalt an Spektakeln, zu denen auch Abenteuerwelten zum Entdecken und Austoben sowie faszinierende knallbunte Shows gehören, lässt sich kaum an einem einzigen Tag erleben. Beim Besuch an zwei aufeinanderfolgenden Tagen gibt es Preisermäßigungen, zum Übernachten eignet sich das bestens auf die Bedürfnisse der Parkbesucher eingestellte Gardaland Hotel *(siehe S. 179)*. Für die Planung eines Besuchs sollte man sich vorher auf der Website des Parks *(siehe Kasten)* umsehen.

Italiens Vergnügungspark Nr. 1 angegliedert ist SEA LIFE Aquarium *(siehe S. 107)*, in dem man einen Einblick in die artenreiche Unterwasserwelt bekommt. Das Aquarium bildet unterschiedliche Lebensräume in Salz- und Süßwasser nach.

Erlebnisbäder und Wasserparks

Spaß im Freizeitpark

Der größte unter den Wasservergnügungsparks am Gardasee ist **Canevaworld** *(siehe S. 100)*. Das Gelände gliedert sich in zwei Bereiche: Wasserspaß in allen Variationen findet man im Aquapark mit Riesenrutschen, Stromschnellen, Tropeninsel und Piratenlagune. Movieland, der zweite große Bereich von Canevaworld, ist für wilde Stuntshows, Wildwest-Shows, Simulatoren und ein großes Angebot an rasenten Fahrgeschäften bekannt. Die beiden unterschiedlich konzipierten Areale ergänzen sich sehr gut.

Der **Parco Acquatico Riovalli** im Ortsteil Fosse von Cavaion Veronese ist vor allem an heißen Sommertagen eine gute Adresse für die ganze Familie. Die Kleinen toben sich an Riesenrutschen aus, die Eltern können in einem großen Pool ihre Bahnen ziehen oder bei der Wassergymnastik mitmachen.

Im Parco La Quiete in Lonato del Garda (www.parcolaquiete.it) gibt es neben normalen Schwimmbecken auch den Abenteuerpool Boucanier Splash, der lustige Wasserspiele zum Thema Piraten bietet. Im Bereich Babyland wird kostenlose Betreuung von Kleinkindern angeboten.

Mit dem Parco Acquatico Cavour (www.parcoacquaticocavour.it) verfügt auch Vallegio sul Mincio über einen Wasserpark, der neben Spaß im Wasser diverese Sportmöglichkeiten bietet, darunter auch Beach-Volleyball.

Museen und Burgen

Im **Museo delle Palafite** *(siehe S. 54f)* in Molina di Ledro wurde eine prähistorische Pfahlbautensiedlung rekonstruiert. In den nachgebauten Hütten kann man nicht nur wunderbar stöbern, sondern erfährt auch viel über das Leben in dieser Region vor rund 3600 Jahren – z. B. über die Techniken des Feuermachens, über die Anfertigung von Bekleidung, Geschirr, Körben und Waffen oder über die Zubereitung von Mahlzeiten. Neben den Führungen, bei denen man sich

Fantasy Kingdom im Gardaland Resort – ein Abenteuer für Groß und Klein

Wasserrutsche in der Baby Lagoon in Movieland, Canevaworld

auf eine spannende Zeitreise begibt, bietet das Musuem ein spezielles Kinderprogramm, bei dem u. a. eine Pfahlhütte nachgebaut wird.

In den Workshops des Kunstmuseums **MART** in Rovereto *(siehe S. 68f)* bekommt man auf spielerische Art Techniken moderner Kunst vermittelt. Die Eltern können währenddessen die Sammlungen besichtigen oder einfach an der Seite ihrer Kinder mitpinseln.

Kleine Ritter zieht es natürlich zu den Burgen, wo man über ausgefahrene Zugbrücken trampelt, dunkle Verliese durchstreift und sich auf engen, steilen Treppen zur Aussichtsplattform hocharbeitet. Dort kann man sich hinter Zinnen verschanzen und sich einen Überblick über das Gelände verschaffen. Vor allem am Ost- und Südufer gibt es viele Festungen. Besonders imposant ist das **Castello Scaligero di Sirmione** *(siehe S. 120f)*.

Natur zum Staunen

Die Umgebung des Sees bietet einige besondere, teils merkwürdige Naturphänomene, die Kinder (und Erwachsene) zum Staunen bringen. Seltsam gestaltete Felsformationen, die durch mächtige Gletscher der letzten Eiszeit entstanden, sind die Marmitte dei Giganti in der Nähe von Nago. Man erreicht sie bei einer Wanderung *(siehe S. 60f)*, die auch zu einer Burgruine führt.

Nur für Mutige und Schwindelfreie empfiehlt sich der Blick von der Schauderterrasse in Pieve *(siehe S. 154f)* in den Abgrund. Die Felswände fallen nahezu senkrecht zum Ufer des Gardasees ab. Achtung: Der Aussichtspunkt hat seinen Namen nicht von ungefähr.

In der Cascata Varone *(siehe S. 53)* rauscht ein Bergbach in einem rund 100 Meter hohen Wasserfall durch eine schmale Klamm in die Tiefe.

Die spektakuläre Bergwelt des Monte Baldo erlebt man bei einer in Malcesine startenden Seilbahnfahrt zur Bergstation *(siehe S. 231)*. Mit der Panoramagondel scheint man über das Bergmassiv zu gleiten und genießt dazu eine fantastische Aussicht über weite Teile des Sees.

Bunte Unterwasserwelt im SEA LIFE Aquarium

Auf einen Blick

Aktivitäten am See

Gardawake
Via Pra' del Principe, Lazise.
☎ 349 407 6004.
W **gardawake.com**

Stickl Sportcamp
Malcesine. ☎ 045 740 1697. W **stickl.com**

Weitere Sportarten

Busatte Adventure
Loc. Busatte, Torbole.
☎ 347 288 0570.
W **busatteadventure.it**

Jungle Adventure Park
San Zeno di Montagna.
☎ 045 628 9306.
W **jungleadventurepark.com**

King Rock
Via Palazzina 49, Verona.
☎ 045 740 1697.
W **kingrock.it**

South Garda Karting
Via Monti Slossaroli, Lonato del Garda.
☎ 342 564 0590.
W **southgardakarting.it**

Zoos und Tierparks

Parco Natura Viva
Bussolengo, Località Figara 40.
☎ 045 717 0113.
W **parconaturaviva.it**

Reptiland
Piazza Garibaldi 2, Riva del Garda.
☎ 348 794 8389.
W **reptiland.it**

Freizeit- und Abenteuerparks

Gardaland Resort
Castelnuovo del Garda.
☎ 045 644 9777.
W **gardaland.it**

Erlebnisbäder und Wasserparks

Canevaworld
Località Fossalta 58, Lazise.
☎ 045 696 9900.
W **canevaworld.it**

Parco Acquatico Riovalli
Località Fosse, Cavaion Veronese.
☎ 045 626 8392.
W **riovalli.it**

Museen und Burgen

Castello Scaligero di Sirmione
Piazza Castello 4, Sirmione.
☎ 030 916 468.
W **scaligeri.com**

MART
Corso Bettini 43, Rovereto.
☎ 0464 438 887.
W **mart.trento.it**

Museo delle Palafitte
Via al Lago 1, Molina di Ledro.
☎ 0464 508 182.
W **palafitteledro.it**

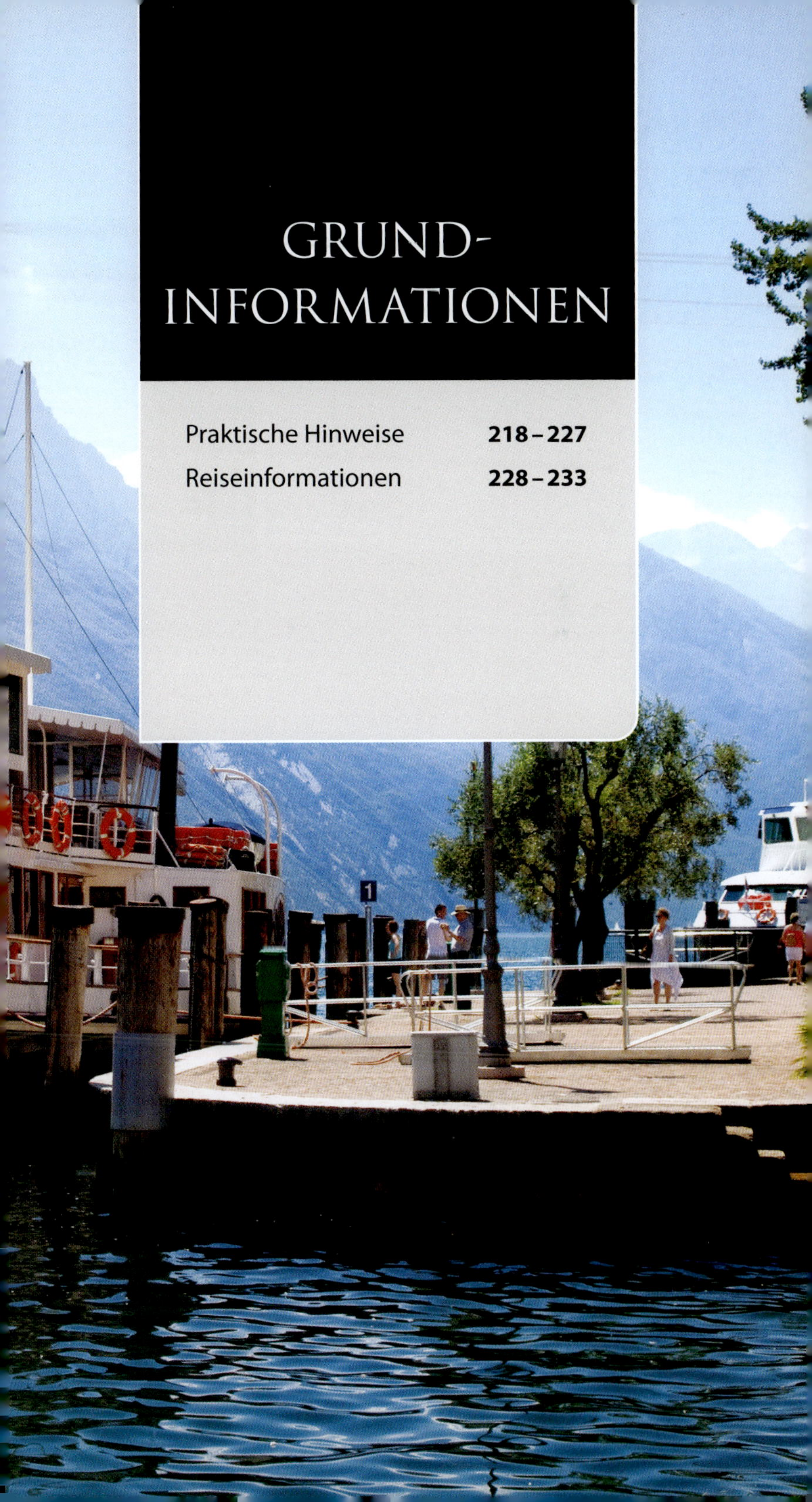

GRUND-INFORMATIONEN

Praktische Hinweise

Natur und Kultur, Genuss und Sport: All dies und noch viel mehr bietet die Region um den Gardasee. Abwechslungsreiche, teils dramatisch wirkende Landschaften, eindrucksvolle Baudenkmäler verschiedener Epochen, einen Reigen an kulinarischen Spezialitäten und vielfältige Optionen für Outdoor-Sportler machen die Region zu einem ganzjährig beliebten Reiseziel – auch für einen längeren Aufenthalt. Die Infrastruktur ist sehr gut ausgebaut, zumindest für Ausflüge ins Umland benötigt man aber ein Auto. Das touristische Angebot ist für Urlauber aller Altersklassen fast grenzenlos. Um so viel wie möglich zu erleben, beginnen Sie Ihren Tag früh und machen Mittagspause, wenn die meisten Sehenswürdigkeiten geschlossen haben und die Temperaturen am höchsten sind.

Information

In jedem Ort von touristischem Interesse gibt es Informationsstellen. Sie sind häufig in den Rathäusern untergebracht und zu normalen Geschäftszeiten geöffnet – viele allerdings nur von Frühling bis Herbst. Die Mitarbeiter helfen etwa bei der Zimmerbuchung oder der Organisation von Besichtigungstouren und versorgen Sie mit kostenlosem Informationsmaterial (u. a. Ortspläne sowie Wander- und Radkarten).

Wer einen Sporturlaub plant oder an entsprechenden Kursen teilnehmen möchte, sollte sich frühzeitig mit den entsprechenden Vereinen bzw. Anbietern in Verbindung setzen.

Eine wichtige Informationsquelle ist das Internet. Praktisch jede Gemeinde sowie die meisten Hotels, Restaurants und touristisch wichtige Einrichtungen haben eine eigene Website, auf der häufig auch Reservierungen bzw. Buchungen vorgenommen werden können. Zudem betreibt die Gemeinschaft des Gardasees ein (auch deutschsprachiges) Portal (www.lagodigarda.it).

Bei **ENIT** (Ente Nazionale Italiano per il Turismo, Italienische Zentrale für Tourismus) bekommt man vielfältige Infos und hilfreiches Kartenmaterial. ENIT unterhält Büros in Frankfurt am Main und Wien, die Website liefert auch Infos über kleinere Orte.

Logo des Tourismusportals Lago di Garda

Wichtige Informationsquellen vor Ort sind einige auch in deutscher Sprache erscheinende lokale Blätter wie die kostenlose Gardasee Zeitung (www.gardaseezeitung.it; *siehe S. 227*), die auch in vielen Hotels und Informationsbüros ausliegt.

Stadtplan in Rovereto: Orientierung auf einen Blick

Beste Reisezeit

Der Gardasee ist zu allen Jahreszeiten ein beliebtes Reiseziel. Jede Saison hat hier ihren ganz eigenen Reiz. Die Temperaturen sind deutlich milder als auf der Nordseite der Alpen, auch im Winter sinkt die Temperatur kaum unter 0 °C. Allerdings sind im Winter einige Sehenswürdigkeiten nicht zugänglich. Die Urlaubssaison beginnt Ostern. Eine schöne Reisezeit ist der Frühling, u. a. wegen der Farbenpracht der Blüten. Zudem ist die Region dann weniger überlaufen. Der größte Besucherandrang herrscht im Juli und August, in diesen Monaten kann es am See sehr heiß werden – ideal für einen Badeurlaub. Frühzeitige Buchung ist für die

Flagge der Europäischen Union (EU)

Hochsommermonate unbedingt anzuraten. Juni und September zeichnen sich durch sehr angenehme Temperaturen aus, der Andrang ist in diesen Monaten weniger stark. Für Aktivitäten im Gebirge eignen sich auch Mai und Oktober. Eine Jahreszeit für Genießer ist der Herbst mit seinen vielen kulinarischen Festen *(siehe S. 34)*. Im Winter locken die Skigebiete, z. B. in den Hochlagen des Monte Baldo. Auch die Adventszeit ist in vielen Orten sehr stimmungsvoll.

Einreise und Zoll

Alle Staaten, die das Schengener Abkommen unterzeichnet haben (auch Italien), verzichten auf Kontrollen an gemeinsamen Grenzen. Dennoch müssen Sie sich jederzeit mit einem gültigen Personalausweis oder Pass ausweisen können. Auch Kinder jeden Alters benötigen seit 2012 einen eigenen Ausweis. Impfungen sind nicht erforderlich.

Bürger aus Mitgliedsstaaten der EU dürfen alle Waren für den persönlichen Gebrauch zollfrei ein- oder ausführen. Als Abgrenzung zur gewerblichen Verwendung gelten als Richtmengen pro Person: 10 Liter Spirituosen (über 22 % Alkohol), 90 Liter Wein oder 110 Liter Bier, 800 Zigaretten und 10 Kilogramm Kaffee.

◀ **Der Dampfer *Zanardelli* (1903) in Riva del Garda *(siehe S. 52f)***

Hinweisschilder in Bardolino

Die Mehrwertsteuer (IVA) in Italien beträgt für die meisten Waren 22 Prozent. Außerdem gibt es einen ermäßigten (10 %) und einen stark ermäßigten (4 %) Steuersatz *(siehe S. 196)*.

Museen und Burgen

Als Kulturraum mit einem reichen historischen Erbe ist die Gardaseeregion Standort zahlreicher Museen zu den unterschiedlichsten Themen – von Archäologie bis Zitronenkultivierung. In den meisten Orten gibt es ein Museo Civico, das sich dem jeweiligen Ort und seiner unmittelbaren Umgebung widmet. Neben diesen Museen mit lokalem Bezug findet man auch Kulturstätten von internationaler Bedeutung wie etwa das MART in Rovereto *(siehe S. 68f)*, das Museo Internazionale della Croce Rossa in Castiglione delle Stiviere *(siehe S. 124f)* und das Museo Nicolis in Villafranca di Verona *(siehe S. 110f)*.

Eingang und Ticketverkauf

Burgen aus verschiedenen Epochen prägen viele Ortsbilder rund um den Gardasee. Einige der meist in exponierter Lage thronenden Festungen wurden mit großem Aufwand restauriert und sind für Besucher zugänglich. Vor allem am Ost- und Südufer des Sees (u. a. in Malcesine, Torri del Benaco, Lazise und Sirmione) beeindruckt die architektonische Handschrift der Scaligerburgen *(siehe S. 24f)* aus dem 13./14. Jahrhundert.

Kirchen

Auch viele Kirchen am Gardasee sind von großer kunsthistorischer Bedeutung, den Innenraum einiger Gotteshäuser schmücken Fresken, Stuckarbeiten und Marmordekor. Die meisten Kirchen können außerhalb der Gottesdienstzeiten besichtigt werden.

Für den Besuch von Kirchen wird angemessene Kleidung *(siehe Abbildung oben)* erwartet – dies sollten Sie in jedem Fall respektieren. Wichtig ist: Knie und Schultern müssen bedeckt sein.

Hinweis zur Etikette

Öffnungszeiten

Zwischen einzelnen Museen variieren die Öffnungszeiten stark. Dies gilt auch für weitere Sehenswürdigkeiten wie Burgen und Parks. Die meisten der großen Museen haben einen Tag in der Woche (meist montags) geschlossen, einige private hingegen sind täglich geöffnet. Beachten Sie außerdem, dass viele kleinere Museen nur von Frühling bis Herbst geöffnet sind und die Öffnungszeiten im Jahresverlauf stark schwanken können. Manche Museen sind außerhalb der Hauptsaison nur an den Wochenenden zugänglich.

Läden haben meist von 9–12 und 15–19 Uhr geöffnet, in touristischen Hochburgen schließen viele erst um 22 Uhr. Nur in größeren Städten verzichten einige Läden auf die traditionelle Mittagsruhe.

Trinkgeld

Vor allem von Besuchern wird Trinkgeld erwartet. In Restaurants und Cafés sind etwa zehn Prozent des Rechnungsbetrags üblich. Ebenfalls einen kleines Trinkgeld für ihren Service erwarten Taxifahrer (Betrag aufrunden), Zimmermädchen, Portiers und Gepäckträger (aber auch Küster).

Öffentliche Toiletten

Öffentliche Toiletten gibt es wenige, man findet sie z. B. in Parkhäusern. Viele Cafés erlauben die Benutzung ihrer Toiletten, wenn Sie darum bitten. In fast allen Museen findet man Toiletten. In Bahnhöfen wird eine kleine Gebühr erhoben, ansonsten ist die Nutzung kostenlos.

Auf einen Blick

Information

ENIT (Ente Nazionale Italiano per il Turismo)

In Deutschland:
Barckhausstraße 10,
60325 Frankfurt am Main.
069 237 434.
enit.de

In Österreich:
Mariahilfer Straße 1b,
1060 Wien.
01 505 1639.
enit.at

Lago di Garda
lagodigarda.it
gardaseede.com

Urlaubsorte im Internet (Auswahl)

Bardolino
bardolino.it

Desenzano
comune.desenzano.brescia.it

Garda
gardabyweb.it

Gardone Riviera
comune.gardoneriviera.bs.it

Lazise
comune.lazise.vr.it

Malcesine
malcesinepiu.it

Rovereto
visitrovereto.it

Salò
comune.salo.bs.it

Sirmione
sirmionebs.it

Verona
turismoverona.eu

Deutschsprachige Internet-Portale

gardasee.de
gardasee-info.com
gardatrentino.it
lago-di-garda.org
visitgarda.com

Einreise und Zoll

Auswärtiges Amt
auswaertiges-amt.de

Kopfsteingepflasterte Gasse in Malcesine

Reisende mit besonderen Bedürfnissen

In Italien wurde in den vergangenen Jahren viel in den Bau bzw. Ausbau von behindertengerechten Einrichtungen investiert. Immer mehr Restaurants haben barrierefreien Zugang zu Speisesaal und (behindertengerechten) Toiletten, auch die Zahl der Hotels, die Zimmer für Menschen mit Handicap anbieten, steigt kontinuierlich.

Insgesamt gesehen eignet sich der Gardasee für Menschen mit eingeschränkter Mobilität allerdings nur bedingt als Reiseziel. Im Norden, Westen und Osten reicht das Gebirge häufig bis nahe an den See, entsprechend schmal und steil sind die meisten Orte dort angelegt. Neben diesem Umstand schränkt auch das häufig anzutreffende Kopfsteinpflaster die Mobiltät für Rollstuhlfahrer ein. Die meisten Strände sind nicht ausreichend zugänglich. Weitere Hindernisse sind die häufig nur schmalen Gehsteige und das starke Verkehrsaufkommen auf der den See umspannenden Gardesana, die in vielen Orten als Hauptstraße fungiert und häufig nur schwer zu überqueren ist.

Anders präsentiert sich die Situation in Verona, dessen Altstadt breitere Gehsteige, verkehrsberuhigte Plätze und nur relativ geringe Höhenunterschiede aufweist.

Nehmen Sie vor der Buchung Ihrer Reise am besten Kontakt mit einer Behindertenorganisation auf – z. B. dem **Bundesverband Selbsthilfe Körperbehinderter e. V.** – die Ihnen Ansprechpartner am Urlaubsziel nennen können.

Senioren

Um den am Gardasee im Hochsommer sehr hohen Temperaturen aus dem Weg zu gehen und dennoch das meist schöne Wetter zu genießen, eignen sich April/Mai und September/Oktober für einen Aufenthalt. Senioren über 65 Jahre haben zu vielen Museen freien Zutritt.

Die zahlreichen Grünanlagen bieten Entspannung, an den breiten Uferpromenaden vieler Orte kann man in aller Ruhe flanieren. Sehr angenehm sind Bootsfahrten.

Hinweisschild für Barrierefreiheit

Studenten und preisbewusste Reisende

Studenten erhalten mit einem ISIC-Ausweis (International Student Identity Card) Ermäßigungen auf Eintrittskarten zu Museen und anderen Attraktionen.

Preisbewusste Reisende werden überall am Gardasee günstige Unterkünfte und Lokale finden. Viele kulturelle Schätze der Region – u. a. Kirchen sowie einige Burgen und Palazzi – sind kostenlos zu besichtigen. Es gibt jedoch nur wenige Museen, die keinen Eintritt verlangen.

Zu den stimmungsvollsten – garantiert kostenlosen – Erlebnissen gehört ein Bummel durch historische Altstädte mit ihren engen Gassen sowie über die vielen bunten Märkte. Neben den Wochenmärkten sind auch die vereinzelt stattfindenden Kunsthandwerksmärkte wahre Augenweiden.

Preisnachlässe für Besichtigungen und Aktivitäten erhalten Inhaber der kostenlosen **Garda Promotion Card**, der **Welcome Card** sowie der **Welcome Fun Card**. Sie genießen ermäßigten Eintritt zu vielen Attraktionen rund um den See (u. a. Vittoriale degli Italiani, Gardaland, Parco Giardino Sigurtà sowie für Bootsfahrten und die Seilbahnfahrt auf den Monte Baldo).

Mit der 24 bzw. 48 Stunden gültigen **Verona Card** (18 bzw. 22 €) hat man freien Eintritt zu vielen Sehenswürdigkeiten in der Stadt. Über die Modalitäten des Erwerbs der einzelnen Karten informieren die jeweiligen Websites *(siehe Kasten)*.

Konsulate

Deutschland unterhält ein Honorarkonsulat in Bozen, Österreich eines in Verona. Die Schweiz betreibt ein Konsulat in Mailand.

Fahrradverleihstation in Rovereto

Mit dem Rad unterwegs – eine preisgünstige und umweltbewusste Option

Falls Sie etwa Ihren Ausweis verloren haben, Rechtsbeistand oder Hilfe in einer Notsituation benötigen, wenden Sie sich an diese Auslandsvertretung Ihres Landes. Dort erhalten Sie kurzfristig Hilfe.

Haustiere

In vielen Hotels der Region ist es erlaubt, einen Hund mitzubringen. Diese Regelung gilt auch für zahlreiche Ferienhäuser. Am meisten Auslauf haben die Tiere natürlich bei Übernachtung in einem Agriturismo *(siehe S. 177)* im Hinterland.

Die Mitnahme des Haustiers sollte man bei der Buchung anmelden. Im Allgemeinen muss man den EU-Heimtierausweis mitführen, der nur in Kombination mit Mikrochip gültig ist. Dieser Ausweis wird von Tierärzten ausgestellt. Hunde müssen gegen Tollwut geimpft sein.

Umweltbewusst reisen

Nicht nur am Gardasee, sondern überall in Italien wächst das Bewusstsein für Umweltschutz und notwendige ökologische Maßnahmen.

Die italienische Küche hat schon immer saisonale lokale Produkte verwendet. Frische Produkte aus der Umgebung können Sie sowohl in Städten als auch in Dörfern auf Wochenmärkten kaufen. Selbst in den Sortimenten vieler Supermärkte findet man eine wachsende Zahl an nicht vorbehandelten Lebensmitteln.

Internationaler Studentenausweis

Auch bei der Wahl der Unterkunft hat man viele Möglichkeiten, umweltverträglich zu reisen. Im Hinterland kann man etwa in einem **Agriturismo** *(siehe S. 177)* oder einem Weingut übernachten und viel darüber erfahren, wie bestimmte Produkte hergestellt und verarbeitet werden. Lohnenswert kann der Besuch eines Bauernhofs sein, auf dem alle Produkte biologisch angebaut werden.

Nur das Südufer des Gardasees ist an das italienische Schienennetz angeschlossen. Dafür gibt es rund um den See regelmäßige Busverbindungen, die jedoch nicht immer eine geeignete Alternative zum Auto darstellen. Eine entspannende und umweltbewusste Alternative für die Erkundung des Hinterlands sind Fahrradausflüge, einige Beispiele finden Sie in diesem Buch *(siehe S. 72f* und *S. 113)*. In vielen Orten gibt es einen **Fahrradverleih**.

Zeitzone und Strom

In Italien gilt ebenso wie in Deutschland, Österreich und der Schweiz die Mitteleuropäische Zeit (MEZ), vom letzten Wochenende im März bis zum letzten Wochenende im Oktober auch die Sommerzeit.

Die Stromspannung in Italien beträgt 230 Volt bei 50 Hertz. Zwei-Pin-Flachstecker passen immer. Viele Hotels ab drei Sternen bieten ihren Gästen einen Fön im Badezimmer.

Auf einen Blick

Reisende mit besonderen Bedürfnissen

Bundesverband Selbsthilfe Körperbehinderter e.V. (BSK)
Altkrautheimer Str. 20, D-74238 Krautheim.
T (06294) 428 10.
W **bsk-ev.org**

Konsulate

Deutsches Honorarkonsulat
Dr.-Streiter-Gasse 12, 39100 Bozen.
T + 39 0471 972 118.
W **italien.diplo.de**

Österreichisches Honorarkonsulat
Piazza Broilo 3, 37121 Verona.
T + 39 045 801 0292.
W **bmeia.gv.at**

Schweizer Konsulat
Via Palestro 2, 20121 Mailand.
T + 39 02 777 9161.
W **eda.admin.ch**

Studenten und preisbewusste Reisende

Garda Promotion Card
W **gardalombardia.de/promotion-card.html**

Verona Card
W **tourism.verona.it/de/info/reiseinfo/verona-card**
W **veronacard.it**

Welcome Card und Welcome Fun Card
W **tourism.verona.it/de/info/reiseinfo/welcome-card**

Umweltbewusst reisen

Agriturismi

Agriturismo.com
T +39 800 911 857 *(kostenlos)*.
W **agriturismo.com**

Agriturismo.it
T 02 664 06018.
W **agriturismo.it**

Fahrradverleih

Carpentari Bike Shop
Via Matteotti 95, Torbole.
T 0464 505 500.
W **carpentari.com**

Velocifero Rent
Corso Italia 40, Garda.
T 045 725 5572.
W **velocifero.com**

Xtreme
Via Navene Vecchia, Malcesine.
T 045 740 0105.
W **xtrememalcesine.com**

Sicherheit und Gesundheit

Norditalien ist eine sichere Urlaubsregion, doch sollte man die üblichen Sicherheitsvorkehrungen treffen. Vor allem an stark frequentierten Orten wie Fährhäfen, Uferpromenaden und touristischen Attraktionen wie den Freizeitparks ist Vorsicht angebracht. Lassen Sie keine Wertsachen im Auto, wenn Sie auf unbewachten Parkplätzen parken. Die medizinische Versorgung ist überall gut.

Boot der Carabinieri im Hafen von Torri del Benaco

Polizei

Bei den Ordnungskräften unterscheidet man in Italien zwischen den *carabinieri* und der Staatspolizei *(polizia di stato)*. Hinzu kommt auf kommunaler Ebene die Stadtpolizei *(polizia municipale* bzw. *locale)*, deren Polizisten im Volksmund *vigili urbani* genannt werden.

Die *carabinieri* unterstehen als Militärpolizei dem Verteidigungsministerium und sind für die öffentliche Ordnung auf kommunaler, Provinz- und regionaler Ebene verantwortlich. Die *polizia di stato* ermittelt im Allgemeinen bei schweren Delikten und häufig mit landesweiter Kompetenz. Die *polizia municipale* patrouilliert in den Straßen, regelt den Verkehr und verhängt teils harte Strafen gegen Verkehrssünder.

Persönliche Sicherheit

Im Gebiet um den Gardasee ereignen sich schwere Verbrechen erfreulicherweise nur höchst selten. Kleinkriminalität ist hingegen durchaus ein Problem. Um sich davor zu schützen, sollten Sie die üblichen Vorsichtsmaßnahmen ergreifen. Verwahren Sie Wertgegenstände und wichtige Dokumente im Hotelsafe. Stecken Sie nur so viel Bargeld ein, wie Sie brauchen. Achten Sie auch auf Kamera und Handy. Tragen Sie Umhängetaschen mit der Verschlussseite zum Körper. Die Benutzung von Rucksäcken oder Schultertaschen auf dem Rücken sollte vermieden werden. Mit diesen Maßnahmen minimieren Sie das Diebstahlrisiko erheblich.

Wer mit dem Auto unterwegs ist, sollte Wertsachen nicht offen im Wagen liegen lassen, dies ist geradezu eine Einladung für Diebe. Lassen Sie das (leere) Handschuhfach geöffnet. Stellen Sie Ihren Wagen am besten in einer Garage oder auf einem bewachten Parkplatz *(parcheggio custodito)* ab.

Diebstahl und Verlust

Wenn Sie bestohlen wurden, melden Sie dies unverzüglich auf dem nächsten Polizeirevier. Sie brauchen das Meldeformular für eine etwaige Vorlage bei Ihrer Versicherung. Falls Ihr Wagen abgeschleppt wurde, ist die *polizia municipale* zuständig.

Benachrichtigen Sie umgehend Ihre Bank, falls Ihnen Kredit- oder Debitkarten gestohlen wurden. Telefonnummern zur Sperrung der Karten finden Sie in diesem Reiseführer auf Seite 224.

Beim Verlust des Ausweises oder wenn Sie in größere Schwierigkeiten geraten, sollten Sie Ihre Botschaft bzw. das Konsulat kontaktieren *(siehe S. 220f)*. Generell sollten Sie vor der Reise Fotokopien wichtiger Dokumente anfertigen, die Sie bei Verlust vorzeigen können.

Verschiedene Wagen der Polizei am Gardasee

Rettungswagen des Croce Rossa Italiana

Medizinische Versorgung

Bürger der Europäischen Union und der Schweiz können sich in Italien kostenlos medizinisch behandeln lassen. Zu diesem Zweck müssen sie die Krankenversicherungskarte EHIC vorlegen. Dennoch ist es in den meisten Fällen durchaus sinnvoll, eine zusätzliche Reisekrankenversicherung abzuschließen. Diese sollte weitere Leistungen abdecken, die von gesetzlichen Krankenkassen nicht übernommen werden – z. B. den Rücktransport im Notfall.

Die allermeisten Urlaubszentren am Gardasee verfügen über eine *Guardia Medica Turistica* (Notfallambulanz), bei der die Gäste im Notfall ärztliche Hilfe finden.

Beachten Sie bitte: Außerhalb der sommerlichen Hauptsaison sind die Ambulanzen in der Regel geschlossen, sodass Sie dann im Bedarfsfall ein nahe gelegenes Krankenhaus mit Notaufnahme oder eine Unfallstation *(pronto soccorso)* aufsuchen müssen. Das Netz an derartigen medizinischen Diensten ist rund um den See sehr dicht. Rasche ärztliche Hilfe im Notfall leisten außerdem Dienste wie Croce Rossa Italiana.

Bei kleineren Gesundheitsproblemen wenden Sie sich an eine Apotheke *(farmacia)*, die man am grünen Kreuz erkennt. In einigen findet sich mindestens ein Mitarbeiter, der Deutsch spricht. Die Adressen der Apotheken mit aktuellem Nacht- *(servizio notturno)* oder Wochenenddienst sind an jeder Apotheke vermerkt. Sie finden sie auch in Tageszeitungen.

Gefahren im Freien

Während Ihres Aufenthalts werden Sie wohl einen Großteil der Zeit im Freien verbringen. Der Gardasee bietet eine Vielzahl an Aktivitäten im Freien, nicht nur Wasser- und Bergsportler kommen hier auf ihre Kosten. Insbesondere im Sommer sollten Sie bei allen Outdoor-Aktivitäten Sonnenschutzmittel mit hohem Lichtschutzfaktor sowie eventuell eine geeignete Kopfbedeckung verwenden, um Sonnenbrand und Hitzschlag zu vermeiden. Bedenken Sie, dass die Sonnenstrahlung bei Wind leicht unbemerkt bleibt.

Wenn Sie querfeldein spazieren, wandern oder mit dem Mountainbike unterwegs sind, versperren oft Tore oder Zäune den Weg. Wenn möglich, fragen Sie nach, ob Sie passieren dürfen. Das Tor sollten Sie wieder schließen, sodass keine Tiere entlaufen können.

Schild einer Apotheke

Für einen Aufenthalt am Gardasee sind keine zusätzlichen Impfungen erforderlich, Sie sollten aber Mückenschutz dabeihaben. Nehmen Sie bei Outdoor-Aktivitäten ausreichend Proviant und Trinkwasser mit. Übrigens: Wasser aus Hähnen oder Trinkwasserbrunnen ist frisch und sicher. Es wird in den Bergen gewonnen. Bei Wanderungen in den Bergen ist auf geeignetes Schuhwerk zu achten.

Bei einem plötzlichen Gewitter sollten Sie Schutz suchen, allerdings nicht unter einzeln stehenden Bäumen oder Felsvorsprüngen, die Blitzschlag anziehen.

Rettungsweste für den Notfall

Auf einen Blick

Notrufnummern

Euro-Notruf
112 (kostenlos).

Carabinieri
113 bzw. 112.

Polizia Municipale
Garda 045 725 6566.
Lazise 045 758 0688.
Malcesine 045 658 9921.
Riva 0464 571 719.
Salò 0365 522 500.
Sirmione 030 990 5772.
Verona 045 807 8828.

Feuerwehr
115 bzw. 112.

Medizinische Notfälle, Bergwacht
118 bzw. 112.

Squadra Nautica (Seepolizei)
1530 bzw. 112.

Pannenhilfe
116.

Krankenhäuser

Arco
Presidio Ospedaliero di Arco
Via Capitelli 48.
0464 582 222.
W apss.tn.it

Desenzano
Azienda Ospedaliera di Desenzano
Località Montecroce.
030 91451.
W aod.it

Malcesine
Ospedale di Malcesine
Via Val di Sogno.
045 658 9311.
W ulss22.ven.it

Verona
Azienda Ospedaliera Universitaria Integrata Verona
Piazzale Aristide Stefani 1.
045 812 1111.
W ospedaleuniverona.it

Apotheken

Garda
Del Garda
Corso Italia 78.
045 725 5022.

Salò
De Paoli
Via San Carlo 7.
0365 208 22.

Banken und Währung

In Italien gilt seit 2002 der Euro, für Besucher aus der Eurozone entfällt damit jeder Geldwechsel. Geldautomaten sind weitverbreitet, es gibt sie rund um den Gardasee auch in kleinen Orten. Besucher können mit einer Debit- oder Kreditkarte problemlos Geld abheben. Wer nicht über Euro verfügt, kann diese entweder bei Geldautomaten ziehen oder Bargeld anderer Währungen bei Wechselstuben oder Banken umtauschen.

Die Volksbank in Rovereto residiert in einem repräsentativen Gebäude

Banken

Banken haben in den Orten am Gardasee in der Regel montags bis freitags von 8.30 bis 13 Uhr geöffnet. Die meisten Filialen öffnen auch nachmittags für eine gewisse Zeit (etwa zwischen 14 und 17 Uhr). Dabei können die Öffnungszeiten von Ort zu Ort etwas variieren. Am Tag vor einem wichtigen Feiertag schließen viele Banken früher.

Die meisten Banken verfügen über Geldautomaten, an denen man – unabhängig von den Öffnungszeiten der jeweiligen Filiale – Geld abheben bzw. wechseln kann. Ist dies nicht der Fall, geht man an einen der Schalter. Bürger aus Staaten, die nicht Mitglied der Eurozone sind, wenden sich zum Geldwechsel an den Devisenschalter *(cambio)*.

Kredit- und Debitkarten

Gängige Kreditkarten wie **MasterCard** und **Visa**, aber auch **American Express** und **Diners Club** werden am Gardasee immer häufiger akzeptiert. Am Eingang von vielen Hotels, Restaurants und Läden sind die Logos von Geldinstituten abgebildet, deren Kreditkarten angenommen werden. Manche Restaurants und Läden verlangen für Kreditkartenzahlung einen Mindestumsatz.

Bei kleineren Familienbetrieben hingegen ist immer noch Barzahlung gebräuchlich.

Neben Kreditkarten kommen auch Debitkarten immer öfter zum Einsatz. Bekannteste Debitkarte ist die **girocard** (früher EC- bzw. Maestro-Karte). Sie gibt es in zwei Ausführungen, mit dem Maestro-Logo oder mit dem VPay-Logo. Beide Ausführungen funktionieren gleichermaßen am Gardasee.

Logo der Debitkarte girocard

Wenn Sie Ihre Karte verloren haben oder sie Ihnen gestohlen wurde, dann sollten Sie die Karte umgehend sperren lassen. Im Kasten rechts finden Sie die Telefonnummern bei Kartenverlust. Damit wird Ihre Haftung bei Missbrauch auf 150 Euro begrenzt.

Wenn Sie aus einem Euroland kommen, machen Reiseschecks immer weniger Sinn. Sie werden zwar akzeptiert, verlieren aber an Beliebtheit.

Schilder einiger am Gardasee vertretenen Banken

Logos weltweit bekannter Kreditkartenfirmen

Geldautomaten

Mit Kredit- oder Debitkarte können Sie mit Eingabe der PIN an Geldautomaten jederzeit Geld bis zu Ihrem individuellen Tageslimit abheben. Erkundigen Sie sich vorher nach den Gebühren, wenn Sie mit Kreditkarte abheben. Diese variieren zwischen den einzelnen Geldinstituten und betragen je nach Bank zwischen vier und zehn Euro.

Achten Sie bei jeder Geldabhebung auf Ihre Umgebung. Und werfen Sie zuerst einen kritischen Blick auf den Geldautomaten selbst.

Auf einen Blick

Banken

Banca Popolare di Verona
Filialen in einzelnen Städten:

Garda: Corso Italia 138.
☎ 045 725 5155.

Lazise: Via Gardesana 5.
☎ 045 647 1023.

Riva: Viale San Francesco 2c.
☎ 0464 514 266.

Salò: Via Bossi 10.
☎ 0365 522 027.

Sirmione: Piazza Castello 3.
☎ 030 916 000.

Verona: Piazza delle Erbe 17b.
☎ 045 595 266.
W **bpv.it**

Kartenverlust

Allg. Notrufnummer
☎ 0049 116 116.
W **116116.eu**

American Express
☎ 0049 69 97 97 20 00.

Diners Club
☎ 800 39 39 39.

MasterCard
☎ 800 870 866.

Visa
☎ 800 819 014.

girocard
☎ 0049 69 740 987.

Währung

Die europäische Gemeinschaftswährung Euro (€) gilt zurzeit in 19 EU-Staaten: Belgien, Deutschland, Estland, Finnland, Frankreich, Griechenland, Irland, Italien, Lettland, Litauen, Luxemburg, Malta, Niederlande, Österreich, Portugal, Slowakei, Slowenien, Spanien und in der Republik Zypern. Alte Lire-Scheine und -Münzen sind ungültig. Die Umtauschfristen für die alte Währung sind abgelaufen. Alle Euro-Scheine sind einheitlich gestaltet, bei den Münzen prägt jedes Land unterschiedliche Rückseiten. Seit 2004 kann jeder Eurostaat einmal jährlich eine Zwei-Euro-Gedenkmünze bedeutender Ereignisse herausgeben. Alle diese Münzen gelten in jedem Staat der Eurozone.

Euro-Banknoten

Die Euro-Scheine wurden vom Österreicher Robert Kalina (1. Serie ab 2002) und dem Deutschen Reinhold Gerstetter (2. Serie ab 2013, sog. Europa-Serie) entworfen und zeigen Architekturelemente und Baustile, eine Europakarte und die EU-Flagge mit den zwölf Sternen. Auf der Vorderseite sind Fenster oder Tore abgebildet, auf der Rückseite Brücken.

5-Euro-Schein (Baustil: Klassik)

10-Euro-Schein (Baustil: Romanik)

20-Euro-Schein (Baustil: Gotik)

50-Euro-Schein (Baustil: Renaissance)

100-Euro-Schein (Baustil: Barock & Rokoko)

200-Euro-Schein (Eisen- und Glasarchitektur)

500-Euro-Schein (Moderne Architektur des 20. Jahrhunderts)

2-Euro-Münze

1-Euro-Münze

50-Cent-Münze

20-Cent-Münze

10-Cent-Münze

Euromünzen

Die einheitlichen Vorderseiten entwarf der Belgier Luc Luycx. Die Rückseiten italienischer Münzen zeigen den Dichter Dante (2 €) und da Vincis »Vitruvianischer Mensch« (1 €). Auf den Cent-Münzen sind Bau- und Kunstwerke dargestellt.

5-Cent-Münze

2-Cent-Münze

1-Cent-Münze

Kommunikation

Nach der Liberalisierung des Telefonsystems vor einigen Jahren konkurrieren diverse Telefonanbieter auf dem italienischen Telekommunikationsmarkt. Telefonieren ist damit auch in Italien preiswerter geworden. Beachten Sie bitte: Man muss bei jedem Gespräch – auch für Telefonate innerhalb des Ortsnetzes – die vollständige Vorwahlnummer (einschließlich der 0) wählen. Die italienische Post ist effizienter, als häufig kolportiert wird. Die Verbreitung von WLAN nimmt zu.

Öffentliche Telefone

Mobiltelefone sind auch am Gardasee aus dem Alltag nicht mehr wegzudenken. Dennoch findet man immer noch öffentliche Telefone an den Straßen oder etwa in Bars. Von diesen Apparaten können Sie in Direktwahl Ferngespräche und internationale Telefonate führen. Sie können durchaus eine preisgünstige Alternative zu Telefonaten mit dem Handy sein.

Münzfernsprecher gehören weitestgehend der Vergangenheit an. An vielen öffentlichen Telefonen kann man mit Kreditkarte, an fast allen mit einer Telefonkarte *(scheda* oder *carta telefonica)* bezahlen. Sie werden in vielen Läden, Bars, Postämtern, Tankstellen, Hotels und den allgegenwärtigen Tabakgeschäften *(tabacchi)* verkauft, die man am T-Zeichen erkennt.

Zeichen für öffentliches Telefon

Bei diesen Verkaufsstellen kann man außerdem internationale Telefonkarten *(Calling Cards)* erwerben. Mit diesen Karten können Sie, meist schon für fünf oder zehn Euro, rund 120 Minuten oder auch länger telefonieren. Unter der Farbschicht der Karten verbirgt sich ein Code, den Sie freirubbeln müssen. Zum Telefonieren wählen Sie die kostenlose Zugangsnummer, die auf der Karte vermerkt ist. Anschließend tippen Sie den Code oder die PIN ein und schließlich die Teilnehmernummer. Auf dem Display wird angezeigt, über wie viel Guthaben Sie verfügen bzw. wie viele Minuten Sie damit telefonieren können.

Bei jeder Nummer muss die Vorwahl mitgewählt werden (einschließlich der 0) – dies gilt auch bei Gesprächen innerhalb eines Orts. Bei Anrufen aus dem Ausland ist nach der 0039 (Ländervorwahl Italiens) auch die 0 der Ortsnetz-Vorwahl mitzuwählen. Italienische Handynummern haben keine vorangestellte 0.

Telefongebühren

Die Höhe der Gebühren für Telefonate kann ganz erheblich variieren – je nachdem, wann Sie telefonieren. Als Faustregel gilt, dass man montags bis freitags von 18.30 bis 8 Uhr, samstags ab 13 Uhr sowie sonntags günstiger telefoniert. Die Gebühren sind in etwa mit denen in Deutschland, Österreich und der Schweiz vergleichbar.

Telefonate von Hotelzimmern aus können eine kostspielige Angelegenheit sein – teilweise werden dem Gast horrende Beträge in Rechnung

Telefonieren von unterwegs – auch am Gardasee ein häufiges Bild

gestellt. Relativ hohe Gebühren fallen für Auskünfte sowie für Service-Nummern an.

Mobiltelefone

Alle in Europa gängigen Handys und Smartphones funktionieren in Italien problemlos. In bergigen Regionen rund um den Gardasee kann der Empfang jedoch eingeschränkt sein.

Wie überall bezahlen Mobiltelefonierer auch in Italien für Anrufe aus der Heimat und ins Ausland. Viele Netzbetreiber bieten günstigere Optionstarife für Telefonieren im Ausland an. Seit 2007 begrenzt die EU die Roaming-Gebühren in ihren Mitgliedsstaaten kontinuierlich. Die Gebühren sollen 2016 teilweise entfallen (aktuelle Infos finden Sie auf www.eu-verbraucher.de).

Wer sich länger am Gardasee aufhält und innerhalb Italiens viel telefonieren will, für den kann eine italienische SIM-Karte sinnvoll sein. Man bekommt sie bei Anbietern wie TIM, Vodafone oder Wind. Tauschen Sie die lokale SIM-Karte einfach gegen die Karte in Ihrem Handy aus. Wenn Sie eine SIM-Karte kaufen, müssen Sie sich ausweisen.

Internet

Viele Hotels und auch andere Unterkünfte bieten ihren Gästen im Zimmer oder in einem der öffentlichen Bereiche Internet-Zugang an, oft WLAN. Meist ist die Nutzung kostenlos, manchmal wird dafür eine Extragebühr verlangt.

Schilder, die in verschiedenen Orten WiFi-Zonen ausweisen

In einigen Orten gibt es im Zentrum Internet-Cafés, in denen Sie online gehen können. Dort kann man im Netz surfen und E-Mails lesen, abgerechnet wird in der Regel im 15- oder 30-Minuten-Takt. Einige Internet-Cafés bieten WLAN an, womit man auch über den eigenen Laptop ins Internet kommt. Von den Mitarbeitern erhält man dazu ein Passwort. Zur Ausstattung gehören teilweise auch Webcams, sodass die Kunden via Skype telefonieren oder Chat-Programme nutzen können.

Zeitungskiosk mit regionaler Presse, Rovereto

Post

Poste Italiane ist das staatliche italienische Postunternehmen, das immer noch eine monopolähnliche Stellung besitzt. Das italienische Postwesen ist durchaus besser als sein Ruf. Dringende Post sollten Sie auch innerhalb Italiens mit Schnellpost *(posta prioritaria)* versenden. Die entsprechenden Aufkleber erhalten Sie, ebenso wie Briefmarken *(francobolli)*, in Tabakläden und Postämtern. Wichtige Sendungen verschicken Sie am besten per Einschreiben bzw. per Express.

Schild an einem Postamt

Standardbriefe und Postkarten in europäische Länder kosten je nach Größe und Gewicht mit *posta prioritaria* derzeit ab 0,95 Euro, die Zustellung dauert etwa drei Tage. Die roten Briefkästen haben meist zwei Schlitze: *per la città* (Stadtbereich) und *tutte le altre destinazioni* (alle anderen Ziele). Die meisten Briefkästen werden einmal am Tag geleert. Teilweise finden sich daneben blaue Briefkästen für *posta prioritaria*.

Die Postämter in den Zentren größerer Orte sind in der Regel montags bis freitags von 8 bis 14 oder 15 Uhr offen. Samstags schließen sie um 12 Uhr. Hauptpostämter bieten auch einen Service für postlagernde Sendungen *(fermo posta)*.

Briefkasten in Riva del Garda

Zeitungen, Fernsehen und Radio

Zu den wichtigsten überregionalen Tageszeitungen Italiens gehören *La Stampa*, *La Repubblica* und der in Mailand erscheinende *Il Corriere della Sera*. Zudem geben die Anrainerregionen Trentino-Alto Adige, Lombardia und Veneto regionale Blätter heraus.

Alle großen deutschsprachigen Zeitungen wie *Süddeutsche Zeitung*, *Frankfurter Allgemeine Zeitung*, *Kurier* und *Neue Zürcher Zeitung* sowie Magazine sind fast überall erhältlich. In der Regel bekommt man die jeweils aktuelle Tagesausgabe.

Für Urlauber interessant sind einige in deutscher Sprache erscheinende Lokalblätter, etwa die *Gardasee Zeitung* (www.gardaseezeitung.it). Sie liegt in vielen Hotels und Tourismusbüros gratis aus und informiert über aktuelle Veranstaltungen.

Neben Programmen der staatlichen italienischen Fernseh- und Hörfunkanstalt RAI gibt es viele private Programme, die teils kostenpflichtig sind. Über Satellit kann man in den allermeisten Hotels deutschsprachige Programme empfangen.

Auf einen Blick

Postämter

Garda: Via Abrile 1.
☎ 045 627 1949.

Lazise: Via Francesco Scolari 32.
☎ 045 647 2194.

Riva: Largo Bensheim 6.
☎ 0464 578 749.

Salò: Via Canottieri 10.
☎ 0365 440 811.

Sirmione: Largo Faselo Bitinico 1.
☎ 030 916 195.

Verona: Via Porta Organa 2.
☎ 045 805 0349.
poste.it

Nützliche Nummern

Auslandsvorwahlen
Deutschland: 0049.
Österreich: 0043.
Schweiz: 0041.
Italien: 0039.

Deutschland Direkt (R-Gespräch)
800 172 490.

Sperrung Handykarten
Sperr-Notruf: 116 116.
☎ +49 (0)800 330 2202 (T-Mobile).
☎ +49 (0)172 1212 (Vodafone).
☎ +49 (0)177 1000 (E-Plus).
☎ +49 (0)179 55 222 (O_2).
☎ +49 (0)163 1140 (Base).

Vorwahlnummern
Desenzano, Sirmione: 030; Limone sul Garda, Salò: 0365; Garda, Lazise, Malcesine, Verona: 045; Riva, Rovereto: 0464.

Reiseinformationen

Der im südlichen Alpenvorland gelegene Gardasee ist von Mitteleuropa mit diversen Verkehrsmitteln sehr gut erreichbar. Die meisten Urlauber aus Deutschland, Österreich und der Schweiz reisen mit dem Auto an und sind somit auch für Ausflüge ins Hinterland flexibel. Für die Benutzung von Autobahnen sind in Italien (sowie in der Schweiz und Österreich) Gebühren zu entrichten. Für die Anreise mit dem Flugzeug eignen sich die Airports von Verona und Bergamo am besten. Nur das südliche Seeufer ist an das italienische Schienennetz angeschlossen. Busse fahren auf der um den See führenden Gardesana und steuern auch kleinere Orte am. Zu einem Aufenthalt am Gardasee gehört eine Fahrt mit einem Schiff, zwei Strecken werden auch von Autofähren bedient. Wie wohl überall in Italien sind knatternde Motorroller aus dem Straßenverkehr nicht wegzudenken.

Anreise mit dem Flugzeug

Das Flugzeug ist für Reisende, die eine sehr lange Autofahrt scheuen, eine sinnvolle Option. Die dem Gardasee nächstgelegenen, von Airports in Mitteleuropa aus erreichbaren Flughäfen sind Verona, Bergamo, Mailand und Venedig.

Veronas Aeroporto Valerio Catullo liegt zwölf Kilometer südwestlich von Verona bei Villafranca di Verona. Er wird von Frankfurt (**Lufthansa**), Köln (**germanwings**) und München (**Air Dolomiti**) angeflogen. Wer zuerst Verona ansteuern möchte, ist vom Flughafen mit dem Airport-Shuttle in ungefähr 20 Minuten im Stadtzentrum.

Bergamos Aeroporto Orio al Serio befindet sich fünf Kilometer südöstlich der Stadt. Dieser Flughafen wird von München (Air Dolomiti, Lufthansa) sowie Berlin, Bremen, Frankfurt-Hahn und Düsseldorf-Weeze (jeweils **Ryanair**) angeflogen.

Bahnhof in Villafranca di Verona

Zu den wesentlich weiter entfernten Flughäfen Milano-Malpensa und Venezia Marco Polo Tessera gibt es viele Verbindungen von Airports in Deutschland, Österreich und der Schweiz, die u.a. von Lufthansa, **Austrian**, **Swiss** und **Alitalia** bedient werden.

TRENITALIA
GRUPPO FERROVIE DELLO STATO

Logo der Italienischen Eisenbahn

Klären Sie den Transport vom jeweiligen Flughafen zu Ihrer Unterkunft am besten schon bei der Buchung. Einige Hotels bieten ihren Gästen – zumindest von den Airports Verona und Bergamo – einen Abholservice an. Sie können auch selbst einen Shuttle-Service (z.B. **Lake Garda Transfer**) buchen oder einen Mietwagen nehmen.

Anreise mit der Bahn

Über Baden-Württemberg und die Schweiz erfolgt die Anreise mit der Bahn via Mailand. Bei Anreise aus oder über Bayern ist Rovereto der Zielbahnhof für den nördlichen Gardasee, Verona für den südlichen. Regelmäßige Bahnverbindungen zu beiden Städten gibt es von Deutschland und Österreich via Innsbruck und Brenner. Die Fahrtzeit etwa für die Strecke München – Rovereto beträgt knapp fünf Stunden, in Verona ist man etwa eine Stunde später.

Von beiden Bahnhöfen bestehen Busverbindungen zu einzelnen Orten am Gardasee, von Verona aus erreicht man Peschiera del Garda im Südosten und Desenzano del Garda im Südwesten des Sees mit den Zügen von **Trenitalia**. Peschiera und Desenzano befinden sich entlang der Bahnstrecke Mailand – Verona und sind die einzigen Orte am Seeufer, die an das Schienennetz

Veronas Aeroporto Valerio Catullo ist der dem Gardasee nächstgelegene Flughafen

angeschlossen sind. Von beiden kommt man mit Bussen oder Schiffen in viele andere Ortschaften am Ufer.

Bei längerer Anreise ist die Benutzung der modernen Nachtreisezüge der **City Night Line** eine Alternative. Sie bieten entspanntes Reisen über Nacht im Schlaf-, Liege- oder Sitzwagen. Neben Strecken in Mitteleuropa (z. B. von Hamburg, Berlin oder Düsseldorf nach München oder Zürich) wird auch die Strecke München – Verona bedient. Der Vorteil liegt auf der Hand: Man gewinnt Zeit und kommt ausgeruht am Reiseziel an. Zum Service an Bord eines Nachtzugs gehört auch ein Weckdienst, für die Gäste von Schlafwagen ist das Frühstück im Ticketpreis inbegriffen.

Schön angelegter Kreisverkehr in Malcesine

Straße mit Aussicht – die Gardesana führt um den gesamten See

Anreise mit dem Auto

Die schnellste Verbindung von Deutschland an den Gardasee ist die Brennerautobahn. Sie beginnt als A13 in Innsbruck und führt als A22 in Italien weiter. Für Ziele am nördlichen Gardasee wählt man die Ausfahrt Rovereto Sud/Lago di Garda Nord, am südlichen Gardasee die Ausfahrt Affi/Lago di Garda Sud. Die Benutzung der Brennerautobahn kostet neun Euro (einfache Fahrt). Auch für das Befahren anderer Autobahnabschnitte fallen Mautgebühren an.

Bei Anreise aus der Schweiz bietet sich die Route über Mailand an, von wo aus man das Südufer erreicht. Beachten Sie, dass auch die Benutzung der Autobahnen in Österreich und der Schweiz mautpflichtig ist. Ein Tipp: Lange Wartezeiten an der Mautstelle der Brennerautobahn erspart man sich mit einem Videomaut-Ticket, das man bei Automobilclubs wie dem ADAC *(siehe S. 233)* erhält sowie in Österreich bei einigen Stellen, die das »Pickerl« für österreichische Autobahnen verkaufen. Dieses Ticket, das man gleichzeitig auch für die Rückfahrt erstehen kann, ermöglicht an der Mautstelle die Benutzung einer gesonderten, schwächer befahrenen Spur.

Autobahntankstellen in Italien sind meist rund um die Uhr geöffnet.

Parkleitsystem in Rovereto

Auf einen Blick

Flughäfen

Verona: Aeroporto Valerio Catullo
045 809 5666.
aeroportoverona.it

Bergamo: Aeroporto Orio al Serio
035 326 323.
orioaeroporto.it

Mailand: Aeroporto Milano-Malpensa
02 232 323.
milanomalpensa-airport.com

Venedig: Aeroporto Marco Polo Tessera
041 260 6111.
veniceairport.it

Fluglinien

Alitalia
89 20 10 (I).
01806 074 747 (D).
alitalia.com

Air Dolomiti
045 288 6140 (I).
(089) 97 58 04 97 (D).
airdolomiti.de

Austrian
05 17 66 10 00 (A).
02 896 34296 (I).
aua.com

germanwings
0180 632 0320.
germanwings.com

Lufthansa
(069) 86 799 799 (D).
199 400 044 (I).
lufthansa.com

Ryanair
01805 566 200.
ryanair.com

Swiss
0848 700 700 (CH).
02 696 82070 (I).
swiss.com

Airport-Shuttle zum Gardasee

Lake Garda Transfer
lakegarda-transfer.com

Bahn

City Night Line
Deutschland:
01806 99 66 33.
(einheitliche Service-Nummer der Bahn).
Schweiz:
0900 300 300.
citynightline.de

Trenitalia
89 20 21.
trenitalia.com

Auto

Brennerautobahn
01806 99 66 33.
autobrennero.it

Am Gardasee unterwegs

Zu einem Aufenthalt am Gardasee gehört eine Fahrt mit einem Schiff einfach dazu. Sie können auch selbst aktiv werden und sich auf dem See fortbewegen, etwa mit Motorbooten. Auch eine Fahrt mit der Seilbahn auf den Monte Baldo sollte man nicht versäumen – allein schon wegen der Panoramasicht. Über Land bewegt man sich am besten mit Auto oder Bus. Auch Fahrrad und Roller eignen sich für die Erkundung des Hinterlands.

Fähre *Verona* – kurz vor dem Anlegen an einem Steg in Sirmione

Schifffahrt

Fast jeder Ort am Seeufer ist mit einem Schiff der **Navigazione Lago di Garda** erreichbar. Passagiere haben die Wahl zwischen einer gemütlichen Fahrt mit einem Motorschiff (*motonave* bzw. *battello*) oder Katamaran *(catamarano)* sowie der zeitsparenden Variante an Bord eines deutlich rasanteren Tragflügelboots *(aliscafo)*.

Sie können einen einzelnen Abschnitt des dichten Streckennetzes befahren oder nach dem Aufenthalt an einem Zielort weiterfahren. In diesem Reiseführer wird ein möglicher Ganztagesausflug am südlichen Gardasee vorgestellt, bei dem Sie fünf Städte kennenlernen *(siehe S. 128f)*.

Tickets kauft man an den Kassenhäuschen an den Anlegestegen. Dort erhält man auch Fahrpläne für den gesamten See. Die Preise richten sich nach den Entfernungen zwischen Start- und Zielort. Es gibt sieben Tarife. Der günstigste liegt bei drei Euro für einen Erwachsenen und wird etwa für die Strecken Garda – Bardolino oder Sirmione – Desenzano del Garda berechnet. Mit 15,10 Euro am teuersten sind Langstrecken wie Riva del Garda – Desenzano del Garda oder Torbole – Peschiera del Garda. Neben Einzelfahrten kann man auch ein Tagesticket für beliebig viele Fahrten erwerben. Für den gesamten See kostet es 34,30 Euro, Kinder von vier bis zwölf Jahren sowie behinderte Reisende zahlen 17,60 Euro. Darüber hinaus gibt es Tagestickets für den südlichen (23,40 bzw. 12,40 €) und den nördlichen Gardasee (20,50 bzw. 11 €). Auch Senioren über 65 Jahre erhalten Preisnachlässe (28, 19 bzw. 16,90 €). Für die Benutzung der schnelleren Tragflügelboote, die auf einzelnen Strecken verkehren, ist ein Zuschlag zu entrichten. In den meisten *motonave* ist die Beförderung von Fahrrädern erlaubt, dieser Service wird mit 4,20 Euro berechnet.

Hinweis zur Einschiffung

Auf dem Gardasee werden drei Strecken von Autofähren bedient, die Hafenorte an West- und Ostufer bzw. Nord- und Südufer miteinander verbinden. Dabei handelt es sich um die Verbindungen Limone sul Garda – Malcesine, Toscolano-Maderno – Torri del Benaco und Riva del Garda – Desenzano del Garda. Die Fahrzeiten und Preise hierfür finden Sie auf der Website der Navigazione Lago di Garda *(siehe Kasten)*.

Motorboote

Wer sich eigenständig auf dem See fortbewegen will, hat viele Optionen. Eine sportliche Variante sind Motorboote, die jedoch nicht den nördlichen Teil des Sees, das Revier der Surfer und Segler, befahren dürfen. Zur Flotte der meisten Anbieter *(siehe Kasten)* gehören auch Boote bis 40 PS, die man ohne Bootsführerschein lenken kann. Vor Beginn der Fahrt erhält man eine Einweisung zur Benutzung des Boots, zudem werden Navigationsvorschriften erläutert. Bei der Bootsübergabe ist eine Kaution zu entrichten.

Auch Tret- und Ruderboote können an vielen Orten ausgeliehen werden. Die meisten Verleihstellen findet man an den Stränden. Das Angebot ist groß, eine Reservierung nicht erforderlich. Die Mietdauer beträgt in der Regel 30 oder 60 Minuten.

Tragflügelboot – die rasante Variante für eine Fahrt auf dem Gardasee

Fährverbindungen *siehe hintere Umschlaginnenseiten*

Bootsverleih in einem Hafenbecken von Sirmione

Hubschrauber

Die wahren Ausmaße des Gardasees und seines Hinterlands erlebt man an Bord eines Hubschraubers von **Lagorair**. Zur Auswahl stehen zwei Routen. Ein siebenminütiger Flug mit Start und Landung in Tremosine führt über den nördlichen See, ein halbstündiger Flug von Trento über die Nordspitze des Sees und die Berggruppe Brenta wieder zurück. Bei einem (kostspieligen) Charterflug kann man eine eigene Route wählen.

Seilbahnen

Zu den spektakulärsten Aktivitäten am Gardasee gehört eine Seilbahnfahrt von Malcesine auf den Monte Baldo. Die im Jahr 2002 neu eröffnete **Funivia di Monte Baldo** zählt zu den modernsten Seilbahnen der Welt, sie ist von April bis Oktober (sowie zur Skisaison) in Betrieb.

Die Fahrt von der Talstation Malcesine bis zur Bergstation Bocca Tratto Spino (1760 m) dauert gut eine Viertelstunde (plus Umsteigezeit an der Mittelstation), dabei wird ein Höhenunterschied von rund 1650 Metern zurückgelegt.

Die Fahrt erfolgt in zwei Abschnitten: Von der Talstation fährt man erst zur Mittelstation (570 m). Dort wechselt man die Gondel und gelangt auf der zweiten, deutlich längeren Etappe zur Bergstation. Auf diesem Abschnitt drehen sich die Gondeln um die eigene Achse, sodass man von allen Plätzen Panoramablicke genießt.

Eine komplette Berg- oder Talfahrt kostet 15 Euro, die Hin- und Rückfahrt 20 Euro. Die Tarife für Fahrten zwischen Tal- und Mittelstation liegen bei 6 bzw. 10 Euro, zwischen Mittel- und Bergstation bei 10 bzw. 16 Euro. Kinder und Senioren erhalten Ermäßigungen, auch Fahrten in der ersten Betriebsstunde des Tages sowie nach 15 Uhr sind günstiger.

Logo der Seilbahn

Aktivurlauber verzichten gern auf den kompletten Service und gehen zumindest einen Teil der Gesamtstrecke zu Fuß – ob bergauf oder bergab. In diesem Reiseführer wird eine Route für den Abstieg vorgeschlagen *(siehe S. 82f)*. Man kann auch mit dem Auto zur Mittelstation fahren und ein Ticket nur für das obere Teilstück der Seilbahnstrecke buchen. In einigen Seilbahnen dürfen Mountainbikes mitgenommen werden. An Mittel- und Bergstation gibt es Einkehrmöglichkeiten.

Man kann auch vom Etschtal auf den Monte Baldo fahren. Der in Avio startende **Sessellift (Seggiovia) Prà Alpesina** ist von Mitte Juni bis Mitte September in Betrieb.

Blick aus einer Gondel, die auf den Monte Baldo fährt

Auf einen Blick

Schifffahrt

Navigazione Lago di Garda
Piazza Matteotti, Desenzano del Garda.
☎ 030 914 9511.
☎ +39 800 551 801.
W **navigazionelaghi.it**

Motorboote

Garda Charter
Viale Roma, Lazise.
☎ 335 231 912.
W **gardacharter.de**

Nautica Benaco
Manerba del Garda.
☎ 0365 654 074.
W **nauticabenaco.com**

Nautica Tre di Cuori
Via Imbarcadero, Castelletto di Brenzone.
☎ 045 743 0805.
W **nauticuore.com**

Pollini Nautica
Via Pergola, Moniga del Garda
☎ 0365 671 007.
W **pollininautica.it/de/am-gardasee.htm**

South Garda Boats Rental
Via Vicinale San Francesco, Desenzano del Garda.
☎ 338 532 1212.
W **gardaboatrent.com**

Hubschrauber

Lagorair
Via Alto Adige 92, Trento.
☎ 348 530 4674.
W **gardafly.de**

Seilbahnen

Funivia di Monte Baldo
Via Navene Vecchia 12, Malcesine.
☎ 045 740 0206.
W **funiviedelbaldo.it/de**

Sessellift (Seggiovia) Prà Alpesina
Talstation Avio.
☎ 045 740 0206.
W **funiviedelbaldo.it/de/seilbahn/sessellift**

Auto fahren

Auch wenn die Szenerie an vielen Stellen noch so sehr beeindruckt und der Straßenzustand im Allgemeinen gut ist – Autofahrer sollten jederzeit hochkonzentriert sein: Die schmalen Uferstraßen mit den vielen (zum Teil nicht beleuchteten) Tunnelstrecken und die steilen, kurvenreichen Bergabschnitte haben es in sich.

Vor allem in den Sommermonaten kann sich die Parkplatzsuche in den Städten schwierig gestalten. Da die meisten Stadtzentren verkehrsberuhigt und für den motorisierten Verkehr gesperrt sind, sollte man sich schon unmittelbar nach der Ortseinfahrt nach einem Parkplatz umsehen. Häufig sind Parkhäuser die beste, wenn auch nicht unbedingt die günstigste Option. An vielen Sehenswürdigkeiten gibt es große, meist gebührenpflichtige Parkplätze.

Mietwagen stehen in vielen Orten zur Verfügung, Agenturen findet man meist an der Hauptstraße. Wer es abseits der Blechkarawanen am See bewusst ruhig angehen lassen will, kann sich dem **Slow Drive** hingeben. Bei dieser Rückbesinnung auf den Genuss des Autofahrens mietet man sich beim Anbieter gleichen Namens einen »Klassiker« von Fiat, Triumph oder Alfa Romeo und begibt sich im Hinterland auf Autowanderfahrt – ohne GPS und Navi.

Fahrkartenautomat der italienischen Regionalbahn

Bus an einer Hauptstraße in Rovereto

Verkehrsregeln

Zur Förderung des Verkehrsflusses sind viele Kreuzungen als Kreisverkehr gestaltet, der im Kreis fahrende hat Vorfahrt. Sicherheitsgurte vorn und hinten sind Pflicht. Die Höchstgeschwindigkeiten betragen innerorts 50 km/h, außerhalb von Ortschaften 90 km/h, auf Schnellstraßen 110 km/h und auf Autobahnen 130 km/h. Bei Regen gilt auf allen Autobahnen ein Tempolimit von 110 km/h. Geschwindigkeitsübertretungen werden mit hohen Geldstrafen belegt.

Lizenziertes Taxi

Außerhalb von geschlossenen Ortschaften muss das Abblendlicht auch tagsüber eingeschaltet sein. Die Alkoholgrenze liegt bei 0,5 Promille, Überschreitungen werden drastisch bestraft. Telefonieren während der Fahrt ist nur mit Freisprechanlage erlaubt. In Italien ausgestellte Strafzettel werden auch in Deutschland nachverfolgt. Viele Tankstellen an den Zufahrtsstraßen haben Selbstbedienung.

Pannen und Unfälle

In Italien ist das Mitführen einer gelben bzw. orangefarbenen reflektierenden Warnweste im Auto vorgeschrieben. Bei einer Panne oder einem Unfall schalten Sie die Warnblinkanlage ein, ziehen die Warnweste an und sichern die Unfallstelle mit dem Warndreieck. Gegebenenfalls leisten Sie Erste Hilfe und rufen die Polizei oder Unfallrettung herbei. Ansonsten wenden Sie sich an den **ACI**, der mit Automobilclubs anderer Länder kooperiert, oder an den **ADAC**.

Bei einem Unfall notieren Sie sich relevante Daten des Unfallgegners sowie Name und Nummer von dessen Haftpflichtversicherung. Sind Sie mit einem Mietwagen unterwegs, verständigen Sie auf jeden Fall die Mietwagenfirma, bevor Sie das beschädigte Auto abschleppen oder reparieren lassen.

Züge

Das Schienennetz ist im Norden Italiens gut ausgebaut. Davon profitiert die Gardaseeregion allerdings nur in geringem Maß. Lediglich im Süden führt eine Bahnstrecke (Mailand – Verona) nahe dem See entlang. Auf dieser Route fahrende Züge halten in Desenzano del Garda und Peschiera del Garda. Von dort kommt man mit Bussen und Schiffen an sein Ziel.

Orte am Nord- und Ostufer des Gardasees erreicht man von den Bahnhöfen in Rovereto und Verona per Zubringerbus.

Busse

Das öffentliche Busnetz wird von den drei Provinzen, über die sich der Gardasee erstreckt (Verona, Trento, Brescia), organisiert. Alle Orte sind an dieses Netz angeschlossen, in jedem gibt es eine oder mehrere gut sichtbare Haltestellen. In der Regel befinden sich diese an der Hauptdurchgangsstraße (Gardesana; *siehe S. 28f*). An den Stationen hängen Fahrpläne aus. Die Taktfrequenz beträgt häufig 60 Minuten, im Sommer auf manchen Abschnitten rund 30 Minuten.

Tickets bekommt man an Automaten, an Kiosken oder in Zeitungsläden. Im Bus werden keine Fahrkarten verkauft. Das Internet-Portal **Visitgarda.com** bietet eine gute Übersicht über stark frequentierte Busstrecken.

In Verona wird ein großer Teil des öffentlichen Nahverkehrs über Busse abgewickelt.

Taxis

An Bahnhöfen und Flughäfen findet man problemlos ein Taxi. Auch in größeren Städten und in touristischen Hotspots am See gibt es Taxistände. In den kleineren Orten hingegen kann sich die Suche schwierig gestalten. Wegen der relativ hohen Gebühren eignen sich Taxis nicht für längere Strecken. Achten Sie beim Einsteigen darauf, dass das Taxameter eingeschaltet ist.

Roller

Wie wohl überall in Italien ist auch am Gardasee das Knattern von Motorrollern ein vertrautes Geräusch. Die oft hochtourig gefahrenen Roller genießen nach wie vor einen hohen Stellenwert. An eigens dafür vorgesehen Abstellplätzen sieht man sie oft in langer Reihe stehen. Noch immer gehören Vespas zu den Favoriten. Roller (u.a. 50, 125 und 250 ccm) können vielerorts ausgeliehen werden, vor allem

Fahrradverleihstation am Straßenrand in Rovereto

das Hügelland im Süden des Gardasees ist ein beliebtes Gelände für »Könige der Landstraße«.

Fahrräder

Am Gardasee dienen Fahrräder eher als Sportgerät, mit denen man auf Radtour geht. Als Verkehrsmittel, um von einem Ort zum nächsten zu kommen, sind sie unmittelbar am See wegen des hohen Verkehrsaufkommens weniger geeignet. Radwege sind dort Mangelware. Die Gardesana ist an vielen Stellen sehr eng, vor allem am Westufer sind einige Tunnel unbeleuchtet, was Rad fahren zu einem gefährlichen Unterfangen macht.

Fahrrad-Parkplatz

Sehr schöne, einfache Radtouren verlaufen an den Ufern von Etsch *(siehe S. 72f)* und Mincio *(siehe S. 113)*. Räder können vor Ort ausgeliehen werden. In manchen Gegenden, etwa in Rovereto und im Etschtal, kann man Fahrräder und E-Bikes bei **e.motion** per Smartcard an vielen Stationen ausleihen. Ein ähnlich gestaltetes Bikesharing-System bietet **Verona Bike**.

Das gebirgige Hinterland im Norden, Westen und Osten ist ein Terrain für Mountainbiker *(siehe S. 206)*. Auf manchen Schiffen können Räder gegen Gebühr mitgenommen werden *(siehe S. 230)*.

Roller – in italienischen Städten ein verbreiteter Anblick

Auf einen Blick

Auto fahren

Slow Drive
Via Guglielmo Marconi 108, Padenghe sul Garda.
☎ 030 990 7712.
W **noleggioautodepoca.eu**

Pannen und Unfälle

ACI
☎ 803 116.
W **aci.it**

ADAC-Notruf im Ausland
☎ +49 89 222 222.
W **adac.de**

Busse

ATV
W **atv.verona.it**

Trasporti Brescia
W **trasportibrescia.it**

Trentino Trasporti
W **ttesercizio.it**

Visitgarda.com
W **visitgarda.com/de/buslinien-gardase**

Taxis

Sirmiotaxi
☎ 338 603 8785.
W **sirmiotaxi.com**

Taxi Riva del Garda
☎ 02 4000.
W **taxirivadelgarda.com**

Roller

Noleggio Due Ruote Bauer
Via Venezia 21, Peschiera del Garda.
☎ 045 640 1970.
W **postauto.ch**

Velocifero
Corso Italia 40, Garda.
☎ 045 725 5572.
W **velocifero.com**

Fahrradverleih

e.motion
Rovereto.
W **provincia.tn.it/bikesharing**

Garda Bike Shop
Viale Roverto 3a, Riva del Garda.
☎ 0464 567 0111.
W **gardabikeshop.com**

Verona Bike
☎ 800 89 6948.
W **bikeverona.it**

Textregister

Seitenzahlen in **fetter** Schrift verweisen auf Haupteinträge.

R

S

U

V

W

Y

Z

Danksagung und Bildnachweis

Dorling Kindersley bedankt sich bei allen, die bei der Entstehung dieses Buchs tatkräftig mitgewirkt haben.

Autor

Gerhard Bruschke, Diplom-Geograf, ist Autor der Vis-à-Vis-Reiseführer *Hamburg*, *Dresden* und *Straßburg & Elsass*, Co-Autor der Vis-à-Vis-Titel *Apulien* und *Südtirol & Trentino* sowie Redakteur der deutschen Ausgabe weiterer Reiseführer dieser Reihe (u. a. *Argentinien*, *Kalifornien*, *Rom*, *Moskau*, *Australien*). Für die englischen Ausgaben der Vis-à-Vis-Titel *Deutschland*, *Österreich*, *Schweiz* und *München & Südbayern* war Gerhard Bruschke als Berater tätig. Ferner ist er Autor zahlreicher Beiträge für Länderkunden, Atlanten und Enzyklopädien (Print und Digital).

Programmleitung
Dr. Jörg Theilacker
Projektleitung
Stefanie Franz
Projektassistenz
Antonia Knittel
Fotografien
Gerhard Bruschke, Michael Schönwälder, Dr. Jörg Theilacker
Illustrationen
Eva Sixt, Gregor Nagler
Kartografie
Antonia Knittel
Redaktion
Dr. Elfi Ledig
Bildredaktion
Antonia Knittel
Gestaltung und Umschlag
Ute Berretz
Schlussredaktion, Kartenregister
Philip Anton, Petra Zanner
Fact-Check
Gerhard Bruschke

Weitere Hilfe
Unser Dank geht an folgende Personen, ohne die dieses Buch so nicht möglich gewesen wäre: Flavia Fossa Marguti (MART Rovereto), Carlotta Fanti (MART Rovereto), Corrado Bellini (Gardaland Resort), Dott. Roberta Gueli (Parco Giardino Sigurtà).

Bildnachweis

o = oben, m = Mitte, u = unten, l = links, r = rechts, d = Detail.

Leider konnten nicht alle Urheber der Abbildungen in diesem Buch ermittelt werden. Wir bitten dies zu entschuldigen. In der nächsten Auflage werden wir die versäumten Nennungen selbstverständlich nachholen. Bitte melden Sie sich gegebenenfalls beim Verlag *(Adresse siehe S. 4)*.

Aeroporto di Verona 228u.
Alamy / Zoonar GmbH Steven Heap 216–217.
Alle Lega, Arco 190.
Anfiteatro del Vittoriale, Andreola 200o.
Acqua del Garda 197m, 210m.
Archivo Toscolano Maderno 17, 40m, 133o, 148o; Roberto Veronesi 148m.
Arena Opera Festival 2015 Ennevi 13u, 18u, 200u; Romano 201u.

Bruschke, Gerhard 10o, 26ul, 27o, 27r, 27ul, 30o, 32u, 35m, 43o, 46ml, 46ur, 47or, 47mr, 56–57 (alle sechs Fotos), 60–61 (alle neun Fotos), 66u, 70u, 71o, 72–73 (alle fünf Fotos), 75u, 77u, 77m, 79o, 82–83 (alle sechs Fotos), 84or, 84ml, 85o, 86o, 86u, 88–89 (alle acht Fotos), 90o, 90u, 91o, 92–93 (alle sechs Fotos), 95o, 96or, 96u, 100u, 113 (alle drei Fotos), 116or, 128–129 (alle acht Fotos), 136–137 (alle sechs Fotos), 138 (alle drei Fotos), 146ml, 147 (drei Fotos), 150–151 (alle sieben Fotos), 154–155 (alle sieben Fotos), 177m, 183u, 197o, 198o, 198u, 199 (zwei Fotos), 201m, 206m, 211u, 218ul, 219 (alle drei Fotos), 220m, 222o, 222u (zwei Fotos), 223o, 224u (zwei Fotos), 226u (drei Fotos), 227o, 229ul, 229ur, 231ol,

Casa Mazzanti, Verona 195u.
Casino Arco 183o.
Commune di Limone sul Garda 4u, 18o, 132m.

Europäische Zentralbank 225 (alle 15 Abbildungen).

Fondo Ambiente Italiano Vivi Papi 40o, 71u.
Fondazione Bardolino Top 32o; Gianluigi Gelmetti 34o, 35o.
Fototeca Trentino Sviluppa S.p.A. Torbole 2–3, 206o, 221o; Alexander Debiasi 11u; Daniele Lira 58u, 59o, 67o; Lucio Tonina 54o, 207ur; Marco Simonini 207m; Paolo Degiampietro 54u; Pio Geminiani 207ol, 209or; Silvano Angelani 208u.

Gardaland Resort 108–109 (alle acht Fotos), 179.
Gardaland SEA LIFE Aquarium 10u.
Gardawake 205ol, 205or, 212u.

Hotel Benaco, Torbole 178.
Hotel Giulietta e Romeo, Verona 181.

Isola del Garda 12o, 26–27m, 139u.

Kalugin, Olaf 29ur.

Leon d'Oro, Riva del Garda 191u.
Library of Congress 24–25.
Locanda San Vigilio, Lazise 191o.
Müller, Grit 185m.
Museo di Arte Moderna e Contemporanea di Trento e Roverto (MART) Fernando Guerra 19u, 62–63, 68m, 68ol, 68l, 68ur, 69ul, 69ur, 69r, 202o; Jacopo Salvi 68ul.
Museo Archeologico Rambotti 55ur, 55ul.
Museo della Palafitte del Lago di Ledro Romano Magrone 37, 50u, 55m, 55r, 55u.
Museo dei Fossili 23u.
Museo Nicolis 110–111 (alle elf Fotos).
Museo Rambotti 127r.

Nagler, Dr. Gregor 24–25 (alle Zeichnungen), 80–81, 118–119 (Illustration).
NASA 76 ml.
Navigazione Laghi Hintere Umschlaginnenseiten (alle fünf Fotos).
Notte di Fabia Eleonora Raggi 33or, 51u, 202u.

Osteria H_2O, Moniga del Garda 195o.

Parco Natura Viva 5m, 13o, 13m, 100o, 100m, 213u.
Parco Giardino Sigurtà 114–115 (alle neun Fotos).

Ristorante Gemma, Limone sul Garda 194.
Rupp, Dr. Gabriele 55om.

Schönwälder, Michael 18m, 20o, 20ml, 22u, 23mr, 27ur, 34m, 43r, 46ul, 50o, 52or, 52m, 53o, 53m, 70m, 76u, 78o, 79u, 80ml, 81mr, 91u, 94o, 95m, 96m, 98o, 98m, 98l, 103, 104o, 104u, 105m, 105ur, 106o, 107o, 107u, 112 (alle drei Fotos), 122o, 123ul, 124o, 124u, 125m, 125u, 182o, 196ul (zwei Fotos), 198l, 201o, 206ur, 220ol, 227u, 228o, 231ur.
Sixt, Eva 108–109 (Illustration), 114–115 (Illustration), 142–143 (Illustration), 146–147 (Illustration).
Ski Area Lavarone 208ol.
Stickl Sportcamp 19o, 33u, 204o, 213o.

Theilacker, Dr. Jörg 11o, 11m, 12u, 16, 26o, 26l, 27or, 30or, 36, 38ur, 39o, 40ur, 42u, 47o, 47ur, 50ur, 64–65 (alle sechs Fotos), 66o, 66m, 67u, 68o, 69o, 69r, 102, 106u, 116l, 116m, 117m, 118–119 (alle neun Fotos), 120–121 (alle sieben Fotos), 122l, 122m, 122u, 123o, 123m, 123ml, 146 (vier Fotos), 147m, 156, 158m, 158u, 159m (vier Fotos), 159u, 163ml, 163mr, 163u, 164 (drei Fotos), 165 (drei Fotos), 168o, 168m, 176u, 177ol, 196or, 198m, 210ol, 210u, 221u, 222u (zwei Fotos), 224ol, 224u (zwei Fotos), 230o, 232 (alle drei Fotos), 233o, 233m, Vordere Umschlaginnenseiten (ul und ur).
Trattoria al Porticciolo, Sirmione 193.
Tre Camini, Garda 192.

Verona Turismo Ph. T. Weimar 8–9, 21o, 21mr, 29mr, 84u, 87o, 87u, 203.
Villa dei Cedri 34u, 101o, 211o.
Villa Feltrinelli 26u, 174–175, 180.

WindRiders 204u.
Wikimedia Commons Adert 97o; AHert 168u, 169ol; Alba Siceri 70o; Benreis 184ur; Blue Sky 2012 146u; Blutgretchen 23o; Carlo Bossoli 41o; Clop 186o; CTHOE 136m; Daderot 10m, 142m (vier Fotos), 143 (vier Fotos), 153ur; Eggbread 40u, 169m; Fabio Alessandro 147mr; Famiglia Cittadini Galeria in corso 42o; Happy1984 127l; Hermann Schachner 81u; Houston Rogers 123ur; Janericloebe 22l, 140u, 149o; Jean Bono 41ur; Justin Cormak 67m; Luigi Chiesa 126o; Manfred Heyde 28ml; Marcox 144–145; Massimo Telo 20mr, 22ml, 125o; MM 38o; Ricci Speziari 126m; Sandstein 187m, 189ul; Three Charlie 79m; Zivya 114m, 115ur.
www.lagodigarda.it 218m

Extrakarte

Dorling Kindersley Roger Moss.

Umschlag

Vorderseite: **Dorling Kindersley** Roger Moss.
Rückseite: **Dorling Kindersley**.
Buchrücken: **Dorling Kindersley** Roger Moss.

Sprachführer Italienisch

Notfälle

Hilfe!	**Aiuto!**	[ai'u:to]
Halt!	**Alt!**	[alt]
Rufen Sie einen Arzt!	**Chiami un medico!**	['kia:mi un 'mɛ:diko]
Rufen Sie einen Krankenwagen!	**Chiami un ambulanza!**	['kia:mi un ambu'lantsa]
Rufen Sie die Polizei!	**Chiami la polizia!**	['kia:mi la poli'tsi:a]
Rufen Sie die Feuerwehr!	**Chiami i pompieri!**	['kia:mi i pompi'ɛ:ri]
Wo ist das Telefon?	**Dov'è il telefono?**	['do:vɛ il te'lɛ:fono]
Wo ist das Krankenhaus?	**Dov'è l'ospedale?**	['do:vɛ lospe'da:le]

Grundwortschatz

Ja/Nein	**Sì/No**	[si/nɔ]
Bitte	**Per favore**	[per fa'vo:re]
Danke	**Grazie**	['gra:tsie]
Entschuldigung!	**Mi scusi!**	[mi 'sku:zi]
Guten Tag	**Buon giorno**	[bu'ɔn 'dʒorno]
Auf Wiedersehen	**Arrivederci**	[arrive'dertʃi]
Guten Abend	**Buona sera**	['buɔ:na 'se:ra]
Morgen	**la mattina**	[mat'ti:na]
Vormittag	**la mattinata**	[matti'na:ta]
Nachmittag	**il pomeriggio**	[pome'riddʒo]
Abend	**la sera**	['se:ra]
gestern	**ieri**	[i'ɛ:ri]
heute	**oggi**	['ɔddʒi]
morgen	**domani**	[do'ma:ni]
hier	**qui**	[ku'i]
dort	**là**	[la]
Welche ...?	**Quale ...?**	[ku'a:le]
Was?	**Che cosa?**	[ke 'kɔ:za]
Wann?	**Quando?**	[ku'ando]
Warum?	**Perché?**	[per'ke]
Wo?	**Dove?**	['do:ve]

Nützliche Redewendungen

Wie geht es Ihnen?	**Come sta?**	['ko:me sta]
Sehr gut, danke.	**Molto bene, grazie.**	['molto 'bɛ:ne, 'gra:tsie]
Freut mich, Sie kennenzulernen.	**Piacere di conoscerla.**	[pia'tʃɛ:re di ko'noʃʃerla]
Bis bald.	**A più tardi.**	[a pi'u 'tardi]
In Ordnung.	**Va bene.**	[va 'bɛ:ne]
Wo ist/Wo sind ...?	**Dov'è/ Dove sono ...?**	['do:vɛ/ 'do:ve 'so:no]
Sprechen Sie Deutsch?	**Parla tedesco?**	['parla te'desko]
Ich verstehe nicht.	**Non capisco.**	[non ka'pisko]
Wie lange braucht man bis nach ...?	**Quanto tempo ci vuole per andare a ...?**	[ku'anto 'tɛmpo tʃi vu'ɔle per an'da:re a]
Wie komme ich nach ...?	**Come faccio per arrivare a ...?**	['ko:me 'fattʃo per arri'va:re a]
Tut mir leid!	**Mi dispiace!**	[mi dis'piatʃe]

Nützliche Wörter

groß	**grande**	['grande]
klein	**piccolo**	['pikkolo]
heiß/warm	**caldo**	['kaldo]
kalt	**freddo**	['freddo]
gut (Adjektiv)	**buono**	['buɔ:no]
schlecht	**cattivo**	[kat'ti:vo]
genug	**basta**	['basta]
gut (Adverb)	**bene**	['bɛ:ne]
offen	**aperto**	[a'pɛrto]
geschlossen	**chiuso**	[ki'u:so]
links	**a sinistra**	[a si'nistra]
rechts	**a destra**	[a 'dɛstra]
geradeaus	**sempre diritto**	['sɛmpre di'ritto]
nah	**vicino**	[vi'tʃi:no]
fern	**lontano**	[lon'ta:no]
auf	**su**	[su]
über	**giù**	[dʒu]
früh	**presto**	['prɛsto]
spät	**tardi**	['tardi]
Eingang	**l'entrata**	[en'trata]
Ausgang	**l'uscita**	[u'ʃi:ta]
Toilette	**il gabinetto**	[gabi'netto]
frei	**libero**	['li:bero]
gratis	**gratuito**	[gra'tu:ito]

Telefonieren

Ich möchte ein ... führen.	**Vorrei fare una ...**	[vor'rɛi 'fa:re 'u:na]
Ortsgespräch	**telefonata urbana**	[telefo'na:ta ur'ba:na]
Ferngespräch	**telefonata interurbana**	[telefo'na:ta interur'ba:na]
R-Gespräch	**chiamata a carico del destinatario**	[kia'ma:ta a 'ka:riko del destina'ta:rio]
Kann ich eine Nachricht hinterlassen?	**Posso lasciare un messaggio?**	['pɔsso laʃ'ʃa:re un mes'saddʒo]
Einen Moment, bitte.	**Un attimo, per favore**	['un 'attimo, per fa'vo:re]

Shopping

Wie viel kostet das?	**Quanto costa?**	[ku'anto 'kɔsta]
Ich hätte gerne ...	**Vorrei ...**	[vor'rɛi]
Haben Sie ...?	**Avete ...?**	[a've:te]
Ich möchte mich nur umsehen.	**Voglio solo dare un'occhiata.**	['vɔ:ʎo 'so:lo 'da:re unokki'a:ta]
Akzeptieren Sie Kreditkarten?	**Accetate carte di credito?**	[attʃet'ta:te 'karte di 'kre:dito]
Wann öffnen/ schließen Sie?	**A che ora apre/chiude?**	[a ke 'o:ra 'apre/ki'u:de]
das hier	**questo**	[ku'esto]
das da	**quello**	[ku'ello]
preiswert	**a buon prezzo**	[a bu'ɔn 'prɛttso]
teuer	**caro**	['ka:ro]
Kleidergröße	**la taglia**	['ta:ʎa]
Schuhgröße	**il numero**	['nu:mero]
weiß	**bianco**	[bi'aŋko]
schwarz	**nero**	['ne:ro]
rot	**rosso**	['rosso]
gelb	**giallo**	['dʒallo]
grün	**verde**	['verde]
blau	**blu**	[blu]

Läden

Antiquitätenladen	**l'antiquariato**	[antikuari'a:to]
Apotheke	**la farmacia**	[farma'tʃi:a]
Bäckerei	**la panetteria**	[panette'ri:a]
Bank	**la banca**	['baŋka]
Blumenhändler	**il fioraio**	[fio'ra:io]

Buchhandlung	**la libreria**	[libre'ri:a]
Delikatessen	**la salumeria**	[salume'ri:a]
Eisdiele	**la gelateria**	[dʒelate'ri:a]
Fischgeschäft	**la pescheria**	[peske'ri:a]
Friseur	**il parrucchiere**	[parrukki'ɛ:re]
Kaufhaus	**il grande magazzino**	['grande magad'dzi:no]
Konditorei	**la pasticceria**	[pastittʃe'ri:a]
Lebensmittelladen	**il negozio di alimentari**	[ne'gɔ:tsio di alimen'ta:ri]
Markt	**il mercato**	[mer'ka:to]
Metzgerei	**la macelleria**	[maʃelle'ri:a]
Obst-/Gemüsehändler	**il fruttivendolo**	[frutti'vendolo]
Postamt	**l'ufficio postale**	[uf'fi:tʃo pos'ta:le]
Reisebüro	**l'agenzia di viaggi**	[adʒen'tsi:a di vi'addʒi]
Schuhgeschäft	**il negozio di calzature**	[ne'gɔ:tsio di kaltsa'tu:re]
Supermarkt	**il supermercato**	[supermer'ka:to]
Tabakladen	**la tabaccheria**	[tabakke'ri:a]
Zeitungsstand	**l'edicola**	[e'di:kola]

Sightseeing

Informationsbüro	**l'ufficio turistico**	[uf'fi:tʃo tu'ristico]
Bahnhof	**la stazione**	[statsi'o:ne]
Bibliothek	**la biblioteca**	[biblio'tɛ:ka]
Bushaltestelle	**la fermata dell'autobus**	[fer'ma:ta delauto'bus]
Garten	**il giardino**	[dʒar'di:no]
Kirche	**la chiesa, la basilica**	[ki'ɛ:za, ba'zi:lika]
Kunstgalerie	**la pinacoteca**	[pinako'tɛ:ka]
Museum	**il museo**	[mu'zɛ:o]
Wegen Feiertag geschlossen.	**Chiuso per la festa.**	[ki'u:so per la 'fɛsta]

Im Hotel

Haben Sie Zimmer frei?	**Avete camere libere?**	[a've:te 'ka:mere 'li:bere]
Einzelzimmer	**una camera singola**	['ka:mera 'siŋgola]
Doppelzimmer	**una camera doppia**	['ka:mera 'doppia]
Bad/Dusche	**il bagno/la doccia**	['ba:ɲo/'dottʃa]
Gepäckträger	**il facchino**	[fak'ki:no]
Schlüssel	**la chiave**	[ki'a:ve]
Reservierung	**la prenotazione**	[prenotatsi'o:ne]

Im Restaurant

Haben Sie einen Tisch für ...?	**Avete un tavolo per ...?**	[a've:te un 'ta:volo per]
Ich möchte einen Tisch reservieren.	**Vorrei riservare un tavolo.**	[vor'rɛi riser'va:re un 'ta:volo]
Frühstück	**la colazione**	[kolatsi'o:ne]
Mittagessen	**il pranzo**	['prandzo]
Abendessen	**la cena**	['tʃe:na]
Rechnung	**il conto**	['konto]
Vegetarier	**il vegetariano**	[vedʒetari'a:no]
Kellner	**il cameriere**	[kameri'ɛ:re]
Festpreismenü	**il menù a prezzo fisso**	[me'nu a 'prɛttso 'fisso]
Tagesgericht	**il piatto del giorno**	[pi'atto del 'dʒorno]
Vorspeise	**l'antipasto**	[anti'pasto]
Erster Gang	**il primo**	['pri:mo]
Hauptgang	**il secondo**	[se'kondo]
Beilagen	**il contorno**	[kon'torno]
Dessert	**il dolce**	['doltʃe]
Gedeck	**il coperto**	[ko'pɛrto]
Weinkarte	**la lista dei vini**	['lista dei 'vi:ni]
blutig	**al sangue**	[al 'saŋgue]
halb durch(gebraten)	**a puntino**	[a pun'ti:no]
durch(gebraten)	**ben cotto**	[bɛn 'kɔtto]
Glas	**il bicchiere**	[bikki'ɛ:re]
Flasche	**la bottiglia**	[bot'ti:ʎa]
Teller	**il piatto**	[pi'atto]
Serviette	**la tovaglia**	[to'va:ʎa]
Besteck	**le posate**	[po'za:te]
Messer	**il coltello**	[kol'tɛllo]
Gabel	**la forchetta**	[for'ketta]
Löffel	**il cucchiaio**	[kukki'a:io]

Speisekarte

l'acqua minerale gassata/naturale	['akkua mine'ra:le gas'sa:ta/natu'ra:le]	Mineralwasser mit/ohne Kohlensäure
l'aglio	['a:ʎo]	Knoblauch
l'agnello	[a'ɲɛllo]	Lamm
al forno	[al 'forno]	gebacken
alla griglia	['alla 'gri:ʎa]	gegrillt
l'anatra	['a:natra]	Ente
l'antipasto	[anti'pasto]	Vorspeise
l'aragosta	[ara'gosta]	Languste
l'arancia	[a'rantʃa]	Orange
arrosto	[ar'rɔsto]	gebraten
il baccalà	[bakka'la]	Stockfisch
la birra	['birra]	Bier
la bistecca	[bis'tekka]	Steak
il branzino	[bran'zi:no]	Seebarsch
il brasato	[bra'sa:to]	Schmorbraten
il brodo	['brɔ:do]	klare Brühe
il burro	['burro]	Butter
il caffè	[kaf'fɛ]	Kaffee, Espresso
il carciofo	[kar'tʃɔ:fo]	Artischocke
la carne	['karne]	Fleisch
carne di maiale	['karne di ma'ia:le]	Schwein
il cinghiale	[tʃiŋgi'a:le]	Wildschwein
la cipolla	[tʃi'polla]	Zwiebel
il coniglio	[ko'ni:ʎo]	Kaninchen
la cozza	['kɔttsa]	Miesmuschel
i fagioli	[fa'dʒɔ:li]	Bohnen
il filetto	[fi'letto]	Filet
il formaggio	[for'maddʒo]	Käse
le fragole	['fra:gole]	Erdbeeren
la frittata	[frit'ta:ta]	Omelett
la frutta fresca	['frutta 'freska]	frisches Obst
i frutti di mare	['frutti di 'ma:re]	Meeresfrüchte
i funghi	['fuŋgi]	Pilze
il gamberetto	[gambe'retto]	Garnele
i gamberi	['gamberi]	Krebse
il gelato	[dʒe'la:to]	Eiscreme
l'insalata	[insa'la:ta]	Salat
il latte	['latte]	Milch
la lattuga	[lat'tu:ga]	Kopfsalat
i legumi	[le'gu:mi]	Hülsenfrüchte
la lepre	['le:pre]	Hase
lesso	['lesso]	gekocht
il manzo	['mandzo]	Rind
la mela	['me:la]	Apfel
la melanzana	[melan'dza:na]	Aubergine
la menta	['menta]	Minze
la minestra	[mi'nɛstra]	Suppe
la nocciola	[not'tʃɔ:la]	Haselnuss
la noce	['no:tʃe]	(Wal)Nuss
la noce moscata	['no:tʃe mos'ka:ta]	Muskatnuss

l'olio	['ɔːlio]	Öl
l'oliva	[o'liːva]	Olive
l'orata	[o'raːta]	Goldbrasse
l'ostrica	['ɔstrika]	Auster
il pane	['paːne]	Brot
il panino	[pa'niːno]	Brötchen
la panna	['panna]	Sahne
il parmigiano	[parmi'dʒaːno]	Parmesankäse
le patate	[pa'taːte]	Kartoffeln
patatine fritte	[pata'tiːne 'fritte]	Pommes frites
il pecorino	[peko'riːno]	harter Schafskäse
il pepe	['peːpe]	Pfeffer
la pesca	['pɛːska]	Pfirsich
il pesce	['peʃʃe]	Fisch
i piselli	[pi'sɛlli]	Erbsen
il pollo	['pollo]	Huhn
il pomodoro	[pomo'dɔːro]	Tomate
il prosciutto	[proʃ'ʃutto]	Schinken
il ragù	[ra'gu]	Hackfleischsauce
ripieno	[ripi'ɛːno]	gefüllt
il riso	['riːzo]	Reis
il sale	['saːle]	Salz
la salsiccia	[sal'sittʃa]	Wurst
la salvia	['salvia]	Salbei
la scaloppina	[skalop'piːna]	Kalbsschnitzel
la selvaggina	[selvad'dʒiːna]	Wild
la senape	['sɛːnape]	Senf
la spremuta	[spre'muːta]	frisch gepresster Saft
il succo	['sukko]	Saft
il tè	[tɛ]	Tee
il tonno	['tonno]	Thunfisch
la torta	['tɔrta]	Torte, Kuchen
la triglia	['triːʎa]	Meerbarbe
la trota	['trɔːta]	Forelle
l'uovo	[u'ɔːvo]	Ei
l'uva	['uːva]	Traube
la verdura	[ver'duːra]	Gemüse
il vino	['viːno]	Wein
il vitello	[vi'tɛllo]	Kalb
la vongola	['voŋgola]	Venusmuschel
lo zafferano	[dzaffe'raːno]	Safran
la zucca	['tsukka]	Kürbis
lo zucchero	['tsukkero]	Zucker
la zuppa	['tsuppa]	Suppe

Zahlen

1	**uno/una**	['uːno/'uːna]
2	**due**	['duːe]
3	**tre**	[tre]
4	**quattro**	[ku'attro]
5	**cinque**	['tʃiŋkue]
6	**sei**	[s'ɛːi]
7	**sette**	['sɛtte]
8	**otto**	['ɔtto]
9	**nove**	['nɔːve]
10	**dieci**	[di'ɛːtʃi]
11	**undici**	['unditʃi]
12	**dodici**	['doːditʃi]
13	**tredici**	['treːditʃi]
14	**quattordici**	[kuat'torditʃi]
15	**quindici**	[ku'inditʃi]
16	**sedici**	['seːditʃi]
17	**diciassette**	[ditʃas'sɛtte]
18	**diciotto**	[di'tʃɔtto]
19	**diciannove**	[ditʃan'nɔːve]
20	**venti**	['venti]
30	**trenta**	['trenta]
40	**quaranta**	[kua'ranta]
50	**cinquanta**	[tʃiŋku'anta]
60	**sessanta**	[ses'santa]
70	**settanta**	[set'tanta]
80	**ottanta**	[ot'tanta]
90	**novanta**	[no'vanta]
100	**cento**	['tʃɛnto]
1000	**mille**	['mille]
2000	**duemila**	[due'miːla]
1 000 000	**un milione**	[mili'oːne]

Zeit

Minute	**un minuto**	[mi'nuːto]
Stunde	**un'ora**	['oːra]
halbe Stunde	**mezz'ora**	[med'dzoːra]
Tag	**un giorno**	['dʒorno]
Woche	**una settimana**	[setti'maːna]
Monat	**un mese**	['meːze]
Jahr	**un anno**	['anno]
Montag	**il lunedì**	[lune'di]
Dienstag	**il martedì**	[marte'di]
Mittwoch	**il mercoledì**	[merkole'di]
Donnerstag	**il giovedì**	[dʒove'di]
Freitag	**il venerdì**	[vener'di]
Samstag	**il sabato**	['saːbato]
Sonntag	**la domenica**	[do'meːnika]
Januar	**gennaio**	[dʒen'naːio]
Februar	**febbraio**	[feb'braːio]
März	**marzo**	['martso]
April	**aprile**	[a'priːle]
Mai	**maggio**	['maddʒo]
Juni	**giugno**	['dʒuːɲo]
Juli	**luglio**	['luːʎo]
August	**agosto**	[a'gosto]
September	**settembre**	[set'tɛmbre]
Oktober	**ottobre**	[ot'toːbre]
November	**novembre**	[no'vɛmbre]
Dezember	**dicembre**	[di'tʃɛmbre]
Frühling	**primavera**	[prima'vɛːra]
Sommer	**estate**	[es'taːte]
Herbst	**autunno**	[au'tunno]
Winter	**inverno**	[in'vɛrno]
Ostern	**Pasqua**	['paskua]
Pfingsten	**Pentecoste**	[pente'kɔste]
Weihnachten	**Natale**	[na'taːle]
Neujahr	**Capodanno**	[kapo'danno]

Unterwegs

Bahnhof	**la stazione**	[statsi'oːne]
Bus	**l'autobus**	[auto'bus]
Bushaltestelle	**la fermata dell'autobus**	[fer'maːta delauto'bus]
Eisenbahn	**la ferrovia**	[ferro'viːa]
Fahrkarte	**il biglietto**	[bi'ʎetto]
Fahrkartenschalter	**la biglietteria**	[biʎette'riːa]
Fahrplan	**l'orario**	[o'raːrio]
Flug	**il volo**	['voːlo]
Flughafen	**l'aeroporto**	[aɛro'pɔrto]
Gepäck	**i bagagli**	[ba'gaːʎi]
Gleis	**il binario**	[bi'naːrio]
Hin- und Rückfahrt	**andata e ritorno**	[an'daːta e ri'torno]
Preis/Tarif	**la tariffa**	[ta'riffa]
Reservierung	**la prenotazione**	[prenotatsi'oːne]
Schlafwagen	**il vagone letto**	[va'goːne 'lɛtto]
Sitzplatz	**il posto**	['posto]
Taxi	**il tassì**	[tas'si]
Zug	**il treno**	['trɛːno]